高等职业教育“十四五”规划教材
中国特色高水平高职专业建设计划成果
现代农业装备应用技术专业群系列教材

智慧仓储运营实务

梁艳波　主编

中国农业大学出版社
·北京·

内容简介

本书是以第三方物流企业仓储运作过程为背景的高等职业教育理实一体化活页式融媒体教材。内容涵盖第三方物流企业仓储管理的主要工作任务，根据企业真实业务，连续、概括地介绍了企业收、发、存、仓储规划及安全管理等主要管理活动。本书内容体系严密，专业性强，全面覆盖了从智慧仓内部规划至仓储数字化运作全过程的各核心项目，每个项目都按照工作内容和作业流程设计若干任务，学习者以特定的角色完成业务操作，从而掌握职业技能。本书为活页式教材，任务表单可单独抽出使用。教材还以二维码形式配备了丰富的微课、案例和视频等学习资源，方便学习使用。

本书适用于高等职业院校现代物流管理专业及其紧密相关专业的教学，也可作为物流、仓储相关从业人士的参考读物。

图书在版编目(CIP)数据

智慧仓储运营实务/梁艳波主编．--北京：中国农业大学出版社，2025.2.
ISBN 978-7-5655-3371-6

Ⅰ.F253.4-39

中国国家版本馆 CIP 数据核字第 20256SW771 号

书　　名	智慧仓储运营实务		
作　　者	梁艳波　主编		
策划编辑	郭建鑫　张秀环	**责任编辑**	郭建鑫
封面设计	李尘工作室		
出版发行	中国农业大学出版社		
社　　址	北京市海淀区圆明园西路 2 号	**邮政编码**	100193
电　　话	发行部 010-62733489，1190	读者服务部	010-62732336
	编辑部 010-62732617，2618	出　版　部	010-62733440
网　　址	http://www.caupress.cn	**E-mail**	cbsszs@cau.edu.cn
经　　销	新华书店		
印　　刷	运河(唐山)印务有限公司		
版　　次	2025 年 2 月第 1 版　　2025 年 2 月第 1 次印刷		
规　　格	185 mm×260 mm　　16 开本　　17.25 印张　　429 千字		
定　　价	49.00 元		

图书如有质量问题本社发行部负责调换

编审人员

主　编　梁艳波　黑龙江农业工程职业学院

副主编　李　鹏　黑龙江农业工程职业学院
　　　　　徐玖丹　黑龙江农业工程职业学院
　　　　　依铁柱　黑龙江农业工程职业学院

参　编　王宏志　黑龙江农业工程职业学院
　　　　　方　堃　黑龙江农业工程职业学院
　　　　　刘　慧　聊城职业技术学院
　　　　　王千一　黑龙江旅游职业技术学院

主　审　孟军齐　深圳职业技术大学

前　　言

在21世纪的商业世界中，随着科技的飞速发展，智慧仓储已经成为现代物流管理的重要组成部分。它不仅提高了仓储效率，降低了运营成本，还极大地提升了供应链的响应速度和灵活性。为了增强学习者对智慧仓储运营的认知，培养智慧仓储规划与运营管理人才，我们经过精心筹备与不懈努力，完成了这本《智慧仓储运营实务》的编写工作。

本书致力于培养一批能够引领未来仓储行业智能化、数字化变革的高素质专业人才。党的二十大报告提出“建设现代化产业体系”。我们深知，智慧仓储不仅是技术的革新，更是管理理念的飞跃，它要求从业者具备深厚的专业知识、敏锐的市场洞察力和卓越的创新能力。因此，本书在内容设计上力求全面覆盖仓储管理的各个环节，从作业管理到内部规划，从任务准备到任务实施与任务检测，让学生在学习过程中能够深刻理解仓储管理的内在逻辑与操作过程，掌握先进的仓储管理理念与技术手段。

本书具有以下鲜明特色：

(1)秉承“产教融合，协同育人”的理念，与北京络捷斯特科技发展股份有限公司等行业先锋企业紧密合作，共同打造了这本集专业性、实用性、前瞻性于一体的教材；

(2)融合了最新的行业标准和规范，通过仿真化教学、项目化内容、融媒体资源、理实一体化模式，为学生提供了丰富的微课、视频、案例等学习资源和实战演练机会，培养其创新思维、实践能力和职业素养；

(3)教材以项目为依托，以任务为载体，配备各类教学工作单，满足不断变化的高职学情，极大地增强了学习的沉浸感与实效性；

(4)构建以任务为引领的教学内容体系，教学内容紧密围绕项目展开，理论与实践深度融合，有效提升学生的应用能力；

(5)将“岗、课、证、赛”相关内容进行融通，并将安全责任及工匠精神等思政元素深度融入课程，全面提升学生的思想政治素质；

(6)能力训练任务化设计，为学生明确了具体的学习目标与要求，确保他们能够在完成任务的过程中逐步掌握关键技能；

(7)考核评价采取成果导向，全面评估学生的学习成果，激励他们不断追求卓越，起到增进学生学习兴趣、拓宽视野的作用，同时便于教师课堂教学，节约大量的课前准备时间。

本书由黑龙江农业工程职业学院梁艳波教授主编，负责教材内容整体设计和统稿工作，并编写项目二的任务一至任务四；李鹏编写项目一的任务一至任务四；徐玖丹编写项目三的任务一、任务二和项目五；依铁柱编写项目四；王宏志编写项目六；方堃编写项目二的任务五、任务六；聊城职业技术学院刘慧编写项目一的任务五；黑龙江旅游职业技术学院王千一编写项目三的任务三。深圳职业技术大学孟军齐副教授主审，对教材内容进行了全面的审核，并提出了宝贵建议。

衷心感谢北京络捷斯特科技发展股份有限公司等合作单位的大力支持与协助。编写过程中，北京络捷斯特科技发展股份有限公司凭借其技术优势，提供了关键的技术支持，为本书的顺利完成奠定了坚实基础。感谢所有参与编写、审校及出版工作的同仁，正是大家的共同努力与辛勤付出，方使本书顺利与读者见面。

由于作者编写时间和水平有限，加之智慧仓储技术发展迅速，书中难免存在疏漏和不足之处。我们真诚地希望广大读者在使用过程中能够提出宝贵的意见和建议，以便我们不断改进和提升教材的质量。

最后，我们衷心希望这本《智慧仓储运营实务》能够成为广大师生和从业人员学习智慧仓储运营的良师益友，为推动我国物流仓储的智能化、数字化发展贡献一份力量。让我们携手共进，为实现物流强国的伟大目标而努力奋斗。

编者

2024 年 8 月

目　　录

项目一　智慧仓储内部规划 …………………………………………………………… 1

任务一　仓库类型和功能确定 ………………………………………………………… 1
任务二　智慧仓储设备规划 …………………………………………………………… 13
任务三　智慧仓储货物分区分类规划 ………………………………………………… 32
任务四　智慧仓储储位规划 …………………………………………………………… 37
任务五　智慧仓储内部布局规划 ……………………………………………………… 49

项目二　智慧仓储入库作业管理 ……………………………………………………… 62

任务一　入库订单预处理 ……………………………………………………………… 62
任务二　开展入库准备 ………………………………………………………………… 74
子任务一　平堆区货位核算 …………………………………………………………… 75
子任务二　托盘货架货位核算 ………………………………………………………… 82
子任务三　储位优化 …………………………………………………………………… 91
任务三　接货卸货作业 ………………………………………………………………… 97
任务四　入库货物的验收与交接 ……………………………………………………… 105
任务五　理货入储位作业 ……………………………………………………………… 117
任务六　入库信息处理 ………………………………………………………………… 127

项目三　智慧仓储在库作业管理 ……………………………………………………… 134

任务一　物品的保管与养护 …………………………………………………………… 134
子任务一　在库物品温湿度控制管理 ………………………………………………… 137
子任务二　防霉变管理 ………………………………………………………………… 148
子任务三　防治仓库虫鼠害 …………………………………………………………… 155
任务二　盘点作业管理 ………………………………………………………………… 163
任务三　库存控制管理 ………………………………………………………………… 174

项目四　智慧仓储出库作业管理 ……………………………………………………… 190

任务一　出库预处理作业 ……………………………………………………………… 190
任务二　补货作业 ……………………………………………………………………… 202
任务三　拣选打包作业 ………………………………………………………………… 210

任务四　出库复核与配载发货作业 …………………………………… 225

项目五　智慧仓储安全管理 …………………………………… 234

任务一　仓库消防管理 …………………………………… 234
任务二　仓库的防盗与安全保卫 …………………………………… 249

项目六　智慧仓储数字化运作实训 …………………………………… 257

任务一　入库作业数字化运作实训 …………………………………… 257
任务二　出库作业数字化运作实训 …………………………………… 260
任务三　盘点作业数字化运作实训 …………………………………… 265
任务四　补货作业数字化运作实训 …………………………………… 266

参考文献 …………………………………… 268

项目一　智慧仓储内部规划

项目引入

王宇毕业于某学院现代物流管理专业，经过层层面试，他进入惠安仓储物流有限公司* 工作，该公司主要为客户哈达食品批发公司、完达山奶业、宝洁和联合利华提供仓储、配送等第三方物流服务。根据公司的人事制度安排，作为公司的储备干部，王宇主要跟随仓库主管进行库房管理和业务学习。因此，王宇进入公司后面临的第一个问题，就是尽快熟悉本公司仓库类型、设备配置、货物分区、货位管理以及仓库功能区划分等相关业务。

仓库主管对王宇提出两点工作要求：

1. 通过对本公司相关业务的学习，对本公司原有库房布局方面进行评价，指出其不足之处，提出改进建议。

2. 由于公司业务发展较快，现在的仓库数量已不能满足客户的存储需要，因此公司在园区内新建了一间3号库，该库房为平房常温智能仓库，库房长50 m、宽30 m、高6.5 m，预计为新开发的客户通达电子贸易有限公司经营的电子产品提供仓储相关业务服务。目前由于新仓库的建立，公司经理要求各库房主管提出库内规划建议及布局设计。仓库主管希望王宇在熟悉本企业业务特征后，配合他了解目标客户存储货物类型，对新建仓库进行全方位考察和实地测量，提出库内规划建议，并协助他设计仓库布局图，同时进行设施设备配备以及货区和货位规划。

项目分析

为完成仓库主管交代的任务，王宇需完成以下工作内容。

1. 明确所要改进或者新建仓库的类型和功能；
2. 为仓库选择必需的仓储设施设备；
3. 对需要存储的物品进行分区分类规划；
4. 对货区进行合理的储存策略选择和货位分配，并对货位进行编号；
5. 对新建仓库进行功能区内部布局和物流动线规划。

任务一　仓库类型和功能确定

任务描述

在对企业仓库开展内部规划的过程中，首先要进行仓库基本情况调研，了解所要布局仓库的类型、布局后仓库所能发挥的仓储功能。

---

* 注：本书中提及的地名、企业名称、人名、产品名称均为虚拟，与现实存在的各种名称无关，仅为促进对知识和实践技能的理解掌握。

任务目标

知识目标

1. 掌握仓储以及智慧仓储的含义、功能和作用。

2. 掌握仓库的种类和各类库房的建筑结构。

能力目标

1. 能够根据给定的仓库背景,确定仓库所属的类型。

2. 能够说明各种类型仓库的特征和功能。

素质目标

1. 具备从事仓储业务活动的全局观。

2. 提升科技创新意识和绿色环保发展理念。

任务准备

一、智慧仓储认知

(一)仓储的含义

国家标准《物流术语》(GB/T 18354—2021)对仓储的定义是:仓储就是利用仓库及相关设施设备,进行物品的入库、储存、出库的活动。

物流中的仓储是包括储备以及物流各个环节的结合部在内的广义的仓储概念,在物流管理流程中有相当重要的地位。

微课:仓储的含义

"仓"也称为仓库(warehouse),为存放保管、储存货物的建筑物和场地的总称,具有存放和保护货物的功能;"储"也称为储存(storing),表示将储存对象收存以备使用,具有收存、保护、管理、贮藏货物并交付使用的作用。"仓储"则为利用仓库存放、储存和管理非即时使用的货物的行为。仓储的对象可以是生产资料,也可以是生活资料,但必须是实物动产。

仓储具有静态和动态两种:当产品不能被及时消耗掉,需要专门场所存放时,产生了静态的仓储,此时我们把它形象地比喻为"蓄水池"或"水库",目前长期储备型仓库如粮库主要还是发挥着"蓄水池"的作用;而将货物存入仓库并进行保管、控制以及提供使用等管理活动时,就成了动态的仓储,我们把它形象地比喻为"河流"。现代意义的流通型仓库不再只具备仓储的保管职能,库存的"流速"已成为评价仓库职能的重要指标,仓库是"河流"而不再是"水库"或"蓄水池"。

(二)智慧仓储的含义

智慧仓储是指利用先进的物联网、大数据、人工智能等技术手段,对传统的仓储管理进行升级和改进,实现仓储业务的数字化、智能化、高效化和优化。智慧仓储的核心在于通过数据的收集、分析和应用,实现对仓储流程的优化和管理,仓库操作的自动化、信息化和智能化,以减少人工干预,提高运营效率,降低成本,提高服务质量。

智慧仓储的主要特点包括:

(1)自动化设备。使用自动化设备如自动导引车(AGV)、机器人、自动化输送带等来执行货物的搬运、分拣和存储。

(2)实时监控。通过安装传感器和摄像头,实时监控仓库内的货物状态和设备运行情况,及时发现并处理异常。

京东智能物流系统

(3)数据分析。利用大数据分析技术对仓库的运营数据进行分析，以优化库存管理、预测需求、减少库存积压。

(4)智能决策。通过人工智能和机器学习算法，智能预测市场需求，自动调整库存策略和优化货物摆放。

(5)系统集成。将仓库管理系统与其他企业资源规划系统(ERP)、供应链管理系统(SCM)等进行集成，实现数据共享和流程协同。

(6)用户界面。提供友好的用户界面，使管理人员能够轻松地监控和控制仓库操作。

(7)安全保障。确保仓库管理系统具备高安全性，防止数据泄露和未授权访问。

(8)环境适应性。智慧仓储系统能够适应不同的环境和条件，如不同的货物类型、存储要求和操作流程。

智慧仓储不仅提高了仓库的运营效率，还有助于降低运营成本，提升客户满意度，并为企业提供更灵活的供应链管理能力。随着技术的发展，智慧仓储将越来越成为现代物流和供应链管理的重要组成部分。

(三)仓储的功能

仓储的功能主要包括以下几个方面：

(1)储存功能。仓储是生产、销售和客户之间的重要环节，货物可以在此进行存放和保管。

(2)保管功能。仓储可以保护货物，防止货物在运输、装卸等过程中受损或丢失，提高货物的安全性。因此在保管过程中就要选择合适的储存场所，采取合适的养护措施。

(3)中转功能。在物流过程中，仓储可以作为货物的中转站，将货物从一个地方运往另一个地方，进行中转和分拣。

(4)加工功能。仓储也可以作为货物的加工点，比如对货物进行包装、分割、捆绑等，以满足客户的不同需求。

(5)信息处理功能。通过计算机和互联网的运用，仓储可以快速地存储和传输货物信息，提高货物的管理效率和准确性。

(6)配送功能。仓储也可以作为货物的配送中心，为客户提供快速、高效的配送服务。

(7)支持企业形象的功能。通过优化仓储管理方法和效率可以提高企业形象，尤其在保障物资的安全、完整和有效利用，预防意外事故和损失方面，可以保障企业生产和经营的正常进行，增强客户对企业的信心和忠诚度，提高客户满意度和品牌忠诚度，进而提升品牌形象。同时，良好的仓储管理也能降低企业的运营成本，提高运营效率，增强企业的盈利能力，从而进一步支持企业的形象提升。

(四)仓储的作用

仓储活动就像一把“双刃剑”，库存太少会导致缺货，而库存太多又会出现库存积压，影响企业的资金周转，如何合理开展仓储活动，充分发挥其积极作用，是现代企业亟须解决的问题。

微课：仓储在物流管理中的作用

1.仓储的积极作用

(1)物品的保值作用。仓储是保持物资原有使用价值的重要手段，即仓储具有产品价值保存的作用。仓储最基本的功能是储存和保管，通过对物品进行合理的储存和保管，保持物品的原有使用价值，创造了物流的时间效用。

(2)整合作用。仓储的整合作用体现在两个方面:一是运输整合功能;二是产品整合功能。运输整合功能指的是为了降低运输成本,仓库将来自不同制造工厂指定送往某一特定顾客的材料或产品,整合成一个单元,进行一票装运;由于运输的费用率随着运量的增大而减少,尽可能大批量地运输是节省运费的有效手段。将连续不断产出的产品集中成大批量提交运输,或者将众多供货商所提供的产品整合成单一的一票运输等运输整合,就需要通过仓储来进行,通过整合不仅实现大批量运输,还可以通过密度组合、轻重搭配,实现运输工具空间的充分利用。产品整合功能指公司往往会在不同的制造场所生产不同的产品,这样也可以减少由多个供应商向同一客户进行供货带来的拥挤和不便,为了满足不同客户订单要求,物流公司需从不同的制造场所调运产品,于是产生了不同的到达时间和产品整合的可能性,通过这些方法将会提高公司完成客户订单的效率。

(3)平衡生产作用。平衡生产也就是平衡供需关系,是指通过仓储的时间调整来满足生产与销售的平衡需要。简单来说就是消除生产和消费的时间差别,原材料供应延迟以及偶发事件都会影响制成品的生产及物流配送,仓储则可以有效地防止货物短缺或供应中断。而且众多的产品具有季节性销售的特性,在销售高峰前才组织大批生产显然不仅不经济而且不可能。比如冬天需要的羽绒服,只有通过一定时间持续的经济生产,将产品通过仓储的方式储存,在销售旺季集中向市场供货,并通过仓储点的合理分布才能实现及时向所有市场供货。同样也有部分集中生产而常年销售的产品,也需要通过仓储的方式稳定持续地向市场供货。比如秋天收获的粮食经过储存来维持全年市场消费的均衡需要。对于一般商品、生产原材料,适量地进行安全储备是保证生产稳定进行和促进销售的重要手段,也是对抗偶发事件(如交通堵塞、发生不可抗力、意外事故等)对物流产生破坏的重要应急手段。

课内小任务

任务描述:扫描二维码,阅读资料后回答下面四个问题。	**案例分析:2022 年猪肉市场价格的变化**
在猪肉价格上涨时,政府采取了哪些举措抑制猪肉价格上涨?	
猪肉价格下跌时,政府采取了哪些举措稳定猪肉价格?	
你还知道国家储存了哪些物资吗?	

续表

通过国家开展的各类物资储备活动，谈谈你的感受。	
学号： 姓名： 时间： 年 月 日	

(4)存货控制。存货控制就是对仓储中的商品存量按市场规律进行控制，仓储物数量的变化可以反映出市场对该物品的需求情况。仓储量减少，周转量加大，表明社会需求旺盛；反之则为需求不足。厂家存货增加，表明其产品需求减少或者竞争力降低，或者生产规模不合适。仓储存货控制包括存量控制、仓储点的安排、补充控制、出货安排等工作。

2. 仓储的消极作用

(1)增加固定费用支出。库存会引起仓库建设、仓库管理、仓库员工福利等费用开支增加。可以说除了在现场装配的大型设备、建筑外，绝大多数通用产品的现代生产很难做到完全无存货，有存货就意味着资金的占用和运转停滞，造成资金成本增加、保管费用的增加，因为存在仓储，企业就要在仓库建设、管理、仓库工作人员工资及福利等方面支出大量费用。商品储存的各项费用支出是降低企业效益的因素之一。

(2)产生机会损失。储存物资就会涉及资金的占用，如果这些资金及利息被用于其他方面或许有更高的收益。所以，利息损失和机会损失可能都非常大。据有关资料，在企业运营中，储存占用的费用达到40%～70%的高比例。在特殊情况下，有的企业库存竟然占用了全部流动资金，使企业无法正常运行。据统计我国库存物资和闲置资源总量超过3.5万亿元，且每年以5%的速度在增加，有些经济学家和企业家将储存看成“洪水猛兽”。

(3)产生陈旧损坏与跌价损失。货物在库存期间可能发生各种物理、化学、生物、机械等损失，严重者会失去全部价值，随着储存时间的增加，存货逐渐陈旧变质，一旦错过有利的销售期，又不可避免地会引起货物贬值或跌价损失。最典型的就属电子产品，由于更新换代特别快，新产品的出现会导致原有库存急速贬值。

不论是个人还是国家，都离不开储存。虽然储存是必然存在的，但我们必须建立良好的储存习惯，弘扬勤俭节约的优良传统，做到合理消费和储存，避免造成资源的浪费。

二、仓库的种类

仓库是用于储存、保管物品的建筑物和场所的总称。在现代物流体系中，仓库发挥着至关重要的作用。合理运用仓库能有效管理和控制成本，提高活动的流畅度和效率。在大型物流中心，仓库还要承担加工、配送、装卸等工作。在一个国家、一个地区、一个企业的物流系统中需要有各种各样的仓库，它们的结构和服务对象差异较大，因此正确把握各种仓库的特点对于智慧仓内部规划和仓储管理具有实际意义。

微课：仓库的含义及分类

仓库按不同的标准可进行不同的分类，一个企业或部门可以根据自身的条件选择建设或租用不同类型的仓库。

(一)按仓库作用分类

1.储备库

这类仓库一般由国家设置,以保管国家应急的储备物资和战备物资。货物在这类仓库中储存时间一般比较长,并且储存的物资会定期更新,以保证物资的质量。如国家储备粮库、国家储备物资仓库等。国家储备库的特点是储量大、储存期长,性质特别重要,它除了保持物资的正常周转外,对于以丰补歉、抗御灾害、应付突发事件、保证经济和社会稳定都有重要的意义。

储备库的选址定点应坚持的主要原则:一是全国统一布局原则。储备库的建设既要着眼于未来战争,也要考虑国家经济发展的需要,必须统筹规划,合理布局。二是确保安全和交通方便的原则。储备物资必须在确保安全的前提下,做到进得去、调得出,保证需要。

2.物流库

物流库通常用于存放和管理日常用品、原材料等物资,是以营利为目的,存放周期短,品种多,物资出入频繁。其管理方式较为灵活,通常采用自动化设备和信息技术进行管理。物流库作为物流服务的据点,在流通作业中发挥着重要作用,它不再以储存和保管为主要目的,还包括拣选、配货、检验、分类、流通加工等功能,同时担负着物流管理和信息服务等功能。

(二)按使用范围分类

(1)自用仓库。生产或流通企业为本企业经营需要而修建的附属仓库,完全用于储存本企业的原材料、燃料、产成品等货物。

(2)营业仓库。一些企业专门为了经营储运业务而修建的仓库。

(3)公用仓库。由国家或某个主管部门修建的为社会服务的仓库,如机场、港口、铁路的货场、库房等仓库。

(4)出口监管仓库。经海关批准,在海关监管下存放已按规定领取了出口货物许可证或批件,已对外买断结汇并向海关办完全部出口海关手续的货物的专用仓库。

(5)保税仓库。经海关批准,在海关监管下专供存放未办理关税手续而入境或过境货物的场所。

(三)按保管物品种类的多少分类

(1)综合库。指用于存放多种不同属性物品的仓库。

(2)专业库。指用于存放一种或某一大类物品的仓库。

(四)按仓库保管条件分类

(1)普通仓库。指用于存放无特殊保管要求的物品的仓库。

(2)保温、冷藏、恒湿恒温库。指用于存放要求保温、冷藏或恒湿恒温的物品的仓库。

(3)特种仓库。通常是指用于存放易燃、易爆、有毒、有腐蚀性或有辐射性的物品的仓库。

(4)气调仓库。指用于存放要求控制库内氧气和二氧化碳浓度的物品的仓库。

(五)按仓库建筑结构分类

(1)封闭式仓库。这种仓库即“库房”,此种结构的仓库封闭性强,便于对库存物进行维护保养,适宜存放保管条件要求比较高的物品。

(2)半封闭式仓库。这种仓库即“货棚”,其保管条件不如库房,但出入库作业比较方便,且建造成本较低,适宜存放那些对温湿度要求不高且出入库频繁的物品。

（3）露天式仓库。这种仓库即“货场”，其最大优点是装卸作业极其方便，适宜存放较大型的货物。

（六）按结构与构造分类

（1）平房仓库。平房仓库的构造比较简单，建筑费用便宜，人工操作比较方便。

（2）楼房仓库。楼房仓库是指二层楼以上的仓库，它可以减少土地占用面积，进出库作业可采用机械化或半机械化。

（3）高层货架仓库。在作业方面，高层货架仓库主要使用电子计算机控制，能实现机械化和自动化操作。

（4）罐式仓库。罐式仓库的构造特殊，呈球形或柱形，主要是用来储存石油、天然气和液体化工品等。

（5）简易仓库。简易仓库的构造简单、造价低廉，一般是在仓库不足而又不能及时建库的情况下采用的临时代用办法，包括一些固定或活动的简易货棚等。

（七）按库内形态分类

（1）地面型仓库。一般指单层地面库多使用非货架型的保管设备。

（2）货架型仓库。指采用多层货架保管的仓库。在货架上放着货物和托盘，货物和托盘可在货架上滑动。货架分固定货架和移动货架。

（3）自动化立体仓库。指出入库用运送机械存放取出，用堆垛机等设备进行机械化自动化作业的高层货架仓库。

（八）按仓库功能分类

现代物流管理力求进货与发货同期化，使仓库管理从静态管理转变为动态管理，仓库功能也随之改变，这些新型仓库便有了以下新的称谓：

智能化无人仓库在电子产品零部件仓储中的应用

（1）集货中心。将零星货物集中成批量货物称为“集货”。集货中心可设在生产点数量很多，每个生产点产量有限的地区；只要这一地区某些产品的总产量达到一定水平，就可以设置这种有“集货”作用的物流据点。

（2）分货中心。将大批量运到的货物分成批量较小的货物称为“分货”，分货中心是主要从事分货工作的物流据点。企业可以采用大规模包装、集装货散装的方式将货物运到分货中心，然后按企业生产或销售的需要进行分装。利用分货中心可以降低运输费用。

（3）转运中心。转运中心的主要工作是承担货物在不同运输方式间的转运。转运中心可以进行两种运输方式的转运，也可进行多种运输方式的转运，在名称上有的称为卡车转运中心，有的称为火车转运中心，还有的称为综合转运中心。

（4）加工中心。加工中心的主要工作是进行流通加工。设置在供应地的加工中心主要进行以物流为主要目的的加工，设置在消费地的加工中心主要进行以实现销售、强化服务为主要目的的加工。

（5）储调中心。储调中心以储备为主要工作内容，其功能与传统仓库基本一致。

（6）配送中心。从事配送业务的物流场所或组织，它基本符合下列要求：①主要为特定的用户服务；②配送功能健全；③完善的信息网络；④辐射范围小；⑤多品种、小批量；⑥以配送为主，储存为辅。

微课：配送中心

（7）物流中心。从事物流活动的场所或组织，它基本符合下列要求：①主要面向社会服务；

②物流功能健全;③完善的信息网络,辐射范围大;④少品种、大批量;⑤存储、吞吐能力强;⑥统一经营管理物流业务。

课内小任务

任务描述:作为国内先进的电商仓库代表,京东亚洲一号仓在业内享有盛誉,请你通过网络调研方式,对京东亚洲一号仓的具体情况进行总结。			
描述京东亚洲一号仓在全国是怎样布局的。			
简述京东亚洲一号仓的仓储运营方式。			
通过数据列举京东亚洲一号仓的智能化情况。			
学号:	姓名:	时间:	年　　月　　日

三、仓库主体建筑

仓库的主体建筑分库房、货棚和货场三种。

(一)库房建筑结构

库房是仓库中用于存储货物的主要建筑,大多采用封闭式。库房主要由以下建筑结构组成:

1. 库房基础

库房基础用于承受房屋的重量,基础部分根据建筑物质量、地面的耐压强度以及土质等条件,采用预制混凝土桩进行建造。库房基础分为连续基础和支点基础两种,连续基础是实体墙下采用砖、块石和水泥浆砌成,支点基础是在墙柱下形成柱形基,柱形基一般间隔 3～3.5 m。基础桩的数量根据建筑物重量和桩的耐压强度决定。

2. 骨架构成

临时性棚子用梁和主椽来支撑屋顶的骨架,框架骨架用柱、中间柱或墙壁构成。此外,地板的构成是支撑地板及地板龙骨的骨架。仓库建筑物由上述骨架形成主结构,其中,柱间隔、柱的位置对仓库的使用十分重要。

3. 支柱

仓库内的支柱会减少仓库容量并影响装卸,因此,应尽量减少。但平房仓库梁的长度超过 25 m 时,建无柱仓库有困难,而设了梁间柱,仓库就成为有柱结构。开间方向的壁柱间距与隔墙、防火墙的位置、门、库内通道的位置、天花板的宽度等相匹配。

多层仓库在不得已的情况下才采用库内柱的构造,其适宜的柱距为:钢筋混凝土结构支柱间隔距离为6～8 m,钢架、钢筋混凝土混合结构支柱间隔距离为8～10 m,预应力钢筋混凝土结构支柱间隔距离为15 m。实际上,多层仓库的柱距在进深方向多为4～8.5 m,开间方向多为5～11.5 m。

4. 出入库门

出入库门的位置和数量由建筑物主体结构、进深长度、出入库次数、库内商品堆码形式以及通路设置等因素所决定。例如,库面积为1 500 m^2 的一般仓库,可以设4个出入口。出入口的开启方式多使用拉门式、移门式和卷帘式三种。

5. 墙壁

在设计内墙时,要特别注意防火墙的问题。如果不具备自动喷水灭火装置等必要防火设备的面积,或者扣除具备灭火装置设备条件的那一部分面积后,总面积还超过1 500 m^2 时,必须设防火墙,在这种情况下,防火墙的中间部分要设通路,必须通过防火门在各区域之间来往,使各个区域成为独立的保管场所。外墙则包括地板、楼板和门,外墙必须具备防火结构或简易耐火结构。

6. 屋顶

屋顶的构造参数主要是屋顶的倾斜度即坡度。当屋顶为"人"字形木屋架时,一般坡度为1/10～3/10。在积雪的地方可大一些,根据需要还可设放雪板。关于雪的重量,1 cm厚的积雪,一般地区为2 kg/m^2,多雪地带为3 kg/m^2。对于屋顶材料,平房仓库可采用镀锌板、石棉瓦、长尺寸彩色钢板。

7. 地面

地面的构造参数主要是地面的耐压强度,一般平房仓库为3 t/m^2,其次是3.0～5 t/m^2,多层仓库随层数加高,地板承受负荷能力减小。1层为2.5～3 t/m^2,3层、4层为1.5～2 t/m^2,5层、6层为1～1.5 t/m^2。地面的负荷能力的设计标准是由保管商品的重量、所使用装卸机械的总重量、楼板骨架的跨度所决定的,但平均每平方米荷重为3 t是大致的标准。另外,地面要采取防止磨损、龟裂及脱壳的施工方法,除特殊情况外,最好用钢筋水泥混凝土制成地坪。

8. 窗户

仓库窗户的主要功能是采光和通风散湿。由于阳光中的紫外线对大多数非金属材料有老化破坏作用,所以在仓库设计时,应尽量使用彩色钢板作为库房屋顶,窗户则使用百叶窗。窗户不宜过大,需考虑库房的密封、隔热和防潮。

(二)货棚建筑结构

货棚根据其围墙建筑情况,可以分为散棚(仅有支柱和棚顶构成)和半敞棚(有一面、二面和三面墙之分)。

(三)货场建筑结构

露天货场的地面材料可根据堆存货物对地面承载力的要求,采用压实泥地、铺沙地、块石地和钢筋水泥地等方式铺设。

任务实施

项目一	智慧仓储内部规划	任务一	仓库类型和功能确定
任务背景	公司要建一栋 1 500 m^2 左右的计算机售后备品配件仓储中心，库房长 50 m、宽 30 m、高 6.5 m。货物多为轻泡货，且种类较多。物料进出类型：一成物料为贴纸、螺丝、塑料垫等小料件，一包几百个，以后分若干次出货。九成物料为箱装物料，箱尺寸不一，其中五成货品能做到整托盘进货、整托盘出货，四成货品能整托盘进货，但每次同一货物很少整托盘出货，例如 A 料 2 箱、B 料 9 箱、C 料 5 箱，最终一个出货托盘中含有五六种物料是很正常的事情。公司领导希望尽可能提升仓库空间利用率，且对小件商品需引入货到人拣选的智能化作业方式，以提升拣选效率。		
任务要求	1. 将学生分组，每组 5 人左右。 2. 各组结合任务背景，系统地搜集、整理有关仓库类型和结构的资料。 3. 小组讨论，最终形成一份实施方案，并派代表进行汇报。		
实施方法	将智慧仓储仓库类型和功能确定作为一个小任务，学生按照资讯—计划—实施—检查评估来完成任务，在老师指导下制订方案、实施方案，最终进行评估。		
实施成果	1. 所要建的仓库都符合哪些仓库类型的特征？ 2. 所要建的仓库具备哪些功能？		
学号：	姓名：		时间：　　年　　月　　日

任务检测

项目一	智慧仓储内部规划	任务一	仓库类型和功能确定
检测方式	课证融通习题、技能训练		
课证融通习题	**一、单选题** 1. 以一定的较大批量集中于一个场所之中的仓储活动，被称为（　　）。 A. 分散仓储　　B. 集中仓储　　C. 零库存　　D. 租赁仓储 2. 在仓储过程中对产品进行保护、管理，防止其损坏而丧失价值，体现了仓储的（　　）功能。 A. 保管　　B. 整合　　C. 加工　　D. 储存 3.（　　）是指企业将仓储管理等物流活动转包给外部公司，由外部公司为企业提供综合物流服务。 A. 租赁仓库仓储　　B. 供应商管理库存 C. 第三方仓储　　D. 寄售 4. 第三方物流企业的仓储属于（　　）。 A. 企业自营仓储　　B. 营业仓储 C. 公共仓储　　D. 战略储备仓储 5. 仓储具有（　　）和静态仓储两种。 A. 动态　　B. 流动　　C. 静止　　D. 停滞 6. 当某些库存承担起国家的安全使命时，这些库存通常被称为（　　）。 A. 流通库存　　B. 保险库存　　C. 国家储备　　D. 制造库存 7. 下列关于高层货架仓库的叙述不正确的是（　　）。 A. 高层货架仓库建筑物为多层结构，高层棚的顶很高 B. 高层货架仓库主要使用电子计算机控制，能实现机械化和自动化操作 C. 高层货架仓库也称自动化仓库或无人仓库。 D. 高层货架仓库建设投资大 8. 称为“货场”的仓库类型是（　　）。 A. 普通仓库　　B. 露天式仓库 C. 半封闭式仓库　　D. 封闭式仓库 9.（　　）是经海关批准，在海关监管下专供存放未办理关税手续而入境或过境货物的场所。 A. 出口监管仓库　　B. 特种仓库 C. 保税仓库　　D. 营业仓库 10. 封闭式仓库适合存放保管（　　）的物品。 A. 对温湿度要求不高、出入库频繁　　B. 较大型 C. 保管要求比较高　　D. 出入库频繁 11.（　　）是指出入库用运送机械存放取出，用堆垛机等设备进行机械化自动化作业的高层货架仓库。 A. 货架型仓库　　B. 自动化立体仓库 C. 地面型仓库　　D. 综合仓库 12. 物流库（　　）。 A. 不再具有储备库的最基本功能　　B. 储备保管是其主要功能 C. 只具有流通加工功能　　D. 是物流节点，成为物品制造环节的延伸		

续表

项目一	智慧仓储内部规划	任务一	仓库类型和功能确定
检测方式	课证融通习题、技能训练		
课证融通习题	13. 自用仓库是指生产或流通企业为(　　)而修建的附属仓库，完全用于储存本公司的物品(原材料、燃料、半成品、产成品等)。 A. 经营储运业务　　B. 本企业经营需要 C. 公共设施的配套服务设施　　D. 国家物资储备 **二、多选题** 1. 按使用范围，可以把仓库分为自用仓库和(　　)等。 A. 营业仓库　　B. 公共仓库　　C. 气调仓库　　D. 加工仓库 2. 根据仓库的保管条件不同，可以把仓库分为(　　)。 A. 普通仓库　　B. 保温、冷藏、恒湿恒温库 C. 危险品仓库　　D. 气调仓库 3. 按结构和构造分类，可以把仓库分为平房仓库、(　　)、罐式仓库等。 A. 楼房仓库　　B. 简易仓库　　C. 高层货架仓库　　D. 加工仓库 4. 现代物流使仓库管理从静态管理转变为动态管理，使得新型仓库据点有了新的称谓，如(　　)。 A. 集货中心　　B. 分货中心　　C. 转运中心　　D. 加工中心 5. 营业仓库(　　)。 A. 与自用仓库相比，营业仓库的使用效率要高　　B. 通常储存公司自用物品 C. 是以经营为手段，以营利为目的的　　D. 所保管物品的种类、数量相对确定			
技能训练	阅读二维码中的资料，回答以下问题： 1. 自动化立体仓库都有哪些设施？ **正泰集团的自动化立体仓库** 2. 结合本案例分析自动化立体仓库的功能。		
学号：	姓名：	时间：　　年　　月　　日	

任务二　智慧仓储设备规划

任务描述

“工欲善其事，必先利其器。”现在惠安仓储物流有限公司准备为建好的3号仓库选购一批仓库设备。在确定了所建仓库类型的基础上，仓库主管请王宇配合他开展设备调查，了解仓储设备的类型，以及各类仓储设备的功能特点，根据库房的种类及业务范围，合理选择和配备仓储设备，提升仓库智能化，使其能正常运转并显著提高作业效率。

任务目标

知识目标

1. 认识智慧仓储设备的种类。
2. 掌握各种智慧仓储设备的作业特点和应用领域。

能力目标

1. 能够根据仓库情况完成智慧仓储设备的合理选择和配备。
2. 能够对各种智慧仓储设备进行合理布局摆放。

素质目标

1. 爱护工具和设备，自觉做好维护和保养工作。
2. 通过认识智慧仓储设备，提升“蓝色科技”创新意识。
3. 通过仓储设备应用案例，提升安全责任意识。

任务准备

仓储设备是指仓储业务所需的所有技术装置与机具，即仓库进行生产作业或辅助生产作业以及保证仓库及作业安全所必需的各种机械设备的总称。仓储设备与设施的分类见表1-2-1。

表1-2-1　仓储设备与设施的分类

功能要求	设备类型
装卸搬运设备	托盘、叉车、手推车、堆垛机械、起重运输机械等
保管设备	货架、货橱、苫盖用品等
分拣、配货	分拣机、搬运车、料箱机器人、传输机械等
验货、养护	检验仪器、工具、养护设施等
防火、防盗	温度监视器、防火报警器、监视器、防盗报警设施等
流通加工	包装机、封口机、条码打印机等
控制、管理	计算机及辅助设备等
配套设施	站台、轨道、道路、场地等

对仓库布局影响比较大的设备主要包括装卸搬运设备、保管设备、拣选设备、验收设备和包装设备，下面主要对上述设备进行详细介绍。

一、装卸搬运设备

装卸搬运设备包括搬运传送设备、装卸堆垛设备和成组搬运设备(表 1-2-2)。

表 1-2-2　装卸搬运设备的分类

设备类型	设备名称
搬运传送设备	手推车、液压搬运车、叉车、AGV、码头转运车、输送机、电梯等
装卸堆垛设备	叉车、起重机、堆垛机、码垛机器人等
成组搬运设备	托盘、集装箱等

(一)手推车

手推车轻便灵活,广泛用于仓库、物流中心、百货公司和货运站等。一般手推车没有提升能力,所以一般承载能力在 500 kg 以下。按结构可分为平板手推车、老虎车、笼式手推车(图 1-2-1)。

(a) 平板手推车　(b) 老虎车　(c) 笼式手推车

图 1-2-1　各种手推车

(二)液压搬运车

液压搬运车又称地牛,通常分为手动液压搬运车和电动液压搬运车(图 1-2-2)。

(a) 手动液压搬运车　(b) 半电动液压搬运车　(c) 全电动液压搬运车

图 1-2-2　液压搬运车

1. 手动液压搬运车

手动液压搬运车是一种配备小体积液压装置、结构和操作都比较简单、使用方便的搬运设备,具有三大功能:提升、搬运、放下。主要应用于水平搬运且场地拥挤的场合,承载能力 2.0～5.0 t,作业通道宽度一般为 2.3～2.8 m,用户可以根据不同的需求选择最适合的型号。

手动液压搬运车的选购标准

2. 电动液压搬运车

电动液压搬运车又分为半电动液压搬运车、全电动液压搬运车。

其中半电动液压搬运车为手动升降、电动行走。全电动液压搬运车为电动升降、电动行走。共同原理为通过电瓶供能，使用驱动轮提供行驶动力或通过泵站提供上升动力。

电动液压搬运车的选购标准跟手动液压搬运车一样，一般从车身宽度和货叉的长度、载重、货叉升降高度、托盘的种类四个方面来进行选购(具体参考手动液压搬运车的采购标准)。

(三)叉车

叉车是仓库装卸搬运机械中应用最广泛的设备之一，对于常规的规范化包装物品一般均采用叉车进行搬运。

叉车具有机械化程度高，机动灵活性好，可以“一机多用”，可提高仓容利用率，有利于开展托盘成组运输和集装箱运输，成本较低、投资少等优点。

随着仓储业的发展，与仓储作业息息相关的机械设备也日趋多样化，叉车的类型也逐渐增多，可以从不同角度分类。

视频：叉车进入车辆卸货作业

1. 按构造不同分类

基本类型有平衡重式、前移式、侧叉式、抱夹式、三向堆垛式和集装箱叉车等(图 1-2-3)。

(a) 平衡重式叉车　(b) 前移式叉车　(c) 侧叉式叉车

(d) 抱夹式叉车　(e) 三向堆垛式叉车　(f) 集装箱叉车

图 1-2-3　各种叉车

(1)平衡重式叉车。平衡重式叉车是使用最广泛、用量最大的一种叉车。平衡重式叉车的工作装置位于车辆前端，货物载于前端货叉上，为了平衡前端货物重量，在叉车的后部装有配重。无论是电动还是内燃驱动平衡重式叉车，其车身尺寸均较大，需要较大的作业空间，因此，平衡重式叉车多用于室外装卸、搬运作业。

微课：常见叉车

(2)前移式叉车。前移式叉车的门架可以带着起升机构沿着支腿内侧轨道前移，便于叉取货物，两个支腿起稳固作用。

(3)侧叉式叉车。侧叉式叉车的门架和货叉在车体一侧，车体进入通道，货叉面向货架或货垛，装卸作业不必先转弯再作业，因此适合窄通道作业，有利于条形长尺寸货物搬运。

(4)抱夹式叉车。抱夹式叉车按附属机具的不同分为平夹叉车、桶夹叉车和纸卷夹叉车。该叉车无须配合托盘使用，这样的叉车广泛应用在棉花、废纸、羊毛、甘草、造纸、印刷、建材、化纤等行业。

课内小任务

任务描述：扫描二维码，判断此视频中叉车作业是否规范，存在哪些问题。

视频：抱夹式叉车作业

学号：　　姓名：　　时间：　　年　　月　　日

(5)三向堆垛式叉车。三向堆垛式叉车是一种在狭窄空间内进行装卸、储存和搬运作业的叉车，因此又称为窄巷道叉车。三向堆垛式叉车具备较高的适应性，能在前后、左右、竖直方向上行驶，实现零转弯半径。此外，车辆具备良好的操控性，通过控制叉头旋转方向，实现货物前后和左右的移动。三向堆垛式叉车具备必要的安全装置，如限位器、刹车装置、液压支撑等。

(6)集装箱叉车。集装箱叉车是指一种集装箱码头和堆场上常用的搬运、装卸集装箱的专用叉车。既可用门架顶部吊具起吊搬运集装箱，也可用货叉插入集装箱底部叉槽举升搬运集装箱。主要用于堆垛空集装箱等辅助性作业，也可在集装箱吞吐量不大(低于3万标准箱/年)的综合性码头和堆场进行集装箱装卸，或短距离搬运。

2.按所用动力不同分类

可以分为内燃机式、蓄电池式和无动力叉车。蓄电池式叉车常用于室内、短距离和工作量较小的搬运作业；内燃机式叉车常用于室外、长距离和工作量较大的搬运作业。

内燃机式叉车和蓄电池式叉车的性能比较

3.按用途分类

分为通用叉车和专用叉车。通用叉车是大批量生产的、在各个部门和场所普遍使用的叉车；专用叉车是专门用来装卸某种货物的叉车或专用于特殊场合的叉车。

（四）AGV

AGV即自动导引车（automated guided vehicle）的英文缩写，是指具有磁条、轨道或者激光等自动导引设备，沿规划好的路径行驶，以电池为动力，并且装备安全保护以及各种辅助机构（如移载、装配机构）的无人驾驶的自动化车辆（图1-2-4）。

（五）码头转运车

码头转运车也称终端拖车、港口拖车。用于集装箱在公路、码头、港口的货物运输，是港口码头的集装箱专用车；合理的结构运用确保港口转运车可承载60～80 t的集装箱货物。目前有些大的港口已经应用自动拖车完成集装箱在堆场与码头的搬运作业（图1-2-5）。

图1-2-4 AGV

图1-2-5 自动拖车

（六）输送机

1. 皮带输送机

皮带输送机是一种利用连续而具有挠性的输送带连续输送物料的输送机（图1-2-6）。

2. 辊道输送机

辊道输送机是利用辊子的转动来输送成件物品的输送机。它可沿水平或曲线路径进行输送，其结构简单，安装、使用、维护方便，对不规则的物品可放在托盘或者托板上进行输送（图1-2-7）。

图1-2-6 皮带输送机

图1-2-7 辊道输送机

3. 链板输送机

应用于重件的输送，常用于各类摩托车、汽车总装输送线及焊接输送机，以及各类制动器、发动机链板输送机、起动机链板机、磁电器门链板输送机、发电机链板输送机、电焊机链板输送机等的装配。

4. 悬挂式输送机

也称为空中输送机，是具有空间封闭线路的连续运输设备，用于车间内部或各个车间之间，工件物品的流水连续输送，在流水连续输送过程中，可以进行对工件的各种顺序工艺作业，如素材上线，表面处理、喷漆、烘干、冷却、成品下线等，并可在苛刻的环境（如高温、有害介质等）下工作。

（七）起重机

起重机是专门用来堆码或提升货物的机械。它有轻小起重设备、桥式起重机、门式起重机和臂架式起重机等类型。

1. 轻小起重设备

一般只有一个升降机构，它只能使重物做单一的升降运动。属于这一类的有千斤顶、滑车、手（气、电）动葫芦、绞车等。电动葫芦常配有运行小车或轨道与金属构架以扩大作业范围（图 1-2-8）。

2. 桥式起重机

横架于车间、仓库和料场上空进行物料吊运的起重设备。由于它的两端坐落在高大的水泥柱或者金属支架上，形状似桥。桥式起重机的桥架沿铺设在两侧高架上的轨道纵向运行，可以充分利用桥架下面的空间吊运物料，不受地面设备的阻碍。它是使用范围最广、数量最多的一种起重机械（图 1-2-9）。

图 1-2-8　电动葫芦

图 1-2-9　桥式起重机

3. 门式起重机

桥式起重机的一种变形，也称龙门吊。在港口，主要用于室外的货场、料场货、散货的装卸作业（图 1-2-10）。

4. 臂架式起重机

臂架式起重机的特点与桥式起重机基本相同(图 1-2-11)。可在圆形场地及其上空作业，多用于露天装卸及安装等工作，有门座起重机、浮游起重机、桅杆起重机、壁行起重机和甲板起重机等。

图 1-2-10　门式起重机

图 1-2-11　臂架式起重机

课内小任务

任务描述：我国上海洋山港港口年吞吐量抵得过美国所有港口之和，为什么洋山港能够如此厉害呢？主要原因是它是全球单体最大的全自动化码头，也是全球综合自动化程度最高的码头。它被称为"魔鬼码头"，整个码头和堆场内将不再有人，不仅岸桥不需要人驾驶，连集装箱卡车也不再需要人来驾驶，直接由自动运行的无人驾驶 AGV 小车把集装箱运到堆场，堆场的桥吊也是无人操作的。原先的码头操作员全部转移到监控室，对着电脑屏幕就能完成全部作业。"魔鬼码头"不仅没有人，还实现了魔鬼般的效率，洋山港码头作业效率在不远的将来会达到 40 箱/h，远超人工码头的作业效率，减少人工 70%左右。 无人值守却高效有序，科技助力"魔鬼码头"成为世界第一。	**"魔鬼码头"——世界最大的全自动码头**
你对洋山港码头装卸的印象是什么？	
中国为什么要建造一个如此先进的码头？	
洋山港自 2009 年成为世界第一大港并一直遥遥领先其他国家的港口，说明了什么？	
学号：	姓名：　　　　时间：　　年　　月　　日

(八)巷道式堆垛机

巷道式堆垛机是自动化立体仓库内主要的作业机械,称为“高层贮藏之王”,是随着立体仓库的出现而发展起来的专用起重机。

巷道式堆垛机的起重量一般在 2 t 以下,有的达 4～5 t,使用这种设备的仓库最高达 40 m,大多在 10～25 m。它的主要用途是在立体仓库的货架巷道间来回穿梭运行,将位于巷道口的货物存入货格,或取出货格内的货物运送到巷道口。

(九)码垛机器人

码垛机器人,是机械与计算机程序有机结合的产物。为现代生产提供了更高的生产效率。码垛机器人在码垛行业有着相当广泛的应用。码垛机器人大大节省了劳动力和空间。码垛机器人运作灵活精准、快速高效、稳定性高,作业效率高。

(十)料箱机器人

料箱机器人是一种智能化物流搬运设备,无须借助任何轨道,即可实现多个料箱的智能拣选、存取、搬运。以料箱为存储单元的存储形式,通过信息化系统的统一调度和管理,实现小批量、多批次、高周转率的出入库、拣选等,主要应用在工业及物流仓储领域中,以周转箱/原箱为搬运单元,可以实现货到人拣选,减少人力资源投入。

视频:料箱机器人入库出库作业

(十一)托盘

为了使物品能有效地装卸、运输、保管,将其按一定数量组合放置于一定形状的台面上,这种台面有供叉车从下部插入并将台板托起的叉入口。具有这种基本结构的平板台板和在这种基本结构基础上形成的各种形式的集装器具,都可统称为托盘。

1. 平托盘

见图 1-2-12。

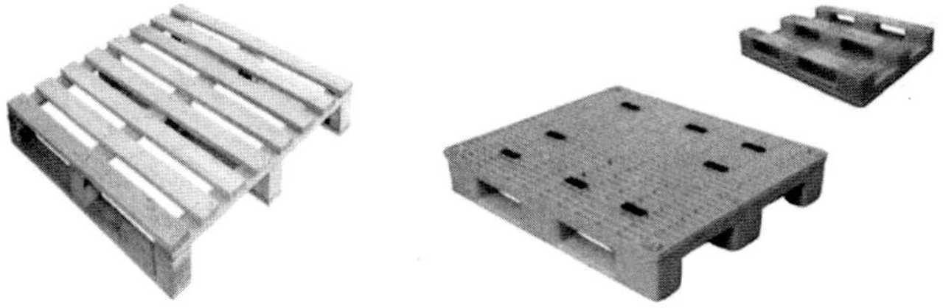

(a) (b)

图 1-2-12 平托盘

2. 柱式托盘

见图 1-2-13。

(a) (b)

图 1-2-13 柱式托盘

3. 箱式托盘

见图 1-2-14。

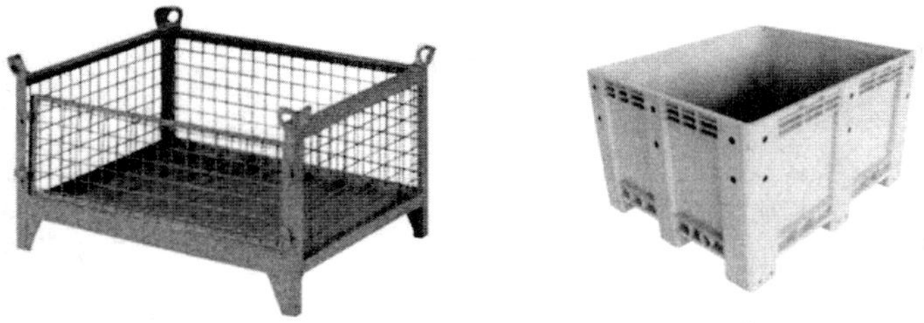

(a)　　　　(b)

图 1-2-14　箱式托盘

4. 折叠式托盘

折叠式托盘与柱式托盘和箱式托盘相比，区别是立柱或网格板可以放倒折叠起来，方便在不使用的情况下减少储存空间的占用。

根据《联运通用平托盘　主要尺寸及公差》(GB/T 2934—2007)中提到的目前国内推荐使用的托盘平面尺寸有 1 200 mm×1 000 mm 和 1 100 mm×1 100 mm 两种，其中优先推荐的是 1 200 mm×1 000 mm 的。

二、保管设备

保管设备主要用于存放和保管货物，包括各种类型的货架、物料存储工具(如托盘、仓储笼、包装箱、周转箱等)、苫垫材料等。

(一)货架

货架是指用支架、隔板或托架组成的立体储存物品的设备。随着仓库机械化和自动化程度不断提高，货架技术也在不断提高，尽管出现了许多新型货架，传统的层架、悬臂式货架、托盘货架等依然发挥着重要作用。

微课：货架的种类

1. 层架

层架由立柱、横梁和层板构成，层间用于存放货物(图 1-2-15)。层架结构简单，存放物资数量有限，是人工作业仓库和超市卖场的主要储存设备。层架按照存储货物的重量级分类，分为轻型、中型和重型。

2. 托盘货架

托盘货架又称横梁式货架，或称货位式货架，通常为重型货架，是最广泛的托盘类物品存储货架之一，有较强的通用性。托盘货架需配合托盘来使用，单托货物重量一般在 2 000 kg 以内，其基本结构包括立柱、横梁、斜撑和基脚(图 1-2-16)。托盘货架以机械搬运设备进行存储，可以实现机械化存取作业，布局时每两排货架之间有一条巷道，出入库可做到先进先出。

3. 悬臂式货架

悬臂式货架由 3～4 个塔形悬臂和纵梁相连而成(图 1-2-17)。悬臂的尺寸根据所存放物品的外形确定。适合细长和环形物品的保管和整理,悬臂单臂承重 200～500 kg,通过设计背拉可增加稳定程度。

图 1-2-15　层架

图 1-2-16　托盘货架

(a)　　(b)

图 1-2-17　悬臂式货架

4. 移动式货架

移动式货架的货架底部装有滚轮,每排货架有一个电机驱动,开启控制装置,滑轮可以沿轨道滑动(图 1-2-18)。移动式货架平时可以密集相连排列,存取货物时通过手动或电动控制装置驱动货架沿轨道滑动,形成通道,从而大幅度减少通道面积,仓库面积利用率可以达到 80%,但由于成本较高,主要应用于传媒、图书馆、金融、食品等行业仓库。

5. 驶入式货架

驶入式货架也称贯通式货架(图 1-2-19),叉车(或带货叉的无人搬运车)可以驶入存货通道存取货物,货架对托盘质量和规格要求较高,托盘长度需与悬轨宽度相符。此货架特点是作为托盘单元货物的储存货位与叉车的作业通道是合一的、共同的,这就大大提高了仓库的面积利用率。但此货架的缺点是不保证先进先出,所以适用于品种少、批量大的货物储存,如生产企业或者以批发为主的企业以及要充分利用储存空间的冷库。

驶入式货架只有一端可供叉车进出,驶入驶出式货架两端叉车都可以进行存取作业,也可以从一端存货另一端取货,这样可以做到先进先出。但是此货架一个巷道里的货物必须全部取完后才能存入新的货物。

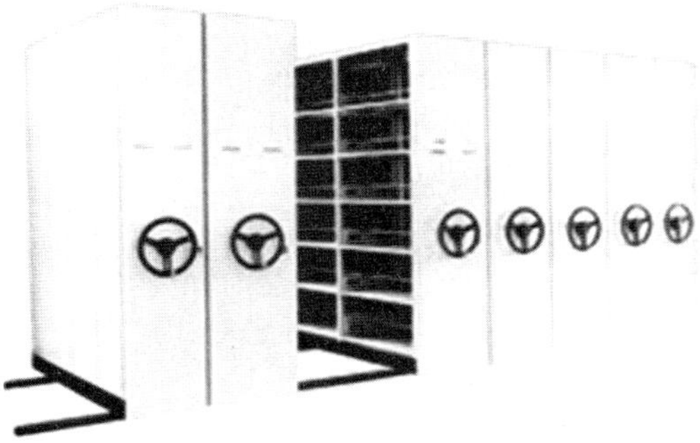

图 1-2-18 移动式货架

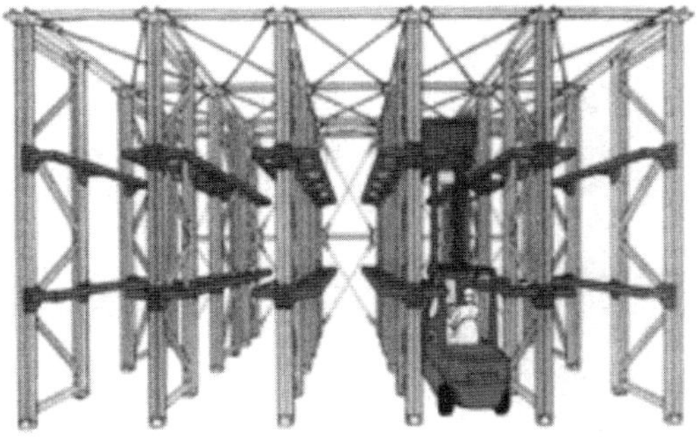

图 1-2-19 驶入式货架

6. 后推式货架

后推式货架又称为压入式货架(图 1-2-20),是在前后梁间以多层台车重叠相接,从外侧将叠栈货物置于台车推入,后储存的货品会将原先的货品推进里面。储运货物时叉车只位于货架通道水平较低的一端作业,无须进入货架货物存储通道,每层一个进深货位需遵循先进后出顺序。此类货架具有存储密度高、储运速度快的典型特征。通常在存储场地极其有限,但必须增加存储容量或对货物拣选要求不高的场合使用。适合品种少、大批量的物品,以及冷冻库等需提高空间利用率的情况。

(a) (b)

图 1-2-20 后推式货架

7. 穿梭式货架

穿梭式货架是由货架、台车以及叉车组成的高密度储存系统,这种高效率的储存方式能提高仓库空间的利用率。工作原理同后推式货架相似,但较之更为先进,工作效率更高(图 1-2-21)。

8. 流利式货架

流利式货架是利用物体自身重力沿滚轮下滑,符合仓储的先进先出原则,适合配送中心小件商品拣选和生产线、装配线上物料的存放(图 1-2-22)。

9. 抽屉式货架

轻型抽屉式货架主要用于存放中小型模具,通常每层承载量小于 500 kg。还可存放比较贵重的或怕尘土、怕湿的小件物品。重型抽屉式货架可用于存放特重型模具和货物 ,其具有节省场地、结构简单、操作轻便和安全可靠的特点。顶部配有手拉葫芦移动车,用于模具的起吊和存取(图 1-2-23)。

图 1-2-21　穿梭式货架

图 1-2-22　电子标签流利式货架

10. 阁楼式货架

阁楼式货架将储存空间按上下两层规划，能有效增加空间利用率；上层不适合重型搬运设备行走；存取作业效率低；用于库房较高、物品较轻、人工存取、储货量较大的情况（图 1-2-24）。

图 1-2-23　抽屉式货架

图 1-2-24　阁楼式货架

（二）物料存储工具

物料存储工具主要包括托盘、仓储笼、包装箱、周转箱等。

（三）苫垫用品

起遮挡雨水和隔潮、通风等作用，包括苫布、苫席、枕木、石条、塑料垫板等。

三、拣选设备

《变化中的精彩》
——无人分拣

（一）分拣机器人

分拣机器人是一种具备传感器、物镜和电子光学系统的机器人，可以快速进行货物分拣（图 1-2-25）。主要用于快递企业全自动分拣或者电商物流的货到人拣选作业。

（二）电子标签拣选台车

电子标签拣选台车是通过平板电脑登录系统，选择作业单，进行拣货（图 1-2-26）。根据作业单选择要拣货的货物信息。它具有机动性好，成本低，操作简单等特点。主要用于人到货的播种式拣选作业。

图 1-2-25 分拣机器人

图 1-2-26 电子标签拣选台车

(三)电子标签拣选货架

即在流利式货架上配有电子标签拣选系统,是以一连串装于货架格位上的电子显示装置(电子标签)取代拣货单,指示应拣取的物品及数量,辅助拣货人员的作业,减少目视寻找的时间。不仅能减少拣错率,更能大幅度提高效率。应用于配送中心人到货的摘果式拣选作业。

(四)智能翻盖分拣设备

智能翻盖分拣设备是一种自动分拣播种系统,无须作业人员思考,通过红外线识别商品并发布指令,拣选准确率在99.9%以上,效率超600件/h,以计算机的思考代替人的思考,实现作业流程的智能化操作,从而降本增效。

该设备通过翻盖式的设计,在每个分拣口上设置翻盖组件,拣选人员只需将扫码商品投入翻盖开启的分拣口中,让拣选人员作业更加简单,实现工作人员零考虑、零差错,极大地提高拣选效率及正确率,无须复核,节省复核环节及成本。智能翻盖拣选系统适用于订单结构相对复杂、品种繁多的场景。如电商、医药、鞋服、食品等单一品种多规格,拣选易出错,或各订单SKU(最小存货单位)种类重复度高的场景。

(五)输送机和分拣机

输送机和分拣机通过传送带和机械臂组合,将货物从起点运送到终点,并根据预设条件自动分类和分拣货物。这种设备通常用于电商仓储、物流中心和快递分拣中心等场景。

四、验收设备

(一)计量设备

1. 衡器设备

仓库根据其作业性质与收发量大小,一般配备案秤、台秤、汽车衡等衡器设备。

(1)案秤。案秤有普通案秤和电子案秤两种。它具有稳定的平衡性,能很快地称量货物,准确性较高。目前仓库常用的案秤主要为盘秤,最大称量值有10 kg、20 kg等几种。由于案秤适于称小件或轻质物料,因此,在配发小件或轻质物料频繁的基层生产单位仓库内得到广泛采用。

(2)台秤。台秤是不等臂衡器的一种,是仓库应用最广泛的必备的衡器设备。根据其构造不同,可分为秤砣台秤、标尺台秤和电子台秤,以秤砣台秤最为通用。秤砣台秤又分球秤和刀秤两种类型。仓库常用的台秤一般有量程 500 kg、1 000 kg、2 000 kg 和 3 000 kg 等数种规格。

(3)汽车衡。这是一种比较小型的无轨地下磅秤,实际上就是将台秤的台面安装在与汽车道路面同一水平上,以便进出库运料的非轨行车辆通过其上,迅速称出质量。因此,凡使用各种非轨行车辆进行收发料搬运作业的仓库均适用。这种衡器的设置地点一般应在主要料场附近,以便就近过秤。仓库采用的汽车衡的最大称重量应根据其运输车辆的自重和装载吨位决定,一般为 10～15 t(图 1-2-27)。

图 1-2-27　汽车衡

2. 量具

仓库常用的量具包括普通量具和精密量具。普通量具又有直接量具(如直尺、折尺、卷尺等)和辅助量具(如卡钳、线规等)之分。精密量具有游标卡尺和千分尺等。

(二)质检设备

这种设备是商品入库验收与在库养护、测试、化验,以及防止商品发生质变、失效的一系列机具、仪器、仪表等技术装备。主要有测湿仪、红外线装置、空气调节器,以及测试、化验使用的部分仪器和工具。此类设备在大型及特种仓库中使用较多,小型通用仓库较少配备。

五、包装设备

(一)填充机

(1)颗粒包装机。采用自动填充四边封口包装。适用于制药、食品和日化等行业,可对片剂、胶囊、黏稠体、液体、颗粒和粉剂等物料进行自动填充上料包装。

(2)粉剂定量包装机。该设备采用单片机控制,有自动定量、自动填充、自动调整剂量误差等功能,采用螺旋下料、光控技术及电子称量技术,适用于有一定流动性的粉剂状、颗粒状物料,以及袋类、罐类、瓶类等各种包装容器的定量包装。它采用光电开关控制,但需人工套袋,袋口要干净、易封口,与物料接触部位均采用不锈钢制作,清洗方便,防止交叉污染。

(二)灌装机

(1)直线型灌装机。适合灌装液体类产品。

(2)真空液体灌装机。为半自动活塞液体灌装机,物料接触部分均采用不锈钢材料制成,采用抽真空技术,将容器内空气抽净后再灌装,灌装量和灌装速度均可任意调节。

(3)双头膏体灌装机。适用于灌装中等黏度至高黏度的产品。

(三)封口机

(1)软管封口机。利用热熔技术对塑料软管的封口表面进行加热,从而将软管口两边高压熔合在一起,是适用于医药、日化、食品及特殊行业的理想的塑料软管、复合管封口机械。

(2)铝箔封口机。利用电磁感应的原理,使瓶口上的铝箔片瞬间产生高热,然后熔合在瓶口上,以实现封口的功能。它主要用于医药、农药、食品、化妆品和润滑等行业。

(四)真空包装机

真空包装机,适合对肉类、酱制品、调味剂、果脯、粮食、豆制品、化学品、药材的颗粒、粉状、液体等进行真空包装或充入惰性气体包装,可以防止产品氧化、霉变、腐烂、受潮,延长产品的储存或保鲜期限。

(五)半自动打包机

半自动打包机主要适用于纸箱、木箱、书刊等的捆包(图 1-2-28)。捆扎速度快,捆一条带只需 1.5 s 左右,降低了工人的劳动强度,提高了工作效率,捆扎力大,且调整范围广,质量稳定可靠,操作、维修方便;热刀加热迅速,5 s 进入最佳打包状态,捆包完成后,如 1 min 内不工作,电动机自停进入待机状态。

(六)手动打包机

该机非常适合用于打包各种物体,如铁路包、书刊、木箱、纸箱等(图 1-2-29),使用方便、灵巧,价格低。

(七)自动封箱机

自动封箱机可自动折盖,上下封箱,快速、平稳,封箱效果平整、美观(图 1-2-30)。其可替代人工,提高 80%的生产效率,节省 5%～10%的耗材,可以帮助企业节省成本。可广泛应用于食品、医药、饮料、烟草、日化、五金、玩具、电子等行业。

图 1-2-28　半自动打包机

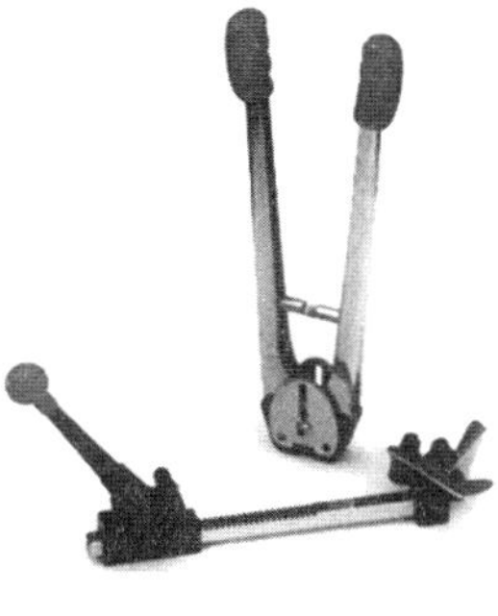

图 1-2-29　手动打包机

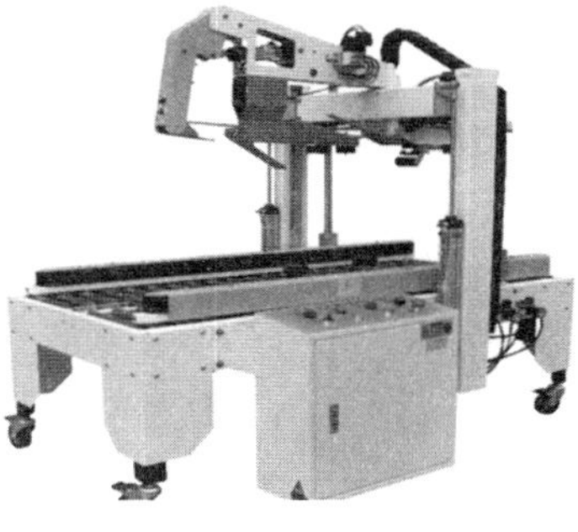

图 1-2-30　自动封箱机

(八)薄膜缠绕机

薄膜缠绕机又称裹包机。为适应货物集装化储存、运输及机械化装卸作业的包装要求,分为转盘式缠绕机、悬臂式缠绕机、自走式缠绕机等。缠绕机技术先进,广泛使用于外贸出口、食品饮料、制罐、造纸、染料等,能提高生产效率,防止货物在搬运过程中的损坏,并起到防尘、防潮及保洁作用。

视频:全自动在线式旋臂缠绕覆顶机

任务实施

项目一	智慧仓储内部规划	任务二	智慧仓储设备规划
任务背景	公司要建一栋 1 500 m^2 左右的计算机售后备品配件仓储中心，库房长 50 m、宽 30 m、高 6.5 m。货物多为轻泡货，且种类较多。物料进出类型：一成物料为贴纸、螺丝、塑料垫等小料件，一包几百个，以后分若干次出货。九成物料为箱装物料，箱尺寸不一，其中五成货品能做到整托盘进货、整托盘出货，四成货品能整托盘进货，但每次同一货物很少整托盘出货，例如 A 料 2 箱、B 料 9 箱、C 料 5 箱，最终一个出货托盘中含有五六种物料是很正常的事情。公司领导希望尽可能提升仓库空间利用率，且对小件商品需引入货到人拣选的智能化作业方式，以提升拣选效率。		
任务要求	1. 将学生分组，每组 5 人左右。 2. 各组结合任务背景，系统地搜集、整理有关仓库设备的资料。 3. 小组讨论，最终形成一份实施方案，并派代表进行汇报。		
实施方法	将智慧仓储设备规划作为一个小任务，学生按照资讯—计划—实施—检查评估来完成任务，在老师指导下制订方案、实施方案，最终进行评估。		
实施成果	根据任务背景，此仓库需配置哪些设备才能满足运营需要，请分类说明？		
学号：	姓名：	时间：	年　　月　　日

任务检测

<table>
<tr><td>项目一</td><td>智慧仓储内部规划</td><td>任务二</td><td>智慧仓储设备规划</td></tr>
<tr><td>检测方式</td><td colspan="3">课证融通习题、技能训练</td></tr>
<tr><td>课证融通习题</td><td colspan="3">

一、单选题
1. 叉车在仓储运作中的作用为(　　)。
A. 包装货品　B. 移动货品　C. 储存货品　D. 检验货品
2. 不需要专门的作业通道,能最大利用仓库空间的货架是(　　)。
A. 悬臂式货架　B. 驶入式货架　C. 移动式货架　D. 重力式货架
3. 层架按照存储货物的(　　)分类,分为轻型、中型和重型。
A. 规格　B. 型号　C. 复杂性　D. 重量级
4. (　　)是专门用于存放堆码在托盘上的货物的传统货架。
A. 层架　B. 悬臂式货架　C. 托盘货架　D. 流利式货架
5. (　　)平时可以密集相连排列,存取货物时货架沿轨道滑出,这样可以将仓库面积利用率提高到 80%,主要在档案管理等重要或贵重物品的保管中使用。
A. 悬臂式货架　B. 驶入驶出式货架　C. 移动式货架　D. 重力式货架
6. 主要用于商品货物的出入库、库内堆码以及翻垛等作业,对改进仓储管理、减轻劳动强度、提高收发作业效率有着重要作用的设备是(　　)。
A. 保管设备　B. 计量设备　C. 养护检验设备　D. 装卸、搬运设备
7. 托盘货架的主要特点是(　　)。
A. 货架结构简单,可调整组合,安装简易,费用经济
B. 有效增加空间及平面利用率,通常上层存放轻量物品
C. 开放式货架,不便于机械化作业,需配合跨距较宽的设备
D. 货架密集相接排列,存取货物时通过手动或电力驱动装置移动
8. 袋装面包应选择哪种托盘?(　　)
A. 平托盘　B. 柱式托盘　C. 箱式托盘
9. 桶装货物、棒料和管材等应选择哪种托盘?(　　)
A. 平托盘　B. 柱式托盘　C. 箱式托盘
10. 要想减少通道的宽度,提升仓容利用率,应选用下面哪种叉车?(　　)
A. 平衡重式叉车　B. 抱夹式叉车
C. 前移式叉车　D. 三向堆垛式叉车
二、多选题
1. 下列哪些货架可以实现"先进先出"?(　　)
A. 驶入式货架　B. 普通托盘货架　C. 重力式货架　D. 移动式货架
2. 仓库设施主要包括(　　)。
A. 料棚　B. 线路和站台　C. 计量设备　D. 库房
3. 食品库可以使用的叉车有(　　)。
A. 燃料叉车　B. 电力叉车　C. 手动叉车
4. 以下货架属于密集型存储的货架包括(　　)。
A. 驶入式货架　B. 普通托盘货架　C. 穿梭式货架　D. 移动式货架
5. 采用背靠背布局的货架有(　　)
A. 层架　B. 普通托盘货架　C. 移动式货架　D. 流利式货架

</td></tr>
</table>

续表

<table>
<tr><td>项目一</td><td>智慧仓储内部规划</td><td>任务二</td><td>智慧仓储设备规划</td></tr>
<tr><td>检测方式</td><td colspan="3">课证融通习题、技能训练</td></tr>
<tr><td>技能训练</td><td colspan="3">1. 找出下图中货架摆放的错误之处，并进行正确修改。
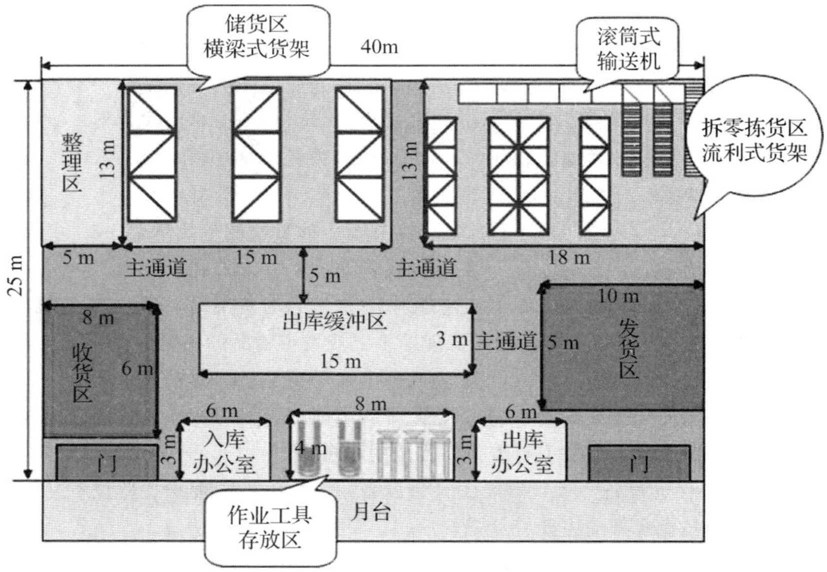

2. 层架与传统托盘货架布局时的摆放方式是下面哪种？（　　）
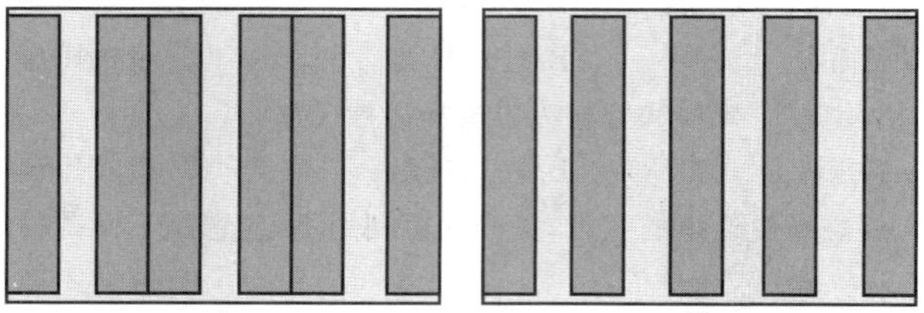
A　　　　B
3. 下图的输送机是输送机中的哪一种？（　　）
A. 皮带输送机　　B. 辊道输送机　　C. 链板输送机　　D. 悬挂式输送机
</td></tr>
</table>

续表

<table>
<tr><td>项目一</td><td>智慧仓储内部规划</td><td>任务二</td><td>智慧仓储设备规划</td></tr>
<tr><td>检测方式</td><td colspan="3">课证融通习题、技能训练</td></tr>
<tr><td>技能训练</td><td colspan="3">4. 下图是使用最广泛的重型托盘货架，请根据指示找出正确的对应关系（　　）。
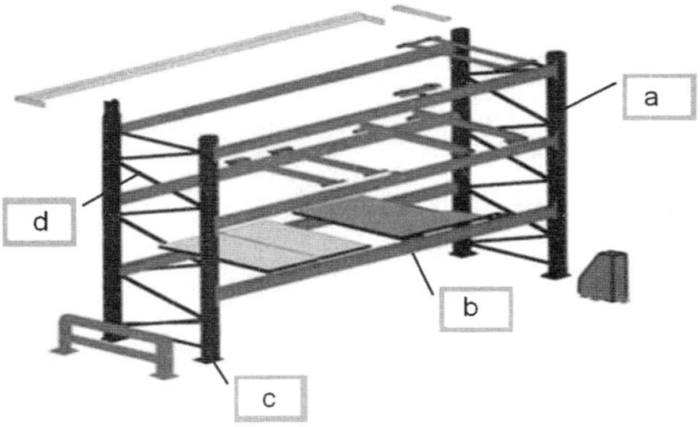

A. a. 立柱 b. 横梁 c. 斜撑 d. 基脚　　B. a. 横梁 b. 立柱 c. 斜撑 d. 基脚
C. a. 横梁 b. 立柱 c. 基脚 d. 斜撑　　D. a. 立柱 b. 横梁 c. 基脚 d. 斜撑
5. 请判断下图中的操作方式是否正确（　　）。
A. 对　　B. 错

6. 介绍一种新型叉车，说明其基本性能。（至少包含叉车名称型号；叉车自身长、宽、高；叉车起升重量；叉车起升高度；叉车自重；叉车最小直角堆垛通道宽度）</td></tr>
<tr><td colspan="4">学号：　　　　姓名：　　　　时间：　　年　　月　　日</td></tr>
</table>

任务三　智慧仓储货物分区分类规划

任务描述

在确定了所建仓库类型、设备选择的基础上，仓库主管请王宇配合他在充分了解客户所要存放货物类型及需求的前提下，开展智慧仓储货物分区分类规划，以保证货物存储期间的质量完好，并便于收发作业。

任务目标

知识目标

1. 掌握货物分区分类的四一致原则。
2. 熟悉货物分类和仓库分区分类的基本方法。

能力目标

1. 能够针对仓库或货物特性选择恰当的方法进行货物分区分类。
2. 能够对货区进行合理布局。

素质目标

1. 提升节约意识和风险防范意识。
2. 提升安全责任意识。

任务准备

一、物品分区分类的含义

指按照库存物品的性质（理化性质或使用方向）划分类别，根据各类物品储存量的计划任务，结合各种库房、货场、起重运输设备的具体条件，确定出各库房和货场的分类储存方案。

课内小任务

任务描述：

1. 假设仓库不进行分区、分类，这间仓库在作业中会是什么样子的？请至少找出三方面问题予以说明。
2. 分区分类储存商品的作用有哪些？

问题一	
问题二	
问题三	
分区分类储存商品的作用	
学号：	姓名：　　　　时间：　　年　　月　　日

二、物品分区分类应考虑的因素

(一)必备的物品储存条件

存放在同一货区的物品必须具有互容性;保管条件不同的物品不应混存;作业手段不同的物品不应混存;灭火措施不同的物品决不能混存。即应严格遵守"自然属性一致、养护方法一致、作业手段一致、消防方法一致"的"四一致原则"。

(1)自然属性一致。指在物品分区分类的过程中,物品的物理、化学及生理生化属性必须一致或者性质无相互影响、保管要求相同才能同储同运。也就是存放在同一货区的物品必须具有互容性,严禁将危险品和一般商品、有毒品和食品,以及性质相互抵触、互相串味的商品混合存放。

(2)养护方法一致。指在存储过程中为保护商品的质量完好,需要采取必要的温度调节和通风、散热等手段,养护手段相忌的商品不能同储同运,保管条件不同的物品不应混存。

(3)作业手段一致。指商品在存储过程中为了提高物流作业效率,不同作业方法的商品不可相邻存放。作业手段不同的物品不应混存。

(4)消防方法一致。指为保证灭火及时有效、减少灾害造成的货物损失,在存储中适用不同灭火方法的商品尽可能分开存储,否则在发生火灾事故时,会给扑救工作带来巨大难度。

(二)仓容利用率

在保证物品安全的前提下要尽可能提高仓容利用率,以降低成本、提高利润。

(三)地坪载荷

地坪载荷是每单位面积地坪所能承受的最大设计压力(t/m^2),一般地坪载荷为 3 t/m^2,加强型地坪载荷为 5 t/m^2 以上。地坪载荷要根据仓库储存对象的实际情况来定,每个仓库的地坪载荷可以不同,进而划分为不同的区域。

(四)仓库设施条件

根据存储物品的属性、尺寸、单位重量、包装形态,充分利用现有的仓库设施条件,科学地进行分区分类,经济、合理、高效地利用仓储设施设备。

三、物品分区分类的基本思路

(1)根据物品特性分区分类储存,将特性相近的物品集中存放。

(2)将单位体积大、单位质量大的物品存放在货架底层,并且靠近出库区和通道。

(3)将周转率高的物品存放在进出库装卸搬运最便捷的位置。

(4)将同一供应商或者同一客户的物品集中存放,以便于进行分拣配货作业。

四、物品分区分类的方法

案例:化学物品混存导致发生严重爆炸事故

1. 按物品种类和性质进行分区分类

这是当前仓库较多采用的一种方法。它是按照物资的自然属性,把怕热、怕光、怕潮、怕冻、怕风等具有不同自然属性的物资分区分类储存,即按照库存物品的理化性质进行分类管理,如化工品区、纺织品区、金属材料区、冷藏品区等。在这种分类方式下，理化性质相同的物品集中堆放，便于仓库对库存物品采取相应的养护措施，同时便于对同种库存物品进行清仓盘点。

凡同类物资，性质相近，又有连带消费性的，可尽量安排在同一库区、同一库位进行储存。但性质完全不相同，并且互有影响、互不兼容、不宜混存的物资必须严格分库存放。

2. 按不同货主分区分类

按库存物品的货主不同进行规划，这通常是综合性仓库采用的方法。当仓库为几个大货主服务时，为便于与货主工作的衔接，防止不同货主的货物混淆，即根据物品的所有权关系来进行分区分类管理，以便于仓库发货或货主提货。但这种方式非常容易造成货位的交叉占用，以及物品间相互产生影响。因此，在具体存放时，还应按货物种类和性能划分为若干货区，以保证货物储存安全。

3. 按物品流向分区分类

这种方式多适用于货物短期存放的中转仓库或口岸仓库，可按发运地区、运输方式、货主进行分区分类储存（图 1-3-1）。通常可先按运输方式，如公路、铁路、水路、航空划分，再按到达站、点、港的线路划分，最后按货主划分。这种分区分类方法虽不划分物资的种类，但性能不兼容、运价不同的，仍应分开存放。

图 1-3-1　按物品流向分区分类

4. 按物品必需的存储条件分区分类

主要适用于货物有特殊保管要求的仓库。一般情况下，怕热的物资存放在地下室、低温仓库或阴凉通风的货棚内；负荷量较小的轻泡物资，可存放在楼上库房，而负荷量较大的、笨重的物资，应存放在底楼库房内；价值较高的贵金属，如金银饰品等，须存放在顶楼库房，而价值较低的一般金属制品，可存放在下层库房内。

5. 按物品的流时分区分类

流时即物资流通时间，这种方式主要适用于长期储存物和短期储存物混存在同一仓库时，将长期储存物与短期储存物严格分开，一般短期储存物存放在离库门比较近的地方，方便物品出入。

任务实施

项目一	智慧仓储内部规划	任务三	智慧仓储货物分区分类规划
任务背景	惠安仓储物流有限公司拥有仓库 2 间，1 号库是常温货架型仓库，2 号库是地面存储型的冷库。公司主要为哈尔滨一手店、完达山乳业、惠氏、宝洁和联合利华提供仓储、配送等第三方物流服务。客户主要产品有冷冻的猪手、鸡手、猪头、奶粉、药品和日用品。作为仓库管理人员，首先应考虑的是如何为该物流公司的库房货物进行分区分类，以保证货物存储期间的质量完好。		
任务要求	1. 将学生分组，每组 5 人左右。 2. 各组结合任务背景，系统地搜集、整理有关货物分区分类的相关资料。 3. 小组讨论，最终形成一份实施方案，并派代表进行汇报。		
实施方法	将智慧仓储货物分区分类规划作为一个小任务，学生按照资讯—计划—实施—检查评估来完成任务，在老师指导下制订方案、实施方案，最终进行评估。		
实施成果	根据任务背景，制订库房货物分区分类方案。		
学号：	姓名：	时间：　　年　　月　　日	

任务检测

<table>
<tr><td>项目一</td><td>智慧仓储内部规划</td><td>任务三</td><td>智慧仓储货物分区分类规划</td></tr>
<tr><td>检测方式</td><td colspan="3">课证融通习题、技能训练</td></tr>
<tr><td>课证融通习题</td><td colspan="3">单选题
1. 香皂和饼干如果同区储存，违反了以下哪项原则？（　　）
A. 自然属性一致　B. 养护方法一致　C. 作业手段一致　D. 消防方法一致
2. 物品储存条件四一致原则中，存放在同一货区的物品必须具有互容性，指的是（　　）。
A. 自然属性一致　B. 养护方法一致　C. 作业手段一致　D. 消防方法一致
3. 保管条件不同的物品不应混存，指的是（　　）。
A. 自然属性一致　B. 养护方法一致　C. 作业手段一致　D. 消防方法一致
4. 适用于按物品流向进行分区分类的仓库是（　　）。
A. 集货中心　B. 转运中心　C. 分货中心　D. 加工中心
5. 地坪载荷一般是 3 t/m^2，加强型地坪载荷为（　　）t/m^2 以上。
A. 2　B. 3　C. 4　D. 5</td></tr>
<tr><td>技能训练</td><td colspan="3">1. 物流转运中心适合哪种分区分类方法？

2. 超市库房需要综合多种方法进行分区分类，试对超市库房分区分类的方法选用过程进行说明。

3. 北京的一家物流公司收到下列货物（见二维码内）。
（1）这些货物将在次日发往相应目的地。请说明这些货物在库房应按照什么方法来进行分区存放。
某物流公司收取货物列表

（2）假设列表中的货物属于同一家超市，应如何对这些货物进行分区储存？</td></tr>
<tr><td colspan="4">学号：　　　　姓名：　　　　时间：　　年　　月　　日</td></tr>
</table>

任务四　智慧仓储储位规划

任务描述

惠安仓储物流有限公司原有仓库2间，1号库是常温货架型仓库，2号库是地面存储型的冷库。1号库内现有存储货架类型为托盘货架和悬臂式货架，其中托盘货架共有4排，每排三层，每层共有平均体积为1 m^3 的货位10个；悬臂式货架共有8排，每排3层，每层共有20个货位。2号库共有四个储存区，每个储存区有4排，每排有20个平堆区货位。

为了便于对物品储存位置（即储位）的掌握，仓库主管请王宇配合他对1号库和2号库的储位进行规划，也就是需要对存储商品进行储存策略的选择和进行储位分配，并对货位进行编码。

任务目标

知识目标

1. 掌握智慧仓储储位规划的要求和原则。
2. 掌握智慧仓储储位分配法则和货物储存策略。
3. 掌握智慧仓储货位编码的基本知识和方法。

能力目标

1. 能对仓库、货架及货位进行编码。
2. 能够熟练查找货位并且正确分配货位。

素质目标

1. 提升工作效率，培养精益求精的工匠精神。
2. 提升团队合作意识。

任务准备

智慧仓储储位规划是指对仓库或物流中心的空间进行合理划分和布局以便实现高效的储存和取货操作，智慧仓储储位规划包括货位编码、储位分配等方面的内容。

一、智慧仓储储位规划的要求和原则

（一）智慧仓储储位规划的要求

（1）充分有效地利用空间。

（2）尽可能提高人力资源及设备的利用率。

（3）有效地保护好商品的质量和数量。

（4）维护良好的储存环境。

（5）使所有在储货物处于随存随取状态。

（二）智慧仓储储位规划的基本原则

（1）储位明确化。在仓库中所储存的商品应有明确的存放位置。

（2）存放合理化。每一商品的存放是遵循一定的规则精细指定的。

（3）状况明确化。当商品存放于储位后，商品的数量、品种、位置、拣取等变化情况都必须正确记录，仓库管理系统对商品的存放情况明确清晰。

二、货位编码

货位编码是智慧仓储储位规划的必要内容。货位编码是对仓库中每个储位进行编号，以便于查找货物和储位管理。通过合理设计货位编码系统，可以使储存和取货的操作更加智能化和快速化，提高工作效率。

货位编码是用一组具有逻辑代表意义的数字、字母或特殊符号表示仓位的名称、属性和地理位置状态特征的表现方式。它是将库房、货场、货棚、货垛、货架按物品的存放具体位置顺序，统一编列号码，并给出明显标志。

（一）货位编码设计原则

（1）唯一性原则。即库存所有物品都有自己唯一的编号，避免出现同一货位多个编码的情况。

（2）可读性原则。货位编码应易于理解和记忆，以便员工快速熟悉编码。

（3）顺序原则。货位编码应按照一定的顺序进行，便于员工快速查找。

（4）一贯性原则。采用的编码方案尽可能一直沿用，轻易不更换。

（5）可扩展性原则。货位编码应具有可扩展性，以便将来增加更多的货位。

（二）货位编码的要求

货位编号如同商品在库中的“住址”。根据不同库房条件、商品类别和批量整零的情况，搞好货位划线及编排序号，以符合“标志明显易找、编排循规有序”的要求。

1. 标志设置要适宜

货位编码要采取适当方法，选择适当位置。①仓库标志，可在库门外挂牌，可写在库门上，也可写在库房外墙上；②货场货位标志，可竖立标牌；③无货架库房的走道、支道、段位的标志，一般刷在水泥或木板地坪上，但存放粉末类、软性笨重类货物的库房，其标志也有刷在天花板上的；④泥土地坪的简易货棚内的货位标志，可利用柱、墙、顶、梁刷置或悬挂标牌；⑤有货架的库房内，货位标志一般设置在货架上。

2. 标志制作要规范

标牌制作规格、编号方法及原则要统一。货位编号的标志如果随心所欲、五花八门，很容易造成单据串库、商品错收、错发等事故。统一使用阿拉伯数字码制作货位编号标志，在制作库房和走道、支道的标志时，可在阿拉伯数字码外，再辅以圆圈；并且可用不同直径的圆表示不同位置。

3. 编码顺序要一致

仓库范围的房、棚、场以及库房内的走道、支道、段位的编码，基本上都以进门的方向按左单右双或自左而右的规则进行。

4. 段位间隔合理

段位间隔的宽窄取决于储存商品批量的大小。

同时应注意的是，走道、支道不宜经常变更位置，变更编号，因为这样不仅会打乱原来的货位编号，而且会使保管员不能迅速收发货。

（三）货位编码的方法

仓库中货位编码的方法有区段法、品类群法和地址法。

1. 区段法

把保管区分成不同的区段，再对每个区段进行编码。这种方法以区段为单位，每个号码代表的储区较大。适用于单元化装载的存货，以及大量或保管周期短的存货，区域大小根据物流量大小而定。

2. 品类群法

把一些相关性商品经过集合后，区分成几个品项群，再对每个品项群进行编码。适用于容易按商品群保管的场合和品牌差距大的商品。例如，家电群、服饰群、五金群、食品群等。一般品类群法还会和地址法结合使用。

3. 地址法

利用保管区中的现成参考单位如建筑物第几栋、区段、排、行、层、格等，按相关顺序编号。这种编码方式由于所标注代表的区域通常以一个货位为限，且有相对顺序可依循，使用起来容易、明了又方便，是目前仓储中心使用最多的编码方式。通常采用的编号方法为“三号定位法”“四号定位法”“五号定位法”。

(1)三号定位法。适用于多层楼房仓库的仓间编号和只有一间库房的货位编号。

①多层库房仓间编号。左起第一个号段为仓库编号，第二个号段为楼层编号，第三个号段为仓间编号(图 1-4-1)。例如，1-4-2 号，就是指 1 号库，第 4 层楼，第 2 号仓间。

例如，某企业的多层仓库的仓间编号 5-4-2，即为 5 号库，第 4 层楼，第 2 号仓间。

②只有一间库房企业的货位编码。从左边起，每一个号段分别对应货架(货区)、层次(排次)、货位(垛位)进行统一编号(图 1-4-2)。

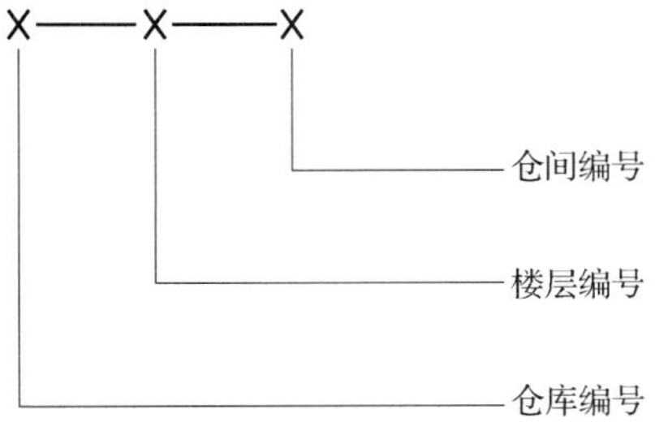

图 1-4-1　仓间三号定位法图解

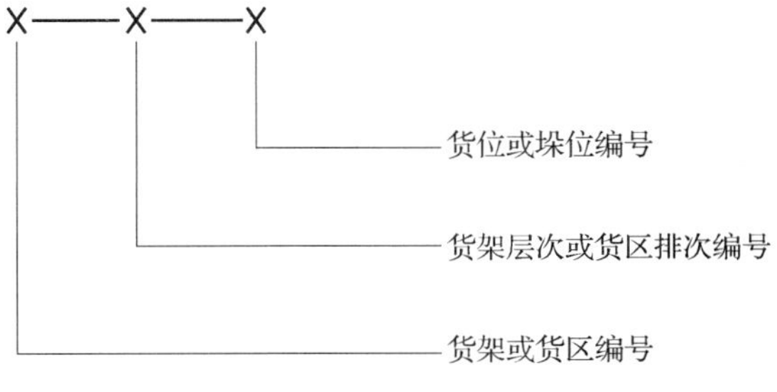

图 1-4-2　库内货位三号定位法图解

例如，某企业的库房内采用重型托盘货架进行存储，某货位编号为 3-2-8，即为 3 号货架，第 2 层，第 8 号货位。

(2)四号定位法。即采用 4 个号码对应库房(货场)、货架(货区)、层次(排次)、货位(垛位)进行统一编号(图 1-4-3)。

例如，某企业的库房内采用重型托盘货架进行存储，货位号 13-15-2-26，即为 13 号库房，15 号货架，第 2 层，第 26 号货位。

例如，6-3-2-10 即 6 号库房(6 号货场)、3 号货架(3 号货区)、第 2 层(第 2 排)、第 10 号货位(第 10 号垛位)。如果企业仓库类型较多，同时拥有仓库、货棚和货场，那么为了防止出现错觉，可在第一位数字后加上拼音字母“K”“C”或“P”来表示，这 3 个字母分别代表库房、货场、货棚。如 3K-10-2-12，即为 3 号库房，10 号货架，第 2 层，第 12 号货位。

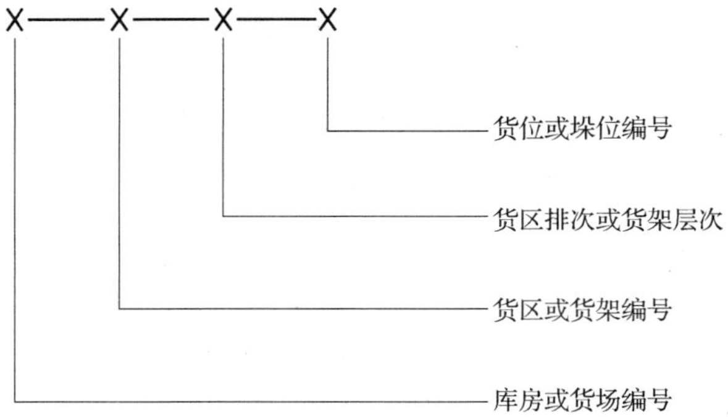

图 1-4-3　四号定位法图解

(3)五号定位法。五号定位法是在品类群法基础上的地址法。

例如,货位号 5K-日用品-01-01-001,即表示 5 号库日用品存储区第 1 排 1 层 1 号货位。

地址法一般用数字进行编写,但也有采用数字和字母组合编号的。如 K5AB10d15,表示 5 号库房 AB 货区第 10 号货架第四层 15 号货位。其编码规则如表 1-4-1 所示。

表 1-4-1　数码和字母组合编号规则表

顺序号	1	2	3	4	5	6
表示内容	库棚场别	库棚场号	货区号	货架(垛)号	货架(垛)层号	货位号
符号	K、P、C	数字	大写字母	数字	小写字母	数字

课内小任务

任务描述:请说明下面货位编码所代表的货位的含义。	
货架型仓库 06K-T-08-02-15	
货场货位 08C-09-01-12	
多层楼房多仓间 货架型仓库 7-4-2K-03-02-08	
货架型仓库 5-奶粉-04-02-010	
学号:　　　　姓名:　　　　时间:　　年　　月　　日	

(四)理解货位编码的顺序

1. 货架货位编号

货架编号可以采用面向货架从左至右编号,也可以左单右双,从里至外编号(图 1-4-5)。货架层号一般采用从上到下编号,货架每层位号按从左到右或从里到外的原则编号(图 1-4-6)。

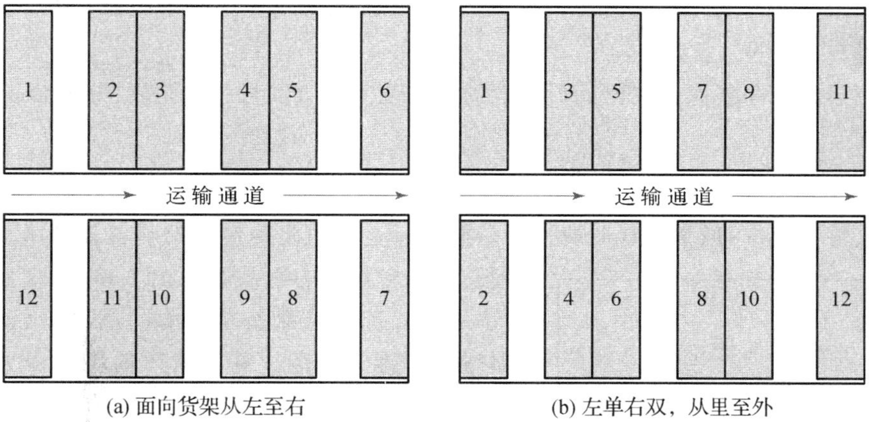

图 1-4-5　货架编号

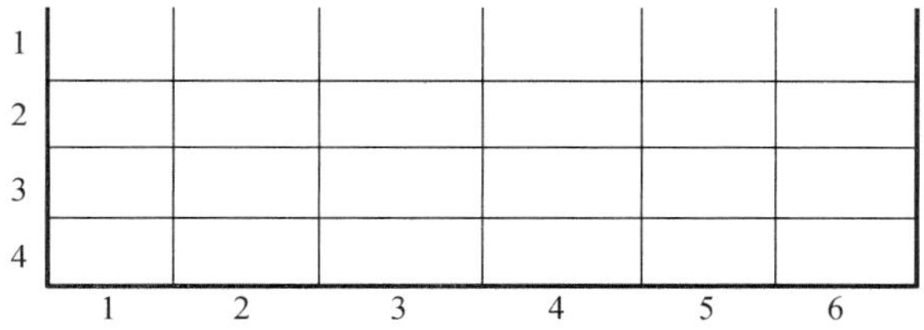

图 1-4-6　货架层和货位编号顺序

2. 货场货位编号

货场编号写在场地上,货场货位常见的编号方法有两种(图 1-4-7)。

(1)在整个货场内先按排编上排号,然后再按各排货位顺序编上货位号。

(2)不编排号,采取从左至右和从前至后的方法,直接按货位顺序编号。对于集装箱堆场,应对每个箱位进行编号,并画出箱门和四角位置标记。

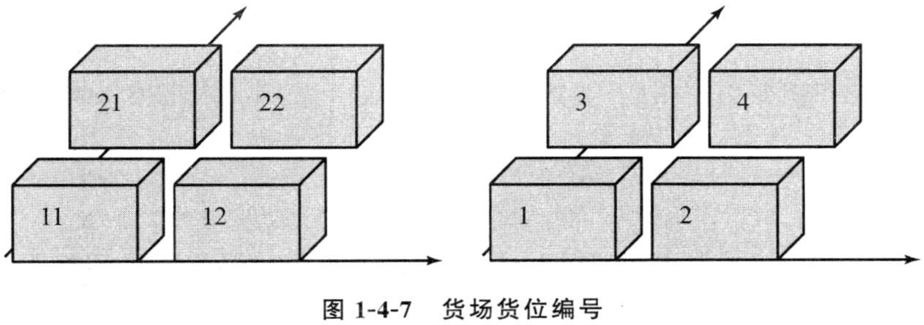

图 1-4-7　货场货位编号

三、储位分配

(一)储位分配法则

对于储位管理而言,制定了储存策略以后,还必须制定储位分配法则才能决定储存作业实际运作的模式。储位分配法则是储存策略的衍生物。储位分配法则主要有以下几项:

1. 靠近出口法则

将刚到达的商品指派到离出入口最近的空储位上。可以与定位储放、分类储放、分类随机储放策略配合。

2. 周转率法则

各项仓储作业中,通常最耗时费力的是搬运行走。因此确定货位时首先要考虑减少行走路程,把进出频繁的物品靠近出入口,反之则远离。周转率法则就是按照商品在仓库的周转率(销售量除以存货量)来排定储位。首先依照周转率由大自小排成一个序列,再将此序列分为若干段,通常分为3～5段。同属于一段中的货物列为同一级,然后依照定位或分类储存法的原则,指定储存区域给每一级的货品。周转率越高应离出入口越近(图1-4-8)。仓储行业普遍认可的物动量ABC分类原则可看作是周转率原则的延伸和细化,其主要做法是对出货频率不同的物品,分别采用不同的存储和拣选方式,在实践中取得了很好的效果。

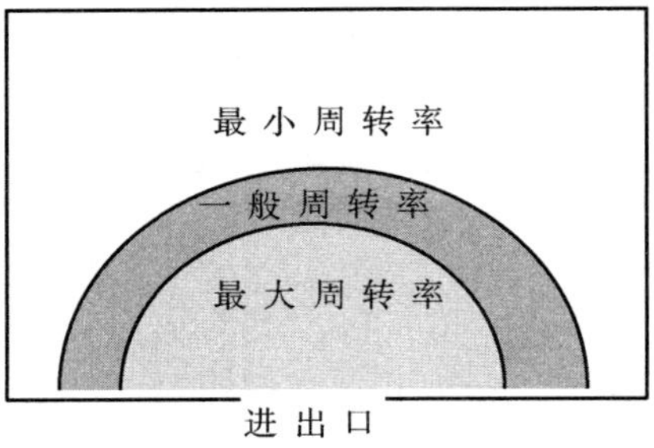

图1-4-8　货物分区图

3. 产品相关性法则

经常被同时订购、具有较大相关性的产品尽可能存放在相邻位置。这样,可以缩短拣货移动距离,方便盘点作业。产品相关性大小可以利用历史订单数据做分析。

4. 产品同一性法则

产品同一性法则指把同一物品储放于同一保管位置。将同一物品放在同一位置进行管理,是仓库储位管理的一个重要原则,可以避免同一物品散布于仓库内多个位置而造成货物储放、取出、盘点等作业困难。因而同一性法则是任何物流中心皆应确实遵守的重点原则。

5. 产品类似性法则

这里的类似是指主要属性相似,如黄豆和绿豆。这个法则要求把类似物品相邻存放,即常用的分类存储法。

6. 产品互补性法则

互补性高的物品也应存放于邻近位置,以便缺货时可迅速以另一货物替代。这条法则适用面比较窄,因为仓库通常不能修改订单。对于长期供求合作者,在预先有约定的条件下可以这样做。

7. 产品互容性法则

互容性低的产品绝不可放置一起，以免损害品质，如烟、香皂、茶便不可放在一起。

8. 先进先出法则

先进入仓库保管的货物先出库。这一原则一般适用于寿命周期短的商品。如感光纸、胶卷、食品等。如果产品寿命周期长，不易因保管造成货物品质变化，需要权衡实施先进先出的管理费用及所得利益，再决定是否要采用先进先出的原则。对于快速消费品，包括食品或易变质货物，必须采取先期到达货物先出货的原则。

9. 叠高法则

所谓叠高法则，就是尽可能将物品叠高，提高保管效率。在运用叠高法则时注意，如果货物需要先进先出，应考虑使用合适的货架或积层架等保管设备，以使叠高不致影响出货效率。

10. 面对通道的法则

即使物品正面面对通道，将可识别的标号、名称向外，让作业员容易辨识，使货物的存取作业快速有效进行。

11. 产品尺寸法则

在仓库布置时，同时考虑货物单位大小及由相同的一批物品所形成的整批形状，以便能供应适当空间满足某一特定需要。所以在储存物品时，必须有不同大小位置的变化，用以容纳不同大小的物品和不同的容积。

12. 重量特性法则

所谓重量特性原则，是指按照物品重量来决定储放货物保管位置的高低。一般来说，重物应保管于地面上或货架的下层位置，而重量轻的货物则保管于货架的上层位置；如果是人工进行搬运作业，人腰部以下的高度用于保管重物或大型物品，而腰部以上的高度则用来保管重量轻的物品或小型物品。这一原则对于货架存储的安全性以及人工搬运作业的方便性有很大的意义。

13. 产品特性法则

考虑货物的物理化学特性来安排储位的原则。物品特性不仅涉及物品本身的危险及易腐性质，同时可能影响其他的物品，因此在仓库布置设计时必须考虑这些因素。如易腐烂的物品要储藏在冷冻、冷藏或其他特殊设备内；易燃物要存放在有防火设备、具有高度防护作用的仓库内，一般是设置独立仓库；易窃物品应储存在加锁的笼子、箱、柜或房间内。

(二)储位分配模式

1. 人工分配模式

以人工分配指派储位，凭借的是管理者的素质，因此效率会因人而异。虽然人工指派有报表可依据，但此报表仍是由人来登记或读取的，因笔误或看错造成作业不畅在实际工作中屡见不鲜。

人工分配储位优点明显，缺点也多。优点是以人脑来分配储位，弹性大，投入少，费用低；

缺点是人力投入多，出错率高，效率较计算机低。

2.计算机辅助指派方式及计算机全自动指派方式

(1)计算机辅助分配方式。由计算机管理仓库货物的基本信息，储位分配仍由人工来完成。这种方式是利用一些图形监控软件，收集在库储位信息后，实时地转换显示仓库的各储位的使用情况，以供储位分配者实时查询，来作为储位指派指示的参考，其由人工下达储位指派指示，故仍需调仓作业。

(2)计算机全自动分配方式。这种方式是利用计算机管理软件，收集货物信息和储位信息后，由计算机下达储位分配指标。

四、商品储存策略

(一)定位存放

每一项货品都有固定储位，货品不能互用储位。因此规划的每一项货品的储位容量不得小于其可能的最大在库量。

1.选用定位存放的原因

(1)储区安排要考虑物品尺寸及重量(不适合随机存放)。

(2)储存条件对货品储存非常重要时。例如，有些品项必须控制温度。

(3)易燃物必须限制储放于一定高度以满足保险标准及防火法规。

(4)依商品特性，由管理或其他政策指出某些品项必须分开储放。例如，饼干和肥皂，化学原料和药品。

(5)保护重要物品。

2.定位存放的优点

(1)储区能被记忆，容易提取。

(2)货品的储位可按周转率大小或出货频率来安排，以缩短出入库搬运距离。

(3)可针对各种货品的特性做储位的安排、调整，将不同特性货品间的相互影响减至最低。

3.定位存放的缺点

储区空间平时的使用效率较低。

4.定位存放适用的情况

总的来说，定位存放容易管理，所需的总搬运时间较少，但却占较多的储存空间。所以除上述原因外，此策略较适用于以下两种情况：

(1)仓库空间大。

(2)多种少量商品的储放。

(二)随机存放

每一个货品被指派储存的位置都是经由随机的过程产生的，而且可经常改变；也就是说，任何品项可以被存放在任何可利用的位置。

1. 随机存放的优缺点

(1)优点。由于储位可共用,储区空间的使用效率较高。

(2)缺点。

①货品的出入库管理及盘点工作的进行困难度较高。

②周转率高的货品可能被储放在离出入口较远的位置,增加了出入库的搬运距离。

③具有相互影响特性的货品可能相邻储放,造成货品的损害或发生危险。

2. 随机存放适用情况

(1)仓库空间有限,尽量利用储存空间。

(2)种类少或物品互容性较大的货品。

(三)分类定位存放

所有的储存货品按照一定特性加以分类,每一类货品都有固定存放的位置,而同属一类的不同货品又按一定的法则来指派储位。

1. 分类定位存放的优缺点

(1)优点。

①便于畅销品的存取,具有定位储放的各项优点。

②各分类的储存区域可根据货品特性再作设计,有助于货品的储存管理。

(2)缺点。

储位必须按各项货品最大在库量设计,因此储区空间的平均使用效率低。

2. 分类定位存放适用情况

分类定位存放较定位存放具有弹性,但也有与定位存放相同的缺点。因而较适用于以下情况:

(1)产品相关性大者,或经常被同时订购。

(2)周转率差别大者。

(3)产品尺寸相差大者。

(四)分类随机存放

每一类货品有固定存放位置,但在各类的储区内,每个储位的指派是随机的。分类随机存放优缺点如下。

1. 优点

有分类存放的部分优点,可节省储位数量、提高储区利用率。

2. 缺点

货品出入库管理及盘点工作的难度较高。

分类随机存放兼具分类存放及随机存放的特点,所需要的储存空间介于两者之间。

(五)共用存放

确定知道各货品的进出仓库时刻,不同的货品可共用相同储位的储存方式称为共用存放。共用存放在管理上虽然较复杂,所占的储存空间及搬运时间上却更经济。

任务实施

<table>
<tr><td>项目一</td><td>智慧仓储内部规划</td><td>任务四</td><td>智慧仓储储位规划</td></tr>
<tr><td>任务背景</td><td colspan="3">在区分货架类型的情况下，根据下面的编码规则按照地址法对货位进行编码，该规则首先对各个级别项目进行代码分配，具体如表 1-4-2 所示。

表 1-4-2　储位编码规则表
<table>
<tr><th>项目</th><th>名称</th><th>代码</th><th>位置(左起)</th><th>位数</th></tr>
<tr><td>库房</td><td>N 号库</td><td>N</td><td>第一位</td><td>1</td></tr>
<tr><td>货架</td><td>托盘货架</td><td>T</td><td>第二位</td><td>1</td></tr>
<tr><td>货架</td><td>悬臂式货架</td><td>X</td><td>第二位</td><td>1</td></tr>
<tr><td>货架排数</td><td>排</td><td>00</td><td>第三、四位</td><td>2</td></tr>
<tr><td>货架层数</td><td>层</td><td>00</td><td>第五、六位</td><td>2</td></tr>
<tr><td>位置</td><td>货位</td><td>000</td><td>第七、八、九位</td><td>3</td></tr>
</table>
1 号仓库内现有存储货架类型为托盘货架和悬臂式货架，其中托盘货架共有四排，每排五层，每层共有平均体积为 2 m^3 的货位 10 个；悬臂式货架共有两排，每排三层，每层共有 20 个货位。</td></tr>
<tr><td>任务要求</td><td colspan="3">1. 本任务以个人为单位完成。
2. 完成任务后小组内互评。
3. 每个小组派代表汇报本组同学完成情况。</td></tr>
<tr><td>实施方法</td><td colspan="3">将智慧仓储储位规划作为一个小任务，学生按照资讯—计划—实施—检查评估来完成任务，在老师指导下制订方案、实施方案，最终进行评估。</td></tr>
<tr><td>实施成果</td><td colspan="3">请根据地址法完成以下工作任务：
(1)编写托盘货架全部四排第一层的储位编码；
(2)编写悬臂式货架第一排全部三层的储位编码。</td></tr>
<tr><td colspan="4">学号：　　　　　　　　姓名：　　　　　　　　时间：　　年　　月　　日</td></tr>
</table>

任务检测

项目一	智慧仓储内部规划	任务四	智慧仓储储位规划
检测方式	课证融通习题、技能训练		
课证融通习题	**一、单选题** 1. 货架型仓库货位编号采用四号定位法时，第二位代表的是（　　）。 A. 仓库编号　B. 货架层号　C. 货架编号　D. 货架货位号 2. 最容易掌握货品存储位置的存放方式是（　　）。 A. 定位存放　B. 随机存放　C. 分类定位存放　D. 分类随机存放 E. 共用存放 3. 有关仓库的库位布置及选择问题，属于仓库管理内容中的（　　）。 A. 现代库存控制问题　B. 仓库的业务管理问题 C. 现代仓库的选址与建筑问题　D. 现代化仓库机械作业的选择与配置问题 4. 仓库空间有限，想尽量利用储存空间，储存种类少或互容性较大的货品适合选用哪种储存策略？（　　） A. 定位存放　B. 随机存放　C. 分类定位存放　D. 分类随机存放 5. 下列选项中，不属于货位分配原则的是（　　）。 A. 产品相关性法则　B. 周转率法则　C. 产品同一性法则　D. 后进先出法则 **二、多选题** 1. 有关仓库中货位分配的法则，主要有重量特性法则和（　　）。 A. 面对通道法则　B. 周转率法则　C. 产品同一性法则　D. 叠高法则 2. 货架上的货位编号常采用的是四号定位法，顺序通常是（　　）。 A. 从里到外　B. 从左到右　C. 从下到上　D. 从上到下			
技能训练	1. 根据下表中的储位编码规则，说明货位号 5-保健品-0303015 和 5-奶粉-0601008 所表示货位的具体位置，每个项目数字代码起始数字为 1。具体如表 1-4-3 所示。 **表 1-4-3　储位编码规则表** （见下表）			

表 1-4-3　储位编码规则表

项目	名称	代码	位置（左起）	位数
库房	5 号库	5	第一位	1
商品分类区	保健品类存储区	保健品	第二位	1
商品分类区	奶粉类存储区	奶粉	第二位	1
商品分类区	日用品类存储区	日用品	第二位	1
货架排数	排	00	第三、四位	2
货架层数	层	00	第五、六位	2
位置	货位	000	第七、八、九位	3

续表

<table>
<tr><td>项目一</td><td>智慧仓储内部规划</td><td>任务四</td><td>智慧仓储储位规划</td></tr>
<tr><td>检测方式</td><td colspan="3">课证融通习题、技能训练</td></tr>
<tr><td>技能训练</td><td colspan="3">2.回答下列问题,并说明所阐述内容属于哪一项储位分配法则。
(1)多个储位可供选择时,刚到达的商品应指派到离哪里最近的空储位上?

(2)仓库的门口附近应存放周转率高还是周转率低的物品?

(3)同一种物品是否应经常调换储存位置?

(4)可能经常被同时订购或相似的物品应该怎样进行储存?

3.先进先出法则要求先进入仓库的货物必须先发货吗?有哪些特殊情况,请予以说明。

4.有一间库房的货品存放需求较大,储存空间比较紧张,目前储存货品种类主要包括食品类、日常用品类和家用电器类。请根据该库房的实际情况为其选择合适的储存策略,并说明理由。</td></tr>
<tr><td colspan="4">学号:　　　　　　　　姓名:　　　　　　　　时间:　　年　　月　　日</td></tr>
</table>

任务五 智慧仓储内部布局规划

任务描述

惠安仓储物流有限公司业务发展较快，现在的仓库数量已不能满足客户的存储需要，因此公司在本园区内新建了一间长 50 m、宽 40 m、高 7 m 的平房常温智能仓库——3 号库。目前由于新仓库的建立，公司经理要求各库房主管提出库内规划建议及布局设计。仓库主管希望王宇在熟悉本企业业务特征后，配合他了解目标客户存储货物类型，对仓库内部的结构进行详尽调查，设计各大功能区的具体位置，绘制布局图及物流动线，并标明每个位置的名称，使得区域规划更符合商品的储存要求，方便作业，节约仓容。

任务目标

知识目标

1. 了解智慧仓储规划中仓库的总体构成。
2. 掌握智慧仓储货区平面布置的范围及布局形式。
3. 掌握智慧仓储空间布局的主要形式。
4. 掌握智慧仓储物流动线的类型及特点。
5. 掌握智慧仓储其他功能区名称及位置安排的基本要求。

能力目标

1. 能对智慧仓储货区的货架或者货垛进行合理布局。
2. 能合理配置各功能区的位置以及面积大小。
3. 能够根据智慧仓储库房的基本条件合理规划物流动线。

素质目标

1. 提升工作效率，培养精益求精的工匠精神。
2. 提升团队合作意识。

任务准备

一、智慧仓储布局的基本知识

(一)智慧仓储布局的概念

(1)智慧仓储整体布局。指在一定区域或库区内，对智慧仓储仓库的数量、规模、地理位置和仓库设施道路等各要素进行科学规划和整体设计。

智慧仓储仓库的总体构成包括储运作业区、辅助生产区和行政生活区。仓库总体布局是指对一个仓库的各个组成部分，如库房、货棚、货场、辅助建筑物、铁路专用线、库内道路、附属固定设备等，在规定的范围内，进行平面和立体的合理安排。

(2)智慧仓储内部布局。指对一间库房内部的各个功能区进行位置以及面积大小的合理设计。也就是对物品储存区、入库检验区、入库待处理区、流通加工区、分拣区、补货区、配送备货区、发货理货区、通道、设备存放区及管理室等区域进行位置和面积大小的设计。仓库平面布置是否合理，将对仓库作业的效率、储运质量、储运成本和仓库盈利目标的实现产生很大影响。

(二)智慧仓储规划的目标

智慧仓储规划旨在通过集成自动化存储和检索系统、人工智能、机器学习、物联网技术等先进科技,实现仓储管理的全面升级。其核心目标是提高操作效率、降低运营成本,同时确保库存数据的准确性和实时更新。智慧仓储通过优化空间利用和自动化流程,增强了仓库的灵活性和适应能力,使其能够快速响应市场变化和客户需求。此外,智慧仓储注重提升客户服务水平,通过订单快速处理和提供实时库存信息,增强客户满意度。在保障安全的同时,智慧仓储还强调环境适应性和可持续发展,采用环保材料和节能技术,减少对环境的影响。智慧仓储的规划同样重视数据驱动的决策支持,利用收集的大量数据进行分析,为库存管理和市场预测提供科学依据。通过技术集成和创新能力的培养,智慧仓储规划不断探索新的技术和方法,以保持其在行业中的领先地位,并确保符合相关法律法规和行业标准。

(三)智慧仓储内部布局的基本要求

智慧仓储的仓库内部布局应遵循以下基本要求:

(1)功能区域划分。明确划分收货、存储、拣选、打包和发货等区域,以实现作业流程的顺畅。同时要注意各作业场所和科室之间的业务联系和信息传递。

(2)优化货物流动。设计合理的货物流动路径,避免拥堵,确保高效作业。尽量提高作业的连续性,实现一次性作业,减少装卸次数,缩短搬运距离,使仓库完成一定的任务所发生的装卸搬运量最少。

(3)自动化设备整合。合理布置自动化设备,确保其与作业流程的无缝对接。

(4)空间利用最大化。高效利用仓库空间,在物料搬运设备大小、类型、转弯半径的限制下,尽量减少通道所占用的空间,同时保证操作的灵活性和安全性。

(5)环境与安全标准。根据货物特性设置适宜的存储环境,并遵守安全规范。仓库安全是一个重要的问题,其中包括防火、防洪、防盗、防爆等。总体布局必须符合安全部门规定的要求,明确划分库内区域,并配置必要的安全、消防设施,以保障职工安全。

(6)信息系统集成。布局设计应支持信息系统的集成,实现数据的实时更新和管理。

(7)维护与能源效率。考虑设备的维护便利性和能源消耗,以降低运营成本。

(8)法规遵从与扩展性。确保布局符合法规要求,并预留空间以适应未来扩展。

二、智慧仓储仓库功能区域布局规划

仓库功能区域布局,是指根据仓库场地条件、仓库业务性质和规模、物资储存要求以及技术设备的性能和使用特点等因素,对仓库各组成部分,如存货区、理货区、配送备货区、通道以及辅助作业区等,在规定的范围内进行平面和立体的合理安排和布置,最大限度地提高仓库的储存能力和作业能力,并降低各项仓储作业费用。仓库的货区布局和规划,是仓储业务和仓库管理的客观需要,其合理与否直接影响到各项工作的效率和储存物资的安全。因此,不但建设新仓库时要重视仓库货区的合理布置,随着技术的进步和作业情况的变化,也应重视对老仓库进行必要的改造。

(一)分析仓库功能需求

仓库能实现的主要功能包括等待检验、入库理货、物品存储、补货、分拣、包装(流通加工)、配送备货、出库理货、退货、设备存放、办公等。每个仓库因作业需要的不同,功能区设定也存在一定差异。因此，需要先分析本库房的仓储作业流程有哪些，也就是本仓库的功能需求有哪些，然后确定本仓库的功能区域。

（二）确定仓库功能区域

仓库功能区域主要包括存储区域、作业区域和辅助作业区域。其中存储区域又包括正品存储区、残次品存储区和退货品存储区，作业区域又包括待检区、入库理货区、入库验收区、补货区、分拣区、包装区、备货区和发货区，辅助作业区域又包括办公区和设备区。

（三）预设各区域面积和位置

企业都希望在保障仓储作业顺利开展的前提下，在有限的空间里面存储更多的货物，那么各功能区的面积如何划分呢？一般在库内面积占比上，存储区大约占 2/3，非存储区大约占 1/3。

1. 存储区域

存储区域是仓库中最主要的区域，用于储存货物。存储区域的占比应占仓库总面积的 60%～70%。这个区域通常被划分为货架、货位或储物箱等，以便有效组织和管理货物。

存储是仓库的主要功能。一旦产品被收货到仓库，它们应该安全地存放在特定的存储区域，以最大限度地提高空间利用率。存储区域在仓库内一般以批量较大的单元化进行储存，采用机械化或自动化作业方式出入库，且考虑到安全保管因素，本区域一般位于仓库的中间位置。

另外，正品区和残次品区以及退货品区一定要严格区分开，残次品和退货品不应与储存中的其他产品混合，它们应单独收货、检查和存放。

2. 拣选区域

拣选区域是用于从存储区域中取出货物进行拣选和分拣的区域。

拣选区设置类型有三种：第一种是拣选区与存储区完全共用，适用于整托出库；第二种是拣选区与存储区按层区分，上层作存储区和整托出库拣选，下层作以箱为单位的拣货区，适用于整托、整箱出库；第三种是拣选区与存储区独立设置，适用于整箱、零散货出库。

单独设立拣选区的，其占比取决于零散出库作业量和分拣工作量在整个仓库出库中的占比。这个区域通常需要配备拣选货架、拣选工具、拣选车和拣选台等设备，以提高拣选效率。位于单独拣选区域的物品通常以散货方式存储，且需求量很大，为方便拣选后打包出库作业，该区域应靠近包装区域和出库作业区域，以尽量减少货物的正常移动。

3. 包装区域

该区域是用于对货物进行包装、封装和标记的区域。包装区域的占比取决于零散出库量占比。这个区域通常需要配备包装材料、打包机和标签打印机等设备，以确保货物在运输过程中的安全和完整。

该区域应靠近拣选区域和出库理货区域，便于货物出库作业的顺利进行。

4. 运输区域

该区域是用于装载和卸载货物的区域，包括货车停靠区、货物收发区和货物搬运通道等。运输区域应占仓库总面积的 10%～15%。这个区域通常需要考虑货车的进出通道、货物的装卸设备和安全标识等。

(1)货物搬运通道。库房内的通道,分为运输通道(主通道)、作业通道(副通道)和检查通道。仓库的地面应清晰标识通道标识线。

①运输通道。运输通道供装卸搬运设备在库内行走,其宽度主要取决于装卸搬运设备的外形尺寸和单元装载的大小。运输通道的宽度应按双向运行的原则来确定,其最小宽度可按下式计算:$B=2b+C$。式中,B 为最小通道宽度;C 为安全间隙,一般采用 0.9 m;b 为运输设备宽度(含搬运物料宽度)。

②作业通道。作业通道是供作业人员和设备存取搬运物品的通道。其宽度取决于货物类型和存储设备,如果仓库主要存储小件商品,通常需要较窄的通道,以最大化提升存储密度。而对于大型货物或需要使用叉车等设备搬运的情况,通道需要更宽,以便设备操作和货物搬运。根据以上考虑,一般来说,仓库作业通道的标准尺寸可以大致分为三种类型。

窄通道:宽度通常在 2～2.5 m,适用于存储小件商品的仓库,以及使用无须转弯即能存取货物的三向堆垛式叉车,这样可以最大化提升存储密度。

中等通道:宽度通常在 3～4 m,适用于一般货物存储和普通叉车操作,能够满足大部分仓库的需求。

宽通道:宽度通常在 5 m 以上,适用于大型货物的存储和叉车操作,以及有大型设备进出的仓库。

③检查通道。检查通道是供仓库管理人员检查库存物品的数量及质量时走行的通道,其宽度只要能使检查人员自由通行即可,一般为 0.5 m 左右,当兼作作业通道时,其宽度需适当增加。

(2)收货区域。每个仓库都有一个收货区,在存储之前处理收到的货物。当卡车带着要存储的货物到达时,仓库工作人员在收货区卸下货物,拆箱检查以确定货物是否与入库单据相符以及是否适合存储。由于货物在收货区停留的时间不太长,并且处于流动状态,收货区的面积相对来说都不算太大,为方便入库作业,收货区需靠近入库门,如果月台空间宽敞且带有棚顶设计,可考虑将收货区设置在月台上。但对于暂时不具备验收条件或质量暂时不能确认的物品,需设置待处理区,该区域需放在库内靠近入库门的位置。

(3)发货区域。此区域用于存储准备提货出库的产品。发货区域是仓库工作人员将包装好的货物进行出库复核,将其装载到卡车上并准备交付给客户的地方。该区域需靠近出库门,如果月台空间宽敞且带有棚顶设计,可考虑将发货区设置在月台上。但等待车辆来取货的配送备货区仍需设置在库内靠近出口的位置。

(4)货车停靠区。货车停靠区应设置在离出入库月台近且方便装卸货物的位置,为方便装卸货物,月台应配有月台升降机(图 1-5-1),以便于叉车进出货车装卸货物。考虑提送货车辆较多的情况,还应该设置货车停车场。

5. 设备存放区域

该区域主要用于存放装卸搬运设备,包括叉车、手推车、空托盘等(图 1-5-2)。设备存放区域的占比取决于设备的种类和数量。

6. 办公区域

该区域是用于仓库管理和运营工作的区域,包括办公室、会议室和员工休息区等。办公室应尽量设置在出入门附近,便于与外来人员交接,而且要采取一定的方法与库区隔离开。冷库最好在库外另建办公室，使仓库能存放更多的物品。办公区域的占比取决于人员数量和办公设备的多少。

图 1-5-1　收发货月台

图 1-5-2　叉车停放区

以上的仓库区域占比标准是常见的参考值，实际应根据具体仓库的需求、货物种类和运营模式等因素进行调整。

(四)进行货区布局

仓库存储区布局也称为货区布局，包括平面布局和空间布局。货区布局的目的一方面是提高仓库平面和空间利用率，另一方面是提高物品保管质量，方便进出库作业，从而降低物品的仓储处置成本。

1. 货区平面布局

货区平面布局是指对货区内的货垛、通道、垛间距、收发货区等进行合理的规划，并正确处理它们的相对位置。仓库货区内部平面布局一般有以下形式。

(1)横列式布局。指货垛或货架的长度方向与仓库的侧墙互相垂直。这种布局的主要优点是：主通道长且宽，副通道短，整齐美观，便于存取查点，如果用于库房布局，还有利于通风和采光(图 1-5-3)。

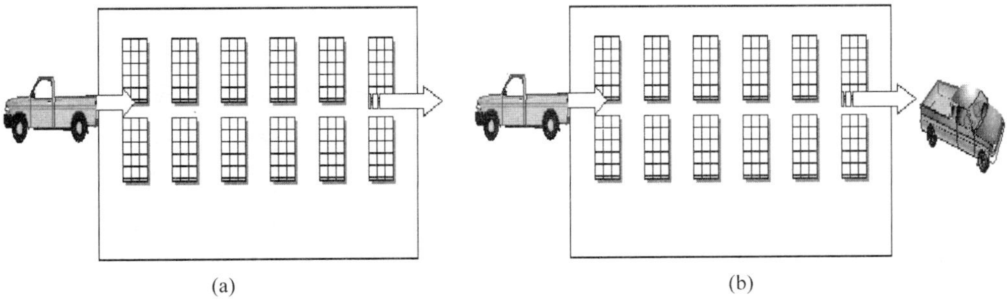

(a)　　　　(b)

图 1-5-3　仓库横列式布局

(2)纵列式布局。指货垛或货架的长度方向与仓库侧墙平行。这种布局的优点主要是可以根据库存物品在库时间的不同和进出频繁程度安排货位：在库时间短、进出频繁的物品放置在主通道两侧；在库时间长、进库不频繁的物品放置在里侧(图 1-5-4)。

(3)纵横式布局。指在同一保管场所内，横列式布局和纵列式布局兼而有之，可以综合利用两种布局的优点(图 1-5-5)。

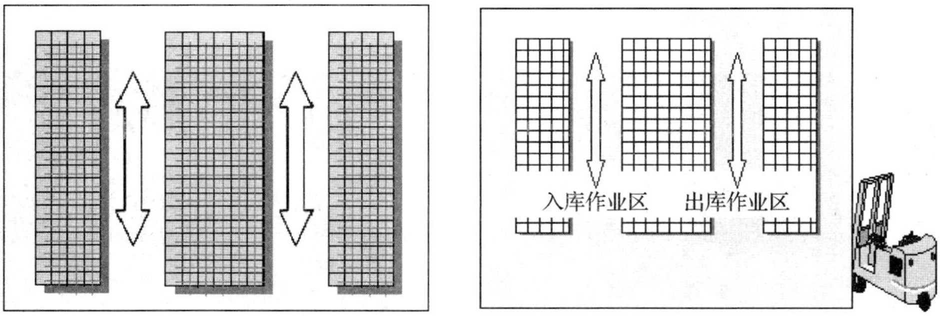

(a) (b)

图 1-5-4　仓库纵列式布局

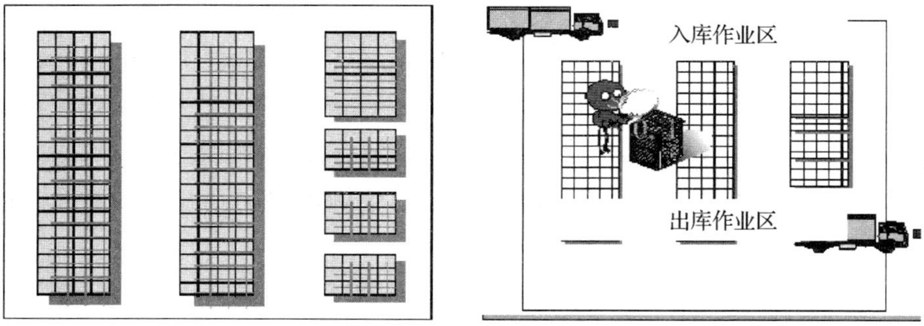

(a) (b)

图 1-5-5　仓库纵横式布局

2. 货区空间布局

空间布局是指库存物品在仓库立体空间上的规划，其目的在于充分有效地利用仓库空间。空间布局的主要形式有地面堆积存放、货架存放、架上平台存放、空中悬挂等。

(1)地面堆积存放。地面堆积存放包括将物品放在栈板上或直接就地储放两种。堆叠的稳定性可借倚靠墙壁来提升，但除非以人工或较传统的机械来作业，否则不易提取(图 1-5-6)。

(2)货架存放。使用货架存放物品有很多优点，概括起来有以下几个方面：

①便于充分利用仓库空间，提高库容利用率，扩大存储能力；

②物品在货架里互不挤压，有利于保证物品本身和其包装完整无损；

③货架各层中的物品，可随时自由存取，便于做到先进先出；

④物品存入货架，可防潮、防尘，某些专用货架还能起到防损伤、防盗、防破坏的作用(图 1-5-7)。

(3)架上平台存放。在仓库净空比较高和货架比较矮的情况下，可采用架上平台的方式充分利用有效空间，即在货架的顶部铺设一层承压板构成二层平台，这样可在平台上直接堆放物品，也可排布货架(图 1-5-8)。

图 1-5-6　地面堆积存放

图 1-5-7　货架存放

图 1-5-8　架上平台存放

3. 货垛“五距”要求

货垛“五距”应符合安全规范要求。货垛的“五距”指的是垛距、墙距、柱距、顶距和灯距。货垛堆垛时，不能倚墙、靠柱、碰顶、贴灯；不能紧挨旁边的货垛，必须留有一定的间距。无论采用哪一种垛型，库房内必须留出相应的走道，方便商品的进出和消防。

(1)垛距。货垛与货垛之间的必要距离，称为垛距，常以支道作为垛距。垛距能方便存取作业，起通风、散热的作用，方便消防工作。垛距一般不少于 0.5 m。

(2)墙距。为了防止库房墙壁和货场围墙上的潮气对商品的影响，也为了散热通风、消防、建筑安全、收发作业，货垛必须留有墙距。墙距可分为库房墙距和货场墙距，其中，库房墙距又分为内墙距和外墙距。内墙距是指货物离没有窗户墙体的距离，此处潮气相对小些，一般距离不小于 0.3 m；外墙距是指货物离有窗户墙体的距离，这里湿度相对大些，一般距离不小于 0.5 m。

(3)柱距。为了防止库房柱子的潮气影响货物，也为了保护柱脚，以免损坏建筑物，必须留有柱距。柱距一般为 0.2～0.3 m。

(4)顶距。货垛堆放的最大高度与库房、货棚屋顶横梁间的距离，称为顶距。合理的顶距应便于装卸搬运作业，能通风散热，有利于消防工作，有利于收发、查点。平房仓库顶距一般不小于 0.3 m，多层仓库顶距一般不小于 0.5 m，具体视情况而定。

(5)灯距。货垛与照明灯之间的必要距离，称为灯距。为了确保储存商品的安全，防止照明灯发出的热量引起靠近的商品燃烧而发生火灾，货垛必须留有足够的安全灯距。灯距按规定应不少于 0.5 m。

另外，货物与地面的距离不应小于 0.1 m。每个堆垛的面积不应大于 150 m^2。储存物品与风管、供暖管道、散热器的距离不应小于 0.5 m，与供暖机组、风管炉、烟道之间的距离在各个方向上都不应小于 1 m。参考标准：《仓储场所消防安全管理通则》(XF 1131—2014)。

课内小任务

任务描述：请说明下图中每个序号所代表的是货垛“五距”中的哪一个，并说明距离应为多少。

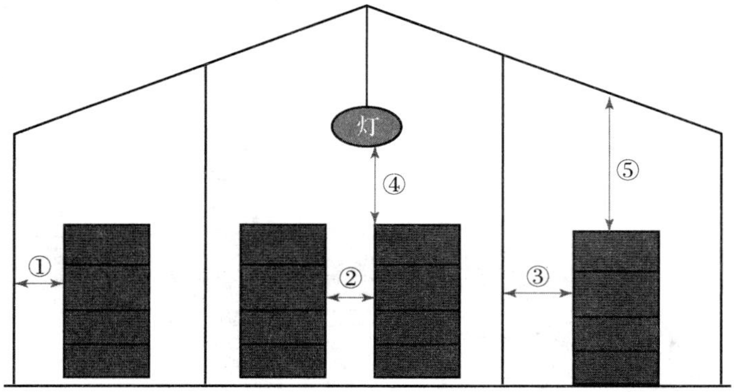

①	
②	
③	
④	
⑤	

学号：　　　　　　姓名：　　　　　　时间：　　年　　月　　日

三、智慧仓储物流动线规划

在智慧仓储中心的平面设置中，动线的规划尤为重要，在货物的流转过程中物流动线决定了验货区、发货区、仓储区等各个区域的设置和安排。

物流动线安排得当可以减少时间，节约成本，仓储中心区域内物流动线的基本类型有四种。

微课：物流动线类型

(一)U 形动线

U 形动线是指在仓库的一侧有相邻的两个发货和收货月台，货物的入库与出库在“U”形路径上完成且入库与出库位于仓库的同一侧。

U 形动线的优点：适合越库作业的进行；使用同一通道供车辆出入；易于控制和安全防范；可以在建筑物三个方向进行空间扩张。

U 形动线的缺点：U 形动线的物流中心各功能区的运作范围经常重叠，交叉点也比较多，降低运作效率；由于进出物流中心的货物在同一个货台上进行收发，容易造成混淆，特别是在繁忙时段及处理类似货物的情况下。

（二）I 形动线

I 形动线又称直线形动线，是指出货和收货区域在仓库相对应的两侧。货物自入库至出库经过的路线为一条直线。

I 形动线的优点：拥有独立的出、入货台，分别分布在物流中心的两旁，直入直出；可以应对进出货高峰同时发生的情况。由于 I 形动线物流中心的运作流向是直线形的，各运作动线平行进行，因此无论是人流或是物流，相互的碰撞交叉点相对来说是最少的，可降低操作人员和物流搬运车相撞的可能性。另外，I 形动线的作业流程比较简单，操作人员工作难度较低。

I 形动线的缺点：由于出、入货台分布在物流中心的两旁，需最少两队保安小组负责两个货台的监管，增加了人员投入及运作成本。

I 形物流中心特别适合一些快速流转的货物，如进行集装箱或货物转运业务。

（三）L 形动线

L 形动线是指货物的入库与出库区域在仓库相邻两侧的物流动线模式。货物从入库至出库在仓库中的路径呈“L”形。需要处理快速货物的仓库通常采用 L 形动线，L 形动线把货物出入仓库的途径缩至最短。

L 形动线的优点：可以应对进出货高峰同时发生的情况；适合越库作业的进行；可同时处理“快流”及“慢流”的货物。

L 形动线的缺点：除了 L 形动线范围内的货物外，其他功能区的货物的出入效率会相对地降低。

（四）S 形动线

S 形动线是指入库作业和出库作业在仓库相对的两侧进行，进入仓库的货物需要经过多步骤处理时一般采取此种动线。货物从入库开始，要经过存储、拆零、拣选、流通加工、分货、集货等作业后，再出库，货物在仓库所走路径呈“S”形。

S 形动线的特点：可以满足多种流通加工等处理工序的需要，可与 I 形动线结合在一起使用，具备 I 形动线的特点。

任务实施

<table>
<tr><td>项目一</td><td>智慧仓储内部规划</td><td>任务五</td><td>智慧仓储内部布局规划</td></tr>
<tr><td>任务背景</td><td colspan="3">公司要建一栋 1 500 m^2 左右的计算机售后备品配件仓储中心，库房长 50 m、宽 30 m、高 6.5 m。货物多为轻泡货，且种类较多。物料进出类型：一成物料为贴纸、螺丝、塑料垫等小料件，一包几百个，以后分若干次出货。九成物料为箱装物料，箱尺寸不一，其中四成货品能做到整托盘进货、整托盘出货，五成货品能整托盘进货，每次出货同一货物很少整托盘出货，例如 A 料 2 箱、B 料 9 箱、C 料 5 箱，最终一个出货托盘中含有五六种料是很正常的事情。
请各组同学根据任务背景资料按下面步骤完成本次任务。
(1)分析该仓库货品进出库类型以及仓储作业内容及流程，并确定仓库功能区；
(2)确定物流动线模型，预设各功能区域位置及面积大小；
(3)进行货区布局形式选择，确定货架类型和各类通道宽度；
(4)绘制布局草图，并进行汇报；
(5)按指导意见绘制优化布局图。</td></tr>
<tr><td>任务要求</td><td colspan="3">1. 将学生分组，每组 5 人左右。
2. 各组结合任务背景，系统地搜集、整理有关本任务的业务资料，根据上面的步骤完成本次任务，并撰写实施方案。</td></tr>
<tr><td>实施方法</td><td colspan="3">将智慧仓储内部布局规划作为一个小任务，学生按照资讯—计划—实施—检查评估来完成任务，在老师指导下制订方案、实施方案，最终进行评估。</td></tr>
<tr><td>实施成果</td><td colspan="3">按要求完成任务，并绘制出讨论、优化后的货区布局图。</td></tr>
<tr><td colspan="2">学号：</td><td>姓名：</td><td>时间：　　年　　月　　日</td></tr>
</table>

任务检测

<table>
<tr><td>项目一</td><td>智慧仓储内部规划</td><td>任务五</td><td>智慧仓储内部布局规划</td></tr>
<tr><td>检测方式</td><td colspan="3">课证融通习题、技能训练</td></tr>
<tr><td>课证融通习题</td><td colspan="3">一、单选题
1. 为仓储业务提供服务，如进行设备维修、充电、加工、制造等服务的区域属于(　　)。
A. 储运作业区　　B. 辅助作业区
C. 行政生活区　　D. 绿化区
2. 对保管场所内的货垛(架)、通道、垛(架)间距、收发货区等进行合理规划，并正确处理它们的相对位置，即(　　)。
A. 仓库平面布置　　B. 仓库内部空间布局
C. 货位布置　　D. 仓库内部平面布局
3. 通道的类型有三种，以下哪种通道需要安排双行道？(　　)
A. 运输通道　　B. 作业通道
C. 检查通道
二、多选题
1. 货垛“五距”要求包括(　　)。
A. 垛距　　B. 墙距　　C. 柱距　　D. 顶距
E. 灯距　　F. 通道距
2. 仓库内部平面布置中应合理安排的内容有(　　)。
A. 存货区　　B. 入库检验区
C. 理货区　　D. 配送备货区
E. 通道
3. 影响仓库平面布置的因素有(　　)。
A. 仓库平面布置的物品流向　　B. 最大限度地利用空间
C. 仓库的规模和功能　　D. 仓库的专业化程度
4. 仓库横列式布局的特点有(　　)。
A. 货垛整齐美观　　B. 存取查点方便
C. 不利于通风采光　　D. 仓容利用率较低
5. 仓库内部空间布局的主要形式有(　　)。
A. 横列式布局　　B. 货架存放
C. 地面堆积存放　　D. 架上平台存放
6. 以下说法正确的是(　　)。
A. 重物、大件物品、周转量大和出入库频繁的物品，宜靠近出入口布置
B. 易燃的物品，应尽量靠外布置，以便管理
C. 将同一供应商或者同一客户的物品集中存放，以便于进行分拣配货作业
D. 仓库内部主要运输通道一般采用双行道
7. 布局时缩短搬运距离可以达到(　　)的效果。
A. 节省劳动消耗　　B. 缩短搬运时间
C. 减少搬运中的损耗　　D. 加速仓储周转
E. 减少货损货差</td></tr>
</table>

续表

<table>
<tr><td>项目一</td><td>智慧仓储内部规划</td><td>任务五</td><td>智慧仓储内部布局规划</td></tr>
<tr><td>检测方式</td><td colspan="3">课证融通习题、技能训练</td></tr>
<tr><td>技能训练</td><td colspan="3">
1. 指出下图中仓库布局的不足之处，并予以修改。

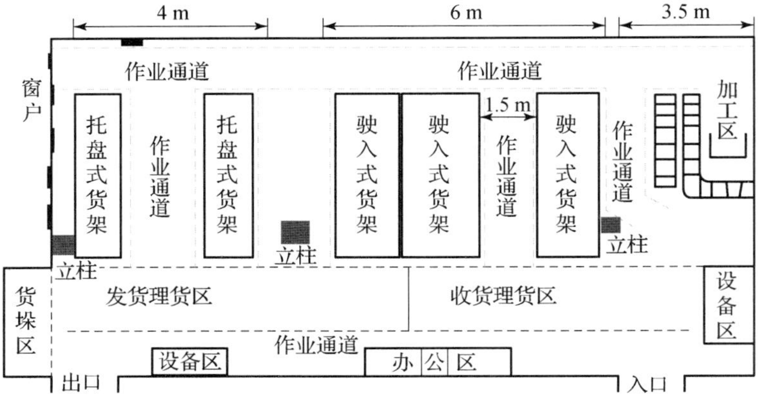

2. 货区布局图识别
(1)以下图形是横列式货区布局形式的是(　　)。
(2)以下图形是纵横式货区布局形式的是(　　)。
(3)传统托盘货架和层架的仓库适合哪种布局形式？(　　)
(4)驶入式、穿梭式等密集型货架适合哪种布局形式？(　　)

A.
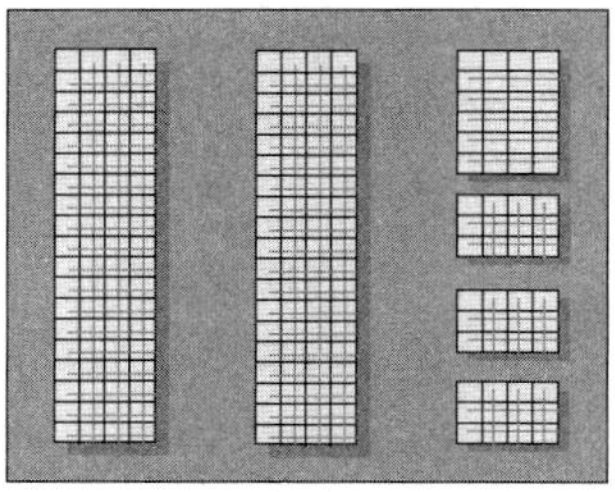

B.
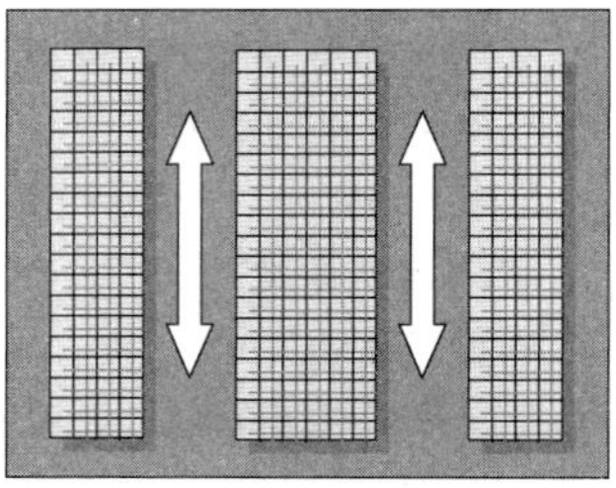

C.
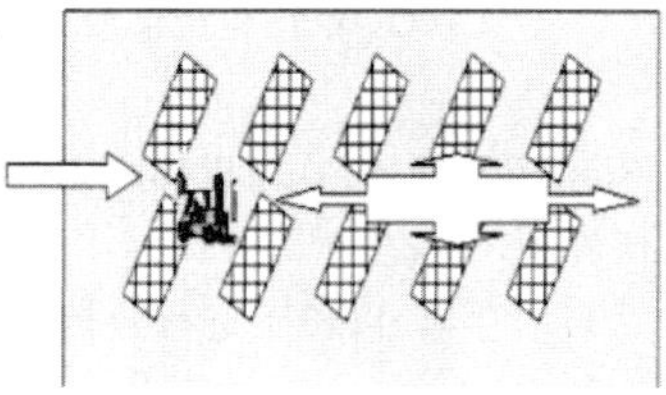

D.

3. 讨论：消防栓最好放在货架底下还是货架旁边的通道上？为什么？
</td></tr>
</table>

续表

<table>
<tr><td>项目一</td><td>智慧仓储内部规划</td><td>任务五</td><td>智慧仓储内部布局规划</td></tr>
<tr><td>检测方式</td><td colspan="3">课证融通习题、技能训练</td></tr>
<tr><td>技能训练</td><td colspan="3">4. 柱子和货架应该采取怎样的摆放关系，下面两个布局方案你会选择哪一个？为什么？
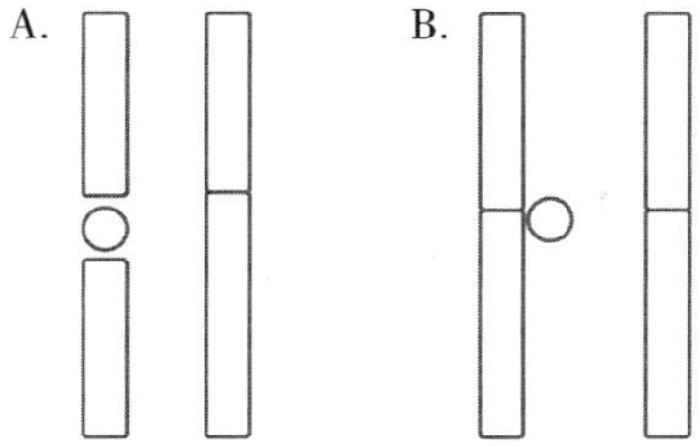

5. 下面仓库布局图的动线采用的是哪种物流动线设计？这种物流动线类型的优缺点有哪些？
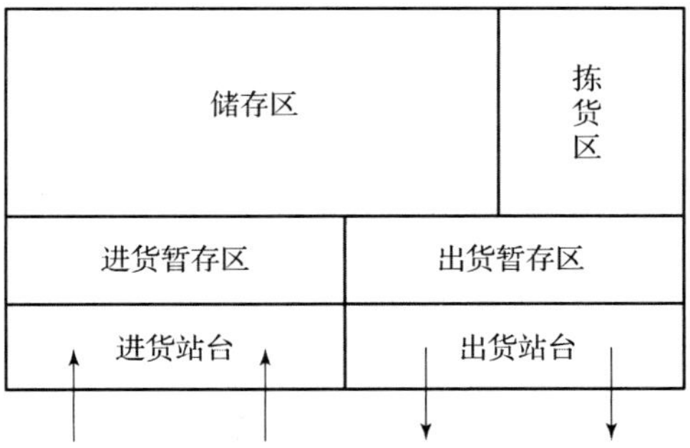
</td></tr>
<tr><td>学号：</td><td>姓名：</td><td colspan="2">时间：　　年　　月　　日</td></tr>
</table>

项目二　智慧仓储入库作业管理

项目引入

经过一段时间的业务学习，王宇作为公司的储备干部已能独当一面，仓库主管分配他负责本公司3号库的入库管理工作。他需要组织入库作业班组的同事们按照公司的入库作业流程，并利用先进的仓储管理系统(WMS)开展入库作业管理的相关业务安排。

仓库主管对王宇提出两点要求：

1. 充分利用本仓库现有工作人员，对他们进行合理的入库作业岗位分配。

2. 组织协调好各岗位人员完成物品的入库作业与管理，提升入库作业效率和货位优化管理水平，提高客户的满意度，确保突发问题的及时、顺利解决。

项目分析

为完成仓库主管交代的入库作业管理工作，王宇需提前熟悉以下工作内容。

1. 明确入库作业流程和岗位安排，做好入库作业计划；

2. 明确入库准备工作内容，做好储位安排；

3. 做好货物接货和入库调度工作，组织好人员、设备和入库场地的调配工作；

4. 对入库货物开展验收工作，并处理好验收中发生的问题，与送货人员办理好交接手续；

5. 组织库工开展理货作业，选择恰当的搬运方式保证入库货物合理安全地进入正确的储位；

6. 完善入库作业中立卡、登账等信息处理工作。

微课：货物入库作业

任务一　入库订单预处理

任务描述

本公司信息员(接单员)在某日早8:00时，通过传真形式收到一份仓储入库通知单(表2-1-1)，通知单内容是我们的客户通达电子贸易有限公司要求存放一批计算机配件产品，入库前和出库后的运输由通达公司负责。针对上面给定的情境，明确仓库入库作业中各岗位职责后，接收入库通知单并对该入库订单进行预处理，制订完整的仓储入库作业计划。

表 2-1-1　入库通知单

入库通知单编号:RT10241001　　　　　　　　　　预计到货时间:20××年×月×日 10:30

惠安仓储物流有限公司:

我公司现有一批计算机配件产品委托神州物流货运公司运送至贵公司储存,请安排接收,具体产品如下:

序号	货品编码	品名	规格型号	批次	包装规格(长×宽×高)/mm	重量/(kg/箱)	数量/箱	明细(SKU包装单位)
1	6917878007441	DELL 鼠标	XN967	202409	316×211×125	10	96	10
2	6920855784129	DELL 液晶显示屏	E2209W	202409	448×276×180	15	27	1
3	6932010061839	DELL 机箱	220s	202409	498×333×160	22	27	1
4	6931528109163	DELL 键盘	U22	202409	398×272×130	16	50	10
ASN 编码		ASN202410110	客户指令号		RK20241001	紧急程度		一般

请在到货当日完成入库,联系人:张丽,电话 135××××7628

通达电子贸易有限公司

20××年×月×日

任务目标

知识目标

1. 了解智慧仓储入库作业的整体工作流程。
2. 掌握智慧仓储入库工作的岗位分工。
3. 明确入库作业的影响因素。
4. 掌握入库作业计划的内容。

能力目标

1. 作为入库作业组织者能设计入库作业流程。
2. 作为接单员能够正确填制作业计划单和系统预入库处理。

素质目标

1. 具备从事智慧仓储入库作业管理活动的全局观,提升大局意识。
2. 提升团队合作意识。
3. 在入库订单处理过程中提升职场个人形象和掌握职业礼仪。

任务准备

一、入库作业整体流程认知

入库作业整体流程大致分为 10 个步骤,具体如图 2-1-1 所示。

二、入库作业中涉及的工作岗位及各岗位职责

(一)客服及接单员岗位职责

(1)负责接收客户入库指令,查看货物信息是否完全,如不完全,应及时与客户进行沟通,确保指令的正确性,录入系统及将客户指令转化成公司内部指令,生成作业计划。

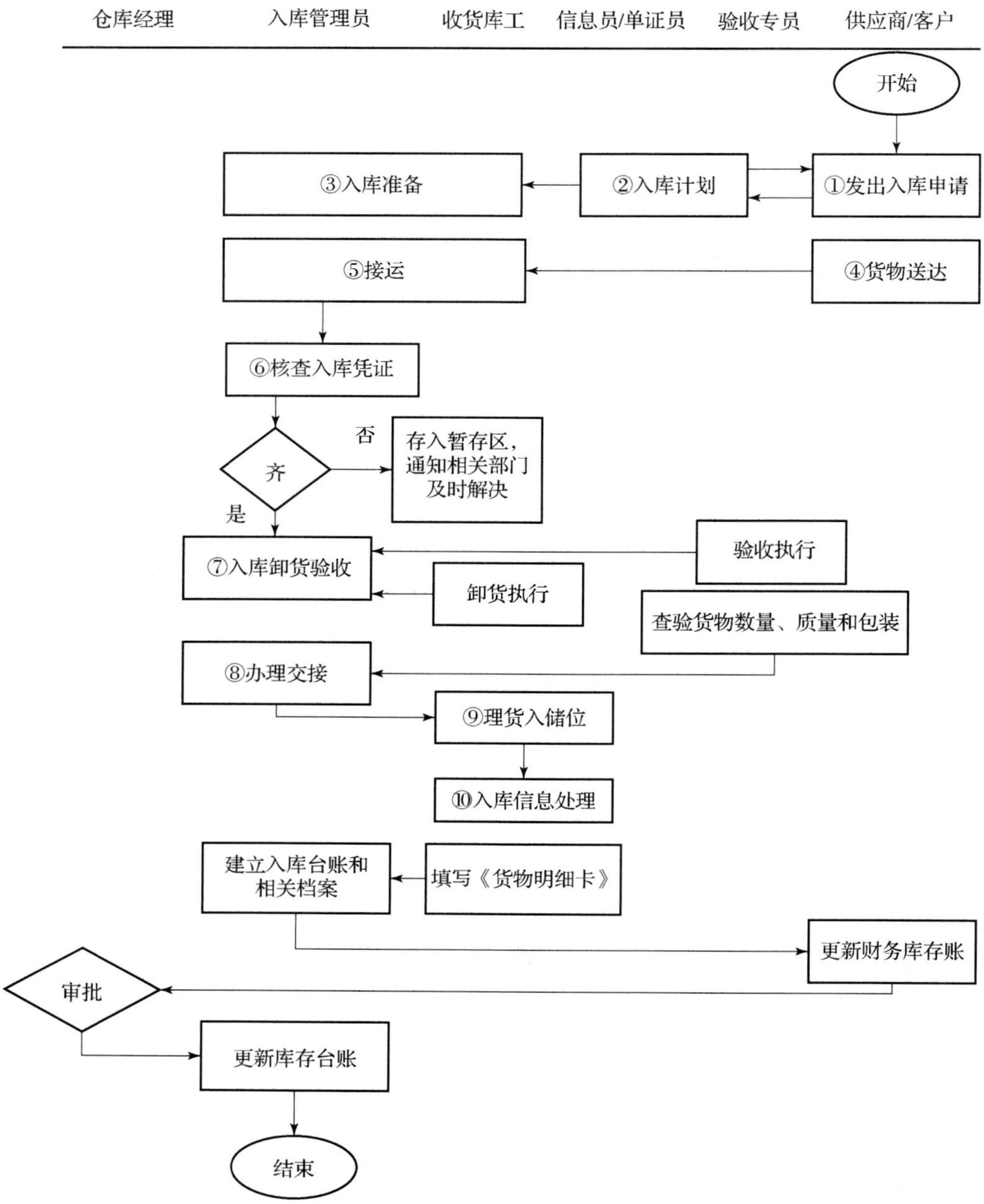

图 2-1-1　入库作业整体流程

(2)熟悉仓库系统中有关进出库的操作,及时有效打印相关单据。

(3)及时整理、分类打印的出入库单据,交给相关人员。

(4)负责跟踪客户指令的执行情况,并与客户协调运作过程中的问题。

(5)负责制作客户要求的各种报表,并与客户核对账务。

(二)入库管理员的岗位职责

(1)主要负责在货物入库过程中选用搬运工具与调派工作人员,分库房或库区编制入库作业计划，并安排工具使用时段与人员的工作时间、地点、班次等。

(2)制定相应的货物入库管理制度及工作流程。

(3)负责货物的合理安全存放。

(4)验收货物及与送货人员办理交接手续。

(5)严格按照手续办理产品入库。

(6)建立货物入库台账，每日进行货物入库记录及统计。

(7)完成上级交办的其他工作事项。

(三)验收员的岗位职责

(1)负责制订所有物资的入库验收作业规范，并监督实施。

(2)落实执行所有物资的入库验收工作，并出具入库验收报告。

(3)妥善处理存在异常问题而不可入库的物资。

(4)协助采购部处理不合格材料、货物的退货工作。

(5)参与供应商、协作厂商的绩效评审工作。

(6)对所有物资的规格、包装、外观及运输条件提出改善意见或建议。

(7)完成仓储部经理交办的其他工作。

(四)调度员

在目前国内物流企业的实际业务中，对于一些拥有多个库房，进出库作业频繁，货品种类较多，作业信息化程度高，库工人数多且分工明确的仓库，很可能专门设置“调度”岗位，而其他情况下，仓库则没有如此细分的岗位，这时相关调配资源和安排货位的工作由仓库保管员或入库管理员负责。

调度员的工作就是协助入库管理员调动和安排相关资源，完成入库作业，包括库房、货位、人力、设备和工具等。

(五)收货库工

包括理货员、搬运员、叉车工等。

(1)准备理货场地。根据作业计划单的货物信息估计所需卸货、理货场地大小，并清理现场。

(2)核对货物。协助库管员核对货物品种、数量、规格、等级、型号和重量。

(3)理货入储位。接收储位分配指令，检验货物的包装、标志，按正确的作业方法卸车、堆码、搬运及存放货物，并配合库管员进行货卡填写。

三、影响入库作业的因素

(一)供应商的送货方式

供应商的送货方式将直接影响入库作业的组织和计划。

(1)每天平均送货的供应商数量及最大量。大多数时间来送货的供应商数量不会影响正式工作人员和设施设备的配置。当超过预计的供应商数量时可通过雇用临时工以及租赁设备来解决。

(2)送货的车型及车辆台数。送货的车型主要影响卸货站台的合理安排、利用及卸货方式。车辆台数主要影响作业人员和作业设备的配置以及作业方式的选择。

(3)每台车平均卸货的时间。要求卸货时间短则采用自动化或机械化作业；时间长则采用人工作业或半机械化作业。

(4)物品到达的高峰时间。物品到达的高峰时间是制定作业人员轮班轮岗表的重要依据。

(5)物品的装车方式。物品的装车方式主要影响卸车的方式方法。

(6)中转运输的转运方式。主要有直达转运、直通转运、储存分拣转运、流通加工转运和投机转运。中转运输的转运方式主要影响入库作业量和作业方式。

课内小任务

任务描述：请查阅资料，完成中转运输方式特点的对比(表 2-1-2)。

表 2-1-2　中转运输方式特点的对比

中转运输方式	特点
直达转运	
直通转运	
储存分拣转运	
流通加工转运	
投机转运	

学号：　　　　姓名：　　　　时间：　　年　　月　　日

(二)物品的种类、特性与数量

(1)每天平均送达的物品品种数。平均每天送达的物品品种越多，物品之间的理化性质差异也就越大，对作业环节影响越大。

(2)单位物品的尺寸及重量。单位物品的尺寸及重量对装卸搬运、堆码上架、库区货位的确定等作业会产生影响。

(3)物品包装形态。物品包装形态的差异会对装卸搬运工具与方式、库区货位的确定、堆存状态产生影响。

(4)物品的保质期。影响物品的在库周期，保质期短的物品入库存储宜选用重力式货架，以严格保证“先进先出”。

(5)装卸搬运方式。直接影响入库作业效率，采用什么方式主要取决于物品的包装形态。

(三)仓储设备与存储方式

仓库设备是影响入库作业的另一个主要因素，叉车、传送带、货架储位的可用性，以及人工装卸、无货架堆码等要综合考虑。设备及存储状况不同的仓库入库作业难易程度不同。若仓库设备先进，均为货架储存，其操作过程一般比较简单，现场一般干净整齐，仓容利用率高，便于管理；若仓库设备简陋，基本依赖人工操作，现场一般比较杂乱，仓库空间利用率低，管理难度大。

货物出入库方式也会影响货位安排以及仓库货架类型的选择。

(1)整进整出。也就是批量来、批量走的货物，可以选择密集型货架存储，如驶入式货架。

(2)整进零出。如果整托进、整托出,比如每次来货几十个托盘,每次最少时只出1个或2个托盘的,可以将这些货物放入普通背靠背的托盘式货架上层,通过叉车机械化作业;如果每次来货几十个托盘,但每次出货可达到4个或5个以上托盘的,可以选择后推式货架或穿梭式货架。如果整托进、按箱出,也就是每次来货有较多个托盘,但每次出货会有不足1个托盘,按箱出货的,那么这样的货物需在托盘式货架下层留有储位,或者分一些货物存入层架,便于人工拣选。

四、接收入库通知单

入库通知单(表2-1-3)是一种书面提出要入库的证明,用于通知货物即将到达仓库并准备入库。一般入库通知单是存货人或供应商,根据仓储协议,在一批货物由司机送达仓库前下达给仓库,仅仅起到预报入库信息的作用。入库通知单下达即代表存货人向仓库提出入库申请,入库申请是生成入库作业计划的基础和依据。

仓储企业接到申请之后,对此项业务进行评估并结合仓储企业自身业务状况做出反应,或拒绝该项业务,并做出合理解释,以求客户的谅解;或接受此项业务,认真审核入库通知单相关信息是否完全,如不完全,应及时与客户进行沟通,确保指令的正确性。

表2-1-3　入库通知单样例

入库通知单编号:RW10241002　　预计到货时间:20××年×月×日 10:30

惠安仓储物流有限公司:

我公司现有一批奶产品委托达达物流货运公司运送至贵公司储存,请安排接收,本批货物大概存储3天,再根据超市订单进行发货,具体产品如下:

序号	货品编码	品名	规格	批次	包装规格(长×宽×高)/mm	重量/(kg/箱)	数量/箱	明细(SKU包装单位)
1	A100920	完达山纯牛奶	225 mL	202409	285×200×130	4.5	140	18
2	A100710	完达山酸酸乳菠萝油桃	112 mL	202409	320×215×125	5	80	40
3	A100720	完达山酸酸乳青苹果	112 mL	202409	320×215×125	5	60	40
ASN编码		ASN202410120	客户指令号		RK20241002	紧急程度		一般

请在到货当日完成入库,联系人:张华,电话138××××7558

完达山乳品有限公司

20××年×月×日

五、入库订单预处理

在入库通知单经过仔细审核确认无误之后,接单员需要进行入库订单的预处理工作。这项工作的核心是制订一个详尽的入库作业计划,并将这一计划分别传达给存货人员和仓库管理部门,确保所有相关方都做好了充分的准备。

由于客户可能会提供不同格式的入库通知,接单员需要将这些多样化的客户指令转化为企业内部统一的作业计划文件。这就需要编写一份标准化的入库作业计划单,以确保信息的准确性和操作的一致性。

接单员在制订仓储入库计划时，需要综合考虑入库通知单上的货物信息、仓库的实际情况以及可用的设备资源。他们可以手工制订计划（表 2-1-4），或者利用仓储管理系统自动生成作业计划。无论采取哪种方式，最终目标都是确保任务能够清晰、准确地下达给各相关作业单位和管理部门。

通过这样的流程，不仅提高了入库作业的效率和准确性，还增强了整个供应链的协同性和响应速度。

入库作业计划是存货人发货和仓库部门进行入库前准备的依据。

表 2-1-4　作业计划单

预计到库时间			客户名称				
预计存储期			入库类型				
入库方式			其他要求				
库房			优先级		紧急程度		
货品编码	货品名称	规格	批次	单位	数量	包装尺寸	重量
制单人：							

备注：1. 紧急程度按照客户特别要求办理。

2. 优先级按照客户重要程度划分。

3. 入库类型一般分为正常入库、调拨入库、退货入库、维修入库、租赁入库。

4. 入库方式一般分为提货和到货。提货指仓库要组织库外运输到运输节点或客户仓库等地提运货物至回仓库，涉及选择路线、安排车辆、保证安全、结算运费等问题，且提货时就要对货物验收；到货指仓库不用组织库外运输，由客户或其指定承运人将货物送至仓库，与仓管交接。

5. 可按客户划分库房，也可按货物种类划分库房，填写对应的库房编号。

任务实施

<table>
<tr><td>项目二</td><td>智慧仓储入库作业管理</td><td>任务一</td><td>入库订单预处理</td></tr>
<tr><td>任务背景</td><td colspan="3">1. 请根据课前任务描述中的入库通知单（表 2-1-1），完成入库通知单的接收工作，并填写入库作业计划单。
2. 每组同学设计一份入库通知单，两组同学交替扮演客户和仓储公司，通过电话开展接单工作。
3. 作为仓储公司一方代表要进行入库作业计划分析。</td></tr>
<tr><td>任务要求</td><td colspan="3">1. 将学生分组，每组 5 人左右。其中第 1 项任务以个人为单位完成。
2. 完成任务后小组内互评。
3. 每个小组派代表汇报本组同学任务完成情况。</td></tr>
<tr><td>实施方法</td><td colspan="3">将入库订单预处理作为一个小任务，学生按照资讯—计划—实施—检查评估来完成任务，在老师指导下制订方案、实施方案，最终进行评估。</td></tr>
<tr><td>实施成果</td><td colspan="3">1. 根据入库通知单（表 2-1-1），在 WMS 系统中完成订单录入，并填写入库作业计划单（表 2-1-5）。本批货物存入本公司 3 号库，存储时间在 20 天左右，紧急程度一般。

表 2-1-5　作业计划单
<table>
<tr><td>预计到库时间</td><td colspan="2"></td><td>客户名称</td><td colspan="4"></td></tr>
<tr><td>预计存储期</td><td colspan="2"></td><td>入库类型</td><td colspan="4"></td></tr>
<tr><td>入库方式</td><td colspan="2"></td><td>其他要求</td><td colspan="4"></td></tr>
<tr><td>库房</td><td colspan="2"></td><td>优先级</td><td></td><td>紧急程度</td><td colspan="2"></td></tr>
<tr><td>货品编码</td><td>货品名称</td><td>规格</td><td>批次</td><td>单位</td><td>数量</td><td>包装尺寸</td><td>重量</td></tr>
<tr><td></td><td></td><td></td><td></td><td></td><td></td><td></td><td></td></tr>
<tr><td></td><td></td><td></td><td></td><td></td><td></td><td></td><td></td></tr>
<tr><td></td><td></td><td></td><td></td><td></td><td></td><td></td><td></td></tr>
<tr><td></td><td></td><td></td><td></td><td></td><td></td><td></td><td></td></tr>
<tr><td colspan="8">制单人：</td></tr>
</table>

2. 审核以下入库通知单（表 2-1-6 至表 2-1-9），确定哪些是本公司可以接收的入库通知单，拒收的要说明理由。
惠安仓储哈尔滨物流中心目前没有易燃易爆、生鲜等产品的经营服务许可，主要开展普通货物的仓储、配送以及运输业务。2024 年 10 月 15 日，惠安仓储哈尔滨物流中心接到华联超市有限公司的入库通知，计划于 2024 年 10 月 18 日入库一批货物，入库通知单信息如下：</td></tr>
</table>

续表

项目二	智慧仓储入库作业管理	任务一	入库订单预处理
实施成果	见表 2-1-6 至表 2-1-8		

表 2-1-6　入库通知单 1

ASN 编码	ASN202410002		客户指令号	RK202410002	客户名称	华联超市有限公司	
库房	惠安仓储哈尔滨物流中心		紧急程度	一般	是否取货	否	
入库类型	正常入库	预计入库时间			2024 年 10 月 6 日		
货品条码	货品名称	包装规格/mm	批次	生产日期	单位	数量	备注
6921294356748	康师傅冰糖柠檬	460×260×270	202406	20240620	箱	15	限高四层

表 2-1-7　入库通知单 2

ASN 编码	ASN202410001		客户指令号	RK202410001	客户名称	华联超市有限公司	
库房	惠安仓储哈尔滨物流中心		紧急程度	一般	是否取货	否	
入库类型	正常入库	预计入库时间			2024 年 10 月 18 日		
货品条码	货品名称	包装规格/mm	批次	生产日期	单位	数量	备注
6971590730018	凯牌打火机	190×370×270	202405	20240520	箱	15	/

表 2-1-8　入库通知单 3

ASN 编码	ASN202410003		客户指令号	RK202410003	客户名称	华联超市有限公司	
库房	惠安仓储哈尔滨物流中心		紧急程度	一般	是否取货	否	
入库类型	正常入库	预计入库时间			2024 年 10 月 18 日		
货品条码	货品名称	包装规格/mm	批次	生产日期	单位	数量	备注
6923866340303	蓝月亮洗衣液	560×330×250	202408	20240816	箱	60	/
6927201849304	奥利奥夹心饼干	370×190×270	202408	20240825	箱	30	/

续表

<table>
<tr><td>项目二</td><td>智慧仓储入库作业管理</td><td>任务一</td><td>入库订单预处理</td></tr>
<tr><td>实施成果</td><td colspan="3">

表 2-1-9　入库通知单 4

<table>
<tr><td>ASN 编码</td><td>ASN202410004</td><td>客户指令号</td><td colspan="2">RK202410004</td><td colspan="2">客户名称</td><td>华联超市
有限公司</td></tr>
<tr><td>库房</td><td>惠安仓储
长春物流中心</td><td>紧急程度</td><td colspan="2">一般</td><td colspan="2">是否取货</td><td>否</td></tr>
<tr><td>入库类型</td><td>正常入库</td><td colspan="3">预计入库时间</td><td colspan="3">2024 年 10 月 18 日</td></tr>
<tr><td>货品条码</td><td>货品名称</td><td>包装规格/mm</td><td>批次</td><td>生产日期</td><td>单位</td><td>数量</td><td>备注</td></tr>
<tr><td>6908946284451</td><td>百事可乐</td><td>285×192×245</td><td>202406</td><td>20240620</td><td>箱</td><td>20</td><td>限高
五层</td></tr>
</table>

</td></tr>
<tr><td colspan="4">学号：　　　　　　　　　　姓名：　　　　　　　　　　时间：　　年　　月　　日</td></tr>
</table>

任务检测

<table>
<tr><td>项目二</td><td>智慧仓储入库作业管理</td><td>任务一</td><td>入库订单预处理</td></tr>
<tr><td>检测方式</td><td colspan="3">课证融通习题、技能训练</td></tr>
<tr><td>课证融通习题</td><td colspan="3">一、单选题
1.(　　)是仓储作业管理的第一步,也是仓储作业管理关键的环节,其直接关系到后面的在库、出库作业管理能否顺畅与方便。
A. 物品入库作业　　B. 物品在库作业　　C. 储存分拣转运　　D. 库存控制
2. 物品不经过卸车入库等环节,留在运输工具上按货主要求的时间、地点送到货主手中属于(　　)。
A. 直达转运　　B. 直通转运　　C. 储存分拣转运　　D. 流通加工转运
3. 物品抵达仓库时,物品的去向信息不明,先经过验收、装卸搬运、入库堆存、理货等作业,等候客户(货主)下达指令(出库单、订单等),然后按客户要求经分拣环节送抵客户属于(　　)。
A. 直达转运　　B. 直通转运　　C. 储存分拣转运　　D. 流通加工转运
4. 物品抵达仓库后,经过卸货、验收、搬运、分拣(按加工工艺)、加工、再分拣(按货主、流向、理化性质)等作业环节后送抵客户手中属于(　　)。
A. 直达转运　　B. 直通转运　　C. 储存分拣转运　　D. 流通加工转运
5.(　　)是存货人对仓储服务产生需求,并向仓储企业发出需求通知。
A. 入库申请　　B. 入库计划　　C. 入库准备　　D. 货物装卸
6. 物品抵达仓库时物品去向信息不明,但目的明确,是囤积物品待物品价格达到期望目标时再经过验收、装卸搬运、入库堆存、理货等作业,根据货主下达的指令(出库单、订单等),按客户要求送抵客户而获取超额利润的转运方式属于(　　)。
A. 直达转运　　B. 直通转运　　C. 投机转运　　D. 流通加工转运
7. 对于来自同企业不同库房的货物的入库作业属于哪种入库类型?(　　)
A. 正常入库　　B. 调拨入库　　C. 退货入库　　D. 维修入库
E. 租赁入库
二、多选题
1. 以下属于影响入库作业主要因素的是(　　)。
A. 供应商的送货方式　　B. 物品的种类、特性与数量
C. 仓库设备与存储方式　　D. 仓库的温湿度
2. 物品依据包装形态可分为(　　)。
A. 散装货物　　B. 件杂货　　C. 危险品　　D. 单元货</td></tr>
<tr><td>技能训练</td><td colspan="3">1. 直通转运又称为什么作业?直通转运是否需要为货物安排储位?</td></tr>
</table>

续表

项目二	智慧仓储入库作业管理	任务一	入库订单预处理
检测方式	课证融通习题、技能训练		
技能训练	（见下）		

2. 请根据任务准备中的入库通知单（表 2-1-3），填写入库作业计划单（表 2-1-10），本批货物存入本公司 1 号库，存储时间大概是 3 天。

表 2-1-10　作业计划单

预计到库时间			客户名称				
预计存储期			入库类型				
入库方式			其他要求				
库房			优先级		紧急程度		
货品编码	货品名称	规格	批次	单位	数量	包装尺寸	重量
制单人：							

3. 仓库里还有 500 箱完达山纯牛奶，收到入库通知单此时要来 300 箱完达山纯牛奶，恰好此时有客户要订货 300 箱完达山纯牛奶，可否进行越库作业？

学号：	姓名：	时间：　　年　　月　　日

任务二　开展入库准备

任务描述

王宇作为库管员接到了接单员下达的入库作业计划指令，他必须认真分析本次通达电子贸易有限公司要入库货物的相关信息，在货物到达前需要进行充分的入库准备工作，以便货物到达后入库工作能够顺利进行。那么王宇都需要在货物到达前开展哪些入库准备工作呢？

任务目标

知识目标

1. 掌握入库准备工作的具体内容。
2. 掌握平堆区货位核算方法和步骤。
3. 掌握托盘货物的四种堆码方法。
4. 掌握托盘货架堆码层数的计算方法。

能力目标

1. 作为库管员和调度员能够正确分析工作计划。
2. 作为库管员能够准确高效地核算平堆区储位的大小，完成储存方案设计。
3. 能够准确完成各种箱型货物的组托方案设计。
4. 能够完成给定条件下的托盘货架货位核算。

素质目标

1. 培养严谨、细致的工作作风。
2. 提升成本节约意识。
3. 提升安全责任意识，培养精益求精的工匠精神。

任务准备

库管员，也就是入库管理员，在对入库作业计划做出测评与分析之后，需要及时进行库场的准备工作，包括但不限于装卸运输工具的选择和入库人员的合理安排。这些准备工作对于确保商品能够按时、顺利地入库至关重要。

一、入库准备内容

（一）熟悉入库货物

仓库保管员（入库管理员）要根据入库作业计划单认真查阅入库商品资料，掌握入库商品的品种、规格、数量、包装状态、单件体积、到库确切时间、商品存期、商品的理化特性、保管的要求、装卸搬运注意事项等。根据情况精确和妥善地进行库场安排、准备。

（二）人员配备

按照物品到达的时间、地点、数量等，按计划预先做好到货接运、装卸搬运、检验、堆码等人力的组织安排。

（三）设备准备

在商品入库前，根据所确定入库作业计划和苫垫方案，准备相应的设施设备及相关材料，并组织衬垫铺设作业。将作业所需的用具，如叉车、地牛和托盘等工具准备妥当，以便能及时使用。

(四)文件单证准备

仓库管理员对商品入库所需的各种报表、单证、记录簿等,如入库记录、理货检验单、账卡、残损单等预填妥善,以备使用。在接货作业之前,还要事先准备好当天要到货的预入库单据(或采购单)。将生成的作业计划打印出来交给收货人员。收货人员据此可合理地安排收货月台及收货时间。

(五)货位及苫垫材料准备

1. 确定堆垛方法和苫垫方案

根据物品存储方式及物品包装方式确定堆垛方法、苫垫方案等准备工作。了解在商品入库期间、保管期间仓库的库容情况,合理安排到货物品的存储场所和存储方式。货物的堆存方法主要包括就地堆垛和入货架进行存放,如果采用就地堆垛还要考虑苫垫方案。

2. 核算货位大小

仓库部门根据入库商品的性能、数量、类别,结合仓库分区分类保管的要求,核算货位大小或数量。

3. 妥善安排货位和验收场地

根据货位使用原则,妥善安排货位、验收场地。必要时对仓库进行清查,清理归位,以腾出仓容。

4. 彻底清洁货位

仓储入库管理员要及时安排员工对需要存货的储位进行彻底清洁。清除残留物,清理排水管道(沟),必要时进行消毒除虫、铺地。详细检查照明、通风等设备,发现损坏及时通知修理。

5. 选择苫垫材料

应根据货位位置和到货物品特性进行合理的选择。垫垛材料一般包括枕木、方木、石条、水泥墩、防潮纸、防潮布和塑料垫板等。苫盖材料包括塑料布、席子、油毡、铁皮和苫布等,企业目前使用较多的为苫布。

二、仓库货位核算

对于批量入库的货物来讲,仓库货位存放方式主要包括平堆区的就地堆垛和托盘货架区货位存放。那么如何开展货位大小和数量的核算呢?下面将把货位核算及储位选择分为平堆区货位核算、托盘货架货位核算和储位优化三个子任务进行介绍。

子任务一　平堆区货位核算

一、认识重叠式平台垛

重叠式平台垛,即底层以同一个方向平铺摆放一层货物后,垂直继续向上堆积,每层货物的件数、方向相同,垛顶呈平面,垛形为长方体(图 2-2-1)。

微课:平堆区货位核算

标准(重叠式)平台垛的货物件数为

$$A=L\times B\times H$$

式中，A——总件数；

L——长度方向件数；

B——宽度方向件数；

H——层数。

【例 1】 现仓库存储 5 000 箱商品，每箱尺寸为 50 cm×50 cm×20 cm，限高 10 层，某货位宽为 10 m，需最少多长，最大多高的货位？（注：该货品为轻泡货）

解：

$$10\div 0.5=20（箱）$$

$$A=L\times B\times H$$

$$5\ 000=20\times L\times 10$$

$$L=25（箱）$$

$$货位长=25\times 0.5=12.5\ m$$

$$货位高=0.2\times 10=2\ m$$

则此货位宽 10 m，长 12.5 m，高 2 m。

二、货垛垛高的确定

平堆区货物货位核算时，应先确定堆码层数，也就是垛高，将货物尽可能堆高，以提升存储空间利用率。

（一）货垛垛高的影响因素

在确定垛高时要综合考虑仓库空间高度、仓库地坪设计载荷及货物自身特性和包装对垛高的要求等三项指标（图 2-2-2），应该取三者中的最小值。

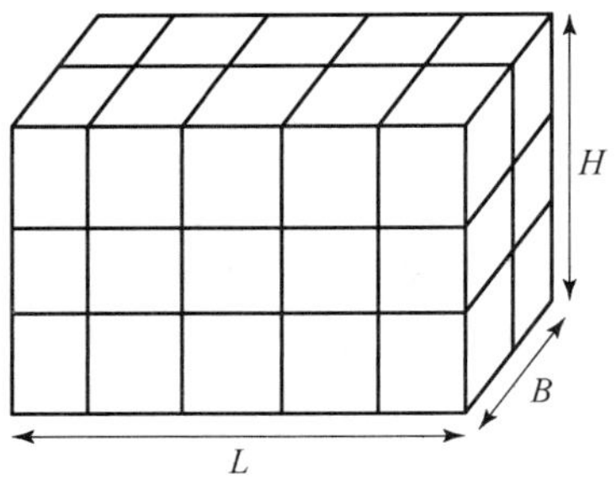

图 2-2-1 重叠式平台垛

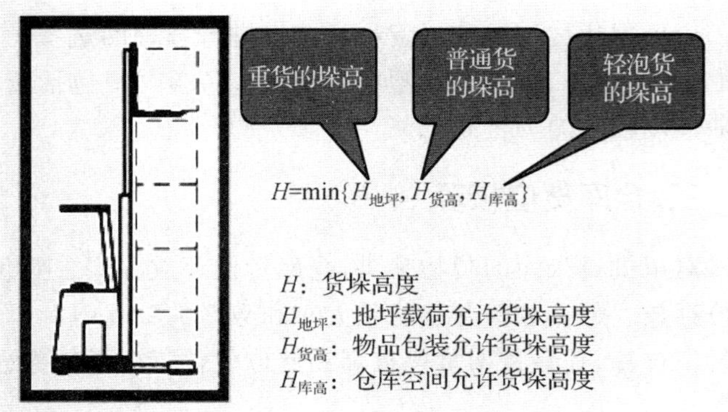

图 2-2-2 垛高影响因素

（二）货垛堆码层数的计算

因此在计算可堆层数时，先将三个因素影响下的层数计算出来，再在三者中取最小值。

（1）根据仓库净高计算层数，将其设为 a。

$$层数\ a=库房净高（可用高度）\div 箱高$$

（2）根据地坪载荷计算层数，将其设为 b。

方法 1：　　　层数 b＝地面单位面积最大载荷量÷货物单位面积重量

货物单位面积重量＝单位货物毛重÷单位包装物面积

单位包装物面积＝长×宽

【例 2】 地坪最大载荷量是 2 000 kg/m²，货物尺寸为 500 mm×200 mm×250 mm，每箱毛重 50 kg，试计算层数 b。

解：货物底面积＝0.5×0.2＝0.1 m²，货物单位面积重量＝50÷0.1＝500 kg/m²，层数 b＝2 000/500＝4 层。

方法 2：　　　单位包装物面积＝长×宽

单箱面积最高重量＝地面单位面积最大载荷量×单位包装物面积

层数 b＝单箱面积最高重量÷单箱货物重量

【例 3】 地坪最大载荷量是 2 000 kg/m²，货物尺寸为 500 mm×200 mm×250 mm，每箱毛重 50 kg，试计算层数 b。

解：货物底面积＝0.5×0.2＝0.1 m²，单箱面积最高重量＝2 000×0.1＝200 kg，层数 b＝200/50＝4 层。

(3)物品堆码极限设为层数 c。层数 c 通常于货箱上有标注。

(4)可堆层数＝min{层数 a，层数 b，层数 c}

(三)货垛占地面积计算

占地面积＝(总件数÷可堆层数)×单位包装物面积

(四)任务实例

【例 4】 今收到供货商发来入库通知单，计划到货日期为明天上午 10 点，主要内容如下。品名：金属模具；包装规格：500 mm×350 mm×400 mm；包装材质：木箱；单体毛重：60 kg；包装标识限高 9 层；数量：3 200 箱。

(1)如果此批货物入库后就地码垛堆存，作为仓库管理员请计算出该批货物至少需要多大面积的储位。

(2)如果目标存储区域可堆垛宽度限制为 5 m，计算出计划堆成的货垛的垛长、垛宽及垛高各为多少箱。(仓库高度为 4 m，地坪载荷量为 3 000 kg/m²；垛型要求为重叠堆码的平台垛；储位面积计算要充分考虑仓储“五距”。)

解：(1)仓库净高：层数 a＝(4－0.5)÷0.4＝8 层

地坪载荷量：单位包装物面积＝0.5×0.35＝0.175 m²

每箱底面积的最高限重＝3 000×0.175＝525 kg

层数 b＝525÷60≈8.75＝8 层

物品堆码极限：层数 c＝9 层

可堆层数＝min{8，8，9}＝8 层

占地面积＝(3 200÷8)×0.175＝70 m²

(2)垛宽＝5÷0.5＝10 箱

垛长＝70÷5÷0.35＝40 箱或者＝(3 200÷8)÷10＝40 箱

垛高＝8 箱

课内小任务

任务描述：现有罐头食品 5 000 纸箱，纸箱尺寸为 50 cm×25 cm×20 cm，限高 10 层。拟安排在长度为 10 m 的货位堆垛，采用重叠式平台垛。请问需开多宽的脚桩？
学号：　　　　　　　　姓名：　　　　　　　　时间：　　年　　月　　日

任务实施

<table>
<tr><td>项目二</td><td>智慧仓储入库作业管理</td><td>任务二</td><td>开展入库准备</td></tr>
<tr><td>子任务一</td><td colspan="3">平堆区货位核算</td></tr>
<tr><td>任务背景</td><td colspan="3">某仓库建筑面积为 10 000 m²，地坪载荷为 2 000 kg/m²，库房内高 5.3 m。现该库收到入库通知单，如表 2-2-1 所示，该批货入库后进入平堆区码垛堆存，至少需要多大面积的储位？如果仓库可用宽度上限仅为 5 m，平台垛的垛长、垛宽及垛高各为多少箱？

表 2-2-1　入库通知单
入库时间　　　　　　年　月　日　时
<table><tr><td>入库编号</td><td>品名</td><td>包装规格/mm</td><td>包装材料</td><td>单体毛重/kg</td><td>包装标志限高/层</td><td>入库总量/箱</td><td>备注</td></tr><tr><td>00011226</td><td>五金工具</td><td>400×250×320</td><td>杨木</td><td>48</td><td>5</td><td>2 400</td><td></td></tr></table></td></tr>
<tr><td>任务要求</td><td colspan="3">1. 本任务以个人为单位完成。
2. 完成任务后小组内互评。
3. 每个小组派代表汇报本组同学完成情况。</td></tr>
<tr><td>实施方法</td><td colspan="3">将平堆区货位核算作为一个小任务，学生按照资讯—计划—实施—检查评估来完成任务，在老师指导下制订方案、实施方案，最终进行评估。</td></tr>
<tr><td>实施成果</td><td colspan="3">根据任务背景，写出计算过程和结果。</td></tr>
<tr><td>学号：</td><td>姓名：</td><td colspan="2">时间：　　年　　月　　日</td></tr>
</table>

任务检测

项目二	智慧仓储入库作业管理	任务二	开展入库准备
子任务一	平堆区货位核算		
检测方式	课证融通习题、技能训练		
课证融通习题	**一、单选题** 1. 平堆区货物货位核算时，应先确定堆码层数，还是先确定每层堆码数量？（　　） A. 先确定堆码层数　　B. 先确定每层堆码数量 2. 可堆层数确定中，在货位高度允许的层数、地坪载荷允许的层数和堆码极限层数中如何取值？（　　） A. 最大值　　B. 最小值　　C. 中间值 3. 轻泡货的堆码层数主要受地坪载荷影响还是受库房高度影响？（　　） A. 地坪载荷　　B. 库房高度 4. 当计算中堆码层数结果为 4.6 时，可以堆几层？（　　） A. 4 层　　B. 5 层 **二、多选题** 仓库部门对入库计划分析评估后，即可开始进行物品入库前的准备工作，其中主要内容包括（　　）。 A. 货位准备　　B. 苫垫材料准备 C. 验收及装卸搬运器械准备　　D. 人员准备 E. 单证准备			
技能训练	1. 现有洗发水 8 000 箱，每箱尺寸为 50 cm×25 cm×20 cm，每箱重 20 kg，拟安排在长度为 10 m、可用高度为 4 m 的货位堆垛，采用平台垛形式，该货垛需要开多宽的脚桩？（地坪载荷为 4 t/m^2，不考虑货物限高的前提下完成此任务） 2. 现有 500 箱某电器，每箱尺寸为长 50 cm、宽 40 cm、高 40 cm，限高 5 层，某货位长为 6 m，假定每层货品摆放方向均一致，宽度为几箱才能将该货物堆放在这个货位上，且最节省占地面积？			

续表

项目二	智慧仓储入库作业管理	任务二	开展入库准备
子任务一	平堆区货位核算		
技能训练	3. 现仓库要存入 4 800 箱商品，该批货物整进整出，储存期很短，每箱尺寸为 50 cm×50 cm×20 cm，限高 12 层，某仓库现在有一处位置处于空闲状态，具体参数如下图，即地面到灯的距离是 2.7 m，外墙到内墙的宽度为 10.8 m，长度足够码放这批货物。另外，选用托盘作为衬垫材料，托盘尺寸规格为 1 200 mm×1 000 mm×160 mm，需要将仓库宽度方向尽可能地利用上，且不考虑货垛的活性，也不考虑地坪载荷，请设计最优的堆码方案使这些货物成为一个货垛。 如果该批货物置于库外，库外有一个 10 m 宽，长度不限的货位，在尽可能利用宽度的情况下，请设计最优的堆码方案使这些货物成为一个货垛。 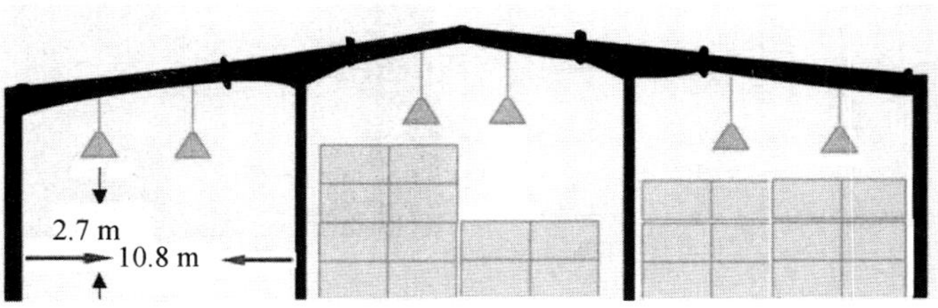 			
学号：	姓名：	时间：　　年　　月　　日	

子任务二　托盘货架货位核算

任务准备

一、托盘组托设计

(一)托盘货物堆码方式

1. 重叠式

即各层码放方式相同,上下对应(图 2-2-3)。这种方式的优点是工人操作速度快,包装货物的四个角和边重叠垂直,承载能力大。缺点是各层之间缺少咬合作用,容易发生塌垛。

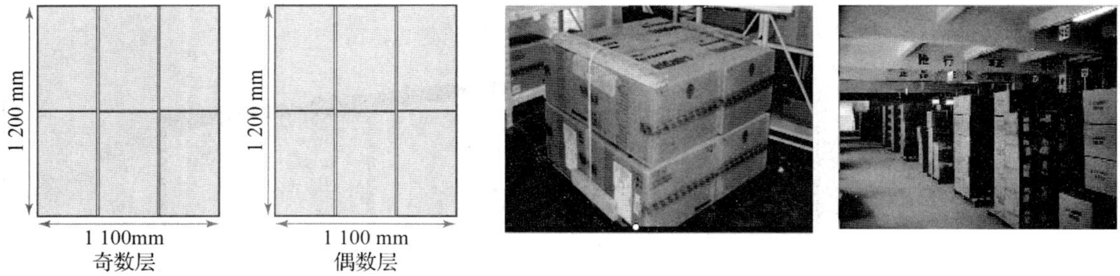

图 2-2-3　重叠式堆码

2. 纵横交错式

相邻层摆放旋转 90°,一层横向放置,另一层纵向放置(图 2-2-4)。装盘简单,有一定的稳定性;各层之间咬合度不高。

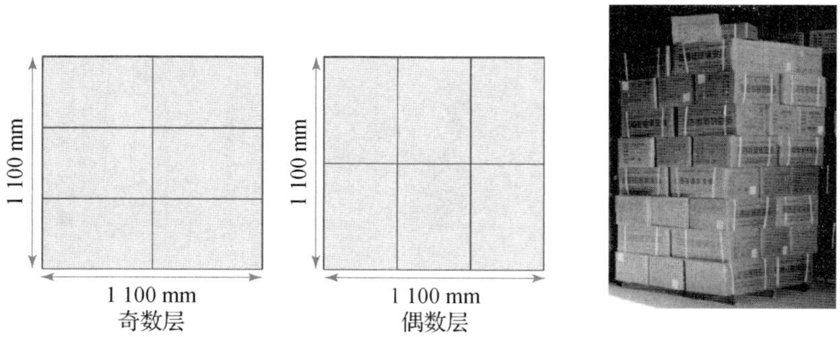

图 2-2-4　纵横交错式堆码

3. 正反交错式

同一层中不同列货品以 90°垂直码放,相邻两层货物码放形式相当于旋转 180°(图 2-2-5)。优点是不同层间咬合度高、稳定性好,不易塌垛。缺点是操作麻烦、人工操作速度慢。

4. 旋转交错式

第一层相邻的两个包装体互为 90°,两层间码放又相差 180°(图 2-2-6)。优点是相邻两层之间互相咬合交叉,货体的稳定性较高,不易塌垛。缺点是码放难度大,堆码时间长,效率低下。

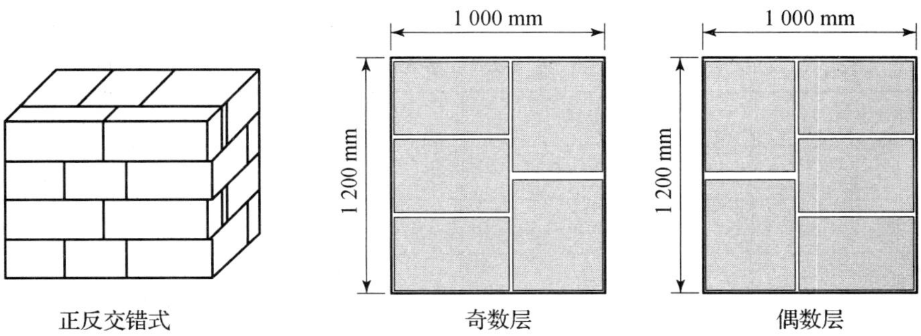

图 2-2-5　正反交错式堆码

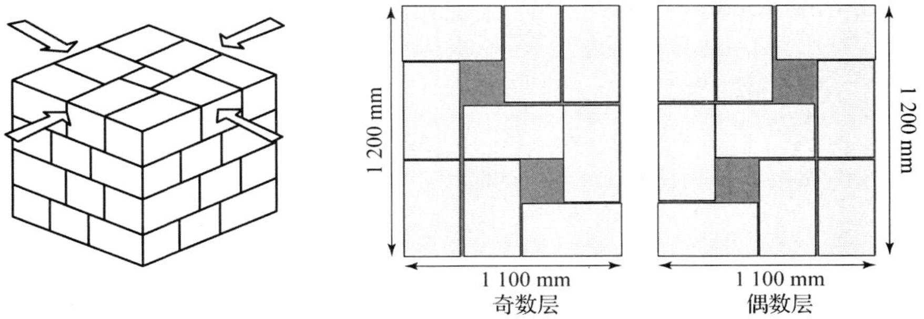

图 2-2-6　旋转交错式堆码

(二)每托盘每层堆码数的确定

每层堆码数受托盘长宽和货物长宽的影响。以下按照国内使用较多的托盘尺寸(1 200 mm×1 000 mm)来设计组托图。

1. 标准模数的货箱组托

微课:标准模数组托方案设计

标准模数为 600 mm×400 mm 的货箱,组托图如图 2-2-7 所示。

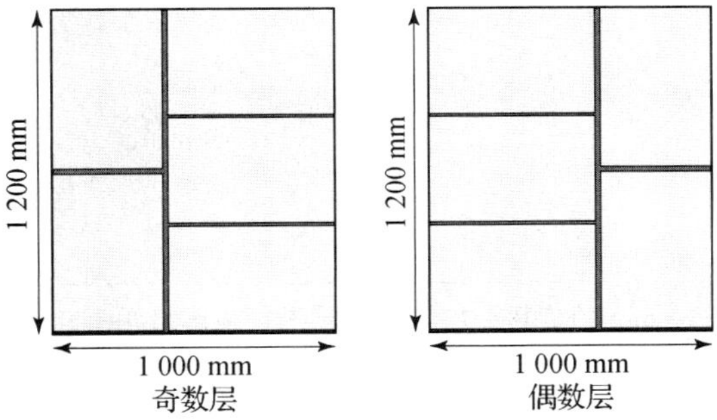

图 2-2-7　标准模数货箱组托图

课内小任务

任务描述:某库房收到一份入库订单,要入库旺仔牛奶 80 箱,该批货物全部入托盘货架存储,请按下面给出的参数,完成入库商品码盘方案的设计,并绘制组托示意图,包括奇数层和偶数层俯视示意图,说明每层数量。各种参数见表 2-2-2。

续表

表 2-2-2　参数表

种类	货架货位	托盘	旺仔牛奶
长	1 200 mm	1 200 mm	595 mm
宽	800 mm	1 000 mm	395 mm
(净)高	1 000 mm	160 mm	375 mm
承重或重量	承重 500 kg	重 20 kg	重 15 kg

(1)完成上述任务,绘制组托图。

(2)思考:底面为 300 mm×400 mm 的货物一层能码几箱呢? 画出组托图。

(3)思考:底面为 600 mm×200 mm 的货物一层能码几箱呢? 画出组托图。

(4)思考:底面为 300 mm×200 mm 的货物一层能码几箱呢? 画出组托图。

学号:　　　　　　　　姓名:　　　　　　　　时间:　　　年　　月　　日

2. 非标准模数的货箱组托

以底面为 320 mm×210 mm 的货箱为例，可以考虑在托盘 1 000 mm 方向不组合，在 1 200 mm 方向进行货箱的长宽组合。设 210 mm 的码放数量为 x 箱、320 mm 的码放数量为 y 箱，列二元一次不等式，进行求解，即 $210x+320y\leqslant 1\ 200$，对 x 和 y 从 0 开始取整数值（表 2-2-3），并计算每层堆码箱数，取箱数最多的方案，最终结论见图 2-2-8。

表 2-2-3　每层堆码箱数的计算

箱数	x	y
12	0	3
15	1	3
14	2	2
13	3	1
16	4	1
15	5	0

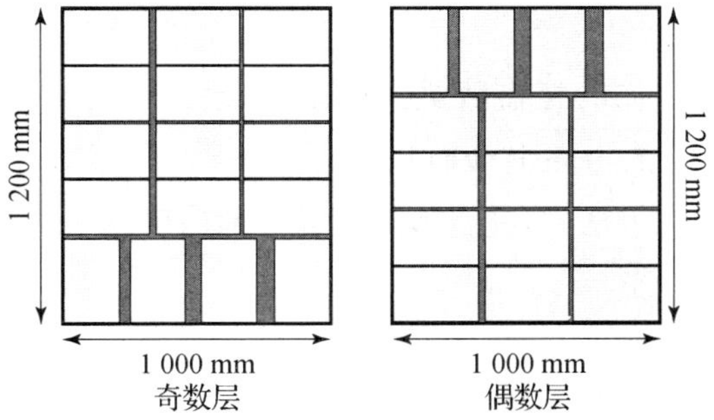

图 2-2-8　货物组托图

如果从托盘和货箱数据上看，托盘没有任何一边能将货箱长或宽整除，那么就需要考虑托盘的长和宽均需对货物进行组合码放，均列二元一次不等式方程进行求解，码放方案为旋转交错式堆码。

微课：非标准模数货箱组托方案设计

课内小任务

任务描述：完成下面 4 种货物组托图的设计（表 2-2-4）。

表 2-2-4　货物参数表

序号	商品名称	长/mm	宽/mm	高/mm
1	白象方便面	595	325	330
2	DELL 笔记本电脑 14 寸	495	395	320
3	DELL 平板	395	245	265
4	联想平板	295	245	240

学号：　　　　　　　　　姓名：　　　　　　　　　时间：　　　年　　月　　日

二、托盘货位核算

(一)货位允许堆码层数的确定

货位允许堆码层数受货位高、箱高、托盘高及货位预留高度的限制。

货位允许堆码层数=(货位高度－托盘高度－叉车预留高度)÷货箱高度

叉车预留高度根据企业规定确定,目前 90 mm、100 mm 和 150 mm 这三种预留高度比较常见。

(二)托盘数量的确定

1. 轻泡货物的托盘数量确定

方法一:托盘数量=需要堆码层数÷货位允许堆码层数(需要堆码层数=货物数量÷每层堆码数)

方法二:托盘数量=货物总数量÷每托盘堆码数量 (每托盘堆码数量=每层数量×货位允许堆码层数)

2. 重货的托盘数量确定

每托盘堆码数量=(货位承重－托盘重量)÷每箱重量

托盘数量=货物总数量÷每托盘堆码数量

微课:托盘货架堆码层数
和货位数量计算

任务实施

<table>
<tr><td>项目二</td><td>智慧仓储入库作业管理</td><td>任务二</td><td>开展入库准备</td></tr>
<tr><td>子任务二</td><td colspan="3">托盘货架货位核算</td></tr>
<tr><td>任务要求</td><td colspan="3">1. 本任务以个人为单位完成。
2. 完成任务后小组内互评。
3. 每个小组派代表汇报本组同学完成情况。</td></tr>
<tr><td>实施方法</td><td colspan="3">将托盘货架货位核算作为一个小任务，学生按照资讯—计划—实施—检查评估来完成任务，在老师指导下制订方案、实施方案，最终进行评估。</td></tr>
<tr><td>实施成果</td><td colspan="3">1. 某库房收到一份入库订单，要入库完达山纯牛奶 130 箱，该批货物全部入货架存储，请按下面给出的参数，完成入库商品码盘方案的设计，说明每层数量、码放层数及使用托盘数量。需要绘制组托示意图，包括奇数层和偶数层以及顶层俯视示意图（各种参数见表 2-2-5）。叉车作业预留高度为 90 mm。

表 2-2-5　参数表 1
<table>
<tr><th>种类</th><th>货架货位</th><th>托盘</th><th>完达山纯牛奶</th></tr>
<tr><td>长</td><td>1 200 mm</td><td>1 200 mm</td><td>285 mm</td></tr>
<tr><td>宽</td><td>800 mm</td><td>1 000 mm</td><td>200 mm</td></tr>
<tr><td>（净）高</td><td>1 000 mm</td><td>160 mm</td><td>130 mm</td></tr>
<tr><td>承重或重量</td><td>承重 500 kg</td><td>重 20 kg</td><td>重 4.5 kg</td></tr>
</table>

2. 某库房收到一份入库订单，要入库完达山酸酸乳（原味）74 箱，该批货物全部入货架存储，请按下面给出的参数，完成入库商品码盘方案的设计，说明每层数量、码放层数及使用托盘数量。需要绘制组托示意图，包括奇数层和偶数层以及顶层俯视示意图（各种参数见表 2-2-6）。叉车作业预留高度为 90 mm。</td></tr>
</table>

续表

项目二	智慧仓储入库作业管理	任务二	开展入库准备
子任务二	托盘货架货位核算		
实施成果	（见下）		

表 2-2-6　参数表 2

种类	货架货位	托盘	完达山酸酸乳(原味)
长	1 200 mm	1 200 mm	320 mm
宽	800 mm	1 000 mm	210 mm
(净)高	900 mm	160 mm	125 mm
承重或重量	承重 500 kg	重 20 kg	重 5 kg

3. 某库房收到一份入库订单，要入库香瓜子 200 箱，该批货物全部入货架存储，请按下面给出的参数，完成入库商品码盘方案的设计，说明每层数量、码放层数及使用托盘数量。需要绘制组托示意图，包括奇数层和偶数层以及顶层俯视示意图(各种参数见表 2-2-7)。叉车作业预留高度为 90 mm。

表 2-2-7　参数表 3

种类	货架货位	托盘	香瓜子
长	1 200 mm	1 200 mm	460 mm
宽	800 mm	1 000 mm	260 mm
(净)高	900 mm	160 mm	180 mm
承重或重量	承重 500 kg	重 20 kg	重 15 kg

学号：　　　　　　　　　　姓名：　　　　　　　　　　时间：　　年　　月　　日

任务检测

<table>
<tr><td>项目二</td><td>智慧仓储入库作业管理</td><td>任务二</td><td>开展入库准备</td></tr>
<tr><td>子任务二</td><td colspan="3">托盘货架货位核算</td></tr>
<tr><td>检测方式</td><td colspan="3">课证融通习题、技能训练</td></tr>
<tr><td>课证融通习题</td><td colspan="3">

单选题

1. 托盘货架货物的货位核算时，应先确定堆码层数，还是先确定每层堆码数量呢？（　　）

A. 先确定堆码层数　　B. 先确定每层堆码数量

2. 设计组托图时，货物能否超托盘边界进行摆放？（　　）

A. 能　　B. 不能

3. 纸箱物流标准模数指的是货箱尺寸为多少的箱型？（　　）

A. 300 mm×200 mm　　B. 600 mm×400 mm

C. 600 mm×200 mm

4. 标准模数货箱在 1 200 mm×1 000 mm 托盘上，每层能堆码几箱货物？（　　）

A. 4　　B. 5

C. 6

5. 某货位高 1.3 m，货箱高 0.3 m，托盘高 0.16 m，叉车预留高度 0.09 m，该货位能码几层货物？（　　）

A. 5　　B. 4

C. 3　　D. 不确定

</td></tr>
<tr><td>技能训练</td><td colspan="3">

1. 将下图中的组托图与对应的组托方法进行连线

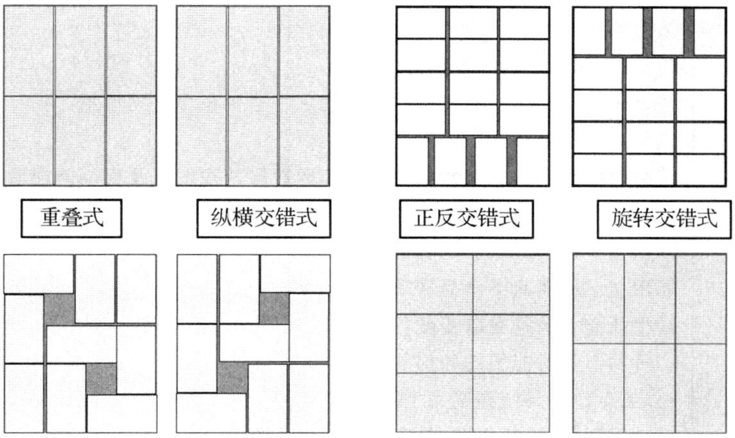

2. 完成下面货物组托方案设计及货位核算。

(1)货物基本信息如表 2-2-8 所示。

</td></tr>
</table>

续表

项目二	智慧仓储入库作业管理	任务二	开展入库准备
子任务二	托盘货架货位核算		
技能训练	（见下）		

表 2-2-8　货物基本信息表

序号	商品名称	包装规格（长×宽×高）/mm	入库数量/箱	单箱重量/kg	存放货架位置
1	联想液晶显示器	330×235×240	45	10	二层
2	吉欧蒂亚干红葡萄酒	297×223×230	51	12	一层
3	联想平板小新 Pad(11 英寸)	455×245×200	40	15	三层
4	万盛牌瓷砖	498×333×180	20	22	一层

(2)托盘信息

①参考尺寸:长×宽×高=1 200 mm×1 000 mm×160 mm;

②托盘重量:20 kg/个。

(3)货架信息

①重型货架(托盘货架);

②1 排 6 列 3 层,双货位,单货位承重≤500 kg;

③货位参考尺寸(长×宽×高,单位为 mm):

第一层:1 125×1 000×1 010

第二层:1 125×1 000×1 000

第三层:1 125×1 000×960

(4)托盘码放示意图绘制规定

托盘码放示意图绘制要遵循如下规定并至少包含下列信息:

①用 Excel 绘图功能绘制示意图;

②画出托盘码放的奇数层俯视图和偶数层俯视图以及顶层俯视图;

③在图上标出托盘的长、宽尺寸(以 mm 为单位);

④用文字说明堆码后的层数;

⑤用文字说明此类商品所需托盘的个数;

⑥将托盘上的货物以浅颜色填涂;

⑦货物组托时能压缝的均需压缝。

(5)叉车作业预留高度为 150 mm。

(6)制订货物组托方案,打印后粘贴到下方。

学号:	姓名:	时间:　　年　　月　　日

子任务三 储位优化

任务准备

一、储位优化的好处

通常一个拣选工每天在仓库里的行走时间大约占其工作时间的60%，如果做好产品的储位优化策略，就可以大幅度减少拣选工的行走时间从而降低劳动强度，同时实现提高拣选效率、节省叉车作业成本和提升准确率。

二、货位选择的基本原则

仓库储位是仓库内具体存放货物的位置。储位的选择和安排要考虑货物的尺寸、数量、特性，符合保管的要求；货位安排要方便出入库业务，尽可能缩短收、发货作业时间，一般情况下符合先进先出的原则或满足客户的需求；出入库频率高的货物使用方便作业的储位；小票集中、大不围小、重近轻远；方便操作；作业分布均匀。

货位的选择是在商品分区分类的基础上进行的，所以货位的选择应遵循确保商品安全、方便吞吐发运、力求节约仓容的原则。

除此之外，在货位的选择和具体使用时，还可根据仓储商品吞吐快慢不一的规律，针对操作难易不一的特点，把热销和久储、操作困难和省力的商品，搭配在同一货区储存，这样，不仅能充分发挥仓容使用的效能，还能克服各个储存区域之间忙闲不均的现象。

三、储位优化的步骤

(1)进行物动量ABC分类。

(2)选择货架的储存位置。

(3)设计组托图。

(4)核算货位。

(5)填写储位分配表。

四、物动量ABC分类法

(一)ABC分类法的理论基础

1879年，意大利经济学家帕累托提出美国社会财富的80%掌握在20%的人手中，而余下的80%的人只占有20%的财富(图2-2-9)。渐渐地，这种“关键的少数和次要的多数”的理论，被广泛应用在社会学和经济学中，并被称为帕累托原则，即80/20原则。“关键的少数和一般的多数”现象是普遍存在的。

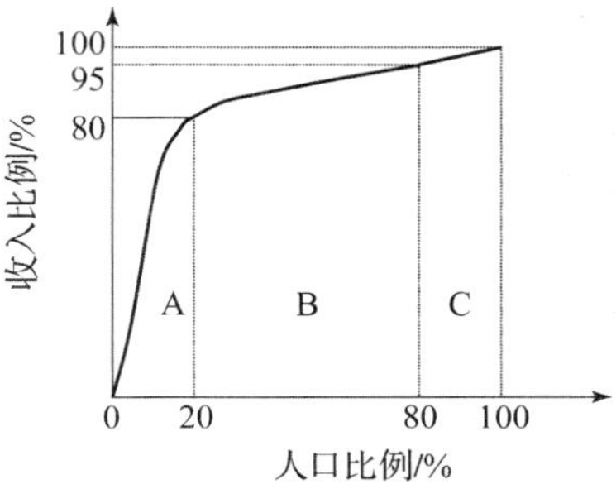

图2-2-9 帕累托曲线

ABC分类法又称为重点管理法，它是帕累托原则在仓储管理中的应用，其目的是分清重点和一般，强调对货物进行分类管理，从而有区别地确定管理方式，是仓储管理中经常用到的管理手段。ABC 分类法在仓储管理中应用的领域主要是库存控制和储位优化这两个方面。

(1)在库存控制中，A 类为单价高、资金占用额大、品种少的物品；C 类为单价低、资金占用额小、品种多的物品；其余为 B 类。

(2)在储位优化作业中，A 类为周转量大、品种少的物品；C 类为周转量小、品种多的物品；其余为 B 类。

(二)ABC 分类法的一般步骤

(1)收集数据。针对不同的对象和分析内容，收集有关数据。以库存控制为例，如拟对库存物品的资金占用额进行分析，则应收集每种库存物资的年平均库存量、每种物资的单价等数据；进行储位优化则应收集物动量(周转量，出库量)数据。

(2)统计汇总。库存控制的以年平均库存乘以单价，计算每种物资的平均资金占用额，将库存品按年资金占用额从大到小进行排列。储位优化时则可将各周的物动量信息进行汇总求和。

(3)计算整理，编制 ABC 分析表(表 2-2-9)。库存控制的是计算各种库存品年占用金额与全部库存金额的比例，并进行累计。储位优化是先对物动量进行降序排列，并进行累计计算，主要观察累计周转量所占比重。可借助 Excel 工具来实现 ABC 分析表的编制。

(4)根据 ABC 分析表确定分类结果及重点管理方式。

物动量 ABC 分类计算过程保留 2 位小数(四舍五入)，如 12.34%。ABC 分类时按以下规定执行。

周转量所占累计比重(%)：0<A 类≤70；70<B 类≤90；90<C 类≤100。

表 2-2-9　ABC 分析表

物品名称	周转量/箱	品目数	所占比重/%		累计比重/%		分类
			品目	周转量	品目	周转量	
食盐	20 000	1	10	32.55	10	32.55	A 类
酱油	17 500	1	10	28.48	20	61.03	
白糖	10 000	1	10	16.27	30	77.30	B 类
醋	5 000	1	10	8.14	40	85.44	
花椒面	2 000	1	10	3.25	50	88.69	
味精	2 000	1	10	3.25	60	91.95	C 类
香其酱	1 500	1	10	2.44	70	94.39	
八角	1 800	1	10	2.93	80	97.32	
花椒粒	900	1	10	1.46	90	98.78	
料酒	750	1	10	1.22	100	100.00	
合计	61 450	10	100	100			

(三)ABC 分类计算过程中需注意的事项

(1)数据一定要先汇总(汇总可采用数据透视表),再进行降序排列,最后求和。

(2)用 Excel 计算比重时,每种物品的周转量除以总周转量,总周转量这个单元格要使用绝对引用(按 F4 键),或者直接输入总周转量数值,品目的比重计算也是如此。

(3)计算累计比重时,第一种物品的品目和物动量比重需要抄写,或复制后粘贴数值,不能复制后直接粘贴。

微课:利用 Excel 开展物动量 ABC 分类

五、选择货架的储存位置

货物的存储位置分配是一个精细的物流管理过程,它需要综合考虑多种因素以确保存储效率和安全性。

(一)周转率优先法则

根据 ABC 分类法对货物进行优先级排序后,我们应将高周转率的 A 类货物安排在靠近出库门的便捷位置,以便快速存取。在货架的具体布局上,建议将这些货物放置在底层,便于操作且减少搬运成本。对于低周转率的 C 类货物,则应安排在远离出库门的位置,且在货架的顶层,以减少其对高周转率货物的干扰。B 类货物的存储位置介于 A 类和 C 类之间,既考虑其周转率,也兼顾存储空间的合理利用。

(二)靠近出口法则

当同一商品有多个储位可供选择时,我们倾向于将新到货物分配到最接近出口的空闲储位。这样做可以减少货物在仓库内的移动距离,提高出入库效率,尤其是在处理大量或大体积商品时尤为重要。

(三)产品互容性法则

在安排存储位置时,应确保性质相似或相同的商品相邻存放,以便于管理和监控。对于性质互容性低的商品,必须严格分开存放,避免因存储环境或条件不当而导致的潜在风险。

在实际操作中,除了上述法则外,还需要考虑其他因素,如货物的尺寸、重量、存储条件要求等,以实现最优的储位分配策略。通过综合运用这些法则,可以提高仓库的运营效率,降低成本,并确保货物的安全存储。

任务实施

<table>
<tr><td>项目二</td><td>智慧仓储入库作业管理</td><td>任务二</td><td>开展入库准备</td></tr>
<tr><td>子任务三</td><td colspan="3">储位优化</td></tr>
<tr><td>任务背景</td><td colspan="3">扫描二维码，根据提供的 6 周内的物品出库量信息，利用 Excel 软件完成物动量 ABC 分类，可以将所做电子版打印后附在下面空白处。并对本项目任务一任务实施中填写好的作业计划单中的入库货物进行组托方案设计，利用软件绘制组托图，说明每层几箱、每托码放层数和每托数量，以及需要几个托盘（储位），将完成结果粘贴到后面空白处；将货物名称及每托数量填入后面的货位存储信息图中。
6 周出库作业周报
一、货物出库作业周报
物动量 ABC 分类计算过程保留 2 位小数（四舍五入），ABC 分类时按以下规定执行：周转量所占累计比重（%）：0＜A 类≤65；65＜B 类≤90；90＜C 类≤100。
二、货物包装箱信息
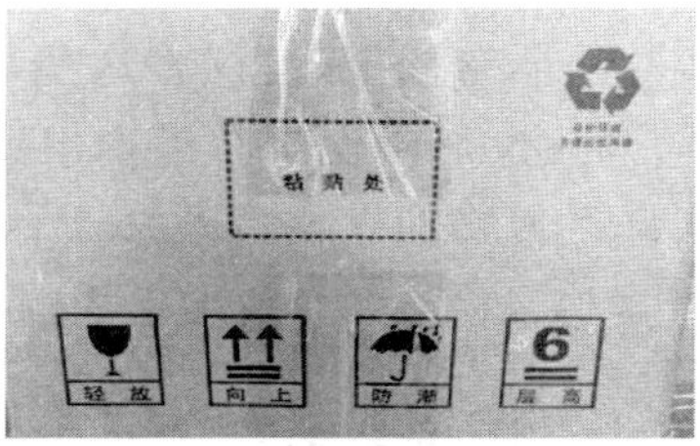

(1) DELL鼠标

(2) DELL键盘
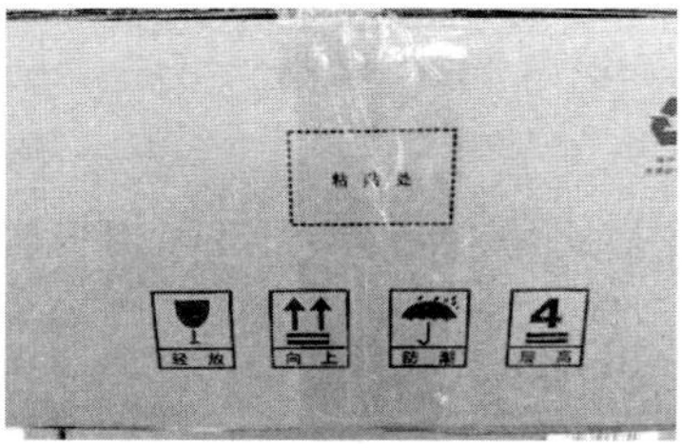

(3) DELL机箱
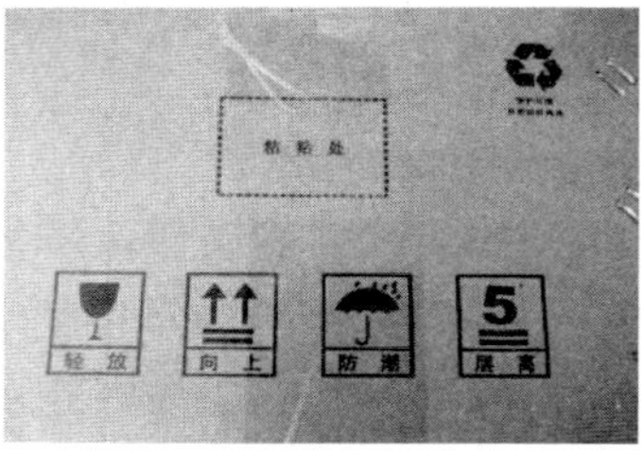

(4) DELL液晶显示屏
三、托盘信息
1. 参考尺寸（长×宽×高）：1 200 mm×1 000 mm×160 mm；
2. 托盘重量：20 kg/个。
四、货架信息
（一）货架规格
(1)重型货架（托盘货架）；
(2)1 排 6 列 3 层，双货位，单货位承重≤500 kg；
(3)货位参考尺寸（长×宽×高，单位为 mm）：
第一层：1 125×1 000×1 010
第二层：1 125×1 000×1 000
第三层：1 125×1 000×960</td></tr>
</table>

续表

<table>
<tr><td>项目二</td><td>智慧仓储入库作业管理</td><td>任务二</td><td>开展入库准备</td></tr>
<tr><td>子任务三</td><td colspan="3">储位优化</td></tr>
<tr><td>任务背景</td><td colspan="3">（二）货位存储信息
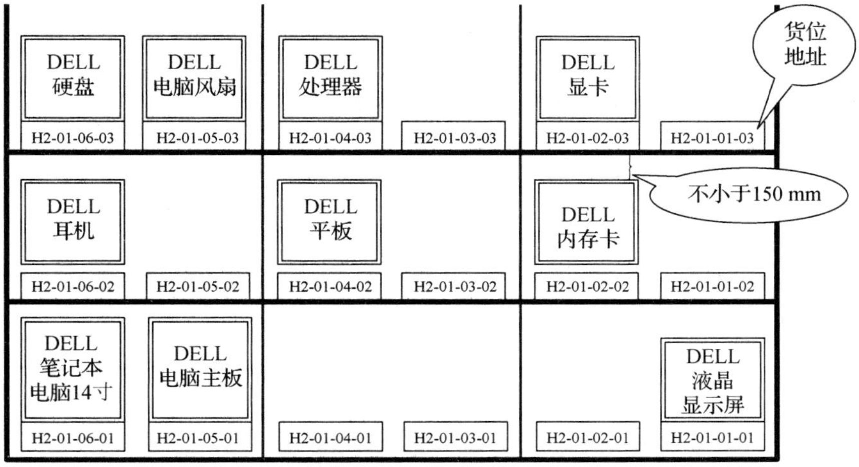

货位存储信息图</td></tr>
<tr><td>任务要求</td><td colspan="3">1. 本任务以个人为单位完成。
2. 完成任务后小组内互评。
3. 每个小组派代表汇报本组同学完成情况。</td></tr>
<tr><td>实施方法</td><td colspan="3">将储位优化作为一个小任务，学生按照资讯—计划—实施—检查评估来完成任务，在老师指导下制订方案、实施方案，最终进行评估。</td></tr>
<tr><td>实施成果</td><td colspan="3"></td></tr>
<tr><td colspan="4">学号：　　　　　　　　姓名：　　　　　　　　时间：　　年　　月　　日</td></tr>
</table>

任务检测

<table>
<tr><td>项目二</td><td>智慧仓储入库作业管理</td><td>任务二</td><td>开展入库准备</td></tr>
<tr><td>子任务三</td><td colspan="3">储位优化</td></tr>
<tr><td>检测方式</td><td colspan="3">课证融通习题、技能训练</td></tr>
<tr><td>课证融通习题</td><td colspan="3">1. 要进行储位优化时，ABC 分类法主要搜集的数据是什么？（　　）
A. 货物单价　　B. 货物周转量　　C. 货物总金额
2. ABC 分类法对整理后的数据要如何排序？（　　）
A. 升序　　B. 降序
3. 物动量 ABC 分类时最后是通过观察（　　）确定物品的类型。
A. 周转量　　B. 品目数　　C. 周转量比重　　D. 周转量累计比重</td></tr>
<tr><td>技能训练</td><td colspan="3">1. 扫描二维码，根据物品周转量信息表，利用 Excel 软件完成物动量 ABC 分类，打印后粘贴在下方。周转量所占累计比重：0%＜A 类≤70%，70%＜B 类≤90%，90%＜C 类≤100%。
物品周转量信息表

2. 根据 ABC 分类结果，对任务一任务检测中填写好的表 2-1-10 作业计划单中需入库的货物进行组托方案设计，核算储位并将货物名称及每托数量填写到货位存储信息里。
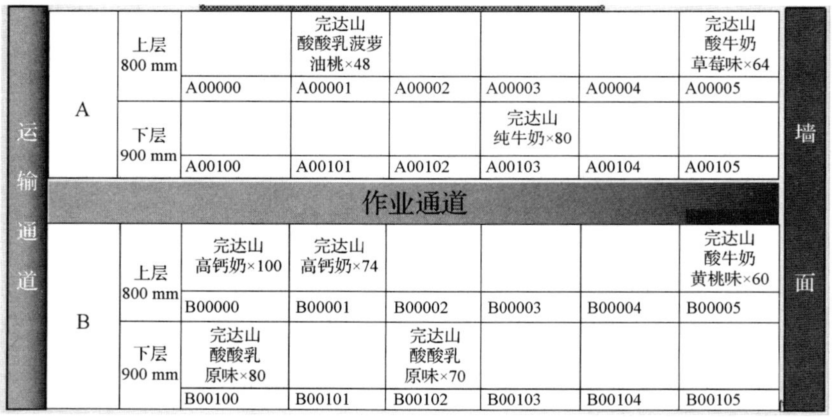

注：货架货位承重 500 kg，托盘重 20 kg，托盘尺寸为 1 200 mm×1 000 mm×160 mm，叉车作业预留高度为 90 mm。</td></tr>
<tr><td colspan="4">学号：　　　　姓名：　　　　时间：　　年　　月　　日</td></tr>
</table>

任务三 接货卸货作业

任务描述

仓储部按照工作计划完成了入库前的各项准备工作，次日通达电子贸易公司委托神州物流货运公司的送货车辆将要入库的物品送至惠安仓储3号库，王宇作为3号库的入库管理员需全面掌握货物到达情况，安排好此次的接货和卸货工作。

任务目标

知识目标

1. 掌握卸货作业的工作步骤及注意事项。
2. 掌握入库作业中的单证核查。

能力目标

1. 作为库管员能够正确审核各种入库单证。
2. 作为参与卸货的人员能够正确完成货物的卸车作业。

素质目标

1. 提升节约意识和风险防范意识。
2. 培养严谨、细致的工作作风。

任务准备

一、接货的主要方式

微课：接运的主要方式

货物的接运是入库业务流程的第一道作业环节，也是仓库直接与外部发生的经济联系。商品接运的主要方式有到车站和码头提货、到货主单位提取货物、铁路专用线接运和仓库接货。

(一)到车站和码头提货

这是由外地托运单位委托铁路、水运、民航等运输部门或邮局代运或邮递货物到达本埠车站、码头、民航站、邮局后，仓库依据货物通知单派车提运货物的作业活动。此外，在接受货主的委托，代理完成提货、末端送货活动的情况下也会发生到车站、码头提货的作业活动。这种到货提运形式大多是零担托运或到货批量较小的货物。

商品到库后，提货员应与保管员密切配合，尽量做到提货、运输、验收、入库、堆码一条龙作业，从而缩短入库验收时间，并办理内部交接手续。

(二)到货主单位提取货物

这是仓库受托运方的委托，直接到供货单位提货的一种形式。其作业内容和程序主要是当仓库接到托运通知单后，做好一切提货准备，并将提货与物资的初步验收工作结合在一起进行。最好在供货人员在场的情况下，当场进行验收。因此，接运人员要按照验收注意事项提货，必要时可由验收人员参与提货。

(三)铁路专用线接运

这是指仓库备有铁路专用线，大批整车或零担到货接运的形式。仓库管理部门接到车站到货通知后，应确定卸车货位，力求缩短场内搬运距离，组织好卸车所需的人力和机具。车皮到达后，要引导入位。

（四）仓库接货

仓库接货是指货主将货物直接送达仓库管理部门的一种供货方式。当货物到达后，仓库管理员直接与送货人办理接收工作，当面验收并办理交接手续。如果有差错，立即做记录，让送货人签章，向有关方面提出索赔或根据货物入库凭证与送货人员办理入库手续。

二、核对凭证

物资运抵仓库后，送货人员会将送货单、运单等相关单证递交给收货人员，仓库收货人员首先要检验物资入库凭证，然后按物资入库凭证所列的收货单位、货物名称、规格数量等具体内容，逐项与物资核对。如发现送错，应拒收退回，一时无法退回的，应进行清点并另行存放，然后做好记录，待联系后再处理。经复核查对无误后，即可进行下一道工序。

入库商品必须具备下列凭证：

（1）货主提供的入库通知单和仓储合同副本，这是仓库接收商品的凭证。

（2）供货单位提供的验收凭证，包括材质证明书、装箱单、磅码单、发货明细表、说明书、保修卡及合格证等。

（3）承运单位提供的运输单证，包括提货通知单和登记货物残损情况的货运记录、普通记录以及公路运输交接单等，作为向责任方进行交涉的依据。

核对凭证，就是将上述凭证加以整理后全面核对。入库通知单、订货合同要与供货单位提供的所有凭证逐一核对，相符后，才可以进入下一步的实物检验；如果发现有证件不齐或不符等情况，要与存货、供货单位及承运单位和有关业务部门及时联系解决。

三、卸货作业

货物到库后，派专人正确地引导车辆进入月台，同时应组织叉车司机和库工用准备好的设备进行卸货作业。卸车方式包括散装作业法、单件作业法和集装卸车作业法。

（一）卸车前的检查

卸车前的检查工作十分重要。通过检查可以防止误卸和分清物资运输事故的责任。若发现问题，应及时与车站联系，进行相应处理。

视频：土豆卸车入库作业过程

卸车前检查的主要内容如下：

（1）核对车号。

（2）检查车门、车窗有无异状，货封是否脱落、破损或印纹不清、不符等。

（3）物资名称、箱件数与物资运单上填写的名称、箱件数是否相符。

（4）对盖有篷布的敞车，应检查覆盖状况是否严密完好。尤其应该查看有无雨水渗漏的痕迹和破损、散捆等。

（二）卸车中应注意的要点

（1）要按车号、品名、规格和商品的性质合理堆放，以免混淆。做到层次分明，便于清点，并标明车号及卸车日期。

（2）注意外包装的指示标志，要正确钩挂、铲兜、升起、轻放，防止包装和物品损坏。

（3）保证包装完好，不碰坏，不压伤，更不得自行打开包装。

（4）对品名不符、包装破损、受潮或损坏的物品，应另行堆放，写明标志，并会同承运部门进行检查,编制记录。

(5)力求与仓库管理人员共同监卸,争取做到卸车和物品件数一次点清,同时完成入库前的初检工作。物资入库前初检工作主要包括外包装标识和外包装完好情况,大件数,外观质量受损情况,霉变、受潮和锈蚀情况。

(6)卸后货垛之间留有通道,并要与电杆、消防栓保持一定距离。

(7)正确使用装卸机具、工具和安全防护用具,确保人身和物品安全。

(三)卸车后的清理作业

(1)检查车内物品是否卸净,关好车门、车窗。

(2)做好卸车记录,记录清楚物品规格、数量等,连同有关证件和资料尽快向仓库管理人员或验收人员交代清楚,将卸车记录和货运记录交付保管人员。

任务实施

<table>
<tr><td>项目二</td><td>智慧仓储入库作业管理</td><td>任务三</td><td>接货卸货作业</td></tr>
<tr><td>任务描述</td><td colspan="3">1. 两组同学互相作为存货人和入库管理员开展角色扮演，对送货单等入库凭证进行核查。
2. 作为公司调度员开展入库调度工作。
3. 作为卸车人员参与卸车前检查工作。</td></tr>
<tr><td>任务要求</td><td colspan="3">1. 将学生分组，每组 5 人左右。
2. 完成任务后小组间互评。
3. 每个小组派代表汇报本组同学任务完成情况。</td></tr>
<tr><td>实施方法</td><td colspan="3">将接货及调度工作作为一个小任务，学生按照资讯—计划—实施—检查评估来完成任务，在老师指导下制订方案、实施方案，最终进行评估。</td></tr>
<tr><td>实施成果</td><td colspan="3">1. 结合任务一任务实施中填写好的表 2-1-5 作业计划单审核通达电子贸易有限公司送货单（表 2-3-1）。

表 2-3-1　通达电子贸易有限公司送货单
收货单位：惠安仓储物流有限公司
收货地址：哈市南岗区哈双路 348 号　　日期：20　年　月　日

<table><tr><td>编号</td><td>品名</td><td>规格/型号</td><td>包装</td><td>单位</td><td>数量</td><td>备注</td></tr><tr><td>1</td><td>DELL 鼠标</td><td>XN967</td><td>20 盒/纸箱</td><td>箱</td><td>96</td><td></td></tr><tr><td>2</td><td>DELL 液晶显示屏</td><td>E2209W</td><td>纸箱</td><td>箱</td><td>27</td><td></td></tr><tr><td>3</td><td>DELL 机箱</td><td>220s</td><td>纸箱</td><td>箱</td><td>27</td><td></td></tr><tr><td>4</td><td>DELL 键盘</td><td>U22</td><td>10 盒/纸箱</td><td>箱</td><td>50</td><td></td></tr><tr><td colspan="2">合计</td><td colspan="3"></td><td>200</td><td></td></tr><tr><td colspan="2">收货详情</td><td colspan="5"></td></tr></table>
库管员签字：张鹏　　送货人签字：李青　　收货人签字：

2. 根据任务一任务实施中填写好的表 2-1-5 作业计划单和子任务三任务实施中的货位存储信息图，填写表 2-3-2 储位分配单和表 2-3-3 入库单。</td></tr>
</table>

续表

<table>
<tr><td>项目二</td><td>智慧仓储入库作业管理</td><td>任务三</td><td>接货卸货作业</td></tr>
<tr><td>实施成果</td><td colspan="3">

表 2-3-2 储位分配单

<table>
<tr><td>作业计划单号</td><td colspan="2"></td><td>库房</td><td colspan="3"></td></tr>
<tr><td colspan="7">货品明细</td></tr>
<tr><td>位置</td><td>货品编码</td><td>货品名称</td><td>应收</td><td>实收</td><td>质量</td><td>备注</td></tr>
<tr><td></td><td></td><td></td><td></td><td></td><td></td><td></td></tr>
<tr><td></td><td></td><td></td><td></td><td></td><td></td><td></td></tr>
<tr><td></td><td></td><td></td><td></td><td></td><td></td><td></td></tr>
<tr><td></td><td></td><td></td><td></td><td></td><td></td><td></td></tr>
<tr><td></td><td></td><td></td><td></td><td></td><td></td><td></td></tr>
<tr><td></td><td></td><td></td><td></td><td></td><td></td><td></td></tr>
<tr><td></td><td></td><td></td><td></td><td></td><td></td><td></td></tr>
</table>

表 2-3-3 入库单

<table>
<tr><td colspan="4">仓库名称/编号：</td><td colspan="4">□正常商品 □暂存商品 □退换货</td></tr>
<tr><td colspan="4">客户名称：</td><td colspan="4">客户编号：</td></tr>
<tr><td colspan="4">发货单位编号：</td><td colspan="4">应发总数： 实发总数：</td></tr>
<tr><td colspan="4">联系人：</td><td colspan="4">联系电话：</td></tr>
<tr><td>产品名称</td><td>产品编号</td><td>规格</td><td>单位</td><td>应收数量</td><td>实收数量</td><td>批号</td><td>验收备注</td></tr>
<tr><td></td><td></td><td></td><td></td><td></td><td></td><td></td><td></td></tr>
<tr><td></td><td></td><td></td><td></td><td></td><td></td><td></td><td></td></tr>
<tr><td></td><td></td><td></td><td></td><td></td><td></td><td></td><td></td></tr>
<tr><td></td><td></td><td></td><td></td><td></td><td></td><td></td><td></td></tr>
<tr><td></td><td colspan="7">承运单位：</td></tr>
</table>

<table>
<tr><td>保管员</td><td></td><td>体积（或重量）</td><td></td><td>司机签字</td><td></td></tr>
<tr><td>制单人</td><td></td><td>集装箱号</td><td></td><td>证件号码</td><td></td></tr>
<tr><td>入库日期</td><td></td><td>铅封号</td><td></td><td>车号</td><td></td></tr>
<tr><td>盖章</td><td></td><td>运单号</td><td></td><td>联系电话</td><td></td></tr>
</table>

</td></tr>
</table>

续表

项目二	智慧仓储入库作业管理	任务三	接货卸货作业
实施成果	3.接货过程中入库管理员需注意的问题有哪些？		
学号：	姓名：	时间： 年 月 日	

任务检测

<table>
<tr><td>项目二</td><td>智慧仓储入库作业管理</td><td>任务三</td><td>接货卸货作业</td></tr>
<tr><td>检测方式</td><td colspan="3">课证融通习题、技能训练</td></tr>
<tr><td>课证融通习题</td><td colspan="3">一、单选题
1. 零担托运和小批量货物接运方式是(　　)。
A. 专用线接运　B. 车站、码头接货　C. 仓库自行接货　D. 库内接货
2. 下列哪种情况适合于专用线接运的接货方式？(　　)
A. 零担货物　B. 小批量货物　C. 整车大批量货物　D. 单元货物
二、多选题
1. 四种货物接运方式中需要派车提货的有哪两种？(　　)
A. 到车站码头接货　B. 铁路专用线接运　C. 到货主单位接货　D. 仓库接货
2. 下列哪种情况适合于车站、码头的接货方式？(　　)
A. 零担货物　B. 小批量货物　C. 整车大批量货物　D. 少量托盘货物
3. 以下哪些是商品运输包装标志？(　　)
A. 商品的使用说明　B. 运输标志　C. 指示标志　D. 警告性标志
4. 以下单据中，可以作为仓库接受商品凭证的是(　　)。
A. 装箱单　B. 入库通知　C. 发货明细表　D. 订货合同副本
E. 承运单位提供的运单</td></tr>
<tr><td>技能训练</td><td colspan="3">1. 请根据任务一任务检测中填写好的表 2-1-10 作业计划单审核完达山乳品有限公司送货单(表 2-3-4)。

表 2-3-4　完达山乳品有限公司送货单
收货单位：惠安仓储物流有限公司
收货地址：哈市南岗区哈双路 348 号　　日期：20　　年　月　日
<table>
<tr><th>编号</th><th>品名</th><th>规格/型号</th><th>包装</th><th>单位</th><th>数量</th><th>备注</th></tr>
<tr><td>1</td><td>完达山纯牛奶</td><td>225 mL×18</td><td>纸箱</td><td>箱</td><td>140</td><td></td></tr>
<tr><td>2</td><td>完达山酸酸乳菠萝油桃</td><td>112 mL×40</td><td>纸箱</td><td>箱</td><td>80</td><td></td></tr>
<tr><td>3</td><td>完达山酸酸乳青苹果</td><td>112 mL×40</td><td>纸箱</td><td>箱</td><td>60</td><td></td></tr>
<tr><td></td><td></td><td></td><td></td><td></td><td></td><td></td></tr>
<tr><td colspan="2">合计</td><td colspan="3"></td><td>280</td><td></td></tr>
</table>
库管员签字：李伟　　送货人签字：赵瑞　　收货人签字：</td></tr>
</table>

续表

项目二	智慧仓储入库作业管理	任务三	接货卸货作业
检测方式	课证融通习题、技能训练		

技能训练

2. 根据任务一任务检测中填写好的表 2-1-10 作业计划单和子任务三任务检测中的货位存储信息图，填写储位分配单（表 2-3-5）和入库单（表 2-3-6）。

表 2-3-5　储位分配单

作业计划单号			库房			
货品明细						
位置	货品编码	货品名称	应收	实收	质量	备注

表 2-3-6　入库单

仓库名称/编号：				□正常商品　□暂存商品　□退换货			
客户名称：				客户编号：			
发货单位编号：				应发总数：　　实发总数：			
联系人：				联系电话：			
产品名称	产品编号	规格	单位	应收数量	实收数量	批号	验收备注
	承运单位：						

保管员		体积（或重量）		司机签字	
制单人		集装箱号		证件号码	
入库日期		铅封号		车号	
盖章		运单号		联系电话	

学号：	姓名：	时间：　　年　　月　　日

任务四 入库货物的验收与交接

任务描述

入库管理员从送货车辆卸货时以及卸货后，需组织相关人员对该批到货物资进行验收作业，以保证货物入库质量和数量；在验收工作结束后，还需与送货人员办理交接手续，明确运输、送货部门和仓库的责任。王宇作为本次入库作业管理负责人，需全面了解验收及签单工作的内容和作业流程，以便组织员工开展本次入库验收交接工作。

任务目标

知识目标

1. 掌握入库作业中验收环节的主要工作内容。
2. 掌握入库作业中质量验收和数量验收的方法。
3. 掌握入库作业中验收可能存在的主要问题。
4. 掌握入库交接手续办理的内容。

能力目标

1. 作为验收人员能够按正确的流程和标准完成货物的验收工作。
2. 能够熟练填写验收单据，并处理验收问题。
3. 作为入库管理员能够正确完成送货单、入库单和储位分配单实收的填写。

素质目标

1. 提升工作效率，秉持精益求精的工匠精神。
2. 提升团队合作意识。
3. 培养严谨、细致的工作作风。

任务准备

凡商品进入仓库储存，必须经过检查验收，只有验收后的商品，方可入库保管。货物入库验收是仓库把好“三关”（入库、保管、出库）的第一道关，抓好货物入库质量关，能防止劣质商品流入流通领域，划清仓库与生产部门、运输部门以及供销部门的责任界线，也为货物在库场中的保管提供第一手资料。

一、验收的基本要求

1. 及时

到库商品必须在规定的期限内完成验收入库工作。这是因为商品虽然到库，但未经过验收的商品没有入账，不算入库，不能供应给用料单位。只有及时验收，尽快提出检验报告才能保证商品尽快入库入账，满足用料单位的需求，加快商品和资金的周转。

2. 准确

验收应以商品入库凭证为依据，准确地查验入库货物的实际数量和质量状况，并通过书面材料准确地反映出来。做到货、账、卡相符，提高账货相符率，降低收货差错率，提高企业的经济效益。

3. 严格

仓库的各方都要严肃认真地对待商品验收工作。验收工作的好坏直接关系企业的利益，也关系以后各项仓储业务的顺利开展。因此，仓库领导应高度重视验收工作，直接参与验收的人员要以高度负责的精神来对待这项工作，明确每批商品验收的要求和方法，并严格按照仓库验收入库的业务操作程序办事。

4. 经济

商品在验收时，多数情况下，不仅需要检验设备和验收人员，而且需要装卸搬运机具和设备以及相应工种工人配合。这就要求各工种密切协作，合理组织调配人员与设备，以节省作业费用。此外在验收工作中，尽可能保护原包装，减少或避免破坏性试验，也是提高作业经济性的有效手段。

二、商品验收工作的具体内容

商品验收包括验收准备、确定验收比例、实物检验、填写验收记录单及验收中发现问题的处理。

(一)验收准备

验收准备是货物入库验收的第一道程序。仓库接到到货通知后，应首先了解验收的基本要求，然后根据商品的性质和批量提前做好验收的准备工作。具体内容包括熟悉入库物资，设备、人员准备，检验工具准备和资料准备。

(二)确定验收比例

货物内在质量验收的方式有两种：全验和抽验。在货物批量小、规格复杂、包装不整齐的情况下采用全验。对大批量、同包装、同规格、信誉较高的存货单位的货物可采用抽验的方法。抽验比例应首先以合同规定为准，合同没有规定时，确定抽验比例一般应考虑以下因素：

微课：确定验收比例

(1)商品价值。商品价值高的，抽验比例大，反之则小。有些价值特别大的商品应全验。

(2)商品的性质。商品性质不稳定的或质量易变化的，抽验比例大，反之则小。

(3)气候条件。在雨季或梅雨季节，怕潮商品抽验比例大；在冬季怕冻商品抽验比例大，反之则小。

(4)运输方式和运输工具。对采用容易影响商品质量的运输方式和运输工具运送的商品，抽验比例大，反之则小。

(5)厂商信誉。信誉好的抽验比例小，反之则大。

(6)生产技术。生产技术水平高或流水线生产的商品，产品质量较稳定，抽验比例小，反之则大。

(7)储存时间。储存时间长的商品，抽验比例大，反之则小。

课内小任务

任务描述：根据以上内容学习，回答下列问题。		
货物数量和外观质量验收是全验还是抽验？	A. 全验	B. 抽验
内在质量验收一般是全验还是抽验？	A. 全验	B. 抽验
商品价值高的入库物品是多验还是少验？	A. 多验	B. 少验

续表

商品的性质不稳定的或质量易变化的是多验还是少验？	A. 多验　　B. 少验
生产技术水平高或流水线生产的商品是多验还是少验？	A. 多验　　B. 少验
学号：　　　　姓名：	时间：　　年　　月　　日

（三）实物检验

检验货物是仓储业务中的一个重要环节，包括数量检验和质量检验两大方面的内容，即复核货物数量是否与入库凭证相符，货物质量是否符合规定的要求，货物包装能否保证在储存和运输过程中的安全。

1. 数量检验

数量检验是保证物资数量准确不可缺少的措施。要求物资入库时一次进行完毕。一般在质量验收之前，由仓库保管职能机构组织进行。按商品性质和包装情况，数量检验分为三种形式，即计件（件数理算）、检斤（毛重、净重确定）、检尺求积（体积丈量）。

（1）计件货物的数量检验。计件货物应全部清查件数（带有附件和成套的机电设备须清查主件、部件、零件和工具等）。固定包装的小件商品，如包装完好，打开包装对保管不利，国内货物可采用抽验法，按一定比例开箱点件验收，可抽验内包装 5%～15%。其他只检查外包装，不拆包检查；贵重商品应酌情提高检验比例或全部检验。对于物流企业而言，如果是原厂包装且保持完好一般只清点外包装数量，否则需拆包点数。进口商品则按合同或惯例办理。

点数方法有自动点数器自动理数、手动计数器理数、人工逐件点数计总数和集中堆码点数。集中堆码点数时，首先清点箱内货品数量，确认无误后，将样品放回包装箱内，然后，清点托盘上货品整件数量，再查出入货托盘数量。

（2）检斤货物的数量检验。检斤是指针对按重量供货或以重量为计量单位的商品，做数量验收时需称重。

重量验收是否合格，是根据验收的磅差率与允许磅差率的比较来判断的。若验收的磅差率未超出允许磅差率的范围，说明该批物资合格；若验收的磅差率超出允许磅差率的范围，则说明该批物资不合格。磅差是指由于不同地区的地心引力差异、磅秤精度差异及运输装卸损耗等因素造成的重量过磅数值的差异。

①检斤验收法。检斤验收法是指对非定量包装的、无码单的物资进行打捆、编号、过磅和填制磅码单（表 2-4-1）的验收方法。适合非定量包装的、无码单的物资。

$$实际磅差率=(实收重量-应收重量)/应收重量\times 1000‰$$

表 2-4-1　磅码单 1

供货单位______				品　　名______	
合同编号______				型号规格______	
序号	重量/kg	序号	重量/kg	序号	重量/kg

司磅员：　　　　　　　　　　　　　　　　日期：

②抄码复衡抽验法。抄码复衡抽验法是指对定量包装的、附有码单的物资，按合同规定的比例抽取一定数量的物资过磅的验收方法。适合定量包装并附有码单的物资。

$$\text{抽验磅差率}=(\sum\text{抽验重量}-\sum\text{抄码重量})/\sum\text{抄码重量}\times 1000‰$$

③理论换算法。适合定尺长度的金属材料、塑料管材等，可将重量换算为长度。如圆钢的质量$=0.006\,165\times d^2$；式中，d 为直径(mm)。直径 80 mm 的圆钢每米质量$=0.006\,165\times 80^2=39.456$ kg，知道圆钢盘条长度即可计算整批货物的重量。

④整车复衡法。整车复衡法是指检验时将整车引入专用地磅，然后扣除空车的重量，即可求得物资净重。适合大宗无包装的物资，如煤炭、生铁、矿石等散装的块状、粒状或粉状的物资。整车复衡法也需要填写磅码单(表 2-4-2)。

表 2-4-2　磅码单 2

供货单位________________　　　　品　　名________________

合同编号________________　　　　型号规格________________

序号	车号	毛重/t	皮重/t	净重/t	司机签字

司磅员：　　　　　　　　　　　　日期：

一般入库货物如果按毛重计量通过以上方法可以解决称重问题，但如果带包装的货物想衡量净重，则需称完毛重后，扣除皮重再求得净重。皮重的计量方法包括以下四种。

实际皮重法：称量每件包装物的重量。

平均皮重法：平均扣除皮重法是指按一定比例将包装拆下过磅，求得包装皮的平均重量，然后将未拆除包装的物资过磅，从而求得该批物资的全部皮重和毛重。在采用这种方法时，一定要合理选择应拆的包装物，以使净重更趋准确。

习惯皮重法：适用于规范化的包装方式。包装的重量已为人所共知，无须称量。

约定皮重法：存货方与保管方在签订仓储保管合同时，双方对物资的皮重按事先约定的包装重量，无须称量。

仓库在重量验收过程中，要根据合同规定的方法进行。为防止人为造成磅差，一旦验收方法确定后，出库时必须用同样的方法检验物资，这就是进出库物资检验方法一致性原则。

(3)检尺求积法。检尺求积是对以体积为计量单位的商品，如木材、竹材、沙石等，先检尺，后求体积所做的数量验收。

凡是经过数量检验的商品，都应该填写磅码单。在做数量验收之前，还应根据商品来源、包装好坏或有关部门规定，确定对到库商品是采取抽验还是全验。

2.质量检验

质量检验包括外观检验、尺寸精度检验、理化检验。仓库一般只做外观检验和尺寸精度检验，后两种检验如果有必要，则由仓库技术管理职能机构取样，委托专门检验机构检验。货物质量检验的方法由仓储合同约定，合同没有约定的，按照货物的特性和仓库的习惯确定。

(1)检验方法和标准。

①视觉检验。在充足的光线下,利用视力观察货物的状态、颜色、结构等表面状况,检查有无变形、破损、脱落、变色、结块等损害情况,以判定质量。

②听觉检验。通过摇动、搬运操作、轻度敲击,听取声音,以判定质量。

③触觉检验。利用手感鉴定货物的细度、光滑度、黏度、柔软程度等,判定质量。

④嗅觉、味觉检验。通过对货物所特有的气味、滋味进行测定,判定质量;或者判定串味损害。

⑤测试仪器检验。利用各种专用测试仪器进行货物性质测定。如含水量、密度、黏度、成分、光谱等测试。

⑥运行检验。对货物进行运行操作,如电器、车辆等,检查操作功能是否正常。

(2)外观检验。外观检验是指通过人的感觉器官检查商品外观质量的过程。主要检查货物的自然属性是否因物理及化学反应而造成负面的改变。是否受潮、沾污、腐蚀、霉烂等;检查商品包装的牢固程度;检查商品有无损伤,如撞击,变形,破碎等。对外观检验有严重缺陷的商品,要单独存放,防止混杂,等待处理。

外观检验的基本要求是凡是通过人的感觉器官检验商品后,就可决定商品质量的,由仓储业务部门自行组织检验,检验后做好商品的检验记录;对于一些特殊商品,则由专门的检验部门进行化验和技术测定。验收完毕后,应尽快签返验收入库凭证,不能无故积压单据。

入库管理员在检验货物外观时应注意以下几个方面:

①包装外观检验。包装检验是对货物的外包装(也称运输包装)、工业包装的检验。检验包装有无被撬开、开缝、挖洞、污染、破损、水渍和沾湿等不良情况。物资包装的好坏、干潮直接关系着物资的安全储存和运输。所以对物资的包装要进行严格验收,凡是产品合同对包装有具体规定的要严格按规定验收,如箱板的厚度,打包铁腰的层数,纸箱、麻包的质量等。对于包装的干潮程度,一般是用眼看、手摸的方法进行检查验收。外包装常见的异状主要有以下四种情况:

a. 人为的挖洞、开缝。通常是被盗窃的痕迹。

b. 水渍、潮湿。通常是指雨淋水湿或物资本身出现潮解、渗漏的现象。

c. 污染。一般是配装不当而引起的物资间的相互沾污。

d. 包装破损。包装结构不良,或包装材质不当,或装卸过程中乱摔、乱扔、碰撞等造成的包装破损。

②货物外观检验。对无包装的货物,直接查看货物的表面,检查是否有生锈、破裂、脱落、撞击、刮痕等损坏。带包装的货物需打开外包装检验货物外观。外包装检验中有判定内容受损可能的依据时,或者检验标准要求开包检验,点算包内细数时,应该打开包装进行检验。开包检验必须有两人以上在现场,检验后在箱件上印贴已验收的标志。需要封装的及时进行封装,对于包装已破损的应更换新包装。

③标签、标志检验。货物标签、标志是否具备,是否完整、清晰等。

(3)尺寸精度检验。进行尺寸精度检验。对入库物质的单件重量、货物尺度进行衡量和测量,确定货物的质量。主要是金属材料中的型材、部分机电产品和少数建筑材料。比如椭圆钢材主要检验直径和厚度,管材主要检验壁厚和内径,板材主要检验厚度及均匀度。

(4)理化检验。收货人员在检验货物时要注意内在质量检验,也就是对货物的内容进行检验,包括对物理结构、化学成分、使用功能等进行鉴定。内在质量检验由本企业专业技术检验部门的检验员进行,物流企业仓库则由货主负责委托专业的检验机构,经检验后出具检验报告，说明货物质量。

3.入库检验时间

数量、外表状况应在入库时进行检验；内在质量检验依据合同约定的时间进行，或者按照仓储习惯在入库的10天之内，国外到货在30天之内进行检验。

（四）填写验收记录单

货物检验后，仓库管理员应按收到的实际数量填制“货物入库验收单”“入库单”“送货单”，经仓库负责人核对签字后，作为今后与供货方、运输方交涉的凭证。

货物入库验收单的具体格式因使用企业的具体要求而不尽相同。下面为两张验收记录单样例（表2-4-3和表2-4-4）。

表2-4-3　验收记录单（营业仓储）

记录号：20110411××

货品名称		到货数量（箱）		抽检数量（箱）	
到货日期			检验日期		
供应商			运单号		
检验情况				备注	
检验结论：□合格　□让步接收　□拒收 检验员：　批准人：					

表2-4-4　货物入库验收单（自营仓储）

发货单位：

发货单编号：

合同编号：　　　年　月　日　　　存放仓库：

货物编号	品名	规格型号	包装系数	单位	应收		实收	
					数量	金额	数量	金额
合计								
检查方式	抽样__%不良 全数__个不良	验收结果		检查主管		检查员		

续表 2-4-4

总经理	财务部		仓储部		商务部
	财务主管	核算员	仓储主管	验收专员	商务部主管

(五)验收中发现问题的处理

在物品验收过程中,如果发现物品数量或质量的问题,应该严格按照有关制度进行处理。验收过程中发现的数量和质量问题可能发生在各个流通环节,可能是由于供货方或交通运输部门或收货方本身的工作造成的。按照有关规章制度对问题进行处理,有利于分清各方的责任,并促使有关责任部门吸取教训,改进今后的工作。

1. 商品验收中发现问题的处理方式

见表 2-4-5。

表 2-4-5　商品验收中发现问题的处理

验收中问题	处理方式
证件不齐全	应作为待检商品处理,堆放在待检区,待证件到齐后再进行验收。
凡检验中发现问题等待处理的货物	应该单独存放,置于待处理区,妥善保管,防止混杂、丢失、损坏。
数量不准	短缺在磅差允许范围内的,可按原数入账。超过磅差允许范围内的,通知货主向供货单位和货运公司办理交涉,凡实际数量多于应收的,按实签收。购销企业可由主管部门向供货单位退回多发数,或补发货款。凡实际数量短少的,应按实签收。填写货物验收记录和磅码单。
质量不符合要求	购销企业一定要退换的,绝不能入库。物流企业应先将合格品验收入库,不合格品分开堆放,做详细记录填写货物异常报告,并立即通知货主。对不合格部分应妥善保管。
商品在入库前已有部分残损短缺	有商务记录或普通记录等证件者,可按实际情况查对证件记录是否准确,在记录范围内者,按实际验收情况填写验收记录;在记录范围以外或无运输部门记录时,应查明责任。其残损情况属于外观破损,但在接运时尚未发现而造成无法追赔损失时,应由仓库接运部门负责;外观良好,内部残损时,应做验收记录,与供货方交涉处理。如因接运过程中的装卸不当等原因造成的破损,签收时应写明原因、数量等,一般由责任方负责赔偿。
商品未按时到库	在规定的时间商品未到库,应及时向货主查询。

续表 2-4-5

验收中问题	处理方式
发错货(错到)	错到原因是多方面的,有的是发运方的责任,如错发、错装等,此种错到应通知发运方处理。有的是提运、接运中的责任,如错卸、错装等,此种情况,保管员在签收时应详细说明,报仓库主管负责追查处理。有的是承运方的责任,如错运、错送等,此种错到应索取承运方记录,让货主交涉处理。 如发现无进货合同或进货依据,但运输单据上却表明本库为收货人的商品,仓库收货后应及时查找该货的产权部门,并主动与发货人联系,询问该货的来龙去脉,并作为待处理商品,不得动用。待批准后,才能办理入库手续,货主应及时将订货合同、到货计划送交仓库。

凡规格、质量、包装不符合要求或在途中受损变质者,应先将合格品验收入库,不合格品分开堆放,做详细记录,并立即通知货主与发货单位交涉;交涉期间,对不合格品要妥善保管;如货主同意按实际情况验收入库,应让货主在验收记录上签章。

2.验收异常处理的操作步骤

(1)发现问题,现场留取证据。

(2)通报货主。

(3)拒绝签收,货物封存。

(4)汇报部门主管,等候处理。

(5)执行处理结果。

三、办理交接手续

交接手续是指仓库对收到的货物向送货人进行确认,表示已接收货物。办理完交接手续,意味着分清运输、送货部门和仓库的责任。完整的交接手续包括:

(一)接收货物

仓库通过理货、查验货物,将不良货物的剔出、退回或者编制残损单证等明确责任,确定收到货物的确切数量、货物表面状态。

(二)接收文件

接收送货人送交的货物资料、运输的货运记录、普通记录等,以及随货的在运输单证上注明的相应文件,如图纸、准运证等。

(三)签署单证

仓库与送货人或承运人共同在送货人交来的送货单、交接清单上签署,并留存相应单证。提供相应的入库、查验、理货、残损单证,事故报告由送货人或承运人签署。

任务实施

项目二	智慧仓储入库作业管理	任务四	入库货物的验收与交接
任务描述	1. 两组同学互相作为送货人和入库管理员开展角色扮演，对照入库单和送货单对入库货物进行检验和交接手续办理。 2. 作为公司验收员填写验收记录单。 3. 入库管理员和送货人共同签署入库单和送货单。		
任务要求	1. 将学生分组，每组 5 人左右。 2. 完成任务后小组间互评。 3. 每个小组派代表汇报本组同学完成情况。		
实施方法	将验收交接工作作为一个小任务，学生按照资讯—计划—实施—检查评估来完成任务，在老师指导下制订方案、实施方案，最终进行评估。		
实施方案	1. 入库管理员组织验收专员一起对本次入库的 DELL 产品进行入库验收，验收中内包装数量采用抽验法，抽验比例 10%；请说明鼠标和键盘各需抽验几箱货品。验收中发现其他物品都正常，只是 96 箱鼠标中有 2 箱是联想品牌鼠标。作为验收员针对戴尔鼠标这一种货物填写验收记录单(表 2-4-6)，并对异常情况说明处理步骤。		

表 2-4-6 验收记录单(营业仓储)

记录号：20240511××

货品名称		到货数量/箱		抽检数量/箱	
到货日期			检验日期		
供应商			运单号		
检验情况				备注	
1. 外包装检查					
2. 外包装规格检查					
3. 拆箱货品数量检查					
4. 货品外观质量检查					
5. 数量检查					
检验结论：□合格 □让步接收 □拒收 检验员： 批准人：					

续表

项目二	智慧仓储入库作业管理	任务四	入库货物的验收与交接

实施方案

2.完成办理交接时单据的签署

(1)储位分配单和入库单签署。根据上面验收记录单(表 2-4-6)中实际到货验收填写任务三任务实施中表 2-3-2 储位分配单和表 2-3-3 入库单的实收数量以及相关人员签字。

(2)对送货单(表 2-4-7)进行签署。

表 2-4-7　通达电子贸易有限公司送货单

收货单位:惠安仓储物流有限公司

收货地址:哈市南岗区哈双路 348 号　　　　日期:20　　年　月　日

编号	品名	规格/型号	包装	单位	数量	备注
1	DELL 鼠标	XN967	20 盒/纸箱	箱	96	
2	DELL 液晶显示屏	E2209W	纸箱	箱	27	
3	DELL 机箱	220s	纸箱	箱	27	
4	DELL 键盘	U22	10 盒/纸箱	箱	50	
合计					200	
收货详情						

库管员签字:张鹏　　　　送货人签字:李青　　　　收货人签字:

学号:　　　　姓名:　　　　时间:　　年　　月　　日

任务检测

<table>
<tr><td>项目二</td><td>智慧仓储入库作业管理</td><td>任务四</td><td>入库货物的验收与交接</td></tr>
<tr><td>检测方式</td><td colspan="3">课证融通习题、技能训练</td></tr>
<tr><td>课证融通习题</td><td colspan="3">
一、单选题
1. 如对沙石进行数量检验，应采用的形式是（　　）。
A. 计件　B. 检斤　C. 检尺求积　D. 尺寸检验
2. 下列各项货物中入库检验时适用计件方式的是（　　）。
A. 矿石　B. 粉煤灰　C. 电冰箱　D. 小麦
3. 下列各项货物中入库检验时适用检斤方式的是（　　）。
A. 沙子　B. 木材　C. 电冰箱　D. 小麦
4. 下列各项货物中入库检验时适用检尺求积方式的是（　　）。
A. 汽车　B. 粉煤灰　C. 电冰箱　D. 小麦
5. 一般由专门的技术检验部门进行的检验是（　　）。
A. 数量检验　B. 质量检验　C. 理化检验　D. 都不是
6. 下列各项中应由专门的技术检验部门进行检验的是（　　）。
A. 椭圆材直径和圆度检验　B. 管材壁厚和内径检验
C. 物品的外观检验　D. 花生含黄曲霉毒素的检测
7. 下列物品入库质量检验适合抽验的是（　　）。
A. 珠宝等贵重物品　B. 机械设备
C. 袋装牛奶　D. 都不是
8. 下列物品入库检验适合全验的是（　　）。
A. 袋装牛奶质量检验　B. 电冰箱的数量检验
C. 羊毛的含水量检验　D. 煤的燃烧值检验
9. 以下哪种理货计数方式最为便捷？（　　）
A. 自动理数　B. 划钩计数　C. 小票理数　D. 点垛计数
10.（　　）是指仓库在物品正式入库前，按照一定的程序和手续，对到库物品进行数量和外观质量的检查，以验证它是否符合订货合同规定的一项工作。
A. 核查　B. 接管　C. 校对　D. 验收
二、多选题
1. 下列各项货物中入库检验时适用检尺求积方式的是（　　）。
A. 矿石　B. 粉煤灰　C. 家电　D. 木材
2. 入库商品质量检验包括（　　）。
A. 外观检验　B. 尺寸精度检验
C. 机械物理性能检验　D. 化学成分检验
3. 下列一般由仓库技术管理职能机构取样，委托专门检验机构检验的是（　　）。
A. 外观检验　B. 尺寸检验
C. 机械物理性能检验　D. 化学成分检验
4. 完整的入库交接手续应包括（　　）。
A. 登账　B. 接收物品　C. 接收文件　D. 签署单证
5. 货物数量检验包括（　　）。
A. 重量　B. 长度　C. 件数　D. 体积
</td></tr>
</table>

续表

项目二	智慧仓储入库作业管理	任务四	入库货物的验收与交接
检测方式	课证融通习题、技能训练		

技能训练

1. 牛奶公司于 2024 年 1 月 30 日送来一批酸牛奶，送货单上数量为 50 件，规格为每箱 24(250 mL)盒，单价为 2 元/盒，金额为 48 元/件，生产日期为 2024 年 1 月 20 日，保质期为 21 天。假设你是某超市收货员，这批货你能不能收？为什么？

2. 2024 年 5 月 11 日收到客户华宇集团公司的一批入库货物，该批货物是 2024 年 1 月生产的每袋 25 kg 的某品牌面包粉 400 袋。针对本次入库货物进行验收，数量采用抽验法，抽验比例 5%，允许磅差率为 1%。如果抽验结果为 20 袋面粉重量为 485 kg，请开展验收工作，填写验收记录单(表 2-4-8)，并对验收中发生的问题进行处理。

表 2-4-8　验收记录单(营业仓储)

记录号：20240511××

货品名称		到货数量/袋		抽检数量/袋	
到货日期			检验日期		
供应商			运单号		
检验情况				备注	
1. 外包装检查					
2. 外包装规格检查					
3. 货品外观质量检查					
4. 数量检查					
5. 保质期检查					
检验结论：□合格　□让步接收　□拒收 检验员：　批准人：					

3. 如果针对表 2-1-3 入库通知单中的货物进行验收时发现完达山纯牛奶少两箱，其他货物都正常，请填写前面任务三中表 2-3-5 储位分配单和表 2-3-6 入库单的实收数量以及相关人员签字。

学号：　　　　姓名：　　　　时间：　　年　　月　　日

任务五　理货入储位作业

任务描述

在办理交接手续的同时，王宇要组织协调库工利用手持设备对接收的货物进行理货入储位作业，使其最终安全合理地放到正确位置。

任务目标

知识目标

1. 掌握装卸搬运作业的合理化措施。
2. 掌握就地堆码的方法与步骤。
3. 掌握托盘货架理货入储位的方法与步骤。

能力目标

1. 能按正确的流程完成就地堆码货品的理货入储位作业。
2. 能按正确的流程完成托盘货架区货物的理货入储位作业。

素质目标

1. 提升工作效率，培养吃苦耐劳的劳动精神。
2. 提升团队合作意识。

任务准备

一、就地堆码理货入储位作业

(一)搬运作业

搬运员把验收场地上经过点验合格的入库货物按每批入库单开制的数量和相同的品唛集中起来，分批送到预先安排的货位，要进一批、清一批，严格防止品唛互串和数量溢缺。

1. 仓库装卸搬运作业的合理化措施

装卸搬运作业合理化的目标是防止和消除无效作业。所谓无效作业是指在装卸作业活动中超出必要的装卸、搬运量的作业。显然，防止和消除无效作业对装卸作业的经济效益有重要作用。为了有效地防止和消除无效作业，可从以下几个方面入手：

(1)尽量减少装卸次数。做好作业前的准备，制订合理的作业方案，避免货物多次倒搬，使作业尽量一次到位。

(2)缩短搬运作业的距离。选择最短的路线完成作业。

(3)提高库存物的装卸搬运活性指数。所谓物品装卸搬运活性指数是指库存物品便于装卸搬运作业的程度。装卸搬运活性指数根据库存物所处的状态，可分为 5 级(表 2-5-1)。

表 2-5-1　库存物装卸搬运活性指数说明

指数	说明
0	物品杂乱地堆在地面上的状态。
1	物品装箱或经捆扎后的状态。

续表 2-5-1

指数	说明
2	装在箱子里或被捆扎后的物品，下面放有托盘或其他衬垫，便于叉车或其他机械作业的状态。
3	物品被放于台车上或用起重机吊钩钩住，即刻移动的状态。
4	被装卸、搬运的物品，已经被置于输送设备上，处于启动或直接作业的状态。

从理论上讲，活性指数越高越好，但也必须考虑到实施的可能性。例如，物品在储存阶段中，活性指数为 4 的输送带和活性指数为 3 的车辆，在一般的仓库中很少被采用，这是因为不可能把大批量的货物存放在输送带和车辆上。

(4)实现装卸作业的省力化。在装卸作业中应尽可能地利用重力的作用。在有条件的情况下利用重力进行装卸，可减轻劳动强度和能量的消耗。

2. 装卸搬运作业劳动组织形式及其特点

装卸搬运作业的劳动组织就是按照一定的原则，将有关的人员和设备以一定的方式组合起来，形成一个有机的整体。装卸搬运作业的劳动组织大致上可分为两种基本形式：工序制和包干制。工序制是按作业内容或工序，将有关人员和设备分别组合成装卸、搬运、检验、堆垛、整理等作业班组，由这些班组共同组成一条作业线，共同完成各种装卸搬运作业。工序制适用于进出库作业量大，进出库频繁的大型仓储企业。包干制是将分工不同的各种人员和功能不同的设备，共同组合成一个班组，对装卸搬运活动的全过程均由一个班组承包到底，全面负责。包干制适用于进出库作业量较小，进出库不频繁的小型仓储企业。

(二)物品堆放作业

1. 垫垛作业

垫垛是指在物品码垛前，在预定的货位地面位置，使用衬垫材料进行铺垫。常见的衬垫物有枕木、废钢轨、货架板、木板、钢板等。

(1)垫垛的目的。

①使地面平整，保障货垛稳定；

②使堆垛物品与地面隔开，形成垛底通风层，起到通风隔潮作用；

③通过强度较大的衬垫物使重物的压力分散，避免损害地坪；

④使地面杂物、尘土与物品隔开，防止污染货物；

⑤使物品的泄漏物留存在衬垫之内，防止流动扩散，以便于收集和处理。

(2)垫垛的基本要求。

①所使用的衬垫物与拟存物品不会发生不良影响，并具有足够的抗压强度；

②地面要平整坚实、衬垫物要摆放平整，并保持同一方向；

③衬垫物间距适当，直接接触物品的衬垫面积与货垛底面积相同，衬垫物不伸出货垛外；

④要有足够的高度，露天堆场要达到 0.3～0.5 m，库房内 0.2 m 即可。

微课：物品的堆码

2. 堆码作业

物品堆码是指根据物品的包装、外形、性质、特点、种类和数量，结合季节和气候情况，以及储存时间的长短，将物品按一定的规律码成各种形状的货垛。堆码的主要目的是便于对物品进行维护、盘点等管理和提高仓库利用率。

（1）堆码的基本原则和基本要求。

①堆码的基本原则。

a. 分类存放。分类存放是仓库储存规划的基本要求，是保证物品质量的重要手段，因此也是堆码需要遵循的基本原则。

b. 选择适当的搬运活性。为了减少作业时间、次数，提高仓库物流速度，应该根据物品作业的要求，合理选择物品的搬运活性。对搬运活性高的入库存放物品，也应注意摆放整齐，以免堵塞通道，浪费仓容。

c. 面向通道，不围不堵。货垛以及存放物品的正面，尽可能面向通道，以便察看；另外，所有物品的货垛、货位都应有一面与通道相连，处在通道旁，以便能对物品进行直接作业。只有在所有的货位都与通道相通时，才能保证不围不堵。

②商品堆码操作要求。

a. 牢固。操作工人必须严格遵守安全操作规程，防止建筑物超过安全负荷量。码垛必须不偏不斜，不歪不倒，牢固坚实，与屋顶、梁柱、墙壁保持一定的距离，确保堆垛的安全和牢固。

b. 合理。不同商品其性能、规格、尺寸不相同，应采用各种不同的垛形。不同品种、产地、等级、批次、单价的商品，应分开堆码，以便收发、保管。货垛的高度要适度，不能压坏底层商品和地坪，并与屋顶、照明灯保持一定距离为宜；货垛的间距、走道的宽度、货垛与墙面、梁柱的距离等，都要合理、适度。垛距一般为 0.5～0.8 m，主要通道为 2.5～4 m。

c. 整齐。货垛应按一定的规格、尺寸叠放，排列整齐、规范。商品包装标识应一律向外，便于查找。

d. 定量。商品储存量不应超过仓储定额，即应储存在仓库的有效面积、地坪承压能力和可用高度允许的范围内。同时，应尽量采用“五五化”堆码方法，便于记数和盘点。

e. 节约。堆垛时应注意节省空间位置，适当、合理地安排货位的使用，提高仓容利用率。

f. 方便。便于装卸搬运，便于收发保管，便于日常维护保养，便于检查点数，便于灭火消防，有利于货物保管和安全。

（2）物品堆垛设计。为了达到堆码的基本要求，必须根据保管场所的实际情况、物品本身的特点、装卸搬运条件和技术作业过程的要求，对物品堆垛进行总体设计。设计的内容包括垛基、垛形、货垛参数、堆码方式、货垛苫盖、货垛加固等。

①垛基。垛基是货垛的基础，对垛基的基本要求是：将整垛货物的重量均匀地传递给地坪；保证良好的防潮和通风；保证垛基上存放的物品不发生变形。

②垛形。垛形是指货垛的外部轮廓形状。按坪底的平面形状可以分为矩形、正方形、三角形、圆形、环形等。按货垛立面的形状可以分为矩形、正方形、三角形、梯形、半圆形，另外还可组成矩形-三角形、矩形-梯形、矩形-半圆形等复合形状。如图 2-5-1 所示。

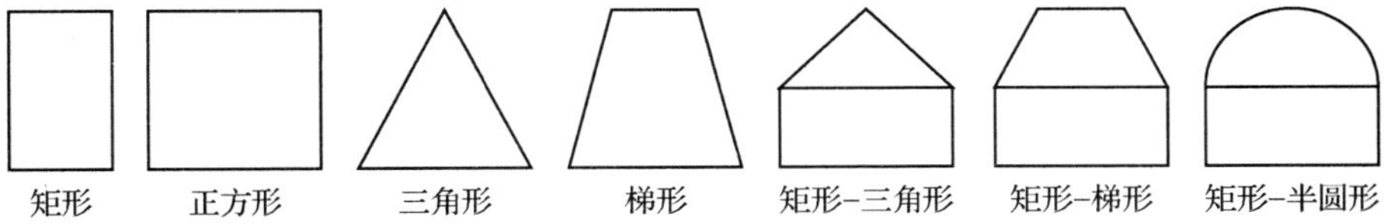

图 2-5-1　货垛立面示意图

不同立面的货垛都有各自的特点。矩形、正方形垛易于堆码，便于盘点计数，库容整齐，但随着堆码高度的增加货垛稳定性就会下降。梯形、三角形和半圆形垛的稳定性好，便于苫盖，但是不便于盘点计数，也不利于仓库空间的利用。矩形—三角形等复合货垛恰好可以整合它们的优势，尤其是在露天存放的情况下更须加以考虑。从货垛的立体角度，货垛可分为平台垛，起脊垛和梯形垛。

③货垛参数。货垛参数是指货垛的长、宽、高，即货垛的外形尺寸。

通常情况下，需要首先确定货垛的长度，例如长形材料的尺寸长度就是其货垛的长度，包装成件物品的垛长应为包装长度或宽度的整数倍。货垛的宽度应根据库存物品的性质、要求的保管条件、搬运方式、数量多少以及收发制度等确定，一般多以两个或五个单位包装为货垛宽度。货垛高度主要根据库房高度、地坪承载能力、物品本身和包装物的耐压能力、装卸搬运设备的类型和技术性能，以及物品的理化性质等来确定。在条件允许的情况下应尽量提高货垛的高度，以提高仓库的空间利用率。

④堆码方式。

a. 散堆方式。散堆适用于露天存放的没有包装的大宗物品，如煤炭、矿石等，也适用于库内少量存放的谷物、碎料等散装物品。

b. 堆码方式。对于有包装（如箱、桶）的物品，包括裸装的计件物品，采取堆码的方式储存。堆码方式储存能够充分利用仓容，做到仓库内整齐，方便作业和保管。物品的堆码方式主要取决于物品本身的性质、形状、体积、包装等。

常见的堆码方式包括重叠式、纵横交错式、仰伏相间式、压缝式、通风式、栽柱式、衬垫式等。

重叠式：也称直堆法，是逐件、逐层向上重叠堆码，一件压一件的堆码方式。为了保证货垛稳定性，在一定层数后改变方向继续向上，或者长宽各减少一件继续向上堆放。该方法方便作业、计数，但稳定性较差。适用于袋装、箱装、箩筐装物品，以及平板、片式物品等。如图 2-5-2 所示。

纵横交错式：每层物品都改变方向向上堆放。适用于管材、捆装、长箱装物品等。该方法较为稳定，但操作不便。如图 2-5-3 所示。

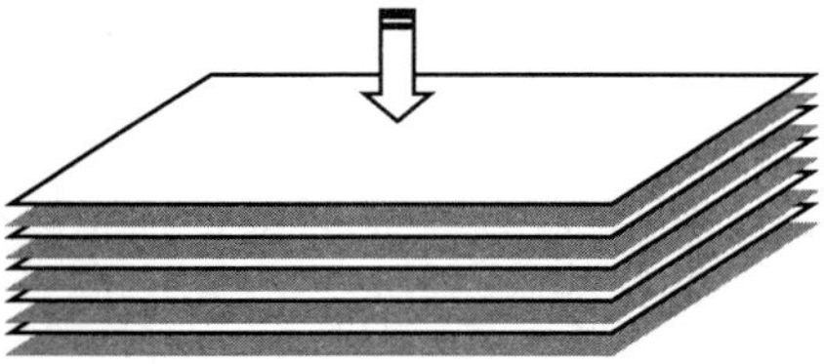

图 2-5-2　重叠式堆码

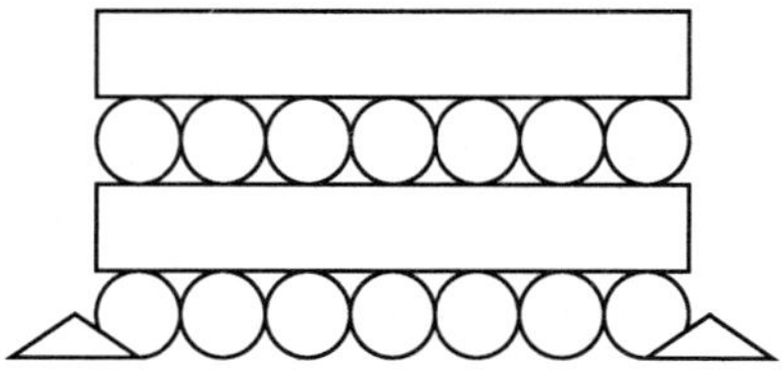

图 2-5-3　纵横交错式堆码

仰伏相间式：对上下两面有大小差别或凹凸的物品，如槽钢、钢轨等，将物品仰放一层，在反一面伏放一层，仰伏相向相扣。该垛极为稳定，但操作不便。如图 2-5-4 所示。

压缝式：将底层并排摆放，上层放在下层的两件物品之间。如图 2-5-5 所示。

通风式：物品在堆码时，任意两件相邻的物品之间都留有空隙，以便通风。层与层之间采用压缝式或者纵横交错式。通风式堆码可以用于所有箱装、桶装以及裸装物品堆码，起到通风防潮、散湿散热的作用，如图 2-5-6 所示。

图 2-5-4　仰伏相间式堆码

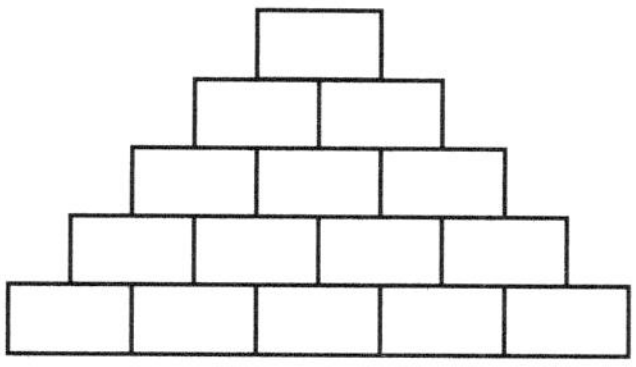

图 2-5-5　压缝式堆码

栽柱式：码放物品前先在堆垛两侧栽上木桩或者铁棒，然后将物品平码在桩柱之间，几层后用铁丝将相对两边的柱拴连，在往上摆放物品。此法适用于棒材、管材等长条状物品。如图 2-5-7 所示。

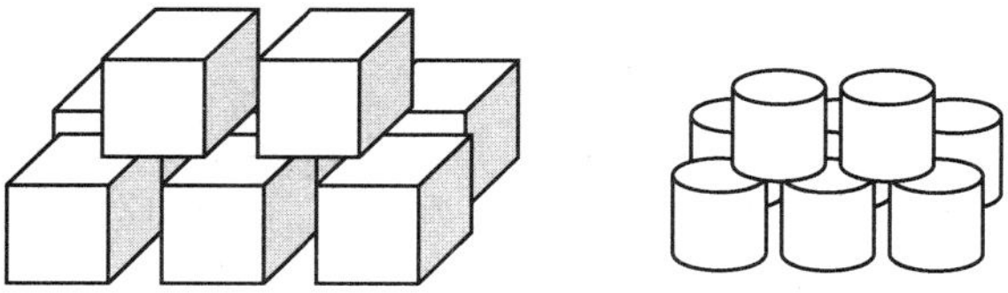

图 2-5-6　通风式堆码

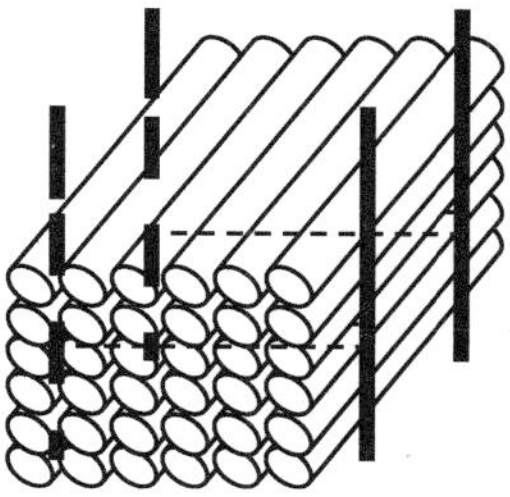

图 2-5-7　栽柱式堆码

衬垫式：码垛时，隔层或隔几层铺放衬垫物，衬垫物平整牢靠后，再往上码。适用于不规则且较重的物品，如无包装电机、水泵等。

"五五化"堆垛：以 5 为基本计算单位，堆码成各种总数为 5 的倍数的货垛，以 5 或 5 的倍数在固定区域内堆放，使货物"五五成行、五五成方、五五成包、五五成堆、五五成层"，堆放整齐，上下垂直，过目知数。便于货物的数量控制、清点盘存。如图 2-5-8 所示。

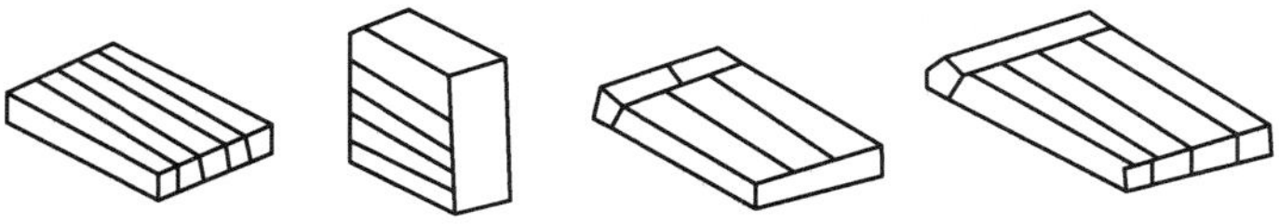

图 2-5-8　"五五化"堆垛示意图

托盘式：由于托盘在物流系统中的广泛运用，形成了物品在托盘上的堆码方式。

⑤苫盖。苫盖是指采用专用苫盖材料对货垛进行遮盖，以减少自然环境中的阳光、雨雪、刮风、尘土等对物品的侵蚀、损害，并使物品由于自身理化性质所造成的自然损耗尽可能地减少，以防止物品在存储期内发生质量变化。

A. 苫盖的要求。物品苫盖的基本要求是顶面必须倾斜，避免雨雪后积水渗入货垛，苫盖物不能沾到地面，苫盖物的下端应离开地面 1 cm 以上，以避免阻碍货垛通风和对地面雨雪积水产生虹吸现象。苫盖物必须捆扎牢固，防止被风刮落。苫盖的具体要求：

a. 选择合适的苫盖材料。选用防火、无害的安全苫盖材料；苫盖材料不会对物品发生不良影响；成本低廉，不易损坏，能重复使用，没有破损和霉变。

b. 苫盖牢固。每张苫盖材料都需要牢固固定，必要时在苫盖物外用绳索、绳网绑扎或者用重物镇压。

c. 苫盖的接口要有一定的互相叠盖深度，不能迎风叠口或留空隙，苫盖必须拉挺、平整，不得有折叠和凹陷，防止积水。

d. 苫盖的底部与垫垛齐平，不腾空或拖地，并牢固地绑扎在垫垛外侧或地面的绳桩上，衬垫材料不露出垛外，以防雨水渗入垛内。

e. 使用旧的苫盖物或在雨水丰沛季节，垛顶或者风口需要加苫盖层，确保雨淋不透。

B. 苫盖材料。通常使用的苫盖材料有塑料布、席子、油毡纸、铁皮、苫布等，也可以利用一些商品的旧包装材料改制成苫盖材料。常用的苫盖材料有帆布、芦席、竹席、塑料膜、铁皮铁瓦、玻璃钢瓦、塑料瓦等。

C. 苫盖方法。苫盖的方法主要有以下几种：

a. 就地苫盖法。直接将大面积苫盖材料覆盖在货垛上遮盖，一般采用大面积的帆布、油布、塑料膜等。就地苫盖法操作便利，但基本不具备通风条件。

b. 鱼鳞式苫盖法。将苫盖材料从货垛的底部开始，自下而上呈鱼鳞式逐层交叠围盖。该法一般采用面积较小的瓦、席等材料苫盖。鱼鳞式苫盖法具有较好的通风条件，但每件苫盖材料都需要固定，操作比较烦琐复杂。

c. 棚架苫盖法。将苫盖物料制作成一定形状的棚架，在物品堆垛完毕后，移动棚架到货垛加以遮盖；或者采用即时安装活动棚架的方式苫盖。该法较为快捷，具有良好的通风条件，但活动棚本身需要占用仓库空间，也需要较高的购置成本。

(三)实施步骤

1.查看储位分配单

在接货阶段调度员为货品指派具体的储位，将储位分配单或者入库作业安排交给库管员，库管员首先查看储位分配单，查看具体存入的仓库或货位信息。如果将此单交给入库搬运工进行入储位作业，则由库工查看储位分配表上的相关信息，确保入位准确。

2.物品的搬运作业

装卸搬运作业的组织过程可以参考以下的工作步骤。

(1)掌握作业信息。了解作业内容和作业量的多少。

(2)制订作业方案。对某项具体的装卸搬运任务进行人力、设备和作业步骤、作业要求等全面安排，主要是保证作业安全，提高作业效率。

(3)分配作业班组。简称派工，根据任务的内容和各个班组的特点，扬长避短，使总体作业效率最高。

(4)搬运作业实施。搬运过程要做到“一次连续搬运到位”，力求避免入库物资在搬运途中的停顿和重复劳动，对个别批量大、包装整齐、送货单位又具备机械操作条件的入库物资，要争取送货单位的配合，利用托盘实行定额装载，从而提高计数准确率并缩短装卸车时间，加速物资入库。

(5)检查统计分析。调度指挥人员对方案实施过程进行监督，对结果进行检查，以便及时掌握各种情况，协调与其他环节和职能部门之间的关系。

3.物品堆放作业

物品的堆放作业包括垫垛、堆码、苫盖。

4.清理现场

对入库作业的现场进行及时清理，包括设备归位和卫生清洁。

二、托盘货架入储位作业

(一)理货作业

1.准备空托盘

根据储位分配单上货位数量准备出足够的空托盘，放置到收货理货区。

2.选择堆码方法

托盘货物堆码方法根据入库准备时组托方案设计的结果进行选择，具体包括重叠式、层间纵横交错式、正反交错式和旋转交错式。

3.按堆码标准进行堆码

(1)将货物箱平行排列，根据托盘规格决定每层的堆码数量；

(2)堆码过程中按先远后近的原则堆码；

(3)将底层的货箱堆码整齐，箱与箱之间的空隙要均匀；

(4)将货箱逐层堆码，除重叠式堆码以外，其他堆码方法均需做到奇数层、偶数层排列方向相反，奇数层横向则偶数层纵向，直到堆码完成。

4.审核堆码质量

(1)货箱不超出托盘范围；

(2)堆码整齐；

(3)不超高；

(4)正面朝上；

(5)标签向外。

5.信息处理

填写储位分配单的实收数据或者用手持设备完成组托的信息处理。一般是扫描托盘签和货物条码，输入本托盘数量并提交。

(二)上架作业

(1)选择装卸搬运工具。

(2)利用手动搬运车进行搬运作业。

(3)利用储位分配单或者手持设备确定货品的上架位置。

(4)利用叉车对货品进行上架作业(上架前要对点)；在现代仓储管理系统条件下，库工根据系统指令，先扫描托盘标签号，再扫描货位号，利用叉车将入库货品放置储位，提交上架。

(5)向库管员反馈上架情况，将储位分配单反馈给库管员，或者利用手持设备的上架信息自动反馈。

仓库保管员在作业量不是很多的时候一般也应查看货品入库存放情况。

(三)清理现场

对入库作业的现场进行及时清理，包括设备归位和卫生清洁。

任务实施

项目二	智慧仓储入库作业管理	任务五	理货入储位作业
任务描述	1. 对验收完毕的 4 种 DELL 产品进行理货入储位作业。 2. 作为入库管理员协调好库工开展理货和搬运上架作业。		
任务要求	1. 将学生分组，每组 5 人左右。 2. 完成任务后小组间互评。 3. 每个小组派代表汇报本组同学完成情况。		
实施方法	将理货入储位工作作为一个小任务，学生按照资讯—计划—实施—检查评估来完成任务，在老师指导下制订方案、实施方案，最终进行评估。		
实施成果	1. 入库管理员组织库工按任务二子任务三任务实施的组托方案和上架方案开展货品的理货入储位作业，将实施过程记录在下方。 2. 现有罐头食品 5 000 纸箱，纸箱尺寸为 50 cm×25 cm×20 cm，限高 10 层。拟安排在长度为 10 m 的货位堆垛，采用重叠式平台垛。先设计堆存方案，然后开展堆码实施作业。		
学号：	姓名：	时间：　　年　　月　　日	

任务检测

项目二	智慧仓储入库作业管理	任务五	理货入储位作业
检测方式	课证融通习题、技能训练		
课证融通习题	**一、单选题** 1. 为便于检查和盘点，能使保管人员过目成数，在物品堆码时，垛、行、层、包等数量力求便于计算，每垛有固定数量，以下属于最常采用的方式的是（　　）化堆垛。 A. 三三　　B. 四四　　C. 五五　　D. 十十 2. 适合于存放小件货物、怕压或不宜堆高的物品的普通堆码方式是（　　）。 A. 散堆方式　　B. 货架方式　　C. 成组堆码方式　　D. 垛堆方式 3. 大宗散货为便于机械设备装卸、堆码，节省包装费和运费，通常选取（　　）堆码。 A. 散堆方式　　B. 货架方式　　C. 成组堆码方式　　D. 垛堆方式 4. 能够使货物的堆存单元扩大，使小件不宜单独采用机械装卸的货物可以进行机械装卸、搬运、堆码的物品堆码方式是（　　）。 A. 散堆方式　　B. 货架方式　　C. 成组堆码方式　　D. 垛堆方式 5. 适用于起脊垛或大件包装，对于通风要求不高的物品的苫盖方法是（　　）。 A. 就地苫盖法　　B. 鱼鳞式苫盖法　　C. 固定棚架苫盖法　　D. 隔离苫盖法 6. 具有较好的通风条件，但操作比较烦琐复杂，须用面积较小的席、瓦等材料进行苫盖的方法是（　　）。 A. 就地苫盖法　　B. 鱼鳞式苫盖法　　C. 活动棚架苫盖法　　D. 隔离苫盖法 7. 鱼鳞式苫盖法的特点是（　　）。 A. 具有较好的通风条件，操作简单、便捷　　B. 具有较好的通风条件，操作较烦琐、复杂 C. 具有差的通风条件，操作简单、便捷　　D. 具有较差的通风条件，操作较烦琐、复杂 8. 当物品搬运活性为 1 时，物品所处的状态是（　　）。 A. 物品杂乱的堆在地面上的状态 B. 物品装箱或经捆扎后的状态 C. 物品被放于台车上或用起重机吊钩钩住，即刻可以移动的状态 D. 物品已经被启动，可以直接作业的状态 9.（　　）是将每票物品按件排成行或列排放，每行或列一层或数层高，垛形呈长条形。 A. 起脊垛　　B. 立体梯形垛　　C. 平台垛　　D. “井”字形垛 10. 常见堆码方式中，（　　）是逐件、逐层向上重叠堆码，一件压一件的堆码方式。 A. 重叠式　　B. 纵横交错式　　C. 仰伏相间式　　D. 压缝式 11.（　　）是指在物品码垛前，在预定的货位地面位置，使用衬垫材料进行铺垫。 A. 堆码　　B. 码垛　　C. 垫垛　　D. 垛基 12. 苫盖的方法主要有（　　）、鱼鳞式苫盖法和活动棚苫盖法。 A. 整体苫盖法　　B. 就地苫盖法　　C. 局部苫盖法　　D. 选择苫盖法 13. 装载在托盘上货物，其搬运活性指数为（　　） A. 1　　B. 2　　C. 3　　D. 4 **二、多选题** 1. 对玉米棒这类货物进行堆码，一般会选择（　　）。 A. 矩形垛　　B. 三角形垛　　C. 梯形垛　　D. 半圆形垛		

续表

<table>
<tr><td>项目二</td><td>智慧仓储入库作业管理</td><td>任务五</td><td>理货入储位作业</td></tr>
<tr><td>检测方式</td><td colspan="3">课证融通习题、技能训练</td></tr>
<tr><td>课证融通习题</td><td colspan="3">2. 堆码的基本要求为(　　)。
A. 合理　B. 牢固　C. 整齐　D. 方便
3. 稳定性好,便于苫盖,但是不便于盘点计数的垛形有(　　)。
A. 矩形垛　B. 三角形垛　C. 梯形垛　D. 半圆形垛
4. 下面对于物品苫盖要求的描述正确的有(　　)。
A. 物品苫盖时要保证顶面与地面平行
B. 苫盖物不能苫到地面
C. 苫盖物必须捆扎牢固
D. 苫盖物要苫到地面,以避免产生虹吸现象</td></tr>
<tr><td>技能训练</td><td colspan="3">1. 某仓库内存放自重 10 t 设备,设备底架为两条 2 m×0.2 m 的钢架。地坪载荷最大为 3 t/m²,问是否需要垫垛?如何采用 2 m×1 m,自重 0.5 t 的钢板垫垛?

2. 某仓库有两个货位,第一个货位预计存放电视机,限高 6 层,每箱重 60 kg,箱底面规格为 0.6 m×0.6 m,有效占用面积为 100 m²。第二个货位预计存放机器零件,限高 7 层,每箱重 100 kg,箱底面规格为 0.4 m×0.5 m,有效占用面积为 20 m²。请估算该仓库的储存能力。(注:该仓库地面的单位面积载重定额为 2.5 t/m²)</td></tr>
<tr><td>学号:</td><td>姓名:</td><td colspan="2">时间:　　年　　月　　日</td></tr>
</table>

任务六　入库信息处理

任务描述

入库管理员在完成商品入库后，要对整个商品入库过程的信息进行处理。包括立卡、登账、建档三项内容。王宇需要为本次入库的4种DELL产品准备货卡、库存明细账及库存日结表，并将本次入库涉及的各种文件单证进行归档。

任务目标

知识目标

掌握入库信息处理的方法与步骤。

能力目标

能按正确的流程完成入库信息处理作业。

素质目标

1. 提升工作效率，培养吃苦耐劳的劳动精神。
2. 提升团队合作意识。

任务准备

一、立卡

物品入库或上架后，将物品名称、规格、数量或出入状态等内容填在料卡上，称为立卡。料卡即货物保管卡，又称为货卡、货牌，插放在货架上物品下方的货架上或摆放在货垛正面明显位置。

货物保管卡是根据ISO9000国际质量管理体系认证的要求，在仓库中根据货物的不同供应商和不同入库批次，按可追溯性要求，分别设置的标示卡（表2-6-1）。

表2-6-1　货物保管卡

品名________						规格________
________年		摘要	收入数量	发出数量	结存数量	操作人
月	日					

在收货作业时根据货物的到货情况，还可能产生不同形式的货物状态卡（图2-6-1）。

二、登账

在手工记账情况下用入库记录单详细记录入库作业，在使用仓储信息系统时，则应在完成交接后将实际收货数量、质量情况反馈给信息系统，由系统记录作业。

待　检
客户名称
商品名称
货号
规格
进货日期
批号
生产日期
标记日期
标记人
备注

待　处　理
客户名称
商品名称
货号
规格
进货日期
批号
生产日期
标记日期
标记人
备注

图 2-6-1　货物状态卡

物品入库后，仓库应建立详细反映物品仓储情况的明细账(表 2-6-2)，登记物品入库、出库、结存的详细情况，用以记录库存物品动态和入出库过程。

登账的主要内容有物品名称、规格、数量、件数、累计数或结存数、存货人或提货人、批次、金额，注明货位号或运输工具、接(发)货经办人。

表 2-6-2　库存明细账

货品编码			货品名称			
规格			客户名称			
时间	入库数量	出库数量	结存数量	批次	储位号	经办人
制单人：						

在每天工作结束后还要做一个总表，反映一下当天出入库情况，这就是入库日结表(表 2-6-3)。

表 2-6-3　入库日结表　　　　日期：

货品编码	货品名称	规格	单位	期初数量	入库数量	出库数量	期末数量	重量	体积
总计									
制单人：					经办人：				

三、建档

建档，是将物资入库作业全过程的有关资料证件进行整理、核对，建立资料档案，以便货物管理和保持客户联系，为将来发生争议时提供凭据。同时也有助于总结和积累仓管经验，为物资的保管、出库业务创造良好的条件。

(一)档案的资料范围

(1)货物出厂时的各种凭证、技术资料。

(2)货物到达仓库前的各种凭证、运输资料。

(3)货物入库验收时的各种凭证、资料。

(4)货物保管期间的各种业务技术资料。

(5)货物出库和托运时的各种业务凭证、资料。

(二)建档工作的具体要求

(1)应一物一档。建立商品档案应该是一物(一票)一档。

(2)应统一编号。商品档案应进行统一编号，并在档案上注明货物位号。同时，在“实物保管明细账”上注明档案号，以便查阅。

(3)应妥善保管。商品档案应存放在专用的柜子里，由专人负责保管。

任务实施

<table>
<tr><td>项目二</td><td>智慧仓储入库作业管理</td><td>任务六</td><td>入库信息处理</td></tr>
<tr><td>任务描述</td><td colspan="3">1. 对入储位完毕的 4 种 DELL 产品按实际入库情况进行货卡填写。将卡片挂在货位醒目的位置，如插在货物下方的货架上，或摆放在货垛下面的明显位置。
2. 根据入库单填写库存明细账。
3. 根据库存明细账填写入库日结表。
4. 作为入库管理员完成入库的相关资料整理归档工作。</td></tr>
<tr><td>任务要求</td><td colspan="3">1. 本任务以个人为单位完成。
2. 完成任务后小组内互评。
3. 每个小组派代表汇报本组同学完成情况。</td></tr>
<tr><td>实施方法</td><td colspan="3">将入库信息处理工作作为一个小任务，学生按照资讯—计划—实施—检查评估来完成任务，在老师指导下制订方案、实施方案，最终进行评估。</td></tr>
<tr><td>实施成果</td><td colspan="3">一、立卡
填写货物保管卡（表 2-6-4 至表 2-6-7）。

表 2-6-4　货物保管卡 1
物资名称：　　　　规格：　　　　单位：　　　　单价：
<table>
<tr><td colspan="2">________年</td><td>送货（提货）单位</td><td>入库</td><td>出库</td><td>库存</td><td>经手人</td></tr>
<tr><td>月</td><td>日</td><td></td><td></td><td></td><td></td><td></td></tr>
<tr><td></td><td></td><td></td><td></td><td></td><td></td><td></td></tr>
<tr><td></td><td></td><td></td><td></td><td></td><td></td><td></td></tr>
</table>
表 2-6-5　货物保管卡 2
物资名称：　　　　规格：　　　　单位：　　　　单价：
<table>
<tr><td colspan="2">________年</td><td>送货（提货）单位</td><td>入库</td><td>出库</td><td>库存</td><td>经手人</td></tr>
<tr><td>月</td><td>日</td><td></td><td></td><td></td><td></td><td></td></tr>
<tr><td></td><td></td><td></td><td></td><td></td><td></td><td></td></tr>
<tr><td></td><td></td><td></td><td></td><td></td><td></td><td></td></tr>
</table>
表 2-6-6　货物保管卡 3
物资名称：　　　　规格：　　　　单位：　　　　单价：
<table>
<tr><td colspan="2">________年</td><td>送货（提货）单位</td><td>入库</td><td>出库</td><td>库存</td><td>经手人</td></tr>
<tr><td>月</td><td>日</td><td></td><td></td><td></td><td></td><td></td></tr>
<tr><td></td><td></td><td></td><td></td><td></td><td></td><td></td></tr>
<tr><td></td><td></td><td></td><td></td><td></td><td></td><td></td></tr>
</table>
</td></tr>
</table>

续表

项目二	智慧仓储入库作业管理	任务六	入库信息处理

实施成果

表 2-6-7　货物保管卡 4

物资名称：　　　　　规格：　　　　　单位：　　　　　单价：

________年		送货(提货)单位	入库	出库	库存	经手人
月	日					

二、库存明细账

填写库存明细账(表 2-6-8 至表 2-6-11)

表 2-6-8　库存明细账 1

货品编码			货品名称			
规格			客户名称			
时间	入库数量	出库数量	结存数量	批次	储位号	经办人
制单人：						

表 2-6-9　库存明细账 2

货品编码			货品名称			
规格			客户名称			
时间	入库数量	出库数量	结存数量	批次	储位号	经办人
制单人：						

表 2-6-10　库存明细账 3

货品编码			货品名称			
规格			客户名称			
时间	入库数量	出库数量	结存数量	批次	储位号	经办人
制单人：						

续表

项目二	智慧仓储入库作业管理	任务六	入库信息处理

实施成果

表 2-6-11　库存明细账 4

货品编码			货品名称			
规格			客户名称			
时间	入库数量	出库数量	结存数量	批次	储位号	经办人
制单人：						

三、入库日结表

填写入库日结表(表 2-6-12)。

表 2-6-12　入库日结表　　　　日期：

货品编码	货品名称	规格	单位	期初数量	入库数量	出库数量	期末数量	重量	体积
总计									
制单人：					经办人：				

学号：　　　　　　　　　　姓名：　　　　　　　　　　时间：　　　年　　月　　日

任务检测

项目二	智慧仓储入库作业管理	任务六	入库信息处理
检测方式	课证融通习题、技能训练		

课证融通习题

单选题

1. 物品入库或上架后，将物品名称、规格、数量或出入状态等内容填在料卡上，称为（　　）。

A. 登账　　B. 记录　　C. 立卡　　D. 建档

2. 以下关于库存明细账账页使用方法正确的是（　　）。

A. 一个商品至少使用一张及以上账页，用完后不断补充。

B. 可以多种商品记录在一页明细账上。

C. 由于业务繁忙，可以不用按业务发生时间先后顺序记录明细账。

D. 记账时，其数字书写应占满整格的空间。

3. 库存日结表反映的是一种货物的进出情况吗？（　　）。

A. 是　　B. 不是

4. 货物保管卡是一物一卡，不同批次要单独立卡。这种说法对吗？（　　）

A. 对　　B. 不对

5. 一页库存明细账可以记录几种货物？（　　）

A. 一种　　B. 两种　　C. 三种　　D. 都不是

技能训练

如果针对表 2-1-3 入库通知单中的货物验收时发现完达山纯牛奶少两箱，其他货物都正常，请完成完达山纯牛奶货物保管卡、库存明细账的填写（表 2-6-13、表 2-6-14）。

表 2-6-13　货物保管卡

物资名称：　　规格：　　单位：　　单价：

______年		送货（提货）单位	入库	出库	库存	经手人
月	日					

表 2-6-14　库存明细账

货品编码			货品名称			
规格			客户名称			
时间	入库数量	出库数量	结存数量	批次	储位号	经办人
制单人：						

学号：　　姓名：　　时间：　　年　　月　　日

项目三　智慧仓储在库作业管理

项目引入

在入职的这段时间里，王宇爱岗敬业，努力钻研业务，出色完成了领导安排的工作任务，在仓储工作岗位上迅速成长。近期公司新建了农产品仓库4号库，主管现正式分配他负责4号库的在库作业管理工作。王宇担负的工作责任更大了，接下来他需要明确在库作业管理工作职责，积极开展在库作业管理。

仓库主管对王宇提出两点要求：

1. 全面熟悉和了解本仓库存储物品特点，对物品进行科学的日常养护。

2. 树立职业意识，按照企业的质量管理体系开展在库作业管理工作，降低货物损耗，控制物流成本，提高企业仓储效益。

项目分析

为完成仓库主管交代的在库作业管理工作，王宇需提前熟悉以下工作内容。

1. 了解温湿度变化规律、库房货物霉变和虫害的基本原因，掌握温湿度调节方法、有效开展库内防虫防霉变工作。

2. 熟悉盘点工作过程，能够按正确的流程开展盘点工作。

3. 掌握库存成本的构成和库存的ABC管理法，利用定量订货法和定期订货法开展库存控制。

任务一　物品的保管与养护

任务描述

安仓储物流有限公司主要为客户提供仓储、配送等第三方物流服务。仓储部入库了一批货物，当物资入库后，需要根据物资的不同性质、不同储存条件采取不同的养护措施，防止其质量的劣化，最大限度地保护物资的质量完好和数量无误。明确仓库保管中各岗位职责后，制订完整的物品保管保养作业计划，对在库物品进行温湿度、防虫害和防霉变等管理，采取各种科学手段对在库物品进行保养，保证在库物品的质量安全。

任务目标

知识目标

1. 明确在库保管中各岗位工作职责。

2. 掌握测量和调节库内温度和湿度的方法。

3. 掌握在库物品防霉变的基本知识。

4. 掌握在库物品防虫害的基本知识。

能力目标

1. 能够测量库内温度和湿度，会调节库内温度和湿度。

2. 掌握在库物品防霉变的基本作业过程与技巧，能够针对物品实际情况选择适合的防霉变方法。

3. 掌握在库物品防虫害的基本作业过程与技巧，能够选择适合的杀虫方法。

素质目标

1. 爱护设备，自觉做好维护和保养工作。

2. 具有吃苦耐劳精神和良好的职业道德。

3. 践行社会主义核心价值观，在物品养护过程中提升成本意识、质量意识、节约意识。

任务准备

一、保管员和养护员岗位工作职责

（一）保管员工作职责

（1）主要负责保管区内物资的保管工作，对保管区内的货物，做到账、卡清楚，账卡物相符。

（2）定期清扫保管区，保证保管区内清洁卫生，无虫害、鼠害。

（3）定期检查保管区内的通风设施、照明设施、防雨防潮设施的情况，保持库区内通风、干燥、温湿度适宜。

（4）定期检查保管的货物品种、数量、质量状况，定期或不定期地对保管货物进行盘点，及时掌握保管物资的动态。

（5）严格执行保管区的安全检查，包括消防器材的配备及其有效性，区内电器线路的使用状况，是否存在老化，破损等安全隐患。

（6）严格执行保管区内的劳动纪律，严禁非保管区人员擅自进入保管区。

（二）养护员工作职责

（1）主要负责库存在库物品的养护工作。

（2）把好物资入库关，严格物资入库手续，防止不合格品入库。

（3）对入库物资进行合理堆码苫垫，做到堆垛合理，安全牢固。

（4）掌握库存物资的在库物品性能，适当安排储存场所。

（5）加强仓库的温湿度管理，保持物资储存的合理温湿度。

（6）采取适当的措施，防止库存在库物品的腐蚀和霉变。

（7）对库存的特殊在库物品，根据其在库物品特性要求，采取相应的措施，保证在库物品在库期间数量完整、质量完好。

（8）经常检查库容，保持仓库的卫生和清洁，防止鼠害和病虫害。

（9）经常检查仓库的设施设备的运转情况，保证库区的储存条件经常处于良好的状态。

二、物品保管的含义

所谓物品保管，就是根据仓库的实际条件，对不同的物品进行保护和保存以及对数量、质量进行管理控制活动，主要是为保存商品使用价值而进行的活动。

三、库存物的质量变化及影响库存物质量变化的因素

要做好商品养护和保管工作，首先必须研究商品储存期间可能发生的变化有哪些，以及导

致其质量变化的因素都有什么。

(一)库存物质量变化的类型

(1)物理机械变化。如挥发、溶化、熔化、渗漏、串味、沉淀、沾污、破碎与变形等。

(2)化学变化。如氧化、分解、水解、化合、聚合、裂解、老化、风化等。

(3)生化变化及其他生物引起的变化。如呼吸作用、发芽、胚胎发育、后熟作用、霉腐、虫蛀、鼠咬等。

(二)影响库存物质量变化的因素

导致库存物发生质量变化有两方面的因素,即内因和外因。内因是指商品本身的自然属性,即商品的结构、成分、和性质,是内因;外因是指商品的储存环境,它包括自然因素、人为因素和储存期,是外因。

1. 影响库存物变化的内因

影响库存物变化的内因主要是物品的特性,按物品的自然特性分类,物品主要有易吸潮物品、易吸味物品、易吸尘物品、扬尘性物品、受热易变形物品、自行发热性物品、易锈蚀物品、易碎物品和易腐烂变质物品。对物品特性,我们可以通过查看物品外包装上的指示标志加以了解(表 3-1-1)。

表 3-1-1　包装指示标志

标志名称	标志图形	标志名称	标志图形	标志名称	标志图形
易碎物品		禁用手钩		向上	
怕晒 怕热	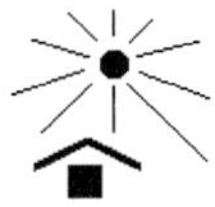	怕辐射 (远离辐射源)		怕雨 防潮	
重心		禁止翻滚		此面禁用推车	
禁用叉车		由此夹起	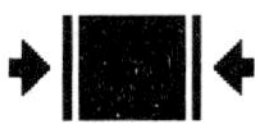	此处不能卡夹	
堆码重量极限		堆码层数极限		禁止堆码	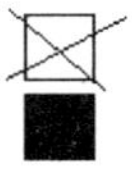
由此吊起		温度极限		远离辐射源及热源	

2. 影响物品质量变化的外因

(1)自然因素。温度、湿度、有害气体、日光、尘土、杂物、虫鼠雀害、自然灾害等。

(2)人为因素。人为因素主要有保管场所选择不合理、包装不合理、装卸搬运不合理、堆码苫垫不合理等。

微课:货品养护

(3)储存期。储存期超过了物品的有效期导致物品变质损坏。

子任务一　在库物品温湿度控制管理

任务准备

一、温湿度的基本知识

温度、湿度和商品所含水分是商品安全储存的决定性因素,通常把温度、水分和商品体内的气体成分称为商品安全储存的三大要素。

(一)温度

气温是影响在库物品质量变化的重要因素,温度能直接影响物质微粒的运动速度。一般在库物品在常温或常温以下,都比较稳定;高温能够促进在库物品的挥发、渗漏、熔化等物理变化及各种化学变化;而低温又容易引起某些在库物品的冻结、沉淀等变化;温度忽高忽低,会影响在库物品质量的稳定性。此外,适宜的温度会给微生物和虫类的生长繁殖创造有利条件,加速在库物品腐败变质和虫蛀。因此,控制和调节仓储在库物品的温度是在库物品养护工作的重要内容之一。

库外露天的温度叫气温;仓库里的温度一般叫库温;货垛物品的温度叫垛温。气温对库温有直接影响,对垛温有间接影响。

(二)湿度

湿度是表示大气干湿程度的物理量,常用绝对湿度、饱和湿度、相对湿度和露点等方法来衡量,各种大气湿度的含义如下:

1. 绝对湿度

绝对湿度是指单位容积的空气里实际所含的水汽量,一般用“g/m^3”来表示。温度对绝对湿度有着直接影响。在通常情况下,温度越高,水汽蒸发得越多,绝对湿度就越大;相反,绝对湿度就越小。

2. 饱和湿度

饱和湿度是指在一定的温度下,单位体积空气中所能容纳的水汽量的最大限度。如果越过这个限度,多余的水蒸气就会凝结,变成水滴,此时的空气湿度称为饱和湿度。

空气的饱和湿度不是固定不变的,它随着温度的变化而变化。温度越高,单位容积空气中所容纳的水蒸气量就越多,饱和湿度也就越大。

3. 相对湿度

空气中实际含有的水蒸气量占饱和状态下含有的水蒸气量的百分比叫作相对湿度,即在一定温度下,绝对湿度占饱和湿度的百分比,其公式为:

相对湿度＝绝对湿度/饱和湿度×100％

相对湿度越大，表示空气越潮湿；相对湿度越小，表示空气越干燥。空气的绝对湿度、饱和湿度、相对湿度与温度之间有着一定的内在联系，温度如果发生了变化，各种湿度也会随之发生变化。

4.露点

含有一定量水蒸气（绝对湿度）的空气，当温度下降到一定程度时，所含水蒸气就会达到饱和状态（饱和湿度）并开始液化，这种现象叫作结露。水蒸气开始液化时的温度叫作“露点温度”，简称“露点”。如果温度继续下降到露点以下，空气中超饱和的水蒸气就会在在库物品或其包装物表面凝结成水滴，此现象称为“水淞”，俗称在库物品“出汗”。此外，风与空气中的温湿度有密切关系，也是影响空气温湿度变化的重要因素之一。

二、空气温湿度的变化对在库物品质量的影响

粮食如何住进智慧“空调房”

在库物品在储存过程中，能引起在库物品质量变化的外界因素很多，有温度、湿度、空气中的氧、日光、微生物、害虫等，其中最主要的是空气的温湿度。在库物品在储存期间发生的霉变、锈蚀、虫蛀、溶化、挥发、燃爆等损失，都与温湿度有关。

各种在库物品，一般都具有与大气温湿度相适应的性能。当库内温湿度发生变化时，在库物品本身的理化性质，也会发生不同程度的变化。例如，食糖受潮溶化、洗衣粉受潮结块，空气潮湿、闷热就会引起微生物和霉菌的生长繁殖，如茶叶、烟霉变；温度过高或过低，也会引起在库物品质量的变化，如蜡制品遇热发黏或熔化，福尔马林受冻聚合沉淀等。

在库物品在储存期间需要适宜的温湿度，才能保证其质量的稳定，而仓库温湿度的变化，直接受到库外自然气候变化的影响。因此，我们不仅要熟悉各种在库物品的特性，还必须掌握自然气候的变化规律以及对仓库温湿度的影响，以便适当地控制仓库的温湿度，改善在库物品储存环境，确保在库物品质量的安全。所谓仓库温湿度管理就是按照自然气候和仓库温湿度变化的规律，根据在库物品的自然属性或特征，科学地运用密封、通风与吸湿等相结合的方法，合理地调节仓库的温湿度，以达到安全储存在库物品的目的。

在梅雨季节，普通库房的防霉工作主要是控制库内的相对湿度。如大多数新鲜果蔬储存的适宜相对湿度为85％～95％，而在库物品如干果、茶叶等储存时要求干燥条件，空气相对湿度一般应小于70％。不同在库物品在储存过程中宜采用的温度见表3-1-2，不同物品储存中最佳湿度见表3-1-3。

表3-1-2　不同在库物品在储存过程中宜采用的温度

贮藏温度	在库物品种类
常温	罐头、饮料、农产品、干制品、油脂
10～15℃	热带果品蔬菜、花生、芝麻、食用植物油、面粉等
5～10℃	亚热带的果品蔬菜、如柑橘类、荔枝、石榴、青椒、芋头等
0～5℃	温带的果蔬如苹果、梨、桃等
＜0℃	果蔬制品

表 3-1-3 不同物品储存过程中最佳湿度一览表

种类	相对湿度/%	种类	相对湿度/%
金属及其制品	35～45	树脂油漆	≤75
塑料制品	50～70	皮件	45～50
仪表电器	35～45	书籍、文物	30～40
汽油煤油	≤75	纸类	55～60
工具	50～60	棉毛织品	40～60

课内小任务

任务描述：仓库作为物资存储的核心区域，承担着原材料、半成品及成品的保管职责。每种仓库依据所存物品的特性，对贮藏环境的温湿度条件有着特定的要求，这些要求均需严格遵循国家制定的标准及所在行业的规范。请查阅资料填写下面的表格(表 3-1-4)。

表 3-1-4 各类物资贮藏适宜温湿度

仓库类型	贮藏温度	贮藏湿度
档案贮藏库房		
烟叶仓库		
电子元件仓库		
纸箱贮藏仓库		
粮食仓库		
塑胶仓库		
五金仓库		
化学仓库		

学号： 姓名： 时间： 年 月 日

三、调节库内温度和湿度的方法

(一)通风

通风是根据大气自然流动的规律，有计划、有目的地组织库内外空气的对流与交换的重要手段，是调节库内温湿度、净化库内空气的有效措施。利用干燥空气的大量流通，能降低货物的含水量；利用低温空气能降低货物温度；通风还具有消除货物散发出的有害气体的作用，如造成货物窒息的二氧化碳、使金属生锈的二氧化硫、酸气等；通风还能增加空气养分的含量。但是通风也会将空气中的水分、尘埃、海边空气的盐分等带入仓库，影响货物。

1. 自然通风方法

自然通风是利用库内外空气的压力差，实现库内外空气交流置换的一种通风方式。这种通风方式不需要任何通风设备，因而也就不消耗任何能源，而且通风换气量比较大，是一种最简便、最经济的通风方式。自然通风按通风原理可分为风压通风和热压通风。在实际情况中，仓库通风通常是在风压和热压同时作用下进行的，有时以风压通风为主，有时则以热压通风为主。

为了更有效地利用自然通风，库房建筑本身应为自然通风提供良好的条件。例如，库房的主要进风面，一般应与本地区的夏季主导风向呈 60°～90°，最小不宜小于 45°；库房的门窗应对称设置，并保证足够的进风口面积；库房的进风口应尽量低，排风口应尽量高，或设天窗等。

注意事项：

（1）操作前必须穿戴工作服，检查仓内外温湿度。

（2）必须判断仓内外温湿度条件是否符合自然通风方法。

（3）自然通风降低货温过程中判断通风效果，适时进行相应的调整。

（4）通风结束后及时关闭门窗。

（5）夏季自然通风控制货温时，注意夜间空气湿度高所导致的货物表面水分升高现象的发生。秋冬季自然通风控制货温时，注意货堆内外温差过大所导致的顶部在库物品结露问题，必要时要翻动货物表面。对于仓内包装垛，在注意通道与当地主流风向时还要考虑日常管理和操作方便。

2. 机械通风降温

机械通风又称强迫通风或人工通风，它是利用通风机械所产生的压力或吸引力，即正压或负压，使库内外空气产生压力差，从而强迫库内空气发生循环、交换和排除，达到通风的目的。强迫通风又可分为三种方式，即排出式通风、吸入式通风和混合式通风。

排出式通风是在库房墙壁的上部或库房顶部安装排风机械（图 3-1-1），利用机械产生的推压力，将库内空气经库房上方的通风孔道压迫到库外，从而使库内气压降低，库外空气便从库房下部通风孔道乘虚而入，形成库内外空气的对流与循环。

吸入式通风是在仓库墙壁的下部安装鼓风机械（图 3-1-2），利用其产生的负压区，将库外空气吸入库内，充塞仓库的下部空间，压迫库内空气上升，经库房上部的排气口排出，形成库内外空气的对流和交换。

图 3-1-1　排风机械

图 3-1-2　鼓风机

混合式通风则是将上述两种方式结合起来，安装排风和抽风机械，同时吸入库外空气并排出库内空气，对库内空气起到一拉一推的作用，从而使通风的速度更快、效果更好。

3. 仓库通风应注意的问题

（1）一般情况下，应尽可能利用自然通风，只有当自然通风不能满足需要时，才考虑强迫通风。

（2）在利用自然通风降温的过程中，应注意避免因通风产生的副作用。操作前必须检查仓内外温湿度，必须判断仓内外温湿度条件是否符合自然通风方法。

（3）强迫通风多采用排出式通风方式，即在排气口安装排风扇。但对于产生易燃、易爆气体的仓库和产生腐蚀性气体的仓库，则应采用吸入式通风方式。

（4）通风机械的选择，应根据实际需要与可能，并要考虑经济实用。通风机械分为轴流式和离心式两种。一般仓库可采用轴流式通风机，离心式通风机，适合在阻力大的情况下进行通风。

（5）通风必须与仓库密封相结合。当通风进行到一定的时间，达到通风目的时，应及时关闭门窗和通风孔，使仓库处于相对的密封状态，以保持通风的效果。另外，当库外由于天气的骤然变化，温湿度大幅度变化时，也应立即中断通风，将仓库门窗紧闭。

因此必须根据不同地区、不同季节和不同库房条件等，从物品安全角度出发，选择通风方式，因地、因物、因时正确地掌握与运用库房通风这一手段，以达到确保库存物品的质量完好。

（二）密封

密封是指在一定空间，使用密封材料，尽可能严密地把储存物品封闭起来，使之与周围大气隔离，防止或减弱自然因素对物品的不良影响，创造适宜的保管条件。

密封的目的通常是防潮，同时能起到防锈蚀、防霉、防虫、防热、防冻、防老化等综合效果。密封是相对的，不可能达到绝对严密的程度。密封可用不同的介质在不同的范围内进行。

1. 密封的分类

（1）按密封的介质划分。按介质不同，密封可以分为大气密封、干燥空气密封、充氮密封和去氧密封等。

（2）按密封的范围划分。按范围不同，密封可分为整库密封、小室密封、货垛密封、货架密封、货箱（容器）密封及单件密封等。

2. 密封的过程

（1）密封前的检查。物品封存前，应进行一次全面的检查，看其是否有锈蚀、发霉、生虫、变质、发热、潮湿等异常情况，检查其包装是否良好，容器有无渗漏。如发现异常情况，应及时采取措施，待一切正常后，方可密封。如发现在库物品含水量超过安全范围或包装材料过潮，也不宜密封。

（2）选择密封时机。在一般情况下进行的密封，多为以大气为介质的密封。因此，密封时必须首先选择好密封时机。密封的季节一般要根据在库物品的性能和气候情况来决定。比如怕热、易溶的在库物品，应在较阴凉的季节进行密封；怕潮、易霉的在库物品，应在雷雨季节到来之前密封。如在进行以防潮为主要目的的密封时，最有利的时机是在春末夏初，潮湿季节到来之前，空气比较干燥的时节。在一日之内，也应选择绝对湿度最低的时刻。对整库密封来说，不但要选择适宜的密封时间，而且要选择有利的启封时间。过早密封将会失去宝贵的自然通风机会，过晚密封则可能使库内湿度上升。一般选择在库外绝对湿度大于库内绝对湿度，而库内相对湿度较低的情况下进行密封。启封时间应选择在库外温湿度下降、绝对湿度低于库内的时候。

(3)合理选用密封材料。密封方式不同，所需要的密封材料也不同。

按其作用可分为两大类：一是主体材料，包括油毛毡、防潮纸、牛皮纸、塑料薄膜等；二是涂敷黏结材料，如沥青、胶黏剂等。在选用上述材料时应注意其是否性能良好、料源充足、使用方便、价格低廉。

(4)密封后的检查管理工作。密封后要加强检查管理工作，因为一切密封都是相对的，不可能达到绝对严密。密封后，外界因素对封存物品还会产生一定的影响，仍有发生变异的可能。因此，必须经常注意观察密封空间的温湿度变化情况及出现的某种异状，及时发现问题，分析原因，并采取相应的措施进行处理。确保在库物品的质量安全。

注意密封必须同通风和吸湿相结合。密封储存不能孤立地进行，为了达到防潮的目的，必须与通风和吸湿结合运用。一般情况下，应尽可能利用通风防潮，当不适合通风时，才进行密封，利用吸湿剂吸湿。密封能保持通风和吸湿的效果，吸湿为密封创造适宜的环境。

(三)除湿

空气除湿是利用物理或化学的方法，将空气中的水分除去，以降低空气湿度的一种有效方法。除湿的方法主要有：利用冷却法使水汽在露点温度下凝结分离；利用压缩法提高水汽压，使之超过饱和点，成为水滴而被分离除去；使用吸附剂吸收空气中的水分。

1.冷却法除湿

这种方法是利用制冷的原理，将潮湿空气冷却到露点温度以下，使水汽凝结成水滴分离排出，从而使空气干燥的一种方法，也称为露点法。通常采用的是直接蒸发盘管式冷却除湿法。其原理是在冷却盘管中，直接减压蒸发来自压缩制冷机的高压液体冷媒，以冷却通过盘管两侧的空气，使之冷却到所要求的露点以下，水汽凝结成水被除去。冷却除湿装置，主要由压缩机、冷凝器、膨胀阀、冷却盘管等组成。

2.吸湿剂吸湿

这种除湿方法是最常用的方法之一，可分为静态吸湿和动态吸湿。

(1)静态吸湿。这种方法是将固体吸湿剂静止放置在被吸湿的空间内，使其自然与空气接触，吸收空气中的水分，达到降低空气湿度的目的。

常用的吸湿剂的特征分述如下：

①氧化钙(CaO)。即生石灰，有很强的吸湿性，它吸收空气中的水分后，发生化学变化，生成氢氧化钙。其化学反应方程式为：

$$CaO + H_2O = Ca(OH)_2 + Q\text{(热量)}$$

从方程式可以看出，一分子的 CaO 能吸收一分子的 H_2O，因此其吸湿能力的理论值为32%。但由于生石灰在储运过程中已吸收了一定量的水分，实际上每千克生石灰可吸收水分0.25 kg 左右，而且吸湿速度较快。另外，生石灰料源充足，价格便宜，使用方便。其缺点是在吸湿过程中放出热量，生成具有腐蚀性的碱性物质，对库存物有不良影响。当库存物品中有毛丝织品和皮革制品等时不能使用。生石灰吸湿后必须及时更换，否则生成的 $Ca(OH)_2$ 会从

空气中吸收 CO_2 而放出水分。

②氯化钙($CaCl_2$)。分为工业无水氯化钙和含有结晶水的氯化钙。前者为白色多孔无定型晶体，呈块粒状，吸湿能力很强，每千克无水氯化钙能吸收 1.0～1.2 kg 的水分；后者为白色半透明结晶体，吸湿性略差，每千克吸湿 0.7～0.8 kg 的水分。氯化钙吸湿后即溶化为液体，但经加热处理后，仍可还原为固体，供继续使用。其缺点是对金属有较强的腐蚀性，吸湿后还原处理比较困难，价格较高。

③硅胶。又称矽胶、硅酸凝胶，分为原色硅胶和变色硅胶两种。原色硅胶为无色透明或乳白色粒状或不规则的固体，变色硅胶是原色硅胶经氯化钴等处理，呈蓝绿色、深蓝色、黑褐色或赫黄色。吸湿后视其颜色的变化，判断是否达到饱和程度。每千克硅胶可吸收水分 0.4～0.5 kg。吸湿后仍为固体，不溶化、不污染，也无腐蚀性，而且吸湿后处理比较容易，可反复使用。其缺点是价格高，不宜在较大的空间中使用。

④木炭。具有多孔性毛细管结构，有很强的表面吸附性能，若精制成活性炭，还可以大大提高其吸湿性。普通木炭的吸湿能力不如上述几种吸湿剂。但因其性能稳定，吸湿后不粉化、不液化、不放热、无污染、无腐蚀性，吸湿后经干燥可反复使用，而且价格比较便宜，所以仍有一定的实用价值。

静态吸湿的最大特点是简便易行，不需要任何设备，也不消耗能源，一般仓库都可采用，是目前应用最广泛的除湿方法。它的缺点是吸湿比较缓慢，吸湿效果不够明显。

(2)动态吸湿。这种方法是利用吸湿机械强迫空气通过吸湿剂进行吸湿。

通常将吸湿剂($CaCl_2$)装入特制的箱体内，箱体有进风口和排风口，在排风机械的作用下，将空气吸入箱体内，通过吸湿剂吸收空气中的水分，从排风口排出比较干燥的空气。这样反复循环吸湿可将空气干燥到一定的程度。这种吸湿方法的吸湿效果比较好，但需要不断补充 $CaCl_2$，吸湿后的 $CaCl_2$ 需要及时得到脱水处理。比较理想的情况是设置两个吸湿箱体，每个箱体内都有脱水装置。一个箱体利用干燥的吸湿剂吸收空气中的水分，而另一个箱体对饱和状态的吸湿剂进行脱水再生。两个箱体交互吸湿，达到吸湿的连续性。这种连续式的吸湿方法只需花费较少的运转费，就能进行大容积的库内吸湿，因为 4～8 h 即可使吸湿剂再生一次，因此需要的吸湿剂量较少。两个箱体可实现自动切换，不需要人工操作，但这种设备的结构相对比较复杂，成本比较高。

吸潮剂用量是根据库房内空间总含水量和所使用的吸潮剂单位重量的最大吸水量来确定的。

3. 压缩法吸湿

利用压缩法提高水汽压，使之超过饱和点，成为水滴而被分离除去。

上述是货物保管与保养的一般方法，在智慧仓储中，还引入了许多新的技术方法，以此来提高仓储作业效率和货物保管的安全性。

(四)货物保管保养新型技术

1. 智能环境温湿度监控系统

智能环境温湿度监控系统确实是一种利用光电自动控制设备或其他传感器技术来监测仓库环境，并在温湿度超出规定范围时自动执行相应操作的智能系统。这种系统能够确保仓库内的环境保持在最佳状态，从而保护存储

储粮“黑科技”

物品的质量和安全。

智能环境温湿度监控系统由高精度温湿度传感器、LED显示屏或液晶显示屏、数据监控软件、移动端App组成实时温湿度监测系统，系统可以根据用户需求灵活搭建，通过远程通信，实时地将温湿度参数上传至App和系统软件端，用于汇总显示、集中管控、数据分析查询等操作。数据异常时可报警提示，并以短信、微信等方式最快的通知当班人员，有效地把企业损失降到最低。整个系统可安全、可靠、准确、实时、全面、快速、高效地将真实的数据信息展现在管理人员面前。

智能环境温湿度监控系统功能主要包括24小时监控、设定报警值、全中文图形界面、可打印报告、轻松查看数据、数据分析处理简单、增减设备简单等。通过温湿度自动监控系统，仓库管理人员可以更加便捷地管理仓库环境，确保存储物品的质量和安全。同时，这种系统还能够减少人工干预，提高仓库管理的自动化和智能化水平。

2. 荧光氧气传感器——保鲜的气压传感器技术

新鲜果蔬采收后是一个有生命的活体，在贮藏过程中仍然进行着正常的以呼吸作用为主导的新陈代谢活动，表现为消耗氧气，释放二氧化碳，并释放一定的热量。因此，控制或调整的存储环境中 O_2 以及 CO_2 气体的浓度，可以大大提高某些水果和蔬菜等货物的储存寿命。荧光氧气传感器就是通过精确的测量氧气以及二氧化碳的浓度来调整气调库的气氛环境，从而延长易腐食品的保质期。

荧光氧气传感器外加气压传感器可以让传感器输出氧气浓度值和气压值；结合了电化学传感器传统上低功耗的优势，非消耗传感原理使得它具有更长的寿命。另外荧光氧气传感器有氧压和温度补偿，使得它可以准确工作于宽环境范围而无须额外的补偿系统。不像其他传感器技术，该传感器技术非常稳定和环保，不含铅或其他任何有毒材料，并且不受其他气体交叉干扰的影响。

3. 货位监控的压力传感器技术

压力传感器是一种能将压力信号转换为电信号的装置。压力传感器通常由压力敏感元件和信号处理单元组成。是一种智能压差控制器，按不同的测试压力类型，压力传感器可分为表压传感器、差压传感器和绝压传感器。

4. 物品存储周期的自动监控技术

智慧仓储中，会采用物品存储期限的监控技术，可以对物品存储设备中物品的存储期限进行自动化监控和提醒。

任务实施

<table>
<tr><td>项目三</td><td>智慧仓储在库作业管理</td><td>任务一</td><td>物品的保管和养护</td></tr>
<tr><td>子任务一</td><td colspan="3">在库物品温湿度控制管理</td></tr>
<tr><td>任务背景</td><td colspan="3">按照规定，物流公司仓库养护员需要每天对库内各区的温湿度进行测量，以便根据所储存的在库物品对温湿度的要求，决定是否需要调整库内的温湿度以及采取何种方法进行调节，请以养护员身份完成这批货物的在库温湿度控制管理工作。</td></tr>
<tr><td>任务要求</td><td colspan="3">1. 本任务由个人独立完成。
2. 每人完成任务后小组内互评。
3. 每个小组派代表汇报本组同学完成情况。</td></tr>
<tr><td>实施方法</td><td colspan="3">将在库物品温湿度控制管理工作作为一个小任务，学生按照资讯—计划—实施—检查评估来完成任务，在老师指导下制订方案、实施方案，最终进行评估。
对实训室中存储的模拟物品的温湿度环境进行管理与控制，进行模拟实训。</td></tr>
<tr><td>实施成果</td><td colspan="3">1. 选择合适的温湿度计，测量库内外温度和湿度，填写仓库温湿度记录表（表 3-1-5）。

表 3-1-5 仓库温湿度记录表
（______年____月）
库区：________ 表号：________ 储存商品：________
适宜温度范围__～__℃ 适宜相对湿度范围__%～__%

<table>
<tr><td rowspan="2">日期</td><td colspan="7">上午</td><td colspan="7">下午</td><td rowspan="2">记录员</td></tr>
<tr><td>天气</td><td>库内温度/℃</td><td>库外温度/℃</td><td>库内相对湿度/%</td><td>库外相对湿度/%</td><td>调控措施</td><td>记录时间</td><td>天气</td><td>库内温度/℃</td><td>库外温度/℃</td><td>库内相对湿度/%</td><td>库外相对湿度/%</td><td>调控措施</td><td>记录时间</td></tr>
<tr><td>1</td><td></td><td></td><td></td><td></td><td></td><td></td><td></td><td></td><td></td><td></td><td></td><td></td><td></td><td></td><td></td></tr>
<tr><td>2</td><td></td><td></td><td></td><td></td><td></td><td></td><td></td><td></td><td></td><td></td><td></td><td></td><td></td><td></td><td></td></tr>
<tr><td>3</td><td></td><td></td><td></td><td></td><td></td><td></td><td></td><td></td><td></td><td></td><td></td><td></td><td></td><td></td><td></td></tr>
<tr><td>4</td><td></td><td></td><td></td><td></td><td></td><td></td><td></td><td></td><td></td><td></td><td></td><td></td><td></td><td></td><td></td></tr>
<tr><td>5</td><td></td><td></td><td></td><td></td><td></td><td></td><td></td><td></td><td></td><td></td><td></td><td></td><td></td><td></td><td></td></tr>
</table>
2. 选择调节库内温度和湿度的方法。</td></tr>
<tr><td colspan="4">学号： 姓名： 时间： 年 月 日</td></tr>
</table>

任务检测

<table>
<tr><td>项目三</td><td>智慧仓储在库作业管理</td><td>任务一</td><td>物品的保管和养护</td></tr>
<tr><td>子任务一</td><td colspan="3">在库物品温湿度控制管理</td></tr>
<tr><td>检测方式</td><td colspan="3">课证融通习题、技能训练</td></tr>
<tr><td>课证融通习题</td><td colspan="3">一、单选题
1. 对气温、库温与垛温三者之间的关系描述正确的是(　　)。
A. 气温对库温和垛温都有直接的影响
B. 气温对库温有直接影响，对垛温有间接影响
C. 气温对库温有间接影响，对垛温有直接影响
D. 气温对库温和垛温都有间接的影响
2. 与气温相比，以下对于仓库温度描述正确的是(　　)。
A. 夜间仓库温度低于气温，白天仓库温度高于气温
B. 夜间仓库温度高于气温，白天仓库温度高于气温
C. 夜间仓库温度高于气温，白天仓库温度低于气温
D. 夜间仓库温度低于气温，白天仓库温度低于气温
3. 要实现对物品温度的控制关键在于控制(　　)。
A. 气温　　B. 库温　　C. 垛温　　D. 空气湿度
4. 以下公式中，对相对湿度、绝对湿度和饱和湿度这三者的关系表述正确的是(　　)。
A. 相对湿度＝(绝对湿度/饱和湿度)×100％
B. 绝对湿度＝(相对湿度/饱和湿度)×100％
C. 相对湿度＝(饱和湿度/绝对湿度)×100％
D. 饱和湿度＝(相对湿度/绝对湿度)×100％
5. 判断是否做好物品保管工作的标准是(　　)。
A. 物品损耗量　　B. 物品自然损耗量
C. 物品保管损耗率　　D. 物品标准损耗率
6. 在我国北方，秋冬季节库内温湿度大于库外的温湿度时，应(　　)。
A. 密封货物　　B. 使用吸潮剂吸潮
C. 开启门窗进行通风　　D、先密封货物再进行吸潮
二、多选题
1. 以下物品中容易引起其他物品串味的商品有(　　)。
A. 樟脑　　B. 香水　　C. 汽油　　D. 木耳
2. 以下物品中能吸收空气中的水蒸气及水分，即易吸潮的物品有哪些？(　　)
A. 香烟　　B. 茶叶　　C. 粮食　　D. 香皂
3. 垛温除受库温影响外，还受哪些因素的影响？(　　)
A. 堆码结构　　B. 仓库周围环境　　C. 仓库建筑材料　　D. 物品本身性质
4. 以下对于仓库温度的变化规律描述正确的有(　　)。
A. 在气温逐渐升降时，库温也随之逐渐升降，库温主要随气温变化而变化。
B. 库温变化的时间，总是落在气温变化之后 1～2 h。
C. 一般夜间库温低于气温，白天库温高于气温。
D. 库温的变化幅度一般比气温的变化幅度小</td></tr>
</table>

续表

项目三	智慧仓储在库作业管理	任务一	物品的保管和养护
子任务一	在库物品温湿度控制管理		
课证融通习题	5. 以下对于仓库内湿度的变化描述正确的有(　　)。 A. 密闭条件较好的仓库受大气湿度影响较小 B. 仓库内各部位的湿度水平一致 C. 每日仓库内湿度变化的时间迟于仓库外,幅度也较小 D. 每日仓库内湿度变化的时间早于仓库外,幅度也较大 6. 在温度不变的情况下,空气绝对湿度与相对湿度之间的关系可以表述为(　　)。 A. 绝对湿度越大,相对湿度越高　B. 绝对湿度越大,相对湿度越低 C. 绝对湿度越小,相对湿度越高　D. 绝对湿度越小,相对湿度越低 7. 在空气中的水蒸气含量不变的情况下,以下对于温度与相对湿度之间的关系描述正确的有(　　)。 A. 温度越高,相对湿度越大　B. 温度越低,相对湿度越大 C. 温度越高,相对湿度越小　D. 温度越低,相对湿度越小		
技能训练	1. 图 3-1-3 中包装指示标志说明该货品的储运特性是(　　)。 A. 怕高温　B. 怕日光　C. 怕辐射　D. 怕潮湿 2. 图 3-1-4 属于包装指示标志中哪一种?(　　) A. 向上标志　B. 堆码层数极限　C. 禁止堆码　D. 重心标志 3. 图 3-1-5 中包装指示标志说明该货品的储运特性是(　　)。 A. 怕高温　B. 怕日光　C. 怕辐射　D. 怕潮湿  图 3-1-3  图 3-1-4  图 3-1-5 4. 图 3-1-6 中包装指示标志说明该货品的储运特性是(　　)。 A. 怕高温　B. 怕摔　C. 怕辐射　D. 怕潮湿 5. 图 3-1-7 中包装指示标志说明该货品的储运特性是(　　)。 A. 怕高温　B. 怕日光　C. 怕辐射　D. 怕潮湿 6. 图 3-1-8 中的鼓风机设备在仓库中主要起到什么作用?(　　) A. 升温　B. 通风　C. 除锈　D. 除虫  图 3-1-6 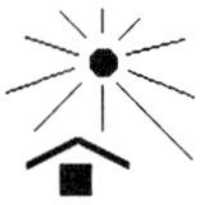 图 3-1-7  图 3-1-8		
学号:	姓名:	时间:　年　月　日	

子任务二　防霉变管理

任务准备

一、霉腐的基本知识

(一)霉腐的概念

在库物品的霉腐是指在库物品在储存期间,由于受到某些微生物的作用所引起的生霉、腐烂、腐败和腐臭等质量变化的现象。常见易霉腐商品见表3-1-6。

表3-1-6　常见易霉腐商品

类别	常见商品
食品	饼干、糕点、食糖、酱醋、鲜蛋、肉类、鱼类等
药品	各种糖浆、蜜丸,以葡萄糖等溶液为主的针剂,以动物胶为主的膏药,以淀粉为主的片剂和粉剂等
纺织品	棉、毛、麻、丝等天然纤维及其各种制品
工艺品	竹、木、麻、草制品,绢画、绢花,绒绣和雕刻等
皮革制品	各种皮鞋、皮靴、皮包、皮衣、皮箱、皮带等
日用品	各种化妆品等

欲防止仓储在库物品生霉,可从控制影响霉菌生长的几个环境因素出发,创造不利于霉菌生长繁殖的环境条件,达到防霉的目的。从温度、湿度、氧气、酸碱度、光线等几个因素来看,使用最为普遍、效果最佳的方法是控制在库物品的水分和储存环境的空气湿度。紧抓这两个环节,就可防止在库物品生霉。

(二)霉腐的产生条件

霉腐是仓储在库物品的主要质量变化形式,但并非任何在库物品在任何情况下都能发生霉变。霉腐的产生有三个必要条件,缺一不可:在库物品受到霉腐微生物污染;在库物品中含有可供霉腐微生物利用的营养成分(如有机物构成的在库物品);在库物品处在适合霉腐微生物生长繁殖的环境中。

1.微生物对在库物品的危害

微生物体积微小,繁殖迅速,种类繁多,能危害在库物品的主要是霉菌、酵母菌和细菌。其中霉菌对在库物品的危害最多并且最严重,细菌次之。

2.微生物生长繁殖所需的营养物质

微生物的新陈代谢过程就是不断地从周围摄取营养物质补充本身的消耗,同时向周围环境排泄代谢产物。如果缺乏营养物质,微生物的新陈代谢就无法进行,生命就会停止。

糖类、蛋白质、油脂和有机酸等物质是微生物生长繁殖必需的营养物质。因此,在环境条件适宜的情况下,微生物将在含有这些营养物质的在库物品上迅速地生长繁殖,造成在库物品的霉变。凡是含有这些有机成分的在库物品都称易霉腐在库物品。

3.适合霉腐微生物生长繁殖的环境

微生物能在在库物品上生长、繁殖，除在库物品上有它们需要的营养物质外，还与温度、湿度、日光、酸碱度等条件有关。

(1)温度。温度对微生物的生长和繁殖有着重要的影响。根据微生物适宜生长的温度范围不同，可将微生物分为嗜热性、嗜温性和嗜冷性三个类群。各类微生物各自生长的温度范围还包括最低、最适和最高生长温度。适宜的温度可以促进微生物的生命活动，否则会抑制，甚至促使其死亡。如多数霉菌属于嗜温性的，最适生长温度为25～40℃，在10℃以下、45℃以上就难以生长。在适宜霉菌生长的温度范围内，温度升高，生长速度加快，对食品储存质量的影响最大。

(2)湿度。各种微生物对湿度的要求也不同，大体上有三种类型，即湿生型、中生型和干生型。霉菌大部分属于中生型，例如，青霉、毛霉、根霉和大部分曲霉，只要在库物品的含水量达到14%～18%，空气相对湿度达到80%～90%时，就能迅速地生长和繁殖。但也有部分霉菌，如白曲霉、灰绿曲霉、杂色曲霉等属于干生型，当在库物品含水量在13%左右，空气相对湿度在75%～80%时，也能生长繁殖。

(3)日光。日光对大多数微生物的生长繁殖是不利的。不同的微生物对日光的抵抗能力也不一样，大多数细菌只要被日光照射1～2 h就会死亡，其他微生物的抵抗能力虽然稍强，如果日光照射1～4 h，大多数也会死亡。

(4)空气。各种微生物对氧的要求不同，可分为好氧型、厌氧型和兼性厌氧型三种类型。霉菌属于好氧型微生物，其细胞的呼吸作用必须在有氧的条件下才能进行，如果缺乏氧气，就会因无法呼吸而致死。

在库物品霉变的实质是霉菌在在库物品上吸取营养物质与代谢的结果，不但会导致在库物品发生变糟、发脆或强度下降等变质现象，还会产生霉斑、霉味及毒素。

二、物品在库期间的防霉变管理

防霉保粮促减损，颗粒归仓保安全

(一)做好在库物品的入库验收

(1)要认真检查在库物品是否已经有霉腐现象。

通过温度、在库物品微生物区系的演替规律，以及在库物品物理性状和生理性状的变化情况等检查判断在库物品是否有霉变现象，或通过温度比较法、实验室微生物培养法等方法定期连续采样检查。

(2)检查在库物品含水量是否过高，包装有无破损或受潮现象。

如有发热，表明在库物品已经开始霉腐。对已经开始生霉和含水量较高或包装受潮的，应暂时另行存放，并及时采取拆除包装及通风晾晒等措施进行处理。

(二)选择合理的储存场所

容易生霉的在库物品应选择干燥、密封条件较好的库房进行存放。

(三)合理码垛，下垫隔潮

在码垛时应采取隔潮措施，以防止地潮对在库物品的直接影响。仓内包装堆垛，即用麻袋、布袋、草袋或编织袋包装在库物品，然后成垛堆存，便于搬运和避免尘杂污染。仓内堆垛有通风垛和实垛两种形式。

1. 通风垛

通风垛也称风凉垛，能增大堆垛孔隙便于降温散湿，又便于逐包查温查质。梅雨季节应码通风垛，这样在库物品表面可不断接触流动的空气，抑制霉菌的生长。

通风垛有井字形垛、半非字形垛和口字形垛等形式。

(1)井字形垛。第一层放 2 纵包，第二层放 2 横包，依次交替。堆高依温度而定，一般堆 10～20 包高，此为 1 丁，3～5 丁为一垛，垛间距离 10～17 cm，用于通风降温散湿。

(2)半非字形垛。第一层先放 4 纵包，在 4 纵包的一边放 6 横包，第二层在 4 纵包上放 6 横包，在 6 横包上放 4 纵包，依次交替堆至所需高度。

(3)口字形垛。也属通风垛，水分、温度较高的袋装玉米面多采用此种堆垛法。

课内小任务

任务描述：小组讨论，通风垛有哪些主要垛形？如何组织实施堆码？		
学号：	姓名：	时间：　　年　　月　　日

2. 实垛

实垛也称平桩，堆垛长度随仓房情况而定，宽度一般是四列(所谓“列”以粮包的长度为准)，也可堆成两列、六列、八列等，高度要依粮种而定：大米四列以上的可堆 18 包高，两列的不宜超过 12 包高；面粉实垛有 5 包垛、3 包垛；大豆、小麦、糙米等散落性较大粮种要酌情减低堆垛高度，以防倒桩。

实垛的牢固性在于“盘头”和“拍包”(“盘头”是指粮堆两头上下层的粮包互相盘压，“拍包”是指上下层粮包相互骑口)。通过盘头和拍包，使整个粮堆的粮包都起到互相牵拉的作用，从而组成一个牢固的整体。

实垛的特点为粮包挤靠甚紧，包间孔隙小，受外界空气影响较弱，一般适用于长期保存。

(四)坚持在库检查

对易霉腐在库物品，应建立并严格地执行在库检查制度。要随时观察并及时发现在库物品霉腐的迹象，以免造成在库物品的严重损失。

在检查中，应根据库房结构与建筑条件，着重检查潮湿、高温的部位，其他部位可以抽查对比。

(五)加强仓库的温湿度管理

做好仓库温湿度管理，当微生物得不到生长发育的必要条件时，在库物品就不会霉变了。详细方法见子任务一。

(六)选择防霉方法

在库物品霉腐的预防可以采取加强管理和药物预防相结合的方法，其中温湿度管理是重要的一环，还可以采用气调防霉腐法、低温冷藏防霉腐法和干燥防霉腐法等。

1. 化学药剂防霉腐

有些在库物品可采用药剂防霉腐，在生产过程中把防霉腐剂加入在库物品中；或把防霉腐剂喷洒在在库物品和包装物上；或喷散在仓库内，可达到防霉腐的目的。防霉腐剂能使菌体蛋白质变性，破坏其细胞机能；能抑制菌体的活性，破坏菌体正常的新陈代谢；降低菌体细胞表面张力，改变细胞膜的通透性，导致细胞的破裂或分解，即可抑制菌体的生长。防霉腐剂低浓度能抑制霉腐微生物，高浓度就会使其死亡。

(1)有实际应用价值的防霉腐剂的使用方法。

①加入法。加入法是将一定比例的药剂直接加入到材料或制品中去。

②浸渍法。浸渍法是将制品放进一定温度和一定浓度的防霉腐剂溶液中浸渍一定时间后晾干。

③涂布法。涂布法是将一定浓度的防霉腐剂溶液用刷子等工具涂布在制品表面。

④喷雾法。喷雾法是将一定浓度的防霉腐剂溶液用喷雾器均匀地洒在材料或制品表面。

⑤熏蒸法。熏蒸法是将挥发性防霉腐剂粉末或片剂置于密封包装内，通过防霉腐剂的挥发成分防止在库物品的霉腐。

(2)防霉的化学制剂。在食品生产和储运过程中可使用化学制品(化学添加剂或食品添加剂)来提高食品的耐藏性和尽量保持其原有品质。食品采用化学保藏所用的防腐剂或添加剂必须对人体无毒害。

2. 气调防霉腐

有些在库物品还可以采用气调防霉腐的方法，即在密封条件下，采用缺氧的方法，抑制霉腐微生物的生命活动，从而达到防霉腐的目的。气调防霉腐主要有真空充氮防霉腐和二氧化碳防霉腐两种方法。气调防霉腐对好气性微生物的杀灭具有较理想的效果。气调方法主要有：

(1)自发或自然气调法。将果蔬储于一个密封的库房或容器内，由于果蔬本身的呼吸作用不断消耗库房和容器内的氧而放出二氧化碳，因此在一定时间后，氧逐渐减少，二氧化碳逐渐增加，当两者达到一定的比例时，即会形成一个抑制果蔬本身呼吸作用的气体环境，从而达到延长果蔬储藏期的目的。

(2)人工气调法。人为地使封闭空间内的氧含量迅速降低，使二氧化碳或氮的含量升高，几分钟至几小时内就进入稳定期。人工气调法有充氮法、气流法等。

(3)混合法或半自然降氧法。为了降低成本，开始可先充氮，把含氧量迅速降到10%左右，然后依靠果蔬本身的呼吸作用来消耗氧气，直至降到规定的空气组成指标范围后，再根据气体成分的变化来调节控制。

3. 低温冷藏防霉腐

此种方法是利用各种制冷剂降低温度，以保持仓库所需的一定低温来抑制微生物的生理活动，达到防霉腐的目的。

4. 干燥防霉腐

此种方法是通过降低仓库环境中的水分和在库物品本身的水分，达到防霉腐的目的。干燥法一方面对仓库进行通风除湿；另一方面可以采用晾晒、烘干等方法降低在库物品中所含的水分。晾晒步骤如下：

(1)找出仓库内长霉的物品。

(2)对于不怕太阳日晒的在库物品，可摊在日光下暴晒；对于不宜暴晒的在库物品，可在通风的情况下摊晾。

(3)晾晒后除去霉迹。

(4)在库物品温度下降至室温后，包装到位。

5. 电离辐射防霉腐

能量通过空间传递称为辐射，射线使被照射的物质产生电离作用，称为电离辐射。电离辐射的直接作用是当辐射线通过微生物时能使微生物内部成分分解而引起诱变或死亡。

电离辐射防霉腐包装目前主要应用 γ 射线，在库物品包装经过电离辐射后即完成消毒灭菌，配合冷藏，能延长保质期。

食品辐射保藏就是利用射线的辐射能量，对新鲜肉类及其制品、水产品及其制品、蛋及其制品、水果、蔬菜、调味料，以及其他加工产品进行杀菌、杀虫、抑制发芽、延迟后熟等处理，使其在一定期限内不发芽、不腐败变质、不发生品质和风味的变化，以增加食品的供应量和延长保藏期，从而可以最大限度地减少食品的损失。

辐射保藏食品与其他保藏方法相比有其独特的优点：与化学药剂保藏法相比，无化学残留物质；与加热处理保藏法相比，能较好地保持食品的原有新鲜品质；与食品冷冻保藏法相比，能节约能源。所以辐射是较好的保藏食品的物理方法之一。

6. 紫外线、微波、远红外线和高频电场处理

紫外线是日光杀菌的主要因素，但其穿透力很弱，所以只能杀死在库物品表面的霉腐微生物。此外，含有脂肪或蛋白质的食品不宜用紫外线照射杀菌。紫外线一般用来处理包装容器(或材料)以及非食品类的被包装物品。

微波的杀菌机理是微生物吸收微波能量后，一方面转变为热量而杀菌，另一方面菌体的水分和脂肪等物质受到微波的作用，其分子间发生振动摩擦而使细胞内部受损并产生热能，促使菌体死亡。微波产生的热能在内部，所以热能利用率高，加热时间短，加热均匀。远红外线的作用与微波相似。

高频电场的杀菌机理是含水分高的在库物品和微生物能“吸收”高频电能转变为热能而杀菌。只要在库物品和在库物品上的微生物有足够的水分，同时又有一定强度的高频电场，消毒瞬间即可完成。

在库物品防霉腐除以上较常用的方法外，还有蒸汽法、自然冷却法、盐渍法。

任务实施

项目三	智慧仓储在库作业管理	任务一	物品的保管和养护
子任务二	防霉变管理		
任务背景	物流公司仓库养护员按照规定，需要每天对库内物品进行检查，以便掌握物品霉变情况并采用适当的处理方法。请以养护员身份完成这批货物的在库防霉变管理工作。		
任务要求	1. 本任务由个人独立完成。 2. 每人完成任务后小组内互评。 3. 每个小组派代表汇报本组同学完成情况。		
实施方法	将在库物品防霉变管理工作作为一个小任务，学生按照资讯—计划—实施—检查评估来完成项目，在老师指导下制订方案、实施方案，最终进行评估。在实训室模拟实物商品进行实训，或选择比较有代表性的仓库，通过调查仓库的实际情况，掌握防霉腐的技术。		

实施成果

1. 做好在库物品的入库验收需从哪些方面重点检查？

2. 结合实训室或者所调查的实际仓库，写出防霉除霉处理方法。

3. 坚持在库检查，在检查中，应根据库房结构与建筑条件，着重检查潮湿、高温的部位，其他部位可以抽查对比。填写调查表（表 3-1-7）。

表 3-1-7　仓库防霉除霉情况调查表

仓库名称	地点	仓库容量	仓库设备	仓库在库物品类型	仓库四周环境状况	防霉情况	通风情况	防霉措施	除霉方法	除霉周期	其他

学号：　　　　姓名：　　　　时间：　　年　　月　　日

任务检测

<table>
<tr><td>项目三</td><td>智慧仓储在库作业管理</td><td>任务一</td><td>物品的保管和养护</td></tr>
<tr><td>子任务二</td><td colspan="3">防霉变管理</td></tr>
<tr><td>检测方式</td><td colspan="3">课证融通习题、技能训练</td></tr>
<tr><td>课证融通习题</td><td colspan="3">一、单选题
1. 以下不属于扬尘性物品的是(　　)。
A. 矿粉　　B. 茶叶　　C. 炭黑　　D. 染料
2. 以下物品中属于在不受外来热源的影响下可自行发热的物品的是(　　)。
A. 松香　　B. 石蜡　　C. 橡胶　　D. 棉花
3. 为了节省空间,防止误发误用或积压变质,提高管理质量和管理效率而进行的“区分要与不要”的活动是(　　)。
A. 整理　　B. 整顿　　C. 清扫　　D. 清洁
二、多选题
1. 金属物品锈蚀的防治措施包括(　　)。
A. 密封法防锈蚀　　B. 低温冷藏防锈蚀
C. 涂油防锈蚀　　D. 化学药剂除锈法
2. 下列哪些性质是粮食类物品在进行仓储时的特性?(　　)
A. 自热性　　B. 吸湿性　　C. 易受虫害性　　D. 扬尘性
3. 如按物品自然特性对物品进行分类,则茶叶不属于(　　)。
A. 扬尘性物品　　B. 易吸潮物品
C. 易吸味物品　　D. 受热易变形物品
4. 以下关于物品损耗处理的方法,描述正确的有(　　)。
A. 对数量有出入的物品,应立即通知存货人或物品所有人及时处理
B. 对已破损的物品,应即刻丢弃,并通知有关人员
C. 对霉烂、变质、残损的物品,应采取积极挽救措施,尽量减少损失
D. 对超过保质期或虽未超过保质期但质量不能保证的物品,应通知存货人或物品所有人及时处理
5. 以下物品中能吸收空气中的水蒸气及水分,即易吸潮的物品有(　　)。
A. 香烟　　B. 茶叶　　C. 粮食　　D. 香皂
6. 对玉米进行堆码,一般会选择的垛形为(　　)。
A. 矩形　　B. 三角形　　C. 梯形　　D. 半圆形</td></tr>
<tr><td>技能训练</td><td colspan="3">具有哪些性质的商品容易发生霉腐?常见的易霉腐商品有哪些?</td></tr>
<tr><td colspan="4">学号:　　　　姓名:　　　　时间:　　年　　月　　日</td></tr>
</table>

子任务三 防治仓库虫鼠害

任务准备

在库物品防虫害管理，是搞好在库物品保管养护工作的一项重要环节，在库物品中发生虫害如不及时采取措施进行处理，会造成严重损失。

一、防虫害管理的基本知识

库存在库物品常常受到仓库害虫的危害，不仅使在库物品本身受损，还会使在库物品包装器材、料架、苫垫物及仓库建筑物遭到破坏，造成不应有的损失。防虫技术已成为现代在库物品保护技术的一项重要内容。根据仓库害虫的特性，应采取“以防为主，防治结合”的方针，并应从多方面入手，综合防治，方能收到明显成效。

(一)仓库的主要害虫

仓库害虫种类很多，全世界已命名的有300多种，我国已有记载的有100多种。仓库害虫属于节肢动物门，大部分是鞘翅目和鳞翅目昆虫，如袋衣蛾、幕衣蛾等。

(二)仓库害虫的生活特性

仓库害虫由于长期生活在仓库中，因此，形成了能适应仓库环境的生活习性。当然，不同的仓库害虫具有不同的特性，但大多数仓库害虫具有以下共同的特性：①适应性强；②食性广而杂；③具有趋光性、趋温性和趋化性；④活动隐蔽；⑤繁殖力强。

(三)影响害虫生长的因素

影响仓库害虫生长繁殖的外界因素主要是温度、湿度和食物。

1. 温度对仓库害虫的影响

温度与仓库害虫的生长繁殖关系密切。它对害虫的个体发育速度、成虫的寿命和繁殖率、害虫的食量、迁移分布和死亡速度等都有直接影响。每种害虫的生长繁殖都要求一定的温度，对多数害虫来说，8～40℃为有效温度范围，这是昆虫生长繁殖所要求的温度范围。其中22～30℃是昆虫生活最适宜的温度区；超过上限或低于下限温度，对昆虫有致死作用。

2. 湿度对仓库虫害的影响

湿度直接影响昆虫的水分生理活动，也影响昆虫食物的含水量。昆虫体内含有大量的水分，一般昆虫体内的水分含量占体重的50%左右，与外界环境的水分保持相对平衡状态。当环境条件改变时，昆虫必须通过获得或散失水分来调节平衡，以维持正常的生理活动。各种昆虫要求的湿度是不同的，在昆虫能够生存的湿度范围内，湿度的作用主要是影响生长速度和繁殖能力，一般在适宜的温度下，湿度越大，产卵量越多，繁殖能力越强。另外，还有少数仓库害虫，具有很强的耐干能力。

3. 食物对仓库害虫的影响

仓库害虫必须不断地从外界摄取食物，增加有机体内的营养成分，才能保证正常的生理活动，因而食物是仓库害虫获得生存能量的重要来源。食物直接影响害虫的生长和繁殖。各种仓库害虫在其生长发育过程中需要一定的营养物质，不同的害虫对食物有一定的选择性。如果满足不了一定的营养条件，就会生长发育迟缓。仓库害虫的繁殖能力同样受到营养条件的影响，当营养条件不能满足繁殖的需要时，卵巢发育延迟或者退化，繁殖能力减弱。

二、在库物品防虫害管理方法

（一）做好在库物品入库检查

把好在库物品入库关，杜绝仓库害虫的来源。仓库害虫的来源，一是隐藏在仓库建筑物和仓储设备缝隙中的越冬害虫，二是随着入库在库物品及其包装带入仓库的害虫。

（1）在库物品原材料、在库物品包装物的防虫、杀虫处理。

（2）入库物品的虫害检查和处理。首先应检查包装，看其周围缝隙处有无虫茧形成的絮状物、害虫排泄物及蛀粉等。然后打开包装进行检查，看其是否有蛀痕和虫迹。如在入库前发现包装或在库物品本身已生虫，应分开存放，进行杀虫处理，不得入库堆垛。

（3）在库物品在入库前要对库房进行严格的害虫检查。摸清害虫在库内的潜伏情况，并采取相应措施进行消毒和药物杀灭。

（二）搞好仓库清洁卫生

搞好仓库清洁卫生，使害虫无藏身之地。实践经验证明，彻底搞好仓库的清洁卫生是抑制仓库害虫滋生的有效措施。

（1）库房内要经常打扫，凡是害虫容易潜伏的地方，要特别注意清扫，各种缝隙和洞穴应采取剔、刮、填补、粉刷等措施，将其除净填平。

（2）库房四周要清除杂草，疏通沟渠，消灭积水，清除垃圾。

（3）对库内料架、垫木、包装材料等，也要经常保持清洁卫生。

（三）控制好库内温湿度

控制库内温湿度，抑制害虫生长繁殖的条件。仓库害虫的生长和繁殖必须具备三个条件，即适宜的温度、湿度和食物。库存在库物品的包装及某些在库物品本身就是害虫的食物，这个条件不能改变，所以只能从控制库内温湿度入手。因为大多数仓库害虫喜潮湿、温暖、黑暗，所以库房内应保持干燥、明亮，使之不利于害虫的滋生。在通常情况下，升温、降温是比较困难的，而且害虫对温度的适应范围很宽，控制温度不易奏效，只有在特殊情况下，才考虑采用。

（四）做好库内检查

勤于检查，及早发现，及时处理。对库存在库物品及包装应经常检查，看有无仓库害虫滋生，一旦发现，应立即采取防治措施，填写调查表。

（五）使用驱虫药剂，起到防虫作用

驱虫剂驱虫是利用具有一定毒性和刺激性的易挥发的固体药剂，放入在库物品包装或密封料垛、料架内，使药剂挥发出来的刺激性气体，在库物品周围经常保持一定的浓度，从而起到驱避仓库害虫的作用（图 3-1-9）。

（六）杀灭仓库害虫

在仓库一旦发现害虫，应及时采取有效措施予以杀灭。杀灭仓库害虫可采取物理或化学方法。

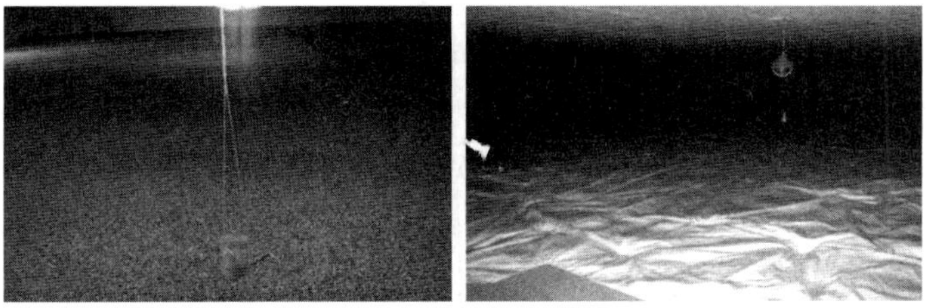

图 3-1-9 驱虫剂使用示例

1.利用光、热、射线等物理方法进行杀虫。

(1)灯光诱杀。多数害虫具有正趋光性,即向着光亮的地点运动集中,当害虫集中在光源处时,予以诱杀。诱虫灯一般以电灯为光源,使用 40～100 W 的普通灯泡,灯下放置一盆水,诱来的害虫会落水而死。这种诱虫灯虽然效果不十分理想,但简便经济。黑色荧光灯是一种紫外光灯,诱虫效果较好。

(2)高温杀虫。即利用较高的温度来抑制害虫的生长、繁殖。如前所述,当环境温度上升到 40～45℃时,一般害虫的活动就会受到抑制;达到 45～48℃时,多数害虫将处于昏迷状态;温度升到 48℃以上时,害虫就会死亡。高温不但影响害虫的生存,而且影响虫卵的孵化率及发育。高温杀虫的具体方法有日光暴晒、加温烘干、利用高温蒸汽等。

(3)低温杀虫。低温会使害虫机体的生理活动变得缓慢,新陈代谢减退,体内储备物质减少;体内酶的活性受到抑制和破坏,新陈代谢会完全停止;当温度降低到致死极限时,害虫机体的原生质被破坏,害虫被冻死。低温杀虫的具体方法是利用天然低温,在我国北方的冬季,一般室外温度在－10℃以下,在这种低温下,害虫就会被冻死。必要时还可进行人工冷藏,利用冷冻设备将库温降到 0℃以下,就会达到杀虫的目的。

(4)利用 X 射线、γ 射线、微波和红外线杀虫。X 射线和 γ 射线的照射会使虫卵发育停止,不能孵化,死亡率高。同时还会使幼虫发育迟缓,甚至不能化蛹。微波和红外线的杀虫机理主要是依靠产生的大量热能,使害虫体内温度迅速上升,最后致死。

2.化学药剂杀虫法

(1)使用熏蒸剂。对于已经生虫的在库物品可用熏蒸剂熏蒸杀虫。熏蒸剂都是压缩气体或由液体、固体挥发成的剧毒气体。杀虫剂的蒸气通过害虫的气门及气管进入体内而引起害虫中毒死亡,杀虫剂的这种作用称为熏蒸作用,具有熏蒸作用的杀虫剂称熏蒸剂。用熏蒸的方法杀虫有成本低、效率高等优点。

①生虫的在库物品必须放在严格密封的库房内,门窗缝以及通风孔、墙壁缝隙都需要用聚氨酯胶条或纸条涂胶黏剂糊严,或用胶制、人造革制、塑料薄膜帐幕将货垛或包装全部严格密封。帐幕接缝处可使用特制木夹夹紧,接地部分应留有 50 cm 长,上压重物或用泥土压实,使之不漏气。

②使用溴甲烷等进行熏蒸,施药应在库外或幕内操作。在库外或熏蒸幕外预留一施药口,将钢瓶装毒气放在台秤上称重,然后减去应使用药重在台秤上定位,并打开钢瓶节门往施药口施药。施药量已经达到定位处时,即关闭节门,再用胶条将施药口封严。使用片状或粉状磷化铝时,可预留一库门出入,在库内外进行多点施药。将药片或药粉均匀地放在不燃的器皿上,药片、药粉不得重叠或过于集中,施药点不得接近被熏物或其他可燃物。

使用熏蒸幕时可先施药，后放下帐幕进行压实。溴甲烷药剂用量有储物时为 30～40 g/m^3，空仓时为 10～20 g/m^3，磷化铝每片重 3 g 可产生磷化氢 1 g，每立方米用 3～6 片，空仓时用 2～3 片。熏蒸剂都是剧毒品，在施药及防毒操作时都必须佩戴防毒面具、穿工作服、戴胶手套等防护用具，操作完毕必须洗净手脸后才能饮食。初次操作应在熟悉药物性质、操作方法、救护措施的有关人员指导下进行。施药后熏蒸库或货垛四周应设安全警戒线，以保证人身安全。施药后 2～3 d 即可启封放毒。放毒时间应选择在下班后或假日前。

(2)气调充氮或二氧化碳。其技术要求很高，尤其是对仓库设施设备的要求很高。

三、典型害虫白蚁的防治

白蚁喜欢在温暖潮湿条件下生活，因此，南方地区多发生白蚁危害。白蚁的生长繁殖和群体发展速度很快。在储运部门中被危害的主要是木制库房建筑和苫垫物料用品，还有一些木制品，棉、麻、丝等纤维制品，纸张及其制品。防治白蚁应根据其生活习性和组织分工的严密性以及喜欢相互舔吮，有固定蚁道、吸水线、透气孔、排泄物堆积处等特点，采取相应的措施。

1. 预防方法

对库房的木质梁柱屋架、门窗以及库内使用的木质苫垫物料，例如，枕木、垫架、垫板、托盘等可涂刷一层灭蚁药剂。库内草坪、墙壁有缝隙处可先灌注灭蚁药剂，再用水泥或沥青封严。在白蚁分群繁殖期要严闭门窗，在晚间可用灯光诱集后再喷洒灭蚁药剂杀灭。

2. 检查方法

在白蚁活动繁殖期间，要加强检查库房木质结构以及苫垫物料，包装极易被白蚁危害的储存在库物品以及库外周围环境中树木等是否有白蚁活动的迹象。

3. 杀灭白蚁的方法

常用方法为诱杀法。

四、鼠害的防治

防鼠最主要的是断绝其食物来源，拆除库内外一切可为鼠类隐蔽的场所，经常打扫库内外环境卫生，使鼠类没有栖身和取食之处。储存易受鼠害在库物品的库房通风孔应安装铁丝网，库门窗要严格密闭，不能留有可供鼠类出入的缝隙，库门要安装至少高 50 cm 的挡鼠板，发现库内有鼠洞或墙壁、地面有缝隙时，应立即用石块、水泥堵严，并要定期检查鼠害情况和密度。仓库灭鼠方法大致有两类：

1. 物理灭鼠

即用器械捕鼠。如捕鼠夹、捕鼠笼以及粘鼠胶。这是最普遍的灭鼠方法，既经济又安全，而且使用非常方便，一般将器械放在鼠道和老鼠经常活动的地方以及仓库出入口处。

2. 化学灭鼠法

即通过毒饵诱杀，用 0.1%敌鼠钠盐毒饵、0.02%氯敌鼠钠盐毒饵、0.01%氯鼠酮毒饵、0.05%溴敌隆毒饵、0.03%～0.05%杀鼠脒毒饵，以小麦、莜麦、大米或玉米(小颗粒)作诱饵，采取封锁带式投饵技术和一次性饱和投饵技术，防效较好。也可使用 1.5%甘氟小麦毒饵，但半年内不能再用，宜与慢性毒饵交替使用，且该毒饵使用前要投放前饵，直到害鼠无戒备心再投放毒饵。

课内小任务

任务描述：仓库鼠害会给粮食储存、仓储管理等工作带来严重影响。为了有效防治仓库鼠害，制订一套科学合理的防治实施方案是非常重要的。现请制订一套仓库鼠害防治实施方案，对防治鼠害工作提供参考和指导。		
学号：	姓名：	时间：　　年　　月　　日

任务实施

项目三	智慧仓储在库作业管理	任务一	物品的保管和养护
子任务三	防治仓库虫鼠害		
任务背景	物流公司仓库养护员按照规定，需要每天对库内物品进行检查，以便掌握仓库的虫鼠害情况并采用适当的处理方法。请以养护员身份完成这批货物的虫鼠害防治管理工作。		
任务要求	1. 本任务由个人独立完成。 2. 每人完成任务后小组内互评。 3. 每个小组派代表汇报本组同学完成情况。		
实施方法	将在库物品防虫害管理工作作为一个小任务，学生按照资讯—计划—实施—检查评估来完成项目，在老师指导下制订方案、实施方案，最终进行评估。在实训室模拟实物进行实训。		
实施成果	写出在库物品防虫害管理的具体工作步骤。		
学号：	姓名：	时间： 年 月 日	

任务检测

<table>
<tr><td>项目三</td><td>智慧仓储在库作业管理</td><td>任务一</td><td>物品的保管和养护</td></tr>
<tr><td>子任务三</td><td colspan="3">防治仓库虫鼠害</td></tr>
<tr><td>检测方式</td><td colspan="3">课证融通习题、技能训练</td></tr>
<tr><td>课证融通习题</td><td colspan="3">一、单选题
1. 防治老鼠入侵室内时，门和门框要密合，二者缝隙要小于(　　)。
A. 6 mm　B. 8 mm　C. 10 mm　D. 12 mm
2. 下列关于灭蝇灯及防蝇帘的检查频次，正确的是(　　)。
A. 5～8 月，每天　B. 5～10 月，每天
C. 5～12 月，每周　D. 5～11 月，每周
3. 挡鼠板高(　　)cm 以上，当 15 min 以上无人员、车辆出入时，工作人员必须安装挡鼠板。
A. 10　B. 30　C. 40　D. 50
4. 杀虫剂、诱饵应存放在(　　)。
A. 普通仓库　B. 库房外　C. 办公室内　D. 危险品库
5. 采用粘捕式灭蝇灯，肉眼观察粘蝇纸上蝇虫覆盖面积不能大于粘蝇纸的(　　)。
A. 1/4　B. 2/5　C. 1/2　D. 2/3
6. 关于虫鼠害管理，说法正确的是(　　)。
A. 灭蝇灯白天开着费电，白天可以关闭
B. 库房里发现了一些蚂蚁，要用杀虫喷雾剂
C. 员工在仓库中拍打苍蝇，需要清洁手后再开展工作
D. 车间防鼠有挡鼠板就可以了
7. 粘鼠板(　　)，需要认真检查粘鼠板表面洁净度和黏性。
A. 每天保养一次　B. 每周保养一次　C. 每月保养一次　D. 每季度保养一次
8. 保养灭蝇灯要求(　　)清理一次，无昆虫堆积。
A. 每日　B. 每月　C. 每半年　D. 每年
9. 食品厂厂房周围距离墙(　　)范围内应无杂草。
A. 0.1 m　B. 0.5 m　C. 1 cm　D. 3 cm
10. 灭蝇灯灯管要求定期更换，(　　)至少更换一次。
A. 每年　B. 每半年　C. 每季度　D. 每月
二、多选题
1. 虫害控制原则包括(　　)。
A. 预防为主　B. 防治结合　C. 综合治理　D. 精确用药
2. 下列选项中，老鼠的治理措施正确的有(　　)。
A. 诱饵站投放诱饵　B. 室内放置粘鼠板
C、门口放置挡鼠板　D. 车间内养只猫
3. 下列关于纱窗的说法，正确的是(　　)。
A. 朝外开的窗户在开启时必须落下纱窗
B. 纱窗有一两个洞没有关系
C. 纱窗必须完好，无破损
D. 领导和虫鼠害专员不在场时可以开启朝外的窗</td></tr>
</table>

续表

<table>
<tr><td>项目三</td><td>智慧仓储在库作业管理</td><td>任务一</td><td>物品的保管和养护</td></tr>
<tr><td>子任务三</td><td colspan="3">防治仓库虫鼠害</td></tr>
<tr><td>课证融通习题</td><td colspan="3">4. 下列关于粘鼠板的巡检方法，正确的是（　　）。
A. 粘捕老鼠后，必须将老鼠销毁，但粘鼠板可继续使用
B. 上面不应有明显的昆虫堆积
C. 粘鼠板上不应有老鼠
D. 不应有尘土和杂物，影响粘鼠板黏性
5. 关于诱饵站的检查方法，正确的是（　　）。
A. 诱饵站内干净无异物　B. 上锁管理，固定不移动，标识清晰无破损
C. 诱饵站内不得有腐蚀的老鼠和昆虫尸体　D. 诱饵站内投放毒饵药量少、堆多
6. 对储存易生虫货物的仓库，为达到防治虫害的目的，喷洒杀虫药剂的位置通常为（　　）。
A. 库内墙角　B. 走道　C. 垛底　D. 苫垫物料
三、判断题
1. 灭蝇灯底部离地面 1.5～2 m，顶部离天花板 0.6～1.2 m，效果最好。（　　）
2. 建立虫鼠害管理标准的目的是加强有害生物监督管理，避免虫鼠害给产品质量带来的风险，更好地对环境控制进行监督。（　　）
3. 诱饵盒可以放置在工厂建筑物外围和车间内。（　　）
4. 粘鼠板不用经常更换，无法使用时更换即可。（　　）
5. 车间内不得有积水，防止虫害滋生。（　　）</td></tr>
<tr><td>技能训练</td><td colspan="3">结合实际谈谈如何预防和消灭仓库鼠害。</td></tr>
<tr><td colspan="2">学号：</td><td>姓名：</td><td>时间：　　年　　月　　日</td></tr>
</table>

任务二 盘点作业管理

任务描述

月末，物流公司组织部分财务人员及仓库管理员到仓库盘点，要求在规定的库存区域内，对库存商品进行盘点检查，核对现有存货与账目记载数量是否一致，查明各项物品的可用程度，发现不良品、呆滞品均要记录，并用货卡标示出来。填写盘点盈亏表和相关记录，对盈亏情况做出分析和处理。

任务目标

知识目标

1. 熟悉实施盘点的一般作业流程。
2. 会根据货物的自然属性和时间要求采取恰当的盘点方法。

能力目标

1. 能够按正确的盘点工作过程实施盘点作业。
2. 能够按正确的方法进行库存数量检查和质量检查。
3. 能够正确处理盘点单据及账目核对业务。
4. 能够分析盘点盈亏的原因和处理方法。

素质目标

1. 具备爱岗敬业的职业精神。
2. 培养严谨细致的工作态度。

任务准备

一、盘点的含义、目的与作用

(一)盘点的含义

盘点是指对库存物资进行仔细核对，清点实存数，查对账面数，即对现有物品的实际数与保管账上记录的数量进行核对的业务活动，同时检查有无残损和质量问题，以便准确地掌握物品保管数量，进而核对金额，也称物资清查或物资盘存。

(二)盘点的目的

盘点的目的是确保库存资产不受损失。通过检查、核对各项物资的实有数与账面结余是否相符，弄清经过频繁收发后物资数量是否准确，做到有物必有账，账物相符，账账相符，堵塞漏洞，纠正差错；明确存货水平，以便及时处理和补充；弄清物资质量是否发生变化，以便采取措施改进保管方法，提高贮存质量。

(三)盘点的作用

(1)检查作用。即检查收发及搬运过程中产生的错误。

(2)确认作用。确认账、物的一致性和准确性。

(3)订货依据。根据盘点数据，可以检查库存量是否合理，以此作为订货的依据。

(4)督促作用。督促仓库管理人员认真工作并不断改进。

二、盘点作业的内容

1. 查数量

通过点数计数查明在库物品的实际数量，核对库存账面资料与实际库存数量是否一致。

2. 查质量

检查在库物品质量有无变化，有无超过有效期和保质期，有无长期积压等现象，必要时还必须对其进行技术检验。

3. 查保管条件

检查保管条件是否与各种物品的保管要求相符合。如堆码是否合理稳固，库内温度是否符合要求，各类计量器具是否准确等。

4. 查安全

检查各种安全措施和消防设备、器材是否符合安全要求，建筑物和设备是否处于安全状态。

三、盘点的种类与方法

因为不同现场对盘点的要求不同，盘点的方法也会有差异，为尽可能快速准确地完成盘点作业，必须根据实际需要确定盘点方法。目前，国内大多数配送中心都已使用电脑来处理库存账务，当账面数与实盘数发生差异时，有时很难断定是账面数有误还是实盘数有误。所以，可以采取“账面盘点”和“现货盘点”平行的方法，以查清误差出现的实际原因。

（一）盘点的种类

（1）账面盘点。就是将每一种物品分别设立“存货账卡”，将每一种物品的出入库数量及有关信息记录在账面上，逐笔汇总出账面库存结余数，这样随时可以从电脑或账册上查悉物品的出入库信息及库存结余量。

（2）现货盘点。又称实地盘点，也就是对库存物资进行实际核查，清点实际数量。

（二）盘点的方法

1. 按盘点频率不同划分

（1）期末盘点法。期末盘点是指在会计计算期末统一清点所有物品数量的方法。由于期末盘点是将所有物品一次点完，因此工作量大、要求严格。通常采用分区、分组的方式进行，其目的是明确责任，防止重复盘点和漏盘。分区即将整个储存区域划分成一个一个的责任区，不同的区由专门的小组负责点数、复核和监督。因此，一个小组通常至少需要三人分别负责清点数量并填写盘存表，复查数量并登记复查结果，第三人核对前二次盘点数量是否一致，对不一致的结果进行检查。待所有盘点结束后，再与电脑或账册上反映的账面数核对。

（2）循环盘点法。循环盘点是指在每天、每周清点一小部分物品，一个循环周期将每种物品至少清点一次的方法。循环盘点通常对价值高或重要的物品进行盘点，检查的次数多，而且监督也严密一些；而对价值低或不太重要的物品，盘点的次数可以尽量少。循环盘点一次只对少量物品盘点，所以通常只需保管人员自行对照库存资料进行点数检查，发现问题按盘点程序进行复核，并查明原因，然后调整。也可采用专门的循环盘点单登记盘点情况。

（3）动态盘点法。对发生过收、发的物资，及时核对该批物资余额是否与账、卡相符。该方法有利于及时发现差错并作出处理。

2. 按盘点时间不同划分

（1）定期盘点。指选择一固定时期，将所有物资全面加以盘点的行为。

（2）临时盘点。指不定期的盘点，如遇商品调价、仓库负责人的调动交接、仓库发生意外事故等情况。

3. 按盘点范围不同划分

可分为全部清查盘点和局部清查盘点。

4. 按盘点物资品种不同划分

可分为重点物资清查盘点和一般物资清查盘点。

课内小任务

任务描述：盘点是对企业库存进行全面清查和核实的过程，旨在掌握库存商品的数量、品种、规格、质量以及存储状况，以便及时发现和解决库存管理方面存在的问题，优化库存结构，提高库存周转率，确保企业资产的安全和完整。盘点的方法有多种，请查阅资料填写下面的表格（表 3-2-1）。

表 3-2-1　几种盘点方法的对比

序号	盘点方法名称	操作规程	优点
1			
2			
3			

学号：　　　　　　　　　　　姓名：　　　　　　　　　　　时间：　　　年　　月　　日

四、盘点的工作流程

（一）盘点准备工作

微课：盘点作业

盘点作业的事先准备工作是否充分，关系盘点作业是否顺利，为了使盘点能在短时间内，利用有限的人力达到迅速准确的目标，事先的准备工作内容如下：

1. 确定盘点时间

可根据物资性质来确定盘点周期，例如，可规定 A 类物资每周盘点一次，B 类物资每半个月盘点一次，C 类物资每月盘点一次，也可根据财务部门成本决算的日期来确定盘点日期。

一般性货品就货账相符的目标而言盘点次数越多越好，但每次实施盘点必须投入人力、物力、财力，耗资较大，因此很难经常盘点。事实上导致盘点误差的关键因素在于出入库的过程，可能是出入库作业单据输入、检查点数的错误，或是出入库搬运造成的损失，因此出入库作业次数多，误差也会随之增加。所以，可以根据物品的不同特点、价值大小、流动速度、重要程度来分别确定不同的盘点时间。盘点时间的间隔可以从每天、每周、每月到每年盘点一次不等。以一般生产厂而言，因其货品流动速度不快，半年至一年实施一次盘点即可。但在配送中心货品流动速度较快的情况下，最好能视配送中心各货品的性质采取不同的盘点时间。

2. 制订盘点计划

对于以往盘点工作的问题加以检讨修正后，确定本次盘点的范围、程序和方法，公司盘点程序与方法应经过会议通过后列入公司正式的盘点制度中。若盘点的程序与方法已列入仓库盘点制度，则依制度执行。按照盘点制度，仓库主管须在每月底制订下月盘点计划(表 3-2-2)，仓管员根据盘点计划对责任仓库储存的货物进行盘点。

表 3-2-2　月盘点计划表

时间周期：

序号	盘点时间	仓库及巷道	责任仓管员	盘点人	完成盘点时间	审核人	备注
1							
2							
3							

说明：盘点计划表一般按周、月与季度进行制订。

制表人(仓库主管)：　　制表日期：　　审核人(经理)：

如果盘点范围较大，盘点人员较多，盘点前还应规划盘点配置图(图 3-2-1)。盘点时必须将通道及陈列架标示编号，并将此编号作成贴纸，粘贴于陈列架右上角，这样既可周详地分配责任区域，盘点者又可明了自己的工作范围。同时，也可在此图上掌握全局，合理调配，互相援助。

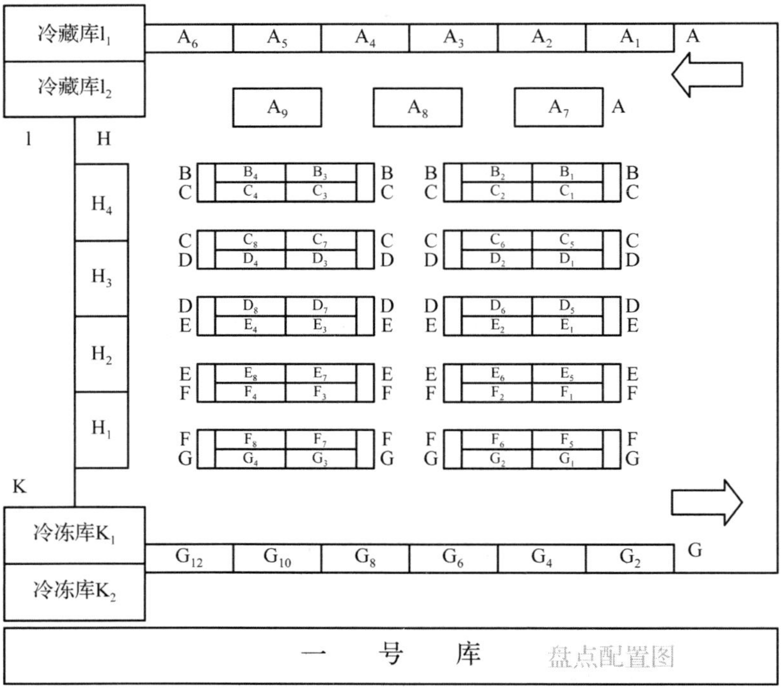

图 3-2-1　盘点配置图

3. 盘点人员的组织与培训

为使盘点工作得以顺利进行，盘点时必须增派人员协助，由各部门增援的人员必须加强组织，并且施以短期训练，使每位参与盘点的人员充分发挥其作用。

(1)确定盘点人员。在进行定期盘点时，盘点工作量大、时限性强，为使盘点工作顺利进行，需从各部门抽调人手参加盘点，并制作盘点安排计划表(表 3-2-3、表 3-2-4)。参加盘点的人员主要有以下几种。

①初盘人员。即参加初盘的仓库管理员。

②复盘人员。从财务、行政等各部门抽调人员担任，并由原部门初盘员做指引。

③抽盘人员。通常由财务、审计等部门主管担任，负责对盘点实施工作进行抽查。

④分析人员。即根据数据做出盈亏表，并分析产生盈亏的原因。

表 3-2-3 盘点安排计划表

所属部门： 主管姓名： 日期：

员工姓名	职位	盘点时间安排	盘点内容	参加盘点步骤			加班时数
				初盘	复盘	抽盘	

部门经理：

表 3-2-4 支援组盘点人员安排计划表

时间：

姓名	所属部门	职位	盘点时间安排	盘点内容	参加盘点步骤			加班时数
					初盘	复盘	抽盘	

制表： 部门经理：

(2)培训盘点人员。为使盘点工作顺利进行，需对抽调人员进行盘点前的物资认识培训与盘点方法培训(表 3-2-5)。

①物资认识的培训。培训的对象通常是复盘和抽盘人员，若需分区盘点，则将易于认识的物资的贮存区域分配给对物资认识不足的人员，并进行物资的分区认识培训。

表 3-2-5　盘点培训计划表

门店＿＿＿＿＿＿　　　　　　　　　　　　　　　　　日期＿＿＿＿＿＿

部门	组别	本部门培训人员	其他部门培训人员	培训时间	指导人员
生鲜	肉类、水产、蔬果				
	熟食				
食品	粮油、罐头、干货				
	烟酒、饮料				
	冲调、饮品				
	糖果、饼干				
百货	电器				
	日化				
	家纺				
	文化				
	家居				
合计					

制表：　　　　　　　　　　批准：　　　　　　　　　　经理：

②盘点方法的培训。针对所有人员讲解盘点的程序、盘点的方法、盘点使用的单据表格等，使初盘、复盘、抽盘人员对整个盘点管理进行过程有详细的了解和充分的准备。

4. 准备盘点基本工具

准备好盘点工具，如果使用盘点机（图 3-2-2）或盘点枪盘点，须先检查盘点机或盘点枪是否能正常操作。

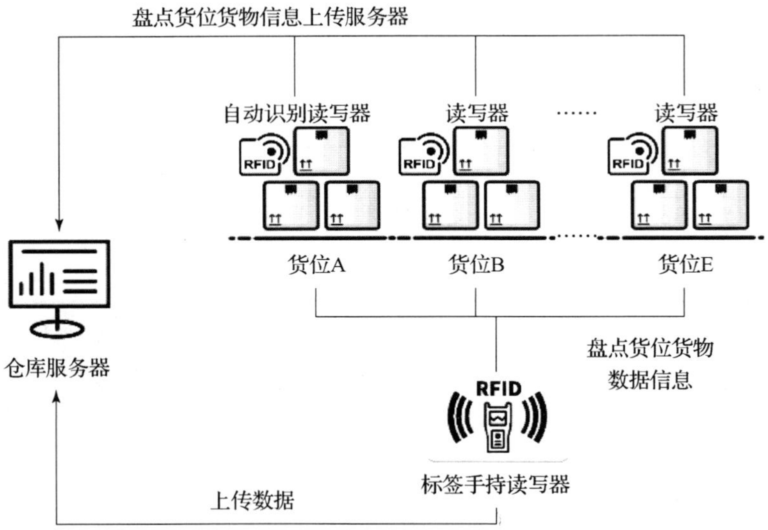

图 3-2-2　智慧仓库现货盘点流程

内蒙古移动成功部署国内首个仓储盘点巡检机器人

库存盘点中还可借助无人机，无人机搭载的摄像头可以用于扫描条形码和识别商品标签，从而实现快速无误的库存盘点。

5. 清理仓库

盘点现场也就是仓库或配送中心的保管现场，所以盘点作业开始之前必须对其进行整理，以提高盘点作业的效率和盘点结果的准确性。清理作业主要包括以下几方面的内容：

(1)清点实物。在盘点前，对厂商交来的物料必须明确其所有数，如已验收完成，属于本配送中心的，应及时整理归库，若尚未完成验收程序，同厂商应划分清楚，避免混淆。将呆废物资及品质不良、包装状态不好的物资预先标记，与一般物资划分开来，便于正式盘点时做最后鉴定。

(2)储存场所在关闭前应通知各需求部门预领所需的物品。

(3)清洁整理仓库。使物资摆放井然有序，便于计数和盘点。

(4)清理未达账，账卡、单据、资料均应整理后加以结清。仓库工作人员将所有单据、账、卡进行整理，未入账、销账的单据要处理完毕。

(5)打印库存。在收发完毕或空闲时间内，确定没有未达账时，在电脑中将“库存盘点表”打印出来以备盘点时用。

(6)储存场所的管理人员在盘点前应自行预盘。

(二)盘点实施工作

盘点时可以采用人工抄表计数，也可以用电子盘点计数器。盘点工作不仅工作量大，而且非常烦琐，因此，除了加强盘点前的培训工作外，盘点作业时的指导与监督也非常重要。

1. 发放盘点表格

将提前制定好的盘点票和相关表格发放给参加盘点的人员。盘点责任区分配表(表 3-2-6)发放给每个参与者；盘点票和盘点记录表发放给初盘员；盘点盈亏表发放给盘点分析人员。

表 3-2-6 盘点责任区分配表(小组用)

部门：　　　　　　　　　　　　日期：

姓名	盘点类别	区域编号	盘点票编号			备注
			起	讫	张数	

填表人：__________　　　　　　　　批准人：__________

2. 初盘

初盘员初盘，要了解库存情况，进行实物盘点，做到见物盘物，填写盘点票，并在盘点表上记录实物数量。对于体积小、价值高的商品须开箱盘点，确保盘点无误。

3. 复盘

复盘员进行确认初盘数量，数量有差异者，与初盘人员做好复核确认，确认后数据记录于盘点记录表。确认数据前也要仔细核对实际货物和初盘数据。

(1)对错误进行修正。根据正确的填写方法，对错误填写项进行修改，用正确的方式修改错误。

(2)对差异进行处理。复盘有差异者，由复盘人员与初盘人员共同再盘一次，对差异数据进行复核和异常处理，要求对差异数据进行仔细认真修改，然后进行核对，确认后记录于盘点记录表上。

4. 复盘完毕

从实物处取下盘点票。

(三)盘点后处理工作

1. 核对单据及账目

(1)收回盘点票和盘点记录表。盘点票是盘点实际库存数的原始记录，要按编号、发出数收回。

(2)核对盘点记录表和盘点票数据是否一致。将盘点记录表上的数据与盘点票上的数据进行核对，看是否一致。对盘点票和记录表上的项目要清楚，注意掌握正确的填写方法。

(3)将实盘数据与账目进行核对。将盘点记录表上的实盘数据与账目、进销存卡核对。发现实存数大于账面结存量或有物无账的现象，即发生了物资盘盈；发现实存数小于账面结存量或有账无物的现象，即发生了物资盘亏。

(4)编制盘点盈亏表。

2. 盘点结果处理

对于数量有差异的商品再次进行盘点，确认数量差异，并查找出现差异的原因。如有外包装与其中物品不相符的，要在包装盒上注明实际情况。整理差异情况及原因，上报仓库主管并跟进处理。

(1)盈亏原因分析。当盘点结束后，发现所得数据与账簿资料不符时，即发生盘盈、盘亏时，要分析并追查差异的主因。着手查找原因的方向有：

①记录计算出了差错，盈亏结论不真实。

②盘点工作计数错误导致错盘、漏盘和重盘，例如，分置多处的物资未细盘，对物资的品名、规格混淆不清导致了差错，发现差错后没有与初盘人员共同复核有差异的数据。

③料账处理制度、处理方式有缺陷而造成账目无法准确表达贮存物资数目的情况，账物不一致的情况并不属实。

④记账员记账错误，或进仓、出仓原始单据丢失，收发物资未予过账而造成账目的不足。

⑤因包装原因产生的差错，如包装容器的破损导致液体物资的流失，捆扎包装的错误导致数量的短缺等。

⑥因量具、衡器欠准确或使用方法不当产生的错误。

⑦自然损耗或变质损坏等原因造成物资数量的差异，如因气候影响发生物资的腐蚀、硬化、变质、生锈和发霉等，或因某些物资自身特性而致挥发、吸湿等使物资重量增加或减少的现象。考虑盈亏数量是否在定额损耗之内。

⑧贪污、盗窃、丢失等原因。

(2)盈亏处理。差异原因追查清楚后，应针对主要原因进行适当的调整与处理，至于呆废品、不良品减价的部分则需与盘亏一并处理。物品除了盘点时产生数量的盈亏外，有些货品在价格上会产生增减，这些变更在经主管审核后必须利用货品盘点盈亏及价目增减更正表进行修改。

盘盈原因查明后，要在盘点表单中分别列明盘盈物资的名称、规格、数量、单价、金额和原因等，按规定程序报批后，将盘盈物资入账。

盘亏原因查明后，对已发生的差额、错误、变质、损耗和呆滞等结果，研究处理办法，办理调整商品账、卡的手续，并提出纠正及预防措施，防止以后再发生。此外，仓库对流动频繁、易于短缺的物资要适当增加盘点次数；对贵重物资则要经常盘点，以加强监督、防范。

(3)编制盘点盈亏表并报上级主管部门。

(4)报损业务。对已发生的差额、错误、变质和损耗等结果，分别予以处理，物资超过允许损耗的范围，应填制报损单，并写明损耗原因上报，由上级主管部门决定处理方式。并提出纠正及预防措施，防止以后再发生。一般情况下，责任保管员应承担一定的经济责任。

盘点后物品数量上的盈亏，还有些商品需进行价格调整，可以在主管审核后，用货物盘点盈亏及价格增减调整表在系统中进行更正。具体操作时可采用虚拟出入库的方式，进行账面数量的增减，以使盘点实数与财务人员账卡上的账面数相符。

任务实施

项目三	智慧仓储在库作业管理	任务二	盘点作业管理
任务背景	月末,惠安仓储物流有限公司组织部分财务人员及仓库管理员到仓库盘点,要求在规定的库存区域内,对库存商品进行盘点检查,核对现有存货与账目记载数量是否一致,查明各项物品的可用程度,发现不良品、呆滞品均要记录,并用货卡标示出来。		
任务要求	1.本任务教学地点可设置在校外实习基地的仓储部,也可以设在学校具有仓储模拟功能的实训室。 2.教学场所(实训室)要求具有一些货物信息,可准备若干纸箱代表货物,并在纸箱上标明货物的名称、存储温湿度要求、批次等信息。 3.填写一些货物账卡并放在相应位置。还可以设置货物的数量明显减少的异常情况。若操作过程中发生盘点票填写错误,可提供错误填写的盘点票,让学生进行模拟。 4.以5人为一个小组进行,小组成员的具体分工是:盘点总负责人1人、初盘员1人、复盘员1人、制表员1人、分析员1人。 5.不同的盘点小组在不同的指定区域内作业。每组的每位学生都要明确自己的角色,并熟悉各个角色的工作职责,能够互相配合完成盘点作业流程。		
实施方法	将库房盘点工作作为一个小任务,学生按照资讯—计划—实施—检查评估来完成任务,在老师指导下制订方案、实施方案,最终进行评估。		
实施成果	1.制订完善的盘点作业流程方案。 2.在实训室开展盘点工作,总结工作中的问题和提出解决方案。		
学号:	姓名:	时间:	年　月　日

任务检测

<table>
<tr><td>项目三</td><td>智慧仓储在库作业管理</td><td>任务二</td><td>盘点作业管理</td></tr>
<tr><td>检测方式</td><td colspan="3">课证融通习题、技能训练</td></tr>
<tr><td>课证融通习题</td><td colspan="3">一、单选题
1.（ ）是仓储企业盘点中经常采用的方法。
A. 盘点 B. 经常性盘点 C. 周期盘点 D. 定期盘点
2. 关于盘点现场清理的操作要求正确的是（ ）。
A. 待配送出库商品要提前通知，放在待检区
B. 对残次品、损坏品、赠品归类清理，单独存放加以标示
C. 未验收入库的商品要归入储位、并整理好上架的货物
D. 已验收入库属于供应商的商品要区分清楚，避免混淆
3. 关于盘后整理的操作要求不正确的是（ ）。
A. 在盘点中发现残次品，务必挑选出来，不得实盘进去
B. 遇到款号型号不清楚的商品，单独存放，不得随便填写款号或自己做主不盘不问。
C. 残次品不计入盘存数，放到待处理区
D. 商品不足一个销售单位不计入盘存数，应取出放到待处理区
4. 按盘点（ ）分，仓库盘点方式可分为动态盘点法、循环盘点法、期末盘点法。
A. 时间不同 B. 范围不同 C. 物资品种 D、方法不同
5. 关于盘点盈亏原因分析错误的是（ ）。
A. 账物处理系统管理制度和流程不完善，数据出错导致盘点盈亏
B. 盘点前数据资料未结清，账面数不准确，会导致盘点盈亏
C. 盗窃、贪污、丢失、仓管不力等原因会造成商品盘亏
D. 盘点时发生漏盘、重盘、错盘现象，盘点时肯定会出现盘亏
6. 盘点时间的确定主要考虑商品的因素，不包括（ ）。
A. 商品特性 B. 价值大小 C. 商品保质期 D. 流动速度
二、判断题
1. 盘点不只是点数，更是对实际库存数量的检查与确认。（ ）
2. 盘点时要先清理现场后进行盘前准备，才能开始盘点。（ ）
3. 盘后整理时，过期品不应计入盘存数，应放到待处理品堆放区。（ ）
4. 每次盘点的时间尽可能短，全面盘点应在 26 天内完成为佳。（ ）
5. 盘点差异处理能及时发现仓库管理中存在的耗损，采取措施加以改善，以提高仓储管理水平。（ ）</td></tr>
<tr><td>技能训练</td><td colspan="3">某企业化妆品仓库原来自行管理，现拟将其化妆品仓库移交给第三方物流公司管理。为了摸清化妆品仓库现状，双方需要对库内商品的数量和位置等进行清点、核对。双方原定在 5 月 18 日进行库存盘点，但 5 月 20 日是甲方开展“520”促销活动时间，且 5 月 18 日前仓库库位复核、调整未到位，另行选择盘点时间为 5 月 27 日至 5 月 28 日，请根据所学知识制订盘点方案。</td></tr>
<tr><td colspan="4">学号： 姓名： 时间： 年 月 日</td></tr>
</table>

任务三　库存控制管理

任务描述

惠安仓储物流有限公司为哈达果蔬批发市场进行果蔬存储业务，根据库存周转量统计表(表 3-3-1)，请对在库保管物品进行 ABC 分类，同时选择库存控制方法。

表 3-3-1　库存周转量统计表

序号	货品名称	编号	周转量/箱	排序
1	柚子	D001	25 000	
2	柑橘	F001	20 000	
3	火龙果	D002	1 000	
4	苹果	F002	180 000	
5	香蕉	F003	16 000	
6	脐橙	W001	10 000	
7	蛇果	W002	5 000	
8	槟榔果	W003	800	
9	桂圆	W004	500	
10	仙桃	W005	200	

同时苹果平均日出库量为 1 500 箱，并且苹果需求情况服从标准差为 20 箱/天的正态分布，平均订货提前期是 5 天，标准差为 1 天，那么为了保证这种苹果在冬季到春季间的客户服务水平达到 95%，请为其确定安全库存。

任务目标

知识目标

1. 了解设置库存的目的和库存带来的弊端。
2. 掌握定量订货法和定期订货法的含义及二者的特点和适用范围。
3. 掌握库存成本的构成。

能力目标

1. 会运用订货技术正确控制库存量。
2. 能够运用定量订货法进行订货点和订货批量以及库存成本的计算。
3. 能够运用 Excel 对物品进行 ABC 分类，进而选择合理的库存控制方法。

素质目标

1. 培养辩证思维能力。
2. 树立团队合作意识。

任务准备

一、库存概述

（一）库存的概念

从企业生产、经营活动的全过程而言，库存是指储存作为今后按预定的目的使用而处于备用或非生产状态的物品。广义的库存还包括处于制造加工状态和运输状态的物品。

库存，既是生产、服务系统合理存在的基础，又为合理组织生产、服务过程所必需。以较低的库存成本，保证较高的供货率，不仅在理论上是成立的，在实践方面也是完全可以达到的。

（二）库存的作用和分类

1. 库存的作用

设置库存的根本目的是保证在需要的时间、需要的地点，为需要的物料提供需要的数量。同时，库存还能起到以下作用：防止缺货、提高服务水平；节省开支、降低成本；保证生产、销售过程顺利进行；提高生产均衡性、调节季节性需求。

2. 库存的类型

(1)周转库存。在正常的生产经营环境下，企业为满足日常消耗而建立的库存。

(2)安全库存。指那些除了预期的客户需求外，为了满足在紧急、未预料需求或未预期的运输延迟等情况发生时所准备的最少量的额外库存。

(3)中转库存。是正在转运或等待转运的，或已装在运输工具上的存货。

除了上述三种库存外还有季节性库存、促销库存、投机库存和沉淀库存或积压库存。

（三）库存控制的意义

1. 库存控制的作用

在保证企业生产、经营需求的前提下，使库存量经常保持在合理的水平上；掌握库存量动态，适时，适量提出订货，避免超储或缺货；减少库存空间占用，降低库存总费用；控制库存资金占用，加速资金周转。

2. 库存的合理控制

库存合理化就是在满足用户需求的前提下，以最经济的方法和手段，使库存成本（库存费用、订货费用、缺货损失之和）保持在最小的状态。

(1)库存量过大所产生的问题。增加仓库面积和库存保管费用，从而提高了产品成本；占用大量的流动资金，造成资金呆滞，既加重了货款、利息等负担，又会影响资金的时间价值和机会收益；造成产成品和原材料的有形损耗和无形损耗；造成企业资源的大量闲置，影响其合理配置和优化；掩盖了企业生产、经营全过程的各种矛盾和问题，不利于企业提高管理水平。

(2)库存量过小所产生的问题。造成服务水平的下降，影响销售利润和企业信誉；造成生产系统原材料或其他物料供应不足，影响生产过程的正常进行；使订货间隔期缩短，订货次数增加，使订货（生产）成本提高；影响生产过程的均衡性和装配时的成套性。

(3)影响合理库存量的因素有：

①社会需求量。社会需求量与库存量成正比，需求量越大，库存量就应该越多。

②商品再生产时间。商品再生产时间与库存量成正比,商品再生产时间越长则库存量应该越多。

③交通运输条件。交通运输条件好,库存量可以少一些,否则应该多一些。

④管理水平和设备条件。管理水平与设备条件越好,则库存量可以少一些,否则应该多一些。

二、库存成本

库存成本的构成一般可分为以下三个主要部分:

(一)库存获得成本

1.含义

库存的获得成本是指企业为了得到库存而需承担的费用。抛开库存的本身价值,如果库存是企业直接通过购买而获得的,则获得成本体现为订货成本。

2.构成

(1)订购手续成本。

(2)采购成本(差旅费、通信费、招待费等)。

3.特点

在一次订购中,订货成本与订货量的多少无关。总的订货成本与订货次数有关,订购或运输次数越多,订货成本就越高。

(二)库存持有成本

1.含义

库存持有成本即为保有和管理库存而需承担的费用开支。具体可分为运行成本、机会成本和风险成本三个方面。

2.构成

运行成本主要包括仓储成本,自营型的仓库体现为建造仓库的固定投资的摊销费用,外包型的仓库则体现为仓库的租金。库存越高,仓储面积越大,仓储成本也越高。此外,运行成本还包括仓库中的设备投资成本和日常运作费用(水、电、人工等)。

机会成本主要是库存所占用的资金所能带来的机会成本,库存作为企业的资产是通过占用企业的流动资金而获得的,而任何企业都有其一定的资金投资回报率,即库存占用的资金如果不用于库存而去经营其他投资所能获得的平均收益,这一比例因行业的不同和企业的不同而有所不同,一般为10%~16%。企业因为要持有一定的库存而丧失了流动资金所能带来的投资收益,即为库存的机会成本。有时企业通过借款来获得库存,这时的机会成本还应包括借款的利息支出。

风险成本顾名思义是从风险的角度出发来考虑的,首先是保险费用,为了减少库存的损失,大多数的企业会为其库存购买保险,其费用就是库存成本。同时可能会因为库存的不合理而造成损耗或报废,如食品过期、存放过程中破损、产品滞销、失窃等,这些损失同样是库存的风险成本。

3.特点

库存持有成本与被保管物品的数量多少和保管时间长短有关,与订货次数无关。

（三）库存缺货成本

库存缺货成本，简而言之就是由于库存供应中断而造成的损失，包括原材料供应中断造成的停工损失、产成品库存缺货造成的延迟发货损失、销售机会丧失带来的损失、企业采用紧急采购来解决库存的中断而承担的紧急额外采购成本等。

库存缺货成本的特点是允许缺货则缺货成本与存货数量呈负相关，若不允许缺货则缺货成本为零。

三、库存的 ABC 分类法

随着企业规模的扩大和市场竞争的加剧，库存管理成为企业竞争力的重要因素之一。为了提高库存管理的效率和准确性，许多企业开始采用 ABC 分类法。

在企业运营中，库存物料种类繁多，每种物料不仅价格各异，其库存量也参差不齐。部分物料虽库存量有限，却占据大量资金；有些物料库存堆积如山，却对资金占用贡献甚微。鉴于这种复杂性，对所有库存物料采取无差别的管理方式既不实际也不经济，因为这样会消耗大量的时间、资金、人力及物力资源在频繁的盘点、订单处理及收货等作业上。

为了优化资源配置，企业有必要对库存物料实施分类管理。这一策略的核心在于根据物料的重要性差异，即其在资金占用、需求频率或供应风险等方面的不同，采用差异化的库存管理策略，这就是广为人知的 ABC 分类法。通过这种方法，企业能够更精准地管理库存，提升运营效率，降低成本。

（一）库存 ABC 分类法的基本原理

1951 年，美国通用电气公司在对公司的库存产品进行分类时，首先提出将公司的产品，根据销量、现金流量、前置时间或缺货成本分为 ABC 三类：A 类库存为重要的产品，B、C 类依次为次重要和不重要的产品。

ABC 分类法是库存控制的基本方法之一。并广泛应用于库存控制、生产控制、质量控制及其他许多管理问题。它是管理控制基本原理中最有效的方法。

（二）库存 ABC 分类法的实施

（1）收集某一段时间内每种库存物资的品种数、购买单价、年平均库存量等资料。

（2）将每种库存物资按平均资金占用额的大小顺序排列，编制库存 ABC 分析表（表 3-3-2）。

表 3-3-2 ABC 分析表

物品名称	物品品目数量	平均库存	单价	占用资金额	所占比重/%		比重累计/%		分类结果
					品目	金额	品目	金额	
9	1	10	680	6 800	10	68	10	68	A 类
2	1	12	100	1 200	10	12	20	80	
3	1	25	20	500	10	5	30	85	B 类
4	1	20	20	400	10	4	40	89	

续表 3-3-2

物品名称	物品品目数量	平均库存	单价	占用资金额	所占比重/%		比重累计/%		分类结果
					品目	金额	品目	金额	
5	1	20	10	200	10	2	50	91	C类
6	1	20	10	200	10	2	60	93	
7	1	10	20	200	10	2	70	95	
8	1	20	10	200	10	2	80	97	
1	1	15	10	150	10	1.5	90	98.5	
10	1	30	5	150	10	1.5	100	100	
合计	10			10 000	100	100			

(3)计算每种库存物料品种数和平均资金占用额的百分比和累计百分比。

(4)按照 ABC 分析表进行分类,确定 A、B、C 各类物料。

一般库存 ABC 分类标准为:

①A 类物资。累计品目占 10%~20%,而平均资金占用额累计在 65%~80%的前几个物资。

②B 类物资。累计品目占 20%~30%,而平均资金占用额累计在 20%~30%的物资。

③C 类物资。累计品目占 65%~80%,而累计占用资金仅为 5%~10%。

(三)库存 ABC 分类的管理方法

1. A 类货物的管理方法

(1)重点管理。A 类物料是库存控制的重点,具有品种较少,价格较高,并且多为生产(经营)关键、常用物料。注意储存条件,确保商品保存质量。现场管理应该更加严格,应放在更安全的地方。A 类商品的采购需经高层主管审核。

(2)定量订货。勤进货,最好买了就用,用时再买,以降低库存量,减少占用资金,提高资金周转率。

(3)同供应商建立良好关系。与供应商协调,尽可能缩短前置时间,关注进货价格,保证进货质量和供货及时。

(4)经常进行检查和盘点。增加盘点次数,尽可能采用动态盘点法,以提高库存精确度。

2. B 类货物的管理方法

(1)正常控制,采用比 A 类货物相对简单的管理方法。采购需经中级主管核准。

(2)每 2~3 周盘点一次,适当提高安全库存,中量采购。

(3)B 类货物可以采用定量订货方式,但对前置时间较长,或需求量有季节性变动趋势的货品宜采用定期订货方式。

3. C 类货物的管理方法

(1)不将一些货物列入日常管理的范围,如对于螺丝等数量大且价值低的货物不作为日常盘点的货物，并可规定最少出库的批量，以减少处理的次数。

(2)由于物品价值较低，安全库存量可以大一些，以减少订购次数，降低费用。用“双堆法”等简单的管理措施。

(3)减少这类货物的盘点次数。

(4)给予最低的优先作业次序。

四、定量订货法

(一)定量订货法的含义和原理

1. 定量订货法的含义

定量订货法是指当库存量下降到预定的最低库存量(订货点)时，按规定数量(一般以经济订货批量 EOQ 为标准)进行订货补充的一种库存控制方法。

微课：经济订货批量(EOQ)

2. 定量订货法原理

预先确定一个订货点，在日常管理中连续不断地监控库存水平，当库存水平降低至订货点时，发出订货通知，订货。这种库存控制方法必须连续不断地检查库存物品的库存数量，所以有时又称为连续库存检查控制法。

(二)定量订货法的模型

见图 3-3-1。

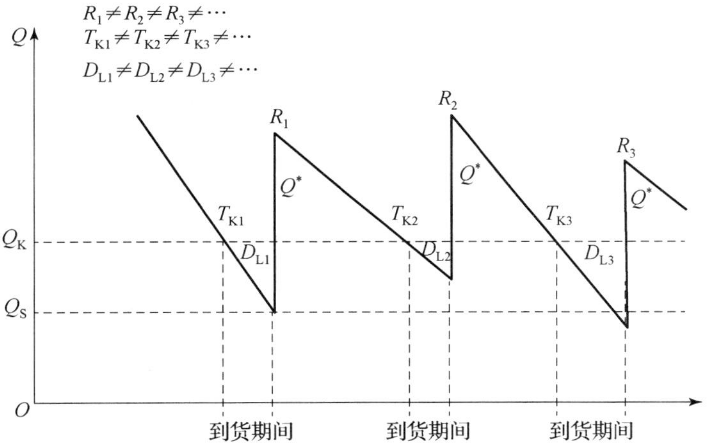

图 3-3-1　定量订货法模型

(三)定量订货法要解决的三个关键问题

(1)确定订货点，即解决什么时候订货的问题。

(2)确定订货批量，即解决一次订货多少合适的问题。

(3)确定订货如何具体实施，以及库存系统的安全库存的问题。安全库存主要解决突然需要货量变大或者订货提前期延长等特殊问题。

(四)订货点的确定

在定量订货法中，当库存水平降到某个库存水平时就发出订货信息，我们将发出订货时的库存水平称为订货点。

1. 影响订货点确定的主要因素

(1)需求速率。

(2)订货提前期。

(3)安全库存。

2. 订货点的计算

(1)在需求是固定均匀的、订货到货间隔时间不变的情况下,有

订货点=平均日需求×平均交货期

(2)在客户需求速率和订货提前期变化的情况下,需要设置安全库存,此时:

订货点=平均日需求×平均交货期+安全库存量

【例 1】 已知某种物资平均每月需用量 300 件,进货提前期为 8 天,该物资的安全库存量为 30 件。则订货点是多少?

订货点=300÷30×8+30=110(件)

在这里,安全库存需要用概率统计的方法求出,公式如下:

$$安全库存=安全系数\times\sqrt{最大订货提前期}\times需求变动值$$

式中,安全系数可根据缺货概率查安全系数表(表 3-3-3)得到;最大订货提前期根据以往数据得到;需求变动值可用下列方法求得:

$$需求变动值=\sqrt{\frac{\sum(y_i-y_A)^2}{n}}$$

式中,y_i 为每月实际需求量,y_A 为平均月需求量,n 为计算的月数。

表 3-3-3 安全系数表

缺货概率/%	30.0	27.4	25.0	20.0	16.0	15.0	13.6
安全系数值	0.54	0.60	0.68	0.84	1.00	1.04	1.10
缺货概率/%	11.5	10.0	8.1	6.7	5.5	5.0	4.0
安全系数值	1.20	1.28	1.40	1.50	1.60	1.65	1.75
缺货概率/%	3.6	2.9	2.3	2.0	1.4	1.0	
安全系数值	1.80	1.90	2.00	2.05	2.20	2.33	

【例 2】 某商品在过去三个月中的实际需求量分别为:一月 126 箱,二月 110 箱,三月 127 箱。最大订货提前期为 2 个月,缺货概率根据经验统计为 5%,求该商品的订货点。

解:平均月需求量=(126+110+127)/3=121 箱

缺货概率为 5%,查表得:安全系数=1.65

$$需求变动值=\sqrt{\frac{(126-121)^2+(110-121)^2+(127-121)^2}{3}}=7.79$$

$$安全库存=1.65\times\sqrt{2}\times7.79=19(箱)$$

$$订货点=121\times2+19=261(箱)$$

(五)经济订货批量的确定

经济订货批量的原理是平衡订货成本、存储成本，寻求使得包含采购成本、订货成本、存储成本在内的总库存成本最小的订货批量。

1.库存成本分析

(1)采购成本。

(2)订货成本。

(3)库存保管费用。

(4)缺货成本。

确定向供应商订货的数量或要求生产部门生产的批量时，应该尽量使上述四种成本的总成本最小。

2.经济订货批量模型

(1)模型假设：每次订货的订货量相同，订货提前期固定，需求量固定不变。

(2)最佳订货批量的确定(图 3-3-2)。

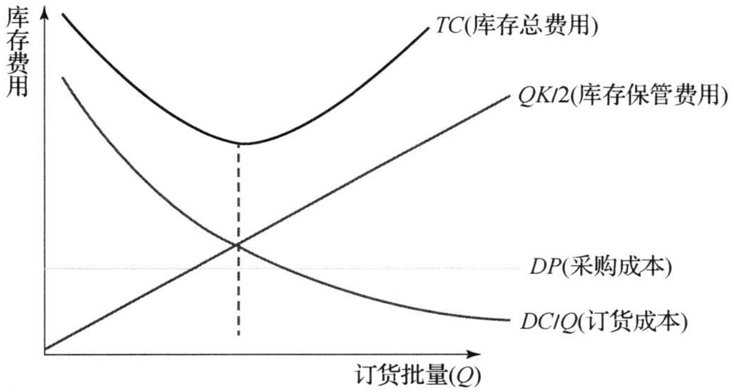

图 3-3-2　经济订货批量模型

①理想的经济订货批量。

理想状态的经济订货批量是指不考虑缺货，也不考虑数量折扣以及其他问题的经济订货批量。

库存物品的年度总费用(TC)=采购成本+订货成本+库存保管费用

$$\mathrm{TC}=DP+\frac{DC}{Q}+\frac{QK}{2}$$

若要使 TC 最小，对 Q 求导后令其等于 0，则得到经济订购批量 EOQ 的计算公式：

$$\mathrm{EOQ}=\sqrt{\frac{2CD}{K}}\text{或}\ \mathrm{EOQ}=\sqrt{\frac{2CD}{PF}}$$

式中,D——某库存物品的年需求量(件/年);

P——单位采购成本(元/件);

C——单位订货成本(元/次);

Q——每次订货批量(件);

K 和 PF——单件库存平均年保管费用(元/件·年);

F——年保管费率,即单件库存保管费用与单位采购成本之比。

【例 3】 设某企业年需某物资 1 200 单位,价格为 10 元/单位,年保管费率为 20%,每次订货成本为 300 元。求经济订购批量。库存总成本是多少?

$$\text{EOQ}=\sqrt{\frac{2\times300\times1200}{10\times20\%}}=600(\text{单位})$$

$$\text{TC}=1\ 200\times10+\frac{1\ 200\times300}{600}+\frac{600\times2}{2}=13\ 200(\text{元})$$

②有数量折扣的经济订货批量。

a. 考虑采购数量折扣的经济批量。判断是否采购的标准为接收折扣所产生的总成本与采用 EOQ 时的总成本之间的大小。

【例 4】 在【例 3】中,如果供应商给出的数量折扣条件是:物资订货量小于 650 单位时,每单位 10 元,订货量大于或等于 650 个单位时,每单位为 9 元。若其他条件不变,最佳采购批量是多少?

解题过程如下:

按接受折扣价格的批量采购时的总成本:TC=11 938(元);

按折扣单价计算的 EOQ;EOQ=632(单位);

分析判断,采购量为 650 单位。

b. 考虑运输数量折扣的经济批量。判断是否采用的标准为将有无运价折扣的两种情况进行总成本对比,选择总成本低的方案。

【例 5】 在【例 3】中,如果订购批量小于 800 单位时,运输费率为 1 元/单位;订购批量大于等于 800 单位时,运输费率为 0.75 元/单位。若其他条件不变,最佳订购批量是多少?

按 EOQ 计算的库存总成本:

$$\begin{aligned}\text{库存总成本}&=\text{订购成本}+\text{储存成本}+\text{运输成本}\\&=\frac{1\ 200}{600}\times300+\frac{600\times10\times20\%}{2}+1\times1\ 200=2\ 400(\text{元})\end{aligned}$$

按折扣运价批量计算的库存总成本:

$$\begin{aligned}\text{库存总成本}&=\text{订购成本}+\text{储存成本}+\text{运输成本}\\&=\frac{1\ 200}{800}\times300+\frac{800\times10\times20\%}{2}+0.75\times1\ 200=2\ 150(\text{元})\end{aligned}$$

分析判断,由计算结果可知,按照 800 单位批量订购可以节省库存费用 250 元,因此,应该将订购批量扩大到 800 单位。

课内小任务

任务描述：某企业某商品年需求量为 360 000 箱，该商品的单价为 15 元，单位商品年平均储存费用为 4 元，订货费用每次为 50 元，求经济订货批量、总成本。
学号：　　　　　姓名：　　　　　时间：　　年　　月　　日

（六）定量订货法的优缺点

1. 定量订货法的优点

（1）能及时地掌握库存储备动态，及时提出订购，不易出现缺货。

（2）管理简单，订货时间和订货量不受人为因素影响，保证了库存管理的准确性。

（3）保险储备量较少；平均库存量较低。

（4）每次订购量固定，故能采用经济订购批量模型，节约成本。

2. 定量订货法的缺点

（1）必须不断核查仓库的库存量。

（2）要求每个品种单独进行订货作业，增加订货成本和运输成本。

（3）订购时间不定，难以编制严密的采购计划，不能得到多种物资合并订购的好处（如优惠、减少运输和采购费用等）。

五、定期订货法

（一）概念

定期订货法又称为定期盘点法，是指每隔一段时间即进行订货，订货时间固定，每次订货量不定。

（二）定期订货法的模型

见图 3-3-3。

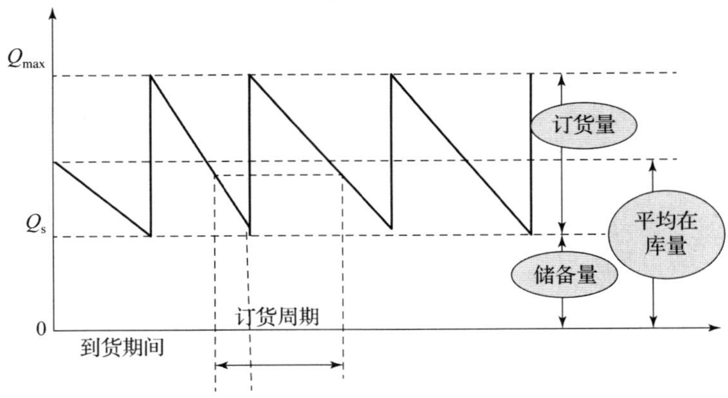

图 3-3-3 定期订货法模型

(三)定期订货法的核心问题

1. 确定订货周期

确定订货周期一般采用经济订货周期,其间隔时间总是相等的。

【例 6】 某仓库 A 商品年需求量为 16 000 箱,单位商品年保管费用为 20 元,每次订货成本为 400 元,求经济订货批量 Q^*、经济订货周期 T^*。

$$Q^*=\sqrt{\frac{2\times400\times16\ 000}{20}}=800(\text{箱})$$

$$n=16\ 000\div800=20(\text{次})$$

$$T^*=365\div20=18.25(\text{天})$$

2. 确定最高库存量

定期订货法的最高库存量是用以满足一定期间内的库存需求的,所以我们可以用一定期间内的库存需求量为基础。考虑到为随机发生的不确定库存需求,再设置一定的安全库存量。公式如下:

最高库存量=(订货间隔期+订货提前期)×日需要量+安全库存量

3. 确定每次订购量

定期订货法每次的订货数量是不固定的,订货批量的多少都是由当时的实际库存量的大小决定的,考虑到订货点时的在途到货量和已发出出货指令尚未出货的待出货数量,则每次订货的订货量的计算公式为:

订购量=最高库存量-(现有库存量+已订未到量-顾客延迟购买量)

(四)定期订货法的优缺点

1. 定期订货法的优点

(1)对最高库存量控制较严格。

(2)一般只在盘点期进行库存盘点,工作量相对较少。

(3)计划性强,有利于编制较实用的采购计划,可以将多种物品合并订购,这样可以降低订购和运输等费用。

2. 定期订货法的缺点

(1)定期订货法的安全库存量比定量订货法高。

(2)平均库存量较大以防止在盘点期发生缺货现象。

(3)如果某时期需求量突然增大,有时会发生缺货。

六、库存控制方法

库存控制需要考虑物资使用量、采购周期、到货周期、季节性波动等各类因素,因此,为了提高库存控制管理的效率,企业要引入信息化手段,对每次物资的采购、使用及价值盘点进行分析核算。

(一)库存控制的目标

在设计库存控制方法之前,企业首先要明确库存控制的目标。一般而言,库存控制的目标主要表现在4个方面:

(1)在保证生产、经营需求的前提下,使库存水平经济合理。

(2)动态监控库存量变化,适时、适量地提出订货。

(3)降低库存占用空间,提升仓库利用率。

(4)控制库存占用资金,提高资金周转率。

(二)库存控制的因素

为实现库存控制目标,库存控制管理实际上就是解决三个核心问题,即多久检查一次库存量、何时提出订货(订货点)、订多少货(订货量)。由此可见,库存控制系统的主要控制因素有两个,即时间和数量。企业可通过调整订货的时间和订货的数量实现库存控制。

(1)在订货数量一定的条件下,订货时间过迟将造成物资供应脱节,生产停顿;订货时间过早将导致物资储存时间过长,储存费用和损失增加。

(2)在订货时间一定的条件下,订货数量过少会使物资供应脱节,生产停顿;订货数量过多会使储存成本上升、储存损耗增加。

选择合适的库存模型和库存制度使库存水平在时间和数量上经济合理,是库存理论研究的主要内容。

(三)库存控制系统

基于库存控制的主要目标及核心问题,结合现代信息化手段,企业主要可以借助3种库存控制系统实现库存控制。

1. 定量库存控制系统

定量库存控制系统的订货点和订货量都是固定的,定量库存控制系统,当库存控制系统的现有库存量降到订货点及以下时,企业就向供应商订货,每次订货量均为一个固定的量。经过一段时间,也即订货提前期,所订的物资进入仓库,库存量增加。

在定量库存控制系统下,企业要发现现有库存量是否到达订货点,就必须随时检查库存量,并随时发起订货。这样一来,虽然增加了管理工作量,但库存量却能得到严密的控制。因此,定量库存控制系统适用于重要物资的库存控制。

2. 定期库存控制系统

定期库存系统的运行过程为每隔固定的时间就检查库存,决定库存余额并发出订货,订货量等于最高库存水平与库存余额的差。这种系统的检查期固定，订货量、需求率和订货点检查时的库存余额是可变更的。用这种系统进行控制，可以对多种物品规定同一长度的检查期，但要对每一物品规定最高库存水平。连续库存系统是对每种物品分别进行处理，而定期库存系统是相关地处理多种物品，实现联合订货。

定期系统由于在订货间隔期加前置时间内都需要安全库存，因而对于每一种物品而言，所需要的安全库存量都比连续系统中的大，这使得最优的连续系统比最优的定期系统安全库存费用要小，但由于定期系统具有上述优点，往往可以抵消这一影响。定期系统最适于在供货渠道较少或供货来自物流企业的仓库时采用。

3. 最大—最小系统

最大—最小系统又称为非强制补充供货系统，是连续系统和定期系统的混合物。其运行过程可叙述如下：每隔固定的时间就检查库存并确定库存余额，当库存余额小于等于订货点时就发出订货，订货量等于最高库存水平和库存余额的差。该系统由检查期、最高库存水准和订货点三个变量完全确定。

和定期系统相比，由于不一定在每次检查时都订货，订货次数较少，可节省订货费。但若检查期长到几乎每次检查都订货时，就与定期库存控制系统没有区别。

非强制补充供货系统可能需要相当大的安全库存。若在检查时的库存水平稍高于订货点，则安全库存期需要两个订货间隔加上前置时间。可按类似于定期系统的方法确定检查期。订货点由安全库存量加整个前置时间与检查期内的期望需求量组成，安全库存则通过分析在包括前置时间和检查周期的时期内发生的需求量的偏差来确定。

任务实施

项目三	智慧仓储在库作业管理	任务三	库存控制管理

任务背景

惠安仓储物流有限公司接到某企业王经理的电话，要求对库存的物品进行 ABC 分类，对 A 类商品实行重点管理，对 C 类商品实行一般管理。作为本仓库的保管人员，请依据以下收集到的数据对在库保管物品进行 ABC 分类（表 3-3-4），并针对各类商品选择合适的库存控制方法。

表 3-3-4 ABC 分类数据表

物品名称	物品品目数量	平均库存	单价
1	1	15	10
2	1	12	100
3	1	25	20
4	1	20	20
5	1	20	10
6	1	20	10
7	1	10	20
8	1	20	10
9	1	10	680
10	1	30	5

任务要求

1. 本任务由小组成员协作完成。
2. 完成任务后由小组内自评。
3. 每个小组派代表汇报本组完成情况。

实施方法

将库存控制管理作为一个小任务，学生按照资讯—计划—实施—检查评估来完成项目，在老师指导下制订方案、实施方案，最终进行评估。

实施成果

学号： 姓名： 时间： 年 月 日

任务检测

<table>
<tr><td>项目二</td><td>智慧仓储在库作业管理</td><td>任务三</td><td>库存控制管理</td></tr>
<tr><td>检测方式</td><td colspan="3">课证融通习题、技能训练</td></tr>
<tr><td>课证融通习题</td><td colspan="3">
一、单选题
1. 在正常的生产经营环境下，企业为满足日常消耗而建立的库存称为(　　)。
A. 周转库存　　B. 安全库存
C. 中转库存　　D. 存货
2. 企业为防止提前期延长或订货期间需求增长而建立的库存称之为(　　)。
A. 周转库存　　B. 安全库存
C. 中转库存　　D. 存货
3. 对库存物资实行 ABC 分类管理方法，下列物资属于 A 类物资的是(　　)。
A. 品种数约占库存物资品种总数的 50%～70%，占库存物资总金额的 5%～15%
B. 品种数约占库存物资品种总数的 20%～30%，占库存物资总金额的 15%～35%
C. 品种数约占库存物资品种总数的 10%～20%，占库存物资总金额的 60%～80%
D. 品种数约占库存物资品种总数的 10%～20%，占库存物资总金额的 60%～80%
4. (　　)是一种将库存按年度货币占用量分为三类，通过分析，找出主次，分类排队，并根据其不同情况分别加以管理的方法。
A. CVA 库存管理法　　B. 关键因素分析法
C. 库存 ABC 管理法　　D. 帕累托库存管理法
二、多选题
1. 以下哪些不是定量订货法的优点？(　　)
A. 随时都要掌握库存数量　　B. 操作简便
C. 方便进出货物运作　　D. 订货时间不确定，频率不稳定
2. 以下哪些是定期订货法的优点？(　　)
A. 定期盘点减轻工作
B. 订货量不一致，操作困难
C. 库存管理计划性强，便于计划管理
D. 最大库存量可以控制的更准确
3. 常用的传统订货点技术有两种方法，它们是(　　)。
A. 定量订货法　　B. EOQ 法
C. 定期订货法　　D. JIT
4. 库存管理过程包括(　　)等过程。
A. 确定需求　　B. 存货识别与编码
C. 服务水平与安全库存的确定　　D. 采购提前期管理
5. 影响库存控制决定决策的主要有(　　)。
A. 需求特性因素　　B. 订货点
C. 服务水平　　D. 订货提前期
6. 库存需求有哪几个方面的因素必须要考虑(　　)。
A. 数量　　B. 时间　　C. 频率　　D. 范围
</td></tr>
</table>

续表

项目二	智慧仓储在库作业管理	任务三	库存控制管理
检测方式	课证融通习题、技能训练		
技能训练	1.某仓库某商品年需求量为16 000箱，该商品的单价为10元，单位商品年平均保管费用为2元，订货成本每次为40元，平均交货期为10天，要求确定该商品的订货点和经济订货批量、最低总库存成本，每年订货次数及平均间隔期。（注：一年按360天计算） 2.某产品年需求量1 000件，订货成本5元/次，单价40元/件，储存费率为10%，提前期为5天，求订购批量、总订购成本、订货点。（注：一年按365天计算）		
学号：	姓名：	时间：　　年　　月　　日	

项目四　智慧仓储出库作业管理

项目引入

惠安仓储物流有限公司通过网上客户端接收到客户的订单信息，要求完成相应订单商品的出库配送工作，仓库主管把这项工作分配给公司的实习员工王宇，经过一段时间的业务学习他已经完全可以胜任这项工作，由他负责智慧仓储出库作业管理工作。他需要利用先进的仓储管理系统，按照公司的出库作业流程，根据客户订单要求完成备货准备及根据库存信息组织本次出库作业工作。

仓库主管对王宇提出几点要求：

1. 充分利用智慧仓库现有资源，对收到的客户订单进行订单确认，判断订单有效性，并进行优先权分析；
2. 根据订单货物信息，选择合适的订单拣货方式进行货物拣选打包，并制作拣选单；
3. 根据制订的出库方案，选择合适的设备，进行配载配装复核工作；
4. 进行合理的出库作业岗位分配，提高客户的满意度，确保突发问题的及时、顺利解决。

项目分析

为了更好地掌握智慧仓储出库作业管理，我们需要提前熟悉了解相应的工作内容。

1. 明确智慧仓储出库作业流程和岗位安排，做好出库准备和出库作业计划；
2. 明确智慧仓储出库作业过程中的补货作业；
3. 明确智慧仓储出库拣选方式和打包策略的安排；
4. 明确货物出库复核要求，严格按照要求进行月台分配及配载发运。

任务一　出库预处理作业

任务描述

某物流中心分别通过电话、传真、电子邮件接到来自兴业公司、兴盛公司、兴隆公司和兴旺公司四家客户的订单（扫描二维码获取）。根据各个客户的档案资料，对四份订单是否有效进行分析，针对上面给定的情景，明确出库管理员岗位职责，制订完整的出库作业计划，完成这批货物的出库手续。

客户订单信息

任务目标

知识目标

1. 了解出库作业的整体工作流程。
2. 掌握客户订单接收的基本步骤。
3. 掌握出库订单确认的内容。
4. 掌握不同情况下客户订单的处理方法。

能力目标

1. 作为出库作业组织者能设计出库作业流程。
2. 能完成客户订单的接收、信息核对及确认工作。
3. 能够审核客户订单量并制作库存分配计划表。

素质目标

1. 具备仓储出库作业管理活动的全局观,提升大局意识。
2. 具备一定的团队合作意识。
3. 在出库订单处理过程中提升职场中的个人形象和礼仪。

任务准备

一、出库作业整体流程认知

(一)智慧仓库管理系统中的出库要求

(1)出库操作必须经过授权人员的审批,确保出库操作的合法性和准确性。

(2)出库单据必须填写完整,包括出库物品的名称、数量、规格型号等信息,并由相关人员签字确认。

(3)出库操作必须按照仓库管理系统中设定的流程和规定进行,遵循先进先出原则,确保库存的及时更新和管理。

(4)出库时必须对出库物品进行核对,确保出库物品与出库单据上的信息一致,避免出现错误或遗漏。

(5)出库时必须注意物品的包装和运输,确保物品在运输过程中不受损坏或丢失。

(6)出库后必须及时更新系统中的库存信息,确保库存数据的准确性和实时性。

(7)出库后必须及时通知相关部门或人员,确保出库物品能够按时送达目的地或客户手中。

商品出库要求严格执行各项规章制度,提高服务质量,积极与客户联系,为客户提供、创造各种方便条件,使客户满意,杜绝差错事故的发生。

(二)出库的基本原则和流程

1. 出库的基本原则

(1)先进先出、后进后出。为避免物资长期在库存放而超过其储存期限或增加自然损耗,必须坚持"先进先出、后进后出"的原则。同时要做到保管条件差的先出,包装简易的先出,容易变质的先出,有保管期限的先出,回收复用的先出。

(2)凭证发货。物资"收有据、出有凭"是物资收发的重要原则。所谓"凭证发货"就是指出库必须凭正式单据和手续,非正式凭证或"白条"一律不予发放,紧急抢险救灾物资除外。

2. 出库的基本流程

(1)接收出库申请。仓库管理员接收到出库申请单后,核对申请单上的信息,包括出库物品的名称、数量、规格型号等。

(2)审批出库申请。出库申请单经过相关部门或人员的审批后,方可进行出库操作。

微课:货物出库作业

(3)出库操作。仓库管理员根据批准的出库申请单，按照系统设定的流程和规定进行出库操作，包括核对物品、包装物品等。

(4)更新库存信息。出库操作完成后，仓库管理员必须及时更新系统中的库存信息，确保库存数据的准确性和实时性。

(5)通知相关部门或人员。出库操作完成后，仓库管理员必须及时通知相关部门或人员，确保出库物品能够按时送达目的地或客户手中。

(6)结算和归档。对出库操作进行结算和归档，确保出库记录的完整性和可追溯性。

3. 出库作业整体流程

不同仓库在货物出库的操作程序上会有所不同，操作人员的分工也有粗有细，但就整个发货作业的过程而言，一般都是跟随着货物在库内的流向，或出库单的流转而构成各工种的衔接。以 WMS 系统出库为例，其智慧仓储出库流程如图 4-1-1 所示。

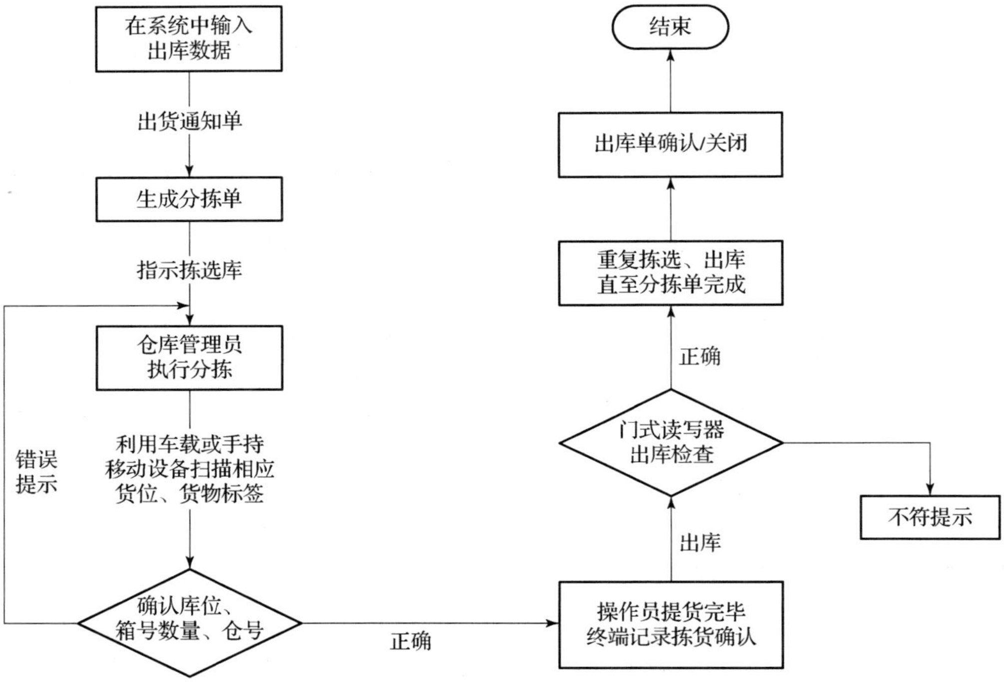

图 4-1-1　智慧仓储出库流程

依照出库明细清单，WMS 系统会自动将明细清单转化成拣货明细清单，并将其传送至穿梭车等设备终端，穿梭车按照接收到的拣货单指令开始工作。随后出库的物品经由 AGV 运输到空中输送线，转接到空中输送线，然后通过 AGV 送达物品所需的车间，WMS 系统在接收到相关的出库信息之后对信息进行确认，确认后更新物品的仓储信息并打印出库明细报表。

商品出库是商品存储阶段的终止，也是仓库作业管理的最后一个环节。出库环节是仓储部门及商品使用单位发生直接联系的作业环节，出库发运的主要任务是及时准确、保质保量地将商品发给收货单位，包括出库前的准备、核对出库凭证、备货、理货及复核商品、包装、点交、填单登账、货物交接装车、清理等环节的作业和业务管理活动，但是每笔业务因为需求不同其流程也存在一定的差异。

课内小任务

任务描述：商品出库要求做到“三不、三核、五检查”，具体包括哪些内容？	
“三不”	
“三核”	
“五检查”	
学号：　　　　姓名：	时间：　　年　　月　　日

二、客户订单接收

客户订单接收是指企业接收客户下达的订单，并进行确认和处理的过程。

(1)订单接收。企业接收客户下达的订单，可以通过传真、电子邮件、电话、在线平台等方式接收订单信息。

(2)订单确认。企业在接收订单后，需要对订单进行确认，核对订单信息的准确性和完整性，包括订单数量、规格、价格、交货日期等。

(3)库存核查。企业在确认订单后，需要核查库存情况，确保有足够的库存可以满足客户订单的需求。

(4)生产计划。如果订单所需产品不在库存中，企业需要根据订单需求制订生产计划，确保按时交付客户订单。

(5)订单处理。企业根据订单要求进行生产、包装、发货等操作，确保产品质量和交货准时。

(6)订单跟踪。企业需要对订单进行跟踪和监控，确保订单物品按时交付客户，并及时沟通和解决可能出现的问题。

(7)订单反馈。企业可以向客户提供订单处理进度和交付情况的反馈，建立良好的沟通和信任关系。

(8)订单结算。订单交付完成后，企业需要进行订单结算，包括发票开具、收款等工作。

(9)客户订单接收是企业与客户之间重要的沟通环节，对订单的准确接收和及时处理能够提高客户满意度，增强企业竞争力。

某物流中心通过电子邮件接到来自客户的订单，订单信息见表 4-1-1。

表 4-1-1　某公司采购订单

订单编号：D202405125204　　　　订货时间：2024.5.12

序号	商品名称	单位	单价/元	订购数量	金额/元	备注
1	DELL 机箱	箱	100	7	700	
2	DELL 内存卡	箱	100	2	200	
3	DELL 电脑主板	箱	100	1	100	
4	DELL 耳机	箱	100	1	100	
合计				11	1 100	

三、出库订单确认

(一)对于订单数量和日期的确认

对于订货资料项目的基本检查，即检查品名、数量、送货日期等是否有遗漏、笔误或不符公司要求的情形，尤其当要求送货时间有问题或出货时间已延迟的时候，更要与客户确认订单内容或更正期望运送时间，同样的，若采用电子订货方式接单，也须对接收订货资料加以检查确认，若通过 VAN 中心进行电子订货处理，可委托其进行一些基本的客户下单资料检查，对于错误的下单资料，传回给客户修改，再重新传送。

(二)对于客户信用的确认

不论订单由何种方式传至公司，配销系统的第一步即查核客户的财务状况，以确定其是否有能力支付该订单的账款，做法多是检查客户的应收账款是否已超过其信用额度。因而接单系统中应设计下述途径来查核客户信用的状况：

1. 客户代号或客户名称，输入时查核客户信用

当输入客户代号、名称资料后，系统即核验客户的信用状况，若客户应收账款已超过其信用额度，系统应加以提示，以便输入人员决定是否继续输入其订货资料，或拒绝其订货。

2. 订购品项资料输入时查核客户信用

若客户此次的订购金额加上以前累计的应收账款超过信用额度时，系统应将此笔订单资料锁定，以便主管审核，审核通过，此笔订单资料才能进入下一个处理步骤。原则上顾客的信用调查由销售部门负责，但销售部门往往为了争取订单并不太重视这种核查工作，因此有些公司会授权由运销部门来承接负责，一旦核查结果发现客户的信用有问题，运销部门再将订单送回销售部门调查或退回。

3. 关于应收账款客户信用额度管理方法

可根据客户信用状况控制企业内对应每一客户的应收账款范围。首先由相关人员为每一客户设定信用等级，每一信用等级对应可进行赊销业务的最大金额，客户可进行的赊销业务的应收账款应在其有效信用额度之内。企业可将每一客户的应收账款控制在一定范围内，从而实现对应收账款的管理，保证资金安全。

(1)接收客户新订单讯息。

(2)计算该新订单的应收账款金额。

(3)从数据库服务器中读取该客户的有效信用额度。

(4)比较该新订单的应收账款金额与该有效信用额度。

(5)如果该订单的应收账款金额高于该客户的有效信用额度,知会相关人员拒绝接受该新订单,同时,报主管审批是否接受该订单。

(6)如果该订单的应收账款金额在该客户的有效信用额度内,知会相关人员接受该新订单并在数据库服务器中更新该客户的有效信用额度。

(三)核对和制作出库凭证

1.建立客户档案

主要是将客户状况详细记录,此记录不但能让此次交易更易进行,且有益于往后合作机会的增加。客户主档应包含订单处理用到的相关资料:

(1)客户姓名、代号、等级。

(2)客户信用额度。

(3)客户销售付款及折扣率的条件。

(4)开发或负责此客户的业务员。

(5)客户配送区域。

(6)客户收账地址。

(7)客户到货点下货特性。客户所在地点或客户下货位置,由于建筑物本身或周围环境特性,例如地下室有限高或高楼层,可能造成下货时有不同的需求及难易程度,在车辆及工具的调度上须加以考量。

(8)客户配送要求。客户对于送货时间有特定要求或有协助上架、贴标等要求也应将其建于资料档案中。

2.存货查询及依订单分配存货

(1)存货查询。此程序在于确认有效库存是否能够满足客户需求,通常称为事先拣货。存货档的资料一般包括品项名称、SKU 号码、产品描述、库存量、已分配存货、有效存货及期望进货时间。

因而输入客户订货商品名称、代号时,系统即应查对存货档之相关资料,看此商品是否缺货,若缺货则应提供商品资料或是此缺货商品的已采购未入库资讯,便于接单人员与客户协调是否改订替代品或是允许延后出货等权宜办法,以提高人员的接单率及接单处理效率。

(2)分配存货。订单资料输入系统,确认无误后,最主要的处理作业在于如何将大量的订货资料做最有效的汇总分类、调拨库存,以便后续的物流作业能有效地进行。存货的分配模式可分为单一订单分配及批次分配两种。

单一订单分配:此种情况多为线上即时分配,即在输入订单资料时,就将存货分配给该订单。

批次分配:汇总数笔已输入的订单资料后,再一次分配库存。配送中心因订单数量多、客户类型等级多,且多为每天固定配送次数,通常采用批次分配以确保库存能做最佳的分配。

课内小任务

任务描述：写出订单批次分配的处理原则与方法。				
批次划分原则	处理方法			
1.按接单时序划分				
2.按配送区域或路径划分				
3.按流通加工需求划分				
4.按车辆需求划分				
学号：	姓名：	时间： 年	月	日

(四)客户订单优先权分析

某商品总出货量大于可分配的库存量时，就需要对客户进行优先权分析，优先权分配的基本原则如下：

(1)具有特殊优先权者先分配。前次即应允诺交货的订单如缺货补货订单、延迟交货订单、紧急订单或远期订单，或客户提前预约或紧急需求的订单，应有优先取得存货的权利。

(2)依客户等级来取舍。将客户重要性程度高的进行优先分配。

(3)依订单交易量或交易金额来取舍。将对公司贡献度大的订单做优先处理。

(4)依客户信用状况来取舍。将信用较好的客户订单做优先处理。

(五)异常情况下的订单处理

1.客户取消订单

客户取消订单常常会造成许多损失，因此在业务处理上需要与客户就此问题进行协商。若目前订单处于已分配未出库状态，则应从已分配未出库销售资料里找出此订单，将其删除，并恢复相关品项的库存资料；若此订单处于已拣货状态，则应从已拣货未出库销售资料里找出此笔订单，将其删除，并恢复相关品项的库存资料，且将已拣取的物品按拣货的相反顺序放回拣货区。

2.客户增订

如果客户在出货前临时打电话来增加订购某物品，那么作业人员要先查询客户的订单目前处于何种状态，是否还未出货，是否还有时间再去拣货。若接受增订，则应追加此笔增订资料；若客户订单处于已分配状态，则应修改已分配未出库销售资料文件里的这笔订单资料，并更改物品库存档案资料。

3.拣货时发生缺货

拣货时发现仓库缺货，则应从已拣货未出库的销售资料里找出这笔缺货订单资料，加以修改。若此时出货单据已打印，就必须重新打印。

4.配送前发生缺货

当配送前装车清点时才发现缺货，则应从已拣货未出库的销售资料里找出此笔缺货订单资料，加以修改。若此时出货单据已打印，就必须重新打印。

5. 送货时客户拒收或短缺

配送人员送货时，若客户对送货品项、数目有异议予以拒收，或是发生少送或多送，则回库时应从在途销售资料里找出此客户的订单资料加以修改，以反映实际出货情况。

四、出库的几种形式

出库是仓库管理的关键环节，以下是几种常见的出库形式，每种形式都有其特定的适用场景和操作特点。

1. 送货

送货是指仓库根据货主单位预先提供的出库通知或出库请求，凭仓单组织发货作业，将应发物品交由运输部门送达收货单位，这种发货形式通常称为送货制。这种方式具有“预先付货、按车排货、发货等车”的特点，因此可以预先安排作业，缩短发货时间，提高效率。同时，收货单位无须担心因人力、车辆等资源限制而产生的取货困难。适用于需要快速响应客户需求，或者收货单位地理位置偏远、交通不便的情况。

2. 收货人自提

收货人自提是由收货人或其代理人持仓单直接到仓库提取货物，仓库凭单发货，这种发货形式通常称为提货制。此方式具有“提单到库，随到随发，自提自运”的灵活性，减少了仓库的物流压力。为划清交接责任，仓库发货人与提货人在仓库现场对出库物品当面交接并办理签收手续。这种方式适用于订单较为分散，或者客户有能力自行安排运输的情况。

3. 过户

过户是指物品虽未实际出库，但所有权已从原存货人账户转移到新存货人账户。仓库必须根据原存货单位开出的正式过户凭证才予以办理过户手续。这种方式简化了物理出库流程，加快了所有权转移的速度。适用于需要快速完成所有权转移，而不需要立即进行物品物理转移的情况。

4. 取样

取样是货主单位出于对商品质量检验、样品陈列等需要，到仓库提取货样。仓库必须根据正式取样凭证才予以发给样品，并做好账务记载。这种方式确保了样品提取的正规性和账务的准确性。适用于需要对物品进行质量控制或市场推广展示的情况。

5. 转仓

转仓是指货主单位为了改变储存条件或方便业务，需要将某批库存物品从甲库转移到乙库。这种方式有助于优化库存分布，降低运输成本，提高仓库空间利用率。适用于需要根据市场需求或储存条件变化调整库存位置的情况。

这些出库形式的选择，需要仓库管理人员根据物品的特性、客户需求、运输成本和仓库运营效率等多方面因素综合考虑。灵活运用不同的出库形式，可以提高仓库作业的效率，降低成本，同时满足客户的多样化需求，提高客户满意度。

任务实施

项目四	智慧仓储出库作业管理	任务一	出库预处理作业
任务背景	请根据客户档案所提供的信息(扫描二维码获取),对任务描述中的4份订单进行有效性分析,确定哪些订单是无效订单。伙伴型客户累计应收账款最大可超过信用额度的15%,母公司不受信用额度限制。 客户档案信息		
任务要求	1.将学生分组,每组5人左右。其中订单有效性分析以个人为单位完成。 2.完成任务后小组内互评。 3.每个小组派代表汇报本组同学完成情况。		
实施方法	将出库订单的预处理作为一个小任务,学生按照资讯—计划—实施—检查评估来完成任务,在老师指导下完成任务,最终进行评估。		

实施成果

1.订单有效性分析(表4-1-2)

表4-1-2 订单有效性分析

单位:万元

客户名称	信用额度	应收账款	本次应收账款	累计应收账款	是否超额	客户类型	订单有效性
兴业公司							
兴盛公司							
兴隆公司							
兴旺公司							

2.无效订单处理(表4-1-3)

表4-1-3 无效订单处理

客户名称	情况说明	处理办法	处理人

3.对有效订单的客户进行优先权分析排序。

续表

项目四	智慧仓储出库作业管理	任务一	出库预处理作业

实施成果

4. 依据客户订单的优先性，制订库存分配计划（表4-1-4）。

表 4-1-4　库存分配计划

商品名称	包装单位	客户分配量			现有库存	剩余库存	缺货数量
联想平板	箱						
联想液晶显示器	箱						
联想电脑主板	箱						
DELL 电脑风扇	箱						
DELL 平板	箱						

学号：　　　　　　　　　　姓名：　　　　　　　　　　时间：　　年　　月　　日

任务检测

项目四	智慧仓储出库作业管理	任务一	出库预处理作业
检测方式	课证融通习题、技能训练		
课证融通习题	**一、单选题** 1.（　　）是仓储经营人根据存货人或仓单持有人所持有的仓单，按其所列物品的编号、名称、规格、型号、数量等项目，组织物品出库的一系列活动。 A. 物品入库作业　　B. 物品出库作业 C. 物品盘点作业　　D. 物品拣选作业 2. 在保证库存物品的价值和使用价值不变的前提下，坚持（　　）的原则。 A. 先进后出　　B. 后进先出 C. 先进先出　　D. 随机安排 3. 所谓（　　），主要是指发货人员由于对物品种类规格很不熟悉，或者由于工作中的疏漏，把错误规格、数量的物品发出库的情况。 A. 串发和错发货　　B. 漏记账 C. 错记账　　D. 重复发货 4. 在发货过程中，如果物品包装破漏，发货时都应经过整理或更换包装，方可出库，否则造成的损失应由（　　）承担。 A. 收货人　　B. 仓储部门 C. 验收人员　　D. 运输单位 **二、多选题** 1. 物品出库要做到的“三不”是指（　　）。 A. 未接单据不翻账　　B. 未经核对不入账 C. 未经审单不备货　　D. 未经复核不出库 2. 物品出库要做到“三核”，即在发货时，要核对（　　）。 A. 包装　　B. 凭证　　C. 账卡　　D. 实物 3. 在保证库存物品的价值和使用价值不变的前提下，坚持“先进先出”的原则，要做到（　　）。 A. 有保管期限的先出　　B. 近失效期的先出 C. 回收复用的先出　　D. 容易变质的先出 4. 仓库实行送货制具有多方面的好处，表现为（　　）。 A. 仓库可预先安排作业，缩短发货时间 B. 收货人可避免因人力、车辆等不便而发生的取货困难 C. 合理使用运输工具，减少运输费用 D. 既可向外地送货，也可向本地送货 5. 下列各项作业属于出库准备的是（　　）。 A. 拣货　　B. 补货　　C. 配货　　D. 加工、包装 6. 造成出库商品提货数与实存数不符的原因主要有（　　）。 A. 验收问题　　B. 错发、串发 C. 货物的毁损　　D. 进货不及时 E. 没有及时核减开出的提货数		

续表

项目四	智慧仓储出库作业管理	任务一	出库预处理作业
检测方式	课证融通习题、技能训练		
技能训练	2022 年春节期间，某物流公司受理大厅接待了几位贸易公司的提货人员。这几位提货人员衣冠楚楚，对各位业务受理人员非常客气，连连致以新春的祝福，物流公司的业务受理员也非常热情地接待了他们。经办的业务受理员看到提货单上印章、签字齐全，没有严格执行审核出库凭证的流程去核对印鉴和签字，就向保管员开具了发货通知。春节假期结束后，贸易公司与物流公司进行库存核对时，发现大量不锈钢板在未经授权的情况下被提走。经过调查，确认这是一起伪造印章和模仿签字的诈骗案件，涉案金额高达 75 万元，给物流公司带来了严重的经济损失。 请回答以下问题： 1. 商品出库凭证通常包括哪些内容？ 2. 仓库方面在审核出库凭证时，审核的主要内容是什么？		
学号：	姓名：	时间：　　年　　月　　日	

任务二　补货作业

任务描述

惠安仓储物流有限公司需要根据客户的订单需求，完成所需物品的拣选、出库和送货作业，并在客户指定的时间将物品送到。当拣选区某物品存货量低于补货点时，需要对拣选区的物品进行补货作业，需要补货的物品被存储于智慧仓库一层的托盘货架保管区（图 4-2-1），针对给定的情境，请仓管员根据任务需求完成流动货架区补货作业。

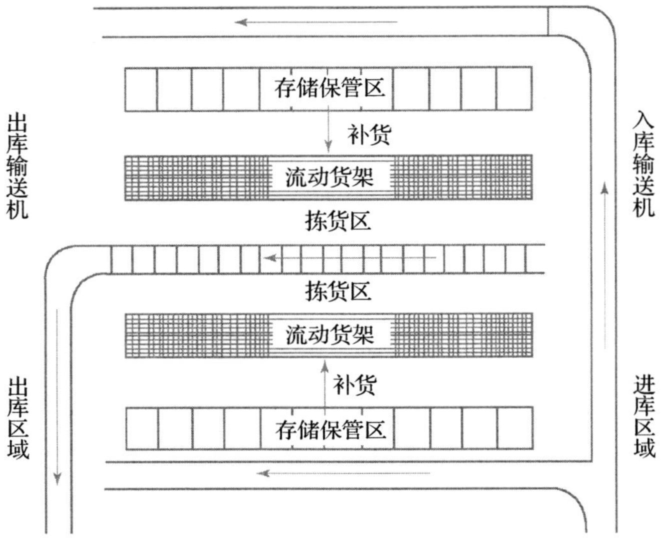

图 4-2-1　智慧仓库一层存储区平面图

任务目标

知识目标

1. 理解补货作业的含义与目的。
2. 掌握补货作业的方式及作业流程。
3. 掌握补货时机的类型及其含义。

能力目标

1. 能根据仓库库存情况制订商品补货作业计划。
2. 能审核客户订单量并制作库存分配计划表，确定补货时机。

素质目标

1. 具备团队协作能力和沟通意识。
2. 具有精益求精的工匠精神。
3. 培养吃苦耐劳的优良品质。

任务准备

一、补货作业目的

补货指为保证物品存货数量而进行的补充相应库存的活动。补货时可以整件补到流动式货架上，供人工拣货；也可以拆开外包装将零货补到自动分拣机上，保证自动分拣机有货可拣。

补货作业的目的是向拣货区补充适当的货物，以保证拣货出库作业的顺利进行，通常以托盘或箱为单位，从商品的存储区将货物移到拣货区的作业过程。如图 4-2-2 所示。

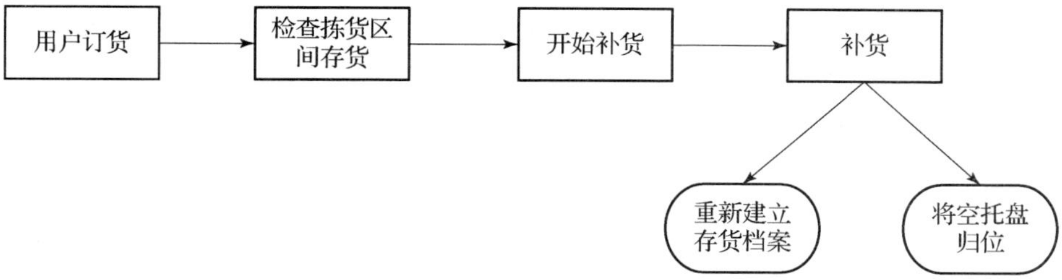

图 4-2-2　存储区到拣货区基本流程图

二、补货的基本方式

(一)补货作业流程

补货作业是拣货作业的前提保障。补货作业环节主要流程包括确定现有库存水平和补货作业方式、确定补货点、制订补货计划和补货作业，如图 4-2-3 所示。

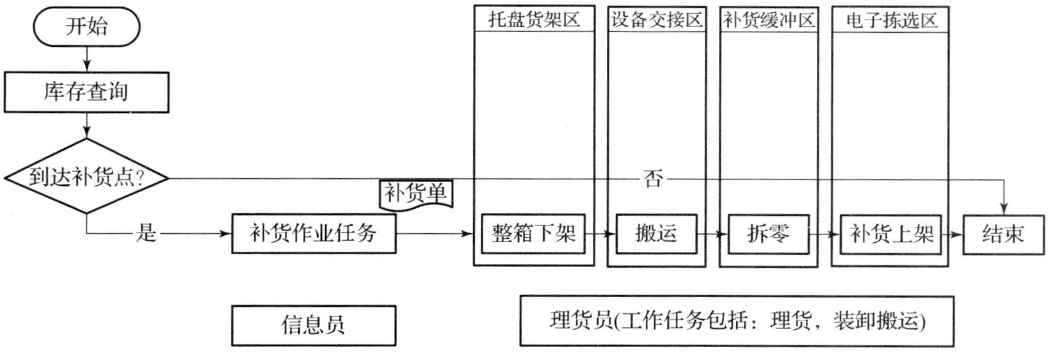

图 4-2-3　补货作业流程

补货作业前一定要仔细地计划，不仅要确保存量，也要将其安置于方便存取的位置。补货方式取决于货物的物品特性以及场地、设备等。主要的补货方式有拼/整箱补货、托盘补货和货位补货。补货作业所需的设备主要为拣选搬运设备，如堆高机、电动式托盘搬运车等。

(二)补货作业方式

1. 拼/整箱补货

这种补货方式是由货架保管区补货到流动货架的拣货区，这种补货方式的保管区为料架储放区，而动管拣货区为电子标签流利式货架、货到人拣选货架和料箱机器人货架拣货区。这种方式适用于体积小且少量多样出货的货品。当动管区的存货低于设定标准时，则进行补货作业。

2.托盘补货

这种补货方式是以托盘为单位进行补货。根据补货的位置不同，又分为两种情况：一种是地板至地板；另一种是地板至货架。这种方式适合于体积大或出货量大的货品。

3.货位补货

此种补货方式为保管区与动管区属于同一货架，也就是将一货架上的方便拿取之处（中下层）作为动管区，不容易拿取之处（上层）作为保管区。进货时将动管区放不下的多余货箱放至上层保管区。对动管拣取区的物品进行拣货，而当动管区的存货低于水准之下时，则可利用叉车将上层保管区的物品搬至下层动管区补货。这种补货方式较适合体积不大每品项存货量不高，且出货多属中小量以箱为单位的物品。

4.其他补货方式

（1）直接补货。与前面介绍的方式不同，直接补货方式是补货人员直接在进货时将物品运至拣选区，物品不再进入保管区的补货方式。

（2）复合式补货。在复合式补货情况下，拣选区的物品采取同类物品相邻放置的方式，而保管区采取两阶段的补货方式。第一保管区为高层货架；第二保管区位于拣选区旁，是一个临时保管区。补货时先将物品从第一保管区移至第二保管区。当拣选区存货降到设定标准以下时，再将物品从第二保管区移到拣选区，由拣选人员在拣选区将物品拣走。

（3）自动补货。在一些自动仓库中，通过计算机发出指令，物品被自动从保管区送出，经过扫描物品及容器条码后，将物品装入相应的容器，然后容器经输送机被运送到旋转货架处进行补货。

三、补货作业时机

补货作业的发生与否应视拣货区的货物存量是否符合需求，因而究竟何时补货需检查拣货区存量，以避免拣货中途才发觉拣货区的货量不足，而造成影响整个拣货作业。补货作业时机主要有批次补货、定时补货和随机补货三种，配送中心应视具体情况选择适宜的补货作业方式。

课内小任务

任务描述：利用网络查找相关资料，写出批次补货、定时补货和随机补货的含义。

补货作业时机	含义
1.批次补货	
2.定时补货	
3.随机补货	

学号：　　姓名：　　时间：　　年　　月　　日

四、补货技术

仓库内部常用的补货技术如下所述，这些技术各有特点，既可以在补充存货时单独使用，也可以将几种技术结合起来使用。只要能够适合仓库的具体情况，就能取得很好的效果。

（一）人工视觉检测补货技术

人工视觉检测补货技术相对简单，它通过直接检查现有存货的数量决定是否补货。使用这种方法，只要对存货进行定期的视觉检查，并事先确定补货的规则，就可以进行补货了。如补货规则规定存货箱半空时就应补货，那么在定期检查过程中首先将符合补货规则的存货种类挑出来，然后系统生成订货购置单，交给采购部门审核采购。

（二）双箱补货系统技术

双箱补货系统技术是一种固定数量的补货系统。将存货放到两个箱子（或其他形式的容器）里。其中一个放在分拣区，另一个放到库房存储区保存起来。当分拣区的箱子空了，库存区的箱子就被提到前面来满足顾客需求。空箱子起到了补货驱动器的作用。每箱所要求的数量是在等待补货到达期间服务于需求所必需的最小库存。

（三）定期检测补货系统

在定期检测订购系统中，每一种产品都确定有一个固定的检测周期，检测结束时做出下一步的产品补货订购决策。只要能够满足产品需求检测周期就可以按天、周、月或季度确定。这种方法被称作固定周期/可变订购量系统。

（四）配送需求计划 DRP 系统

DRP 系统以优先序列、时间阶段的方法，通过接触顾客并预测需求来对存货进行规划。这种技术也被称为时间阶段订购法。DRP 系统的最大优势在于能及时地将供给与预期需求相匹配，以此决定订购行为。当需求超过供给时，系统会提醒规划者根据预先确定的批量规模订购产品，并使之在预期发生缺货的时候能保证够用。此外，DRP 系统运行过程中，系统将不断重新调整供给与需求的关系，为订购者提出一套新的需求订购方案。

任务实施

<table>
<tr><td>项目四</td><td>出库作业管理</td><td>任务二</td><td>补货作业</td></tr>
<tr><td>任务背景</td><td colspan="3">在仓库的托盘货架存储区中，DELL 处理器有 30 箱，每箱 25 件；DELL 内存卡有 25 箱，每箱 16 件；DELL 显卡有 28 箱，每箱 15 件；DELL 电脑风扇有 30 箱，每箱 15 件；DELL 电脑主板有 40 箱，每箱 10 件。
电子标签货架区货物相关信息见表 4-2-1。
表 4-2-1　电子标签货架区货物信息表
<table>
<tr><th>序号</th><th>商品名称</th><th>单位</th><th>现有库存</th><th>补货点</th><th>库存上限</th></tr>
<tr><td>1</td><td>DELL 处理器</td><td>件</td><td>25</td><td>30</td><td>75</td></tr>
<tr><td>2</td><td>DELL 内存卡</td><td>件</td><td>22</td><td>30</td><td>60</td></tr>
<tr><td>3</td><td>DELL 显卡</td><td>件</td><td>15</td><td>20</td><td>65</td></tr>
<tr><td>4</td><td>DELL 电脑风扇</td><td>件</td><td>30</td><td>20</td><td>80</td></tr>
<tr><td>5</td><td>DELL 电脑主板</td><td>件</td><td>35</td><td>20</td><td>75</td></tr>
</table>
请你根据以上信息，分析并计算哪些物品需要补货，若需要，计算补货的数量（以箱为单位）。
请仓管员根据任务需求完成补货作业。</td></tr>
<tr><td>任务要求</td><td colspan="3">1. 将学生分组，每组 5 人左右。
2. 完成任务后小组内互评。
3. 每个小组派代表汇报本组任务完成情况。</td></tr>
<tr><td>实施方法</td><td colspan="3">将补货作业作为一个小任务，学生按照资讯—计划—实施—检查评估来完成任务，在老师指导下制订方案、实施方案，最终进行评估。</td></tr>
<tr><td>实施成果</td><td colspan="3">1. 计算是否需要补货
根据任务背景填写表 4-2-2。
表 4-2-2　是否补货判断表
<table>
<tr><th>序号</th><th>商品名称</th><th>单位</th><th>现有库存</th><th>补货点</th><th>是否需要补货</th></tr>
<tr><td>1</td><td>DELL 处理器</td><td>件</td><td></td><td></td><td></td></tr>
<tr><td>2</td><td>DELL 内存卡</td><td>件</td><td></td><td></td><td></td></tr>
<tr><td>3</td><td>DELL 显卡</td><td>件</td><td></td><td></td><td></td></tr>
<tr><td>4</td><td>DELL 电脑风扇</td><td>件</td><td></td><td></td><td></td></tr>
<tr><td>5</td><td>DELL 电脑主板</td><td>件</td><td></td><td></td><td></td></tr>
</table></td></tr>
</table>

续表

<table>
<tr><td>项目四</td><td>出库作业管理</td><td>任务二</td><td>补货作业</td></tr>
<tr><td>实施成果</td><td colspan="3">2. 确定补货数量
根据任务背景填写表 4-2-3。

表 4-2-3　补货单
<table><tr><td>序号</td><td>商品名称</td><td>单位</td><td>现有库存</td><td>库存上限</td><td>补货数量（箱）</td></tr><tr><td>1</td><td></td><td></td><td></td><td></td><td></td></tr><tr><td>2</td><td></td><td></td><td></td><td></td><td></td></tr><tr><td>3</td><td></td><td></td><td></td><td></td><td></td></tr></table></td></tr>
<tr><td colspan="4">学号：　　　　　　　　姓名：　　　　　　　　时间：　　年　　月　　日</td></tr>
</table>

任务检测

<table>
<tr><td>项目四</td><td>智慧仓储出库作业管理</td><td>任务二</td><td>补货作业</td></tr>
<tr><td>检测方式</td><td colspan="3">课证融通习题、技能训练</td></tr>
<tr><td>课证融通习题</td><td colspan="3">一、单选题
1.(　　)方式是指通过计算机查询每天需要的总补货量以及拣货区存货量的情况，将补货量一次性补足的方式。
A. 批次补货　　B. 定时补货
C. 定量补货　　D. 随机补货
2. 在仓储作业中，(　　)是分拣作业的准备工作，它的作业质量直接影响着拣货效率。
A. 补货作业　　B. 订单处理
C. 客户订货　　D. 检查存货
3. 比较适用于一天内作业量变化不大、紧急追加订货不多，或者每一批次拣取量大，需事先掌握情况的补货方式是(　　)。
A. 批次补货　　B. 定量补货
C. 定时补货　　D. 随时补货
二、多选题
1. 补货时机一般有以下(　　)方式。
A. 人工补货　　B. 定时补货
C. 随机补货　　D. 批次补货
2. 常用的补货方式有(　　)。
A. 整箱补货　　B. 托盘补货
C. 货位补货　　D. 自动补货</td></tr>
<tr><td>技能训练</td><td colspan="3">针对给定的情景，客户所需的商品被存储于智慧仓库一层的托盘流动货架区(图 4-2-1)，需要对拣选区的商品进行补货作业请补货员根据任务需求完成补货作业。补货最小单位是箱。
1. 请分析以下货物(表 4-2-4)是否需要进行补货作业，并填写表 4-2-5。

表 4-2-4　作业计划表
<table><tr><th>物料代码</th><th>货物名称</th><th>库存</th><th>单位</th><th>补货点</th><th>出库量</th></tr><tr><td>0302001</td><td>海天味极鲜酱油(1 L)</td><td>10</td><td>瓶</td><td>3</td><td>8</td></tr><tr><td>0102001</td><td>农夫山泉天然水</td><td>8</td><td>瓶</td><td>3</td><td>7</td></tr><tr><td>0401001</td><td>新达利辛辣牛肉米线</td><td>108</td><td>桶</td><td>3</td><td>29</td></tr></table></td></tr>
</table>

续表

项目四	智慧仓储出库作业管理	任务二	补货作业
检测方式	课证融通习题、技能训练		

技能训练

表 4-2-5　补货结果表

序号	商品名称	单位	现有库存	补货点	预出数量	结余库存	是否补货
1	海天味极鲜酱油(1 L)						
2	农夫山泉天然水						
3	新达利辛辣牛肉米线						

2. 根据智慧仓库一层的托盘流动货架区简述商品补货作业流程。

学号：　　　　姓名：　　　　时间：　　年　　月　　日

任务三　拣选打包作业

任务描述

本公司接到来自兴业公司、兴盛公司、兴隆公司和兴旺公司四家客户的订单，针对给定的情景，根据完整的出库作业分配计划(表 4-3-1)和四家客户的订单制定拣选单，完成这批货物的打包工作。

表 4-3-1　库存分配计划

商品名称	包装单位	客户分配量			现有库存	剩余库存	缺货数量
		兴业	兴盛	兴隆			
DELL 液晶显示屏	箱		10		35	25	
DELL 处理器	箱			4	5	1	
DELL 内存卡	箱	1	3	2	6	0	1
DELL 电脑风扇	箱			1	5	4	
DELL 平板	箱			1	13	12	
DELL 笔记本电脑	箱		1		13	12	
DELL 显卡	箱		1		13	12	
DELL 电脑主板	箱	1			3	2	
DELL 耳机	箱	1			5	4	
DELL 机箱	箱	7			27	20	

任务目标

知识目标

1. 掌握拣选作业方法和拣选配货流程。
2. 能够根据客户订单，选择不同的拣选方式。
3. 了解打包作业和常用的打包工具、打包材料。

能力目标

1. 能够根据出库分配单制作客户拣选单。
2. 能对客户的货物开展分拣打包作业。

素质目标

1. 树立敬业精神、安全意识、节约意识和劳动意识。
2. 培养学生团队协作的能力。
3. 培养学生分析问题、解决问题的能力。

任务准备

一、拣选作业

拣选作业一般在理货场地进行，它的任务是将发给同一客户的各种商品汇集在一处，以待发运。在配送中心里，按照客户的订货单，把库存商品拣选后分别集中待配送。在商品批次很多、批量及零星、客户要货时间很紧而且物流量又很大的情况下，分拣任务十分繁重，成为配送过程中不可缺少的一个环节。近二三十年来，随着市场经济的发展，市场已由卖方市场转变为买方市场，商品趋于“短小轻薄”，流通趋于小批量、多品种和及时制，配送中心的商品分拣任务十分艰巨，分拣系统的自动化已成为一项重要的物流技术。

常见的拣选方式有拣选式、分货式、分拣式和自动化分拣四种。

(一)拣选式配货作业的方法

1. 拣选式配货作业

拣选式配货作业是拣选人员或拣选工具巡回于各个储存点，将所需的物品取出，完成货物配备的方式。

微课：拣选式配货作业

2. 拣选式配货作业的流程

拣选式配货作业的基本流程见图 4-3-1。储物货位相对固定，而拣选人员和工具运动，所以又称作人到货前式工艺。形象地说，其类似人们进入果园，在一棵树上摘下熟了的果子后，再转到另一棵树前摘果，所以又形象地称之为摘果式或摘取式工艺。作业人员将客户每张订单上的货物从货架上取走，然后汇总，与按订单拣货的意思大致相同。

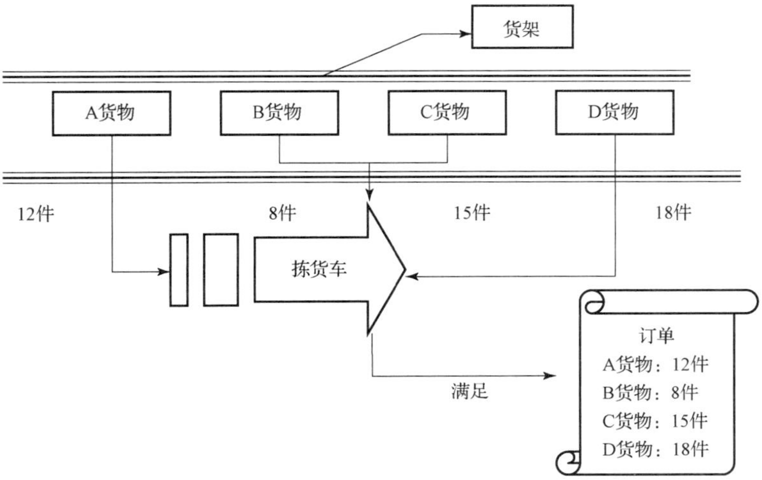

图 4-3-1　拣选式配货作业流程示意图

3. 拣选式配货作业特点

拣选式配货作业采取按单拣选、一单一拣方式，这和目前仓库出货作业是很类似的，因此，在作业上与现行方式可以不做太大改变就能实施。由于采用按单拣选，这种配货作业准确程度较高，不容易发生货差等错误。

(1)由于一单一拣，各用户的拣选互相没有牵制，可以根据用户要求调整配货先后次序。

(2)对紧急需求可以采取集中力量快速拣选,有利于配送中心开展即时配送,增强对用户的服务能力。

(3)拣选完一个货单,货物便配齐,因此,货物可不再落地暂存而直接放到配送车辆上,有利于简化工序,提高效率。

(4)其灵活性还表现在对机械化没有严格要求,无论配送中心设备多少、水平高低都可以采取这种作业。

(5)用户数量不受工艺的限制,可在很大范围内波动。

4.拣选式配货作业适用领域

拣选式配货作业在以下几种情况下可以作为首选的作业方式。

(1)用户不稳定,波动较大,不能建立相对稳定的用户分货货位,难以建立稳定的分货线,在这种情况下宜采取灵活机动的拣选式配货作业;用户少时或用户很多时都可采取拣选式。

(2)用户之间的共同需求不是主要的,需求差异很大,在这种情况下,统计用户共同需求,将共同需求一次取出再分给各用户的办法,由于共同需求不多而无法实行;在有共同需求,又有很多特殊需求情况下,采取其他配货作业方式容易出现差错,则采取一票一拣方式便有利得多。

(3)用户需求的种类太多,增加统计和共同取货的难度,采取其他方式配货时间太长,而利用拣选式配货作业实际能起到简化作用。

(4)用户配送时间要求不一,有紧急的,也有限定时间的,采用拣选式工艺可有效地调整先后拣选配货顺序,满足不同时间需求,尤其对于紧急的即时需求更为有效。因此,即使是其他作业路线为主的情况下,也仍然需要辅以拣选式路线,以起到对别的方式的补充作用。

(5)一般仓库改造成配送中心,或配送中心建立初期,拣选配货作业可作为一种过渡性的办法。

(6)网络经济时代涌现的直接面向基本消费者进行配送的电子商务,需求的随机性太强,适合采取拣选式配货方式。

(二)分货式配货作业的方法

1.分货式配货作业

分货式配货作业是分货人员或分货工具从储存点集中取出各个用户共同需要的货物,然后巡回于各用户的货位之间,将这一种货物按用户需要量分放,再集中取出共同需要的第二种,如此反复进行直至用户需要的所有货物都分放完毕,同时完成各个用户的配货工作。

微课:分货式配货作业

2.分货式配货作业的流程

如图 4-3-2 所示,分货式配货作业的特点是:用户的分货位固定,而分货人员或工具携货物相对运动,所以又称货到人前式作业。形象地说,又类似于一个播种者,一次取出几亩地所需的种子,在地中边巡回边播撒,所以又称为播种分拣式配货作业。分货式拣货(批量拣取)方法为每张订单准备一个分拣箱置于分货场,然后作业人员汇总所有订单所需货物的总数量,并按此数量取来货物,再按照每个订单所需数量投入其分拣箱内,同种货物数量多的订单拣货效率高。

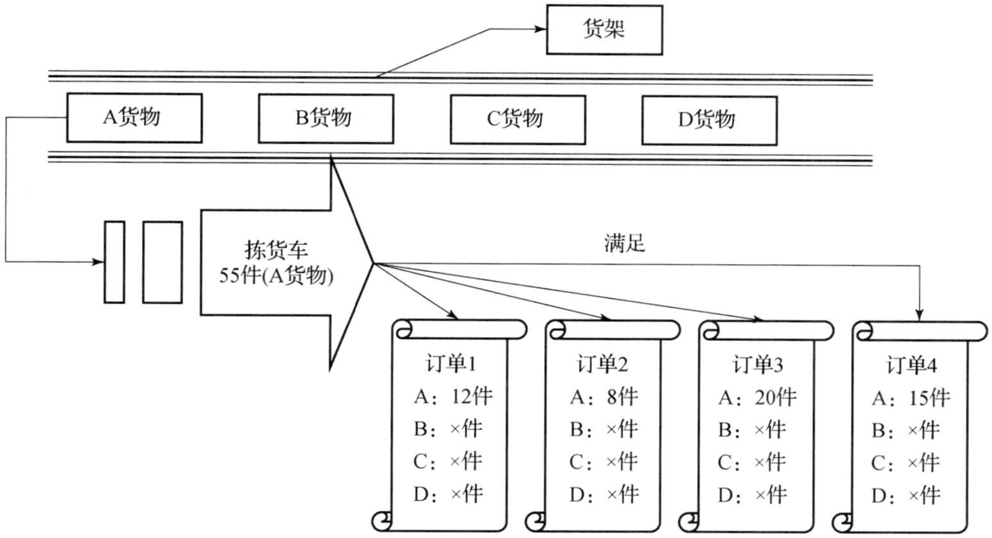

图 4-3-2 分货式配货作业流程

3. 分货式配货作业特点

分货式配货作业采取集中取出共同需要的货物，再按货物货位分放，这就需要在收到若干个用户配送请求并可以形成共同的批量之后，再对用户共同需求做出统计，同时要安排好各用户的分货货位，才开始陆续集中取出进行反复分货操作。所以，这种作业难度较高，计划性较强，也容易发生分货错误。若干用户的需求集中后才开始分货，直至最后一种共同需要的货物分放完毕，各用户需求的配货工作才同时完成。之后，可同时开始对各用户的配送送达工作，这也有利于考虑车辆的合理调配、合理使用和规划配送路线。和拣选式配货作业相比，可综合考虑，统筹安排，利用规模效益，这是分货式配货作业的重要特点。

4. 分货式配货作业运用领域

(1)用户稳定且用户数量较多，可以建立稳定的分货线，在这种情况下宜于利用其稳定的优势规划和计划分货，采取分货方式。

(2)用户的需求有很强的共同性，需求的差异较小，需求数量虽有差异但种类相同，在这种情况下，可以统计用户的共同需求，集中取货分放给各用户，这样可以有较高的效率。例如，一个食品配送中心，专给几十家宾馆配送，而配送商品种类又都是烟、酒、饮料、咖啡、小食品、粮食、面包等若干种，采用分货式配货作业，比根据几十家宾馆的需求一家一家地拣选效率要高得多。

(3)用户需求的种类有限，易于统计和不至于使分货时间太长。

(4)用户配送时间的要求没有严格限制，可以采取计划配送的方法。

(5)力求追求效率，降低成本，采取分货式配货作业较为有利。

(6)专业性强的配送中心，容易形成稳定的用户和需求，货物种类有限，宜于采用分货式配货作业。

(7)商业连锁、服务业连锁、巨型企业内部供应配送，适合采用分货式配货作业。

(三)分拣式配货作业的方法

分拣式配货作业是分货式、拣选式的一体化配货方式，是上述两种典型方式的中间方式。分拣式配货是分拣人员或分拣工具从储存点拣选出各个用户共同或不同需要的多种类货物，然后巡回于各用户的货位之间，按用户需要的种类和数量拣选出来放入货位，直至这一次取出的所有货物都分放完毕，同时完成各个用户的配货工作。

(1)“货到人”的分拣方法。这种作业方法是人不动，托盘或分拣货架带着货物来到分拣人员面前，再由不同的分拣人员拣选，拣出的货物集中在集货点的托盘上，然后由搬运车辆送走。

(2)闭环“货到人”的分拣方法。闭环“货到人”的分拣方法中载货托盘即集货点总是有序地放在地上或货架上，处在固定位置。输送机将分拣货架或托盘送到集货区，拣货人员根据拣货单拣选货架中的货物，放到载货托盘上，然后移动分拣货架，再由其他的分拣人员拣选，最后通过另一条输送机，将拣空后的拣选货架送回。

这种方式特别适合于小型配送系统采用，小型配送系统一次性到货，可能是供给若干个用户的不同种类货物，采用共同配送方式从上一级物流中心或大的配送中心进货，可以直接进入分拣线进行分拣。如果不采用分拣式配货，而仍然采用拣选式或分货式配货，则需将到货先行分放到货架或货位，然后再进入配货程序。这样不但增加了工序，更重要的是需要增加时间，减缓了动态性。

分拣式配货主要适用于小型配送中心、邮局、快递公司等领域。这些领域的共同特点：配货对象是掺杂、混合的杂乱物品，如邮局收寄的信件、包裹，快递公司收递的快递件，小型配送中心混合进货的物品等。

(四)自动分拣式配货作业的方法

自动化分拣系统的分拣作业与上面介绍的传统分拣系统有很大差别，可分为三大类：自动分拣机分拣、机器人分拣和自动分类输送机分拣。

(1)自动分拣机分拣系统。自动分拣机，一般称为盒装货物分拣机。是药品配送中心常用的一种自动化分拣设备。这种分拣机有两排倾斜的放置盒状货物的货架，架上的货物用人工按品种、规格分别分列堆码；货架的下方是皮带输送机；根据集货容器上条码的扫描信息控制货架上每列货物的投放；投放的货物直接装进集货容器，或落在皮带上后，再由皮带输送进入集货容器。

(2)机器人分拣系统与装备。与自动分拣机分拣相比，机器人分拣具有很高的柔性。

(3)自动分类分拣系统。自动分类分拣系统是率先在美国、日本的物流中心中广泛采用的一种自动化作业系统，该系统目前已经成为发达国家大中型物流中心不可缺少的一部分。该系统的作业过程可以简单描述如下：物流中心每天接收成百上千家供应商或货主通过各种运输工具送来的成千上万种商品，在最短的时间内将这些商品卸下并按商品品种、货主、储位或发送地点进行快速准确的分类，将这些商品运送到指定地点，例如指定的货架、加工区域、出货站台等，同时，当供应商或货主通知物流中心按配送指示发货时，自动分拣系统在最短时间内从庞大的高层货架存储系统中准确找到要出库的商品所在位置，并按所需数量出库，将从不同储位上取出的不同数量的商品按配送距离的不同运送到不同的理货区域或配送站台集中，以便装车配送。

课内小任务

任务描述:拣选式分拣和分货式分拣的优缺点及适用范围比较。		
拣选策略	拣选式分拣(单一拣选)	分货式分拣(批量拣选)
优点		
缺点		
适用范围		
学号:	姓名:	时间: 年 月 日

二、包装作业

包装就是在运输、储存、销售过程中,保护产品,方便储运、促进销售,按一定技术方法而采用容器、材料及辅助等进行包裹而防止外来因素损坏内装物的总称。包装是商品在出库环节中一个不容忽视的过程。对出库商品起到保护、方便运输和美观等方面的作用。

现场包装人员在接受上级下达的包装任务时,应明确包装要求,详细了解其是要求进行防腐包装、防湿包装、防虫包装,还是防震包装,或是要求进行同时具备多项功能的包装。

(一)包装材料的选择

1. 包装器材与被包装物的特性相适应

微课:物流包装材料

根据被包装物的种类、物理化学性能、价格价值、形状形态、体积重量等,在实现包装功能的基础上,应以降低材料费、加工费和方便作业为目的选择包装器材。运输包装中,贵重易碎易破损物资,包装容器应相应坚实,用材上应予以保证;一般物资包装器材的选择,只要有一定防护功能、方便功能即可。应注意防止过分包装的倾向。贵重的货物,例如,精密仪器、高档电器、照相器材、金银首饰等,一般选用性能良好的高档包装材料,首先考虑使包装物得到完好的保护,以确保流通时的安全,其次考虑包装材料费和作业费。

2. 包装器材与包装类别相协调

运输包装、销售包装在包装器材的选择上不尽相同。运输包装器材的选择着重注意包装的防护与储运方便,不太讲究美观、促销问题。销售包装器材的选择着重注意商品信息的传递、开启的方便及促销功能,而不太注重防护功能。所以在包装器材的选择上,销售包装常用纸袋、纸盒、纸箱、瓷瓶、玻璃瓶和易拉罐,而运输包装常用托盘、集装箱、木箱、大纸箱和铁皮箱等。包装单元由包装物的特性、运输条件、销售的要求等因素决定。常见的三种单元是:以重量为单元的包装,以价格为单元的包装和集合包装。以重量为单元的包装,如工业药品、化肥、粮食、食品等，一般要求包装材料的密度要小，重量要轻。以价格为单元的包装，如服装、玩具、日用品等，一般要求包装材料的费用尽量小。集合包装可以降低流通费用，能使包装负荷均匀化，减少流通过程对包装物的损伤，对内装物和外包装材料的强度要求也可进一步降低。

3. 包装器材应与流通条件相适应

包装器材必须保证被包装的商品在经过流通和销售的各个环节之后，最终能数量正确、质量完好地到达消费者手中。因此，要求包装器材的物理性能良好，在运输、堆码、装卸搬运中，包装器材的强度、阻热隔热性、吸湿性不因气候变化而变化；还要求包装器材的化学性能稳定，在日光、空气、温湿度和酸碱盐作用下，不发生化学变化，有抗老化、抗腐蚀的能力；包装器材选择还应有利于实施包装技法和实现包装作业。

4. 有效防止包装物被盗及促进销售

选择包装器材时，应从包装器材的结构与强度上做防盗准备，应该结构牢固，封缄严密，同时包装器材应能起到宣传商品、刺激购买欲、促进销售的作用。

课内小任务

任务描述：上网查阅各种包装材料的特点。	
木质材料	
纸和纸板材料	
塑料材料	
金属材料	
玻璃材料	
学号：	姓名：　　　　　　时间：　　年　　月　　日

(二)绿色包装材料

1. 重复再用和再生的包装材料

再生利用包装，可用两种方法再生，物理方法是指直接彻底净化粉碎，无任何污染物残留，经处理后的塑料再直接用于再生包装容器。化学方法是指将回收的 PET 粉碎洗涤之后，在催化剂作用下，使 PET 全部解聚成单体或部分解聚，纯化后再将单体重新聚合成再生包装材料。

包装材料的重复利用和再生，仅仅延长了塑料等高分子材料作为包装材料的使用寿命，当达到其使用寿命后，仍要面临对废弃物的处理和环境污染问题。

2. 可食性包装材料

几十年来，大家熟悉的糖果包装上使用的糯米纸及包装冰激凌的玉米烘烤包装杯都是典型的可食性包装。人工合成可食性包装膜中的比较成熟的是透明、无色、无嗅、无毒、具有韧性、高抗油性的薄膜，能食用，可作食品包装。其光泽、强度、耐折性能都比较好。我国早在12～13世纪就已用蜡涂覆橘子、柠檬来延缓它们的脱水失重，延长果蔬货架期。现在一般采用的可食性保鲜膜，已具有多种功能、性质，具明显的防水性及一定的可选择透气性，因而在食品工业，尤其在果蔬保鲜方面，具有广阔的应用前景。

3. 可降解材料

可降解材料是指在特定时间内造成性能损失的特定环境下，其化学结构发生变化的一种塑料。可降解材料塑料包装既具有传统塑料的功能和特性，又可以在完成使用寿命之后，通过阳光中紫外线的作用或土壤和水中的微生物作用，在自然环境中分裂降解和还原，最终以无毒形式重新进入生态环境中。

(三)包装容器的选择

包装容器按形状可以分为五种：包装箱、包装袋、包装盒、包装瓶、包装桶(罐)。

1. 包装箱

包装箱是刚性包装技术中的重要一类，整体强度较高，抗变形能力强，包装量也较大。按照材料的不同，分为木箱、纸箱、夹板箱和钙塑箱。在储存轻工产品、日常用品时，较多采用纸箱。

2. 包装袋

包装袋是柔性包装中的重要技术，包装袋材料是挠性材料，有较高的韧性、抗拉强度和耐磨性。一般包装袋结构是筒管状结构，一端预先封死，在包装结束后再封装另一端，包装操作一般采用充填操作。包装袋广泛运用于运输包装、商业包装因而使用较为广泛。配送使用的包装袋通常有两种类型：一是集装袋，这是大容量的运输包装袋，承重在 1 t 以上，一般用聚丙烯、聚乙烯等聚酯纤维纺织而成。集装袋的顶部一般装有金属吊环，便于起重机吊装、搬运，卸货时可打开袋底的卸货孔卸货，非常方便。二是一般运输包装袋，这类包装袋的盛装质量是 50～100 kg，多是由植物纤维或合成树脂纤维编制而成，或者由几层挠性材料构成的多层材料包装袋。

3. 包装盒

包装盒是介于刚性和柔性包装两者之间的包装技术。包装材料有一定的挠性，不易变形，有较高的抗压强度，刚性高于袋装材料。包装结构是规则几何形状的立方体，也可裁制成其他形状，如圆盒状、尖角状，一般容量较小，有开闭装置。包装操作一般采用码入或装填，然后将开闭装置闭合。包装盒整体强度不大，包装量也不大，不适合作运输包装，适合作商业包装、内包装.适合包装块状及各种异形物品。

4. 包装瓶

包装瓶是刚性包装中的一种，包装材料有较高的抗变形能力，刚性、韧性要求一般也较高，个别包装瓶介于刚性与柔性材料之间，瓶的形状在受外力时虽可发生一定程度变形，外力一旦撤除，仍可恢复原来瓶形。包装瓶结构是瓶颈口径远小于瓶身，且在瓶颈顶部开口；包装操作是填灌操作，然后将瓶口用瓶盖封闭。包装瓶主要盛装液体和粉状货物。包装瓶包装量一般不大，适合美化装饰，主要作为商业包装、内包装。

5. 包装罐

包装罐是刚性包装中的一种，包装材料强度高，抗变形能力强，比较适合用来配送液体、半液体、粉状、粒状物等商品。包装操作是装填操作，然后将罐口封闭，可做运输包装、外包装，也可做商业包装、内包装用。包装罐按照容量大小主要分小型包装罐、中型包装罐和集装罐三种。

（四）进行具体的包装作业

1. 充气包装

充气包装是采用二氧化碳气体或氮气等不活泼气体置换包装容器中空气的一种包装技术，也称为气体置换包装。这种包装方法是根据好氧性微生物需氧代谢的特性，在密封的包装容器中改变气体的组成成分，降低氧气的浓度，抑制微生物的生理活动、酶的活性和鲜活商品的呼吸强度，达到防霉、防腐和保鲜的目的。

微课：物流包装技术及应用

2. 真空包装

真空包装是将物品装入气密性容器后，在容器封口之前抽真空，使密封后的容器内基本没有空气的一种包装方法。一般的肉类商品、谷物加工商品以及某些容易氧化变质的商品都可以采用真空包装。真空包装不但可以避免或减少脂肪氧化，而且抑制了某些霉菌和细菌的生长；在对其进行加热杀菌时，由于容器内部气体已排除，可以加速热量的传导，提升高温杀菌效率；也避免了加热杀菌时，由于气体的膨胀而使包装容器破裂。

3. 收缩包装

收缩包装就是用收缩薄膜裹包物品，然后对薄膜进行适当的加热处理，使薄膜收缩而紧贴于物品的包装方法。收缩薄膜是一种经过特殊拉伸和冷却处理的聚乙烯薄膜，由于薄膜在定向拉伸时产生残余收缩应力，这种应力受到一定热量后便会消除，从而使其横向和纵向均发生急剧收缩，同时使薄膜的厚度增加，收缩率通常为 30%～70%，收缩力在冷却阶段达到最大值，并能长期保持。

4. 拉伸包装

拉伸包装技术是由收缩包装技术发展而来的，是依靠机械装置在常温下将弹性薄膜围绕被包装件拉伸、紧裹，并在其末端进行封合的一种包装方法。拉伸包装可以捆包单件物品，也可用于托盘包装之类的集合包装。

5. 脱氧包装

脱氧包装是继真空包装和充气包装之后出现的一种新型除氧包装方法。脱氧包装是在密封的包装容器中，使用脱氧剂与氧气起化学反应，从而除去包装容器中的氧气，以达到保护内装物的目的。脱氧包装方法适用于某些对氧气特别敏感的物品，用于那些即使有微量氧气也会促使品质变坏的食品包装中。

包装的发展趋势主要有：①轻量、无菌、绿色包装将成为现代化包装的主流和标志；②玻璃、金属等大型容器包装将逐步退出部分市场；③超薄塑料包装（白色污染）必将被禁用；④努力降低包装的制造和运输成本，走多样化包装之路；⑤受到消费者欢迎的小额定量的软包装将会继续发展；⑥防盗、防伪的安全包装将进一步受到重视；⑦复合包装材料的优点更加突出，将有取代传统包装材料之势等。

（五）放置清单

包装完毕后，认真填写包装清单，将其连同包装件一起放在相应的包装容器中。

（六）封装

把包装件及包装清单放入包装容器后，使用相应的工具或设备将包装容器封起来，以确保货物在以后的流通过程中的安全性和方便性。

（七）贴标签

封装完毕后，还需在外包装容器上贴上具有文字或图像说明的标签，以便于相关工作人员辨认识别货物，并有利于交接、装卸、分票、清点、查核，避免错发、错卸和错收。

任务实施

<table>
<tr><td>项目四</td><td>智慧仓储出库作业管理</td><td>任务三</td><td>拣选打包作业</td></tr>
<tr><td>任务背景</td><td colspan="3">请根据任务描述中的表 4-3-1 库存分配计划表及货位存储信息(图 4-3-3)，完成拣选单的设计，并制订客户订单的出库拣选计划。
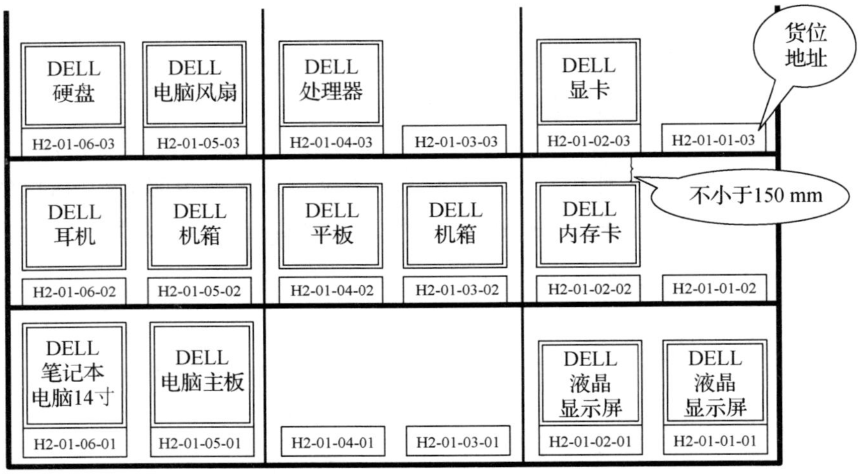

图 4-3-3　货位存储信息</td></tr>
<tr><td>任务要求</td><td colspan="3">1. 将学生分组，每组 5 人左右。
2. 完成任务后小组内互评。
3. 每个小组派代表汇报本组同学完成情况。</td></tr>
<tr><td>实施方法</td><td colspan="3">将制定设计拣选单(表 4-3-2 至表 4-3-5)作为一个小任务，学生按照拣选式分拣方法和分货式分拣方法完成任务，在老师指导下制订方案、实施方案，最终进行评估。</td></tr>
<tr><td>实施成果</td><td colspan="3">1. 拣选式分拣

表 4-3-2　拣选单 1
<table>
<tr><td colspan="2">拣选日期</td><td></td><td>拣选人</td><td>王一</td></tr>
<tr><td colspan="2">公司名称</td><td colspan="3">兴业公司</td></tr>
<tr><td colspan="2">订单编码</td><td>D205125204</td><td>月台</td><td>3</td></tr>
<tr><td>商品名称</td><td>货位地址</td><td>包装单位</td><td>数量</td><td>备注</td></tr>
<tr><td></td><td></td><td></td><td></td><td></td></tr>
<tr><td></td><td></td><td></td><td></td><td></td></tr>
<tr><td></td><td></td><td></td><td></td><td></td></tr>
</table></td></tr>
</table>

续表

<table>
<tr><td>项目四</td><td>智慧仓储出库作业管理</td><td>任务三</td><td>拣选打包作业</td></tr>
<tr><td>实施成果</td><td colspan="3">

表 4-3-3 拣选单 2

<table>
<tr><td colspan="2">拣选日期</td><td></td><td>拣选人</td><td>王一</td></tr>
<tr><td colspan="2">公司名称</td><td colspan="3">兴盛公司</td></tr>
<tr><td colspan="2">订单编码</td><td>D205125203</td><td>月台</td><td>2</td></tr>
<tr><td>商品名称</td><td>货位地址</td><td>包装单位</td><td>数量</td><td>备注</td></tr>
<tr><td></td><td></td><td></td><td></td><td></td></tr>
<tr><td></td><td></td><td></td><td></td><td></td></tr>
<tr><td></td><td></td><td></td><td></td><td></td></tr>
</table>

表 4-3-4 拣选单 3

<table>
<tr><td colspan="2">拣选日期</td><td></td><td>拣选人</td><td>王一</td></tr>
<tr><td colspan="2">公司名称</td><td colspan="3">兴隆公司</td></tr>
<tr><td colspan="2">订单编码</td><td>D205125202</td><td>月台</td><td>1</td></tr>
<tr><td>商品名称</td><td>货位地址</td><td>包装单位</td><td>数量</td><td>备注</td></tr>
<tr><td></td><td></td><td></td><td></td><td></td></tr>
<tr><td></td><td></td><td></td><td></td><td></td></tr>
<tr><td></td><td></td><td></td><td></td><td></td></tr>
</table>

2.分货式分拣

表 4-3-5 拣选单 4

<table>
<tr><td colspan="2">拣选日期</td><td></td><td>拣选人</td><td colspan="2">王一</td></tr>
<tr><td colspan="2">商品名称</td><td colspan="4"></td></tr>
<tr><td colspan="2">货位地址</td><td></td><td>拣选数量</td><td colspan="2"></td></tr>
<tr><td>公司名称</td><td>订单编码</td><td>包装单位</td><td>数量</td><td>月台</td><td>备注</td></tr>
<tr><td>兴业公司</td><td></td><td></td><td></td><td></td><td></td></tr>
<tr><td>兴盛公司</td><td></td><td></td><td></td><td></td><td></td></tr>
<tr><td>兴隆公司</td><td></td><td></td><td></td><td></td><td></td></tr>
</table>

</td></tr>
<tr><td colspan="4">学号：　　　　姓名：　　　　时间：　　年　　月　　日</td></tr>
</table>

任务检测

<table>
<tr><td>项目四</td><td>智慧仓储出库作业管理</td><td>任务三</td><td>拣选打包作业</td></tr>
<tr><td>检测方式</td><td colspan="3">课证融通习题、技能训练</td></tr>
<tr><td>课证融通习题</td><td colspan="3">一、单选题
1. 在拣选作业开始前，首先要（　　）。
A. 核对出库信息　　B. 选择拣选方法
C. 生成拣选信息　　D. 检查库存
2. 订单品种较单一，批量大，可以进行（　　）。
A. 定时分拣　　B. 定量分拣　　C. 批量分拣　　D. 单一分拣
3.（　　）的主要特点是每次拣选只针对一张订单，不进行订单分批处理。
A. 定量分拣　　B. 定时分拣　　C. 批量拣选　　D. 单一拣选
4.（　　）时可以一张订单由一个人从头到尾全程负责。这种拣选方式的拣货单，只需将订单资料转为拣选需求资料即可。
A. 单人拣选　　B. 分区接力拣选　　C. 分区汇总拣选　　D. 批量拣选
5.（　　）是将存储或拣货区划分成几个区域，一张订单由各区人员采取前后接力方式共同完成。
A. 单人拣选　　B. 分区接力拣选　　C. 分区汇总拣选　　D. 批量拣选
6.（　　）是将数张订单汇总成一批，再将各订单相同的物品订购数量汇总起来，一起拣选处理。
A. 单人拣选　　B. 分区接力拣选　　C. 分区汇总拣选　　D. 批量拣选
7.（　　）是将存储区或拣货区划分成几个区域，将一张订单拆成各区域所需的拣货单，再将各区域所拣选的物品汇集一起。
A. 单人拣选　　B. 分区接力拣选　　C. 分区汇总拣选　　D. 批量拣选
8.（　　）的批量拣选方式就是将同一种拣选单位的品种汇总在一起处理。
A. 按拣选单位分批　　B. 按配送区域/路径分批
C. 按流通加工需求分批　　D. 按车辆需求分批
9.（　　）的批量拣选方式就是如果客户所需物品需要特殊的配送车辆（低温车、冷冻、冷藏车），或客户所在地需特殊类型车辆者可汇总合并处理。
A. 按拣选单位分批　　B. 按配送区域/路径分批
C. 按流通加工需求分批　　D. 按车辆需求分批
二、多选题
1. 单一拣选结合分区策略具体又可以分为（　　）方式。
A. 单人拣选　　B. 批量拣选
C. 分区接力拣选　　D. 分区汇总拣选
2. 单一拣选方式比较适用于以下（　　）情况。
A. 用户不稳定，波动较大　　B. 需求种类不多
C. 需求之间差异较大，配送时间要求不一　　D. 批量大
3. 批量拣选的分批方式主要有（　　）几种。
A. 按拣选单位分批　　B. 按配送区域/路径分批
C. 按流通加工需求分批　　D. 按车辆需求分批</td></tr>
</table>

续表

<table>
<tr><td>项目四</td><td>智慧仓储出库作业管理</td><td>任务三</td><td>拣选打包作业</td></tr>
<tr><td>检测方式</td><td colspan="3">课证融通习题、技能训练</td></tr>
<tr><td>课证融通习题</td><td colspan="3">4. 关于拣选作业下列说法正确的是（　　）。
A. 拣选作业是根据出库信息或订单，将顾客订购的物品从保管区或拣货区取出，也可以直接在进货过程中取出，并运至配货区的作业过程
B. 在拣选作业开始前，首先要核对出库信息，因为出库信息的传递速度和准确程度，受仓库信息化程度的影响
C. 在选择拣选方法时，需要考虑多方面的因素、环境和条件，要采用最适宜的拣选方法。如订单品种繁多，批量不大，可以对订单进行单一分拣，也就是播种式分拣
D. 在物品分拣单位确定上，可以按要求进行以托盘、整箱或单品为单位的分拣</td></tr>
<tr><td>技能训练</td><td colspan="3">1. 结合下面的任务描述，说明出库物品的打包步骤。
任务一：将要发往市内小型超市的 5 瓶 750 mL 装的海飞丝丝质柔滑型洗发水和 5 瓶 400 mL 装的海飞丝去屑护发素进行包装，要求 10 瓶洗发护发用品打包在一个周转箱内。

任务二：对要发给外地收货人的 4 瓶红酒进行快递包装作业。

2. 下图中操作员正在通过电子标签拣选系统实施出库拣选作业，以下关于电子标签拣选系统的说法正确的是（　　）。
A. 电子标签系统是计算机辅助拣选系统最常用的方式之一
B. 具有加快拣货速度的特点
C. 不能降低拣货错误率
D. 具有免除表单作业的特点
</td></tr>
</table>

续表

<table>
<tr><td>项目四</td><td>智慧仓储出库作业管理</td><td>任务三</td><td>拣选打包作业</td></tr>
<tr><td>检测方式</td><td colspan="3">课证融通习题、技能训练</td></tr>
<tr><td>技能训练</td><td colspan="3">3. 如下图所示，出库作业中零散货物需经包装后方可出库，对于出库包装的说法下列描述正确的有（　　）。
A. 包装尺寸要便于物品的装卸和搬运。
B. 包装应牢固
C. 严禁性质抵触、互相影响的物品混合包装。
D. 包装的容器应与被包装物品体积相适应。
E. 当包装容器与被包装货物体积不适应时也可完成包装作业，不需做额外处理。
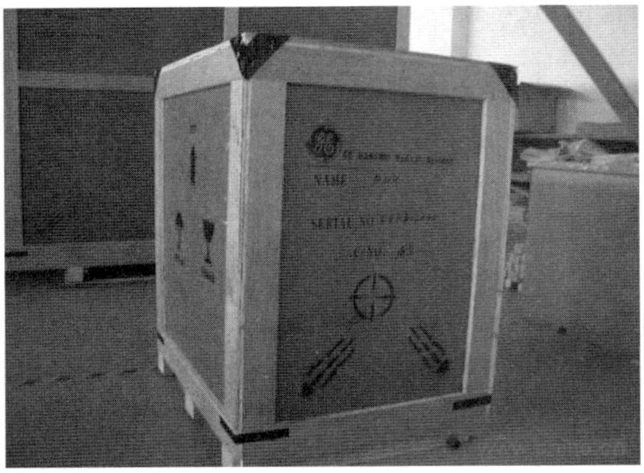
4. 下图是作业人员正在向装好货物的包装箱内放填充物，此种做法的主要目的有（　　）。
A. 便于物品的装卸和搬运。
B. 包装应牢固
C. 严禁性质抵触、互相影响的物品混合包装。
D. 防止储运过程中货物在包装内滚动，加强货物的稳固性，防止货物损坏

</td></tr>
<tr><td colspan="4">学号：　　　　　　　　姓名：　　　　　　　　时间：　　年　　月　　日</td></tr>
</table>

任务四 出库复核与配载发货作业

任务描述

惠安仓储物流有限公司仓储部库存分配计划见表4-4-1,客户订单优先权:兴隆>兴盛>兴业。针对给定的情景,根据各个客户的档案资料,对4份订单进行月台分配和月台复核,制定客户月台点拣单,完成客户货物的装配发运。

表4-4-1 库存分配计划

商品名称	包装单位	客户分配量			现有库存	剩余库存	缺货数量
		兴业	兴盛	兴隆			
DELL液晶显示屏	箱		10		35	25	
DELL处理器	箱			4	5	1	
DELL内存卡	箱	1	3	2	6	0	1
DELL电脑风扇	箱			1	5	4	
DELL平板	箱			1	13	12	
DELL笔记本电脑	箱		1		13	12	
DELL显卡	箱		1		13	12	
DELL电脑主板	箱	1			3	2	
DELL耳机	箱	1			5	4	
DELL机箱	箱	7			27	20	

任务目标

知识目标

1. 掌握货物出库复核的方法,严格按照出库凭证发放货物。
2. 清楚配载发运、月台分配及月台复核方法。

能力目标

1. 能够以商品出库凭证为依据进行反复核对。
2. 能够按要求进行配载发运。
3. 能够制作月台点拣单。

素质目标

1. 具有精益求精的工匠精神、吃苦耐劳的优良品质。
2. 培养分析问题、解决问题的能力。
3. 培养物流作业优化意识。

任务准备

一、出库复核

备料配货后应立即进行复核。商品出库复核是指商品在出库作业过程中的各个工序，以商品出库凭证为依据进行的反复核对。

(一)单据复核

主要审查商品出库凭证的真实性、合法性和完整性。其主要内容包括：

(1)印鉴是否真实、齐全、相符。

(2)凭证有无涂改、过期。

(3)字迹是否清楚。

(4)凭证中各栏项目填写是否正确、完整等。复核计重商品的磅码单或附属单证，重点是检查计算数字有无差错。如发现多算、少算或错算，应立即核正，并按核正数将实物扣除或补足。

(二)实物复核

根据商品出库凭证上所列项目对所发实物的品种、规格、牌号、单位、数量、包装和质量等进行核对，做到单货相符，不出差错。

复核的内容包括：品名、型号、规格、数量、单位等是否与商品出库凭证一致，配套是否齐全，技术证件是否齐备，外观质量和包装是否完好等。商品出库的复核查对形式应视具体情况而定，可以由保管员自行复核，也可以由保管员相互复核，还可以设专职出库商品复核员进行复核或由其他人员复核等。如经反复核对确实不符时，应立即调换，并将原错备物品上刷的标记除掉，退回原库房；复核结余物品数量或重量是否与保管账目、商品保管卡片结余数相符，发现不符应立即查明原因。

(三)账与货结存的复核

保管员根据商品出库凭证配货，从货垛、货架上取货以后，应立即核对该货垛、货架商品的结存数，同时，检查商品的数量、规格等与账务员在出库凭证上批注的账面结存数是否相符，并要核对商品的货位、货卡有无问题，以便做到账、货、卡相符。

课内小任务

任务描述：商品出库复核方式，要根据仓库规模、商品性质、技术设备状况以及人员编制等具体情况决定。查阅资料，完成复核的方式对比。

复核的方式	特点
个人复核	
相互复核	
环环复核	

学号：　　　　姓名：　　　　时间：　　年　　月　　日

(四)复核签章

不论复核实物或单证,复核后保管员和复核员都应在单证上签章,明确责任。

出库商品无论是收货单位自提,还是交通运输部门接运,仓库发货人必须向提货人员或承运人员点交商品。应按出库凭证逐笔向货主当面点交。交清后,仓库交货人随即在出库凭证上加盖商品付讫和日戳,同时开给接货人商品出门证,以便门卫放行。备料出库商品,经过全面复核查对无误之后,即可办理清点交接手续。商品出库管理清点交接的工作要点主要有:

(1)仓库方面与提货人、承运人等要当面点交。

(2)仓库方面对重要商品、特殊商品的技术要求、使用方法、运输注意事项等,要主动向提货人、承运人交代清楚。

(3)清点交接完毕后,提货人、承运人必须在相关出库单证上签字,同时仓库保管员应做好出库记录。

(4)用户自提,即将商品和证件向提货人当面点清,办理交接手续。

(5)代运,则应办理内部交接手续,即由商品保管人员向运输人员或包装部门的人员清点交接,由接收人签章,以划清责任。运输人员根据商品的性质、重量、包装、收货人地址和其他情况选择运输方式后,应将箱件清点,做好标记,整理好发货凭证、装箱单等运输资料,向承运单位办理委托代运手续。对于超高、超长、超宽和超重的商品,必须在委托前说明,以便承运部门计划安排。承运单位同意承运后,运输人员应及时组织力量,将商品从仓库安全无误地点交给承运单位,并办理结算手续。运输人员应向承运部门提供发货凭证样本、装箱单,以便和运单一起交收货人。运单总体应由运输人员交财务部门作商品结算资料。

(6)专用线装车。运输人员应于装车后检查装车质量,并向车站监装人员办理交接手续。商品点交清楚,出库发运之后,该商品的仓库保管业务即告结束,商品仓库保管人员应做好清理工作,及时注销账目、料卡,调整货位上的吊牌,以保持商品的账、卡、物一致,及时准确地反映商品的进出、存取的动态。

二、填单、登账

待点交后,保管员在出库单上填写"实发数""发货日期"等内容并签名,然后将与出库单有关联的证件资料及时交货主,以便货主办理货款结算。保管员再根据留存的一联出库凭证记录实物保管明细账,建立盈余商品账,以备查用。

(一)登录货物保管明细账

无论用计算机或手工生成,都应详细反映仓库货物进、出、结存的准确情况。主要内容有物品编号、出库日期、品名规格、数量、收入、支出等。登录或消除保管明细账必须以正式收发凭证为依据。账目不得任意涂改。账目应做到:

(1)按实际出库单,核算结存数,账物相符;

(2)笔笔有结算,日清月结,不做假账;

(3)手续健全,账页清楚,数据准确;

(4)坚持会计记账规则,严格遵守;

(5)出现问题,经处理后,账面要明确反映,并如实说明。

(二)出库单证的流转和账务处理

出库单证主要是指提货单,它是向仓库提取商品的正式凭证。在不同单位中,会采用提货和送货这两种不同的出货方式，而不同单位在不同出库方式下，单证流转与账务处理的程序都会有所不同。

三、货物交接装车

装车总的要求是“省力、节能、减少损失、快速、降低成本”。装车前应对车厢进行检查和清扫。因货物性质不同，装车前需对车辆进行清洗、消毒的，必须达到规定要求。装车过程中应防止货物的混杂、散落、漏损、砸撞，特别要注意有毒货物不得与可食用的货物混装，性质相抵触的货物不能混装。装车的货物应数量准确，捆扎牢靠，做好防丢措施。

（一）堆积

堆积是在具体装车时，为充分利用车厢载重量、容积而采用的方法。一般是根据所配送货物的性质和包装来确定堆积的行、列、层数及码放的规律。

根据货物的不同堆积方式分为行列式堆积方式和直立式堆积方式两种。

1. 堆积注意事项

(1)堆积方式要有规律。

(2)堆积高度不能太高。

(3)堆积时应重货在下、轻货在上；包装强度差的应放在包装强度好的上面。

(4)货物应大小搭配，以利于充分利用车厢的容积及载重量。

(5)按顺序堆积，先卸车的货物后码放。

2. 装车的基本要求

(1)装车前应对车厢进行检查和清扫。

(2)确定最恰当的装车方式。

(3)合理配置和使用装车机具。

(4)力求减少装车次数。

(5)防止货物装车时的混杂、散落、漏损、砸撞。

(6)装车的货物应数量准确，捆扎牢靠，做好防丢措施。

(7)提高货物集装化或散装化作业水平。

(8)做好装车现场组织工作。

（二）绑扎

绑扎是在配送货物按客户订单全部装车完毕后，为了保证货物在配送运输过程中的完好，以及为避免车辆到达各客户点卸货开厢时出现货物倾倒，而必须进行的一道工序。

绑扎有以下几种形式：单件捆绑；单元化、成组化捆绑；分层捆绑；分行捆绑；分列捆绑。绑扎的方法有平行绑扎、垂直绑扎和相互交错绑扎。

四、清理

现场和档案的清理。经过出库的一系列工作程序之后，实物、账目和库存档案等都发生了变化。应按下列几项工作彻底清理，使保管工作重新趋于账、物、资金相符的状态。

（一）清理现场

包括清理库存商品、库房、场地、设备和工具等。主要内容有：对库存的商品进行并垛、挪位、腾整货位，清扫发货场地、保持清洁卫生，检查相关设施设备和工具是否损坏、有无丢失等。

（二）清理档案

对收发、保养、盈亏数量和垛位安排等情况进行分析。商品出库后，还要整理该批商品的出入库情况和保管保养情况，清理并按规定传递出库凭证、出库单等，相关原始依据要存入商品保管档案，档案要妥善保管，以备核查。

上述一系列商品出库程序中，应当重点抓住“复核”和“点交”两个环节。“复核”是防止差错的重要和必不可少的措施，“点交”是划清仓库和提货方两者责任的必要手段。

（三）填制报表

主要完成出库日结表（表 4-4-2）、包装、运送日报表、送货日报表、送货统计表、运输月报表。

表 4-4-2　出库日结表

日期：

货品编码	货品名称	规格	单位	期初数量	入库数量	出库数量	期末数量	重量	体积
总计									
制单人：					经办人：				

任务实施

<table>
<tr><td>项目四</td><td>智慧仓储出库作业管理</td><td>任务四</td><td>出库复核与配载发货作业</td></tr>
<tr><td>任务背景</td><td colspan="3">根据库存分配计划(表 4-4-1),以及客户订单优先权兴隆＞兴盛＞兴业,针对给定的情景,根据各个客户的档案资料,对 4 份客户订单进行月台分配和月台复核,制定月台点拣单,完成客户货物的装配发运。</td></tr>
<tr><td>任务要求</td><td colspan="3">1. 将学生分组,每组 5 人左右。
2. 完成任务后小组内互评。
3. 每个小组派代表汇报本组同学完成情况。</td></tr>
<tr><td>实施方法</td><td colspan="3">将制定设计月台点拣单作为一个小任务,学生按照库存分配计划表和客户订单优先权完成任务,在老师指导下制订方案、实施方案,最终进行评估。</td></tr>
<tr><td>实施成果</td><td colspan="3">1. 客户与月台分配单
见表 4-4-3。

表 4-4-3　客户与月台分配单
<table>
<tr><td>一号月台</td><td>二号月台</td><td>三号月台</td></tr>
<tr><td></td><td></td><td></td></tr>
</table>

2. 月台点拣单
见表 4-4-4 至表 4-4-6。

表 4-4-4　一号月台点拣单(　　公司)
<table>
<tr><td>序号</td><td>商品名称</td><td>单位</td><td>实发数量</td><td>备注</td></tr>
<tr><td>1</td><td></td><td></td><td></td><td></td></tr>
<tr><td>2</td><td></td><td></td><td></td><td></td></tr>
<tr><td>3</td><td></td><td></td><td></td><td></td></tr>
<tr><td>4</td><td></td><td></td><td></td><td></td></tr>
</table>

表 4-4-5　二号月台点拣单(　　公司)
<table>
<tr><td>序号</td><td>商品名称</td><td>单位</td><td>实发数量</td><td>备注</td></tr>
<tr><td>1</td><td></td><td></td><td></td><td></td></tr>
<tr><td>2</td><td></td><td></td><td></td><td></td></tr>
<tr><td>3</td><td></td><td></td><td></td><td></td></tr>
<tr><td>4</td><td></td><td></td><td></td><td></td></tr>
</table>
</td></tr>
</table>

续表

项目四	智慧仓储出库作业管理	任务四	出库复核与配载发货作业
实施成果	**表 4-4-6　三号月台点拣单(　　公司)**		

序号	商品名称	单位	实发数量	备注
1				
2				
3				
4				

学号：　　　　姓名：　　　　时间：　　年　　月　　日

任务检测

<table>
<tr><td>项目四</td><td>智慧仓储出库作业管理</td><td>任务四</td><td>出库复核与配载发货作业</td></tr>
<tr><td>检测方式</td><td colspan="3">课证融通习题、技能训练</td></tr>
<tr><td>课证融通习题</td><td colspan="3">
一、单选题
1. 出库复核的主要环节不包括(　　)。
A. 核对单据　　B. 清点实物
C. 检查质量　　D. 安排运输
2. 配载发货作业中,应按照(　　)的顺序进行装载。
A. 先卸先装　　B. 后卸先装
C. 随机装载　　D. 没有固定顺序
3. 在出库复核过程中,发现货物数量不符,应(　　)。
A. 直接发货　　B. 及时处理
C. 忽略不管　　D. 等待指示
4. 配载发货时,需要考虑货物的(　　)。
A. 颜色　　B. 味道
C. 体积　　D. 产地
5. 出库复核的重点是(　　)。
A. 准确性　　B. 快速性
C. 美观性　　D. 经济性
二、多选题
1. 出库复核的主要内容包括(　　)。
A. 核对货物名称　　B. 核对货物规格
C. 核对货物数量　　D. 核对货物质量
2. 配载发货作业的基本原则有(　　)。
A. 充分利用空间　　B. 保证货物安全
C. 便于装卸搬运　　D. 合理安排顺序
3. 出库复核中发现的问题可能有(　　)。
A. 货物数量错误　　B. 货物质量问题
C. 货物包装破损　　D. 货物摆放整齐
4. 配载发货时需要注意的事项有(　　)。
A. 合理安排货物位置　　B. 避免超载
C. 固定货物防止移动　　D. 遵守运输规定
5. 影响配载发货的因素有(　　)。
A. 货物特性　　B. 运输工具
C. 运输路线　　D. 客户要求
6. 以下属于出库复核异常情况的有(　　)。
A. 货物破损　　B. 货物短少
C. 货物错发　　D. 货物包装精美
</td></tr>
</table>

续表

<table>
<tr><td>项目四</td><td>智慧仓储出库作业管理</td><td>任务四</td><td>出库复核与配载发货作业</td></tr>
<tr><td>检测方式</td><td colspan="3">课证融通习题、技能训练</td></tr>
<tr><td>技能训练</td><td colspan="3">1. 一辆 3 t 的厢式货车，内廓尺寸为 4 200 mm×2 100 mm×2 200 mm，需要装运的货物每箱尺寸为 800 mm×500 mm×600 mm，堆码极限为 3 层，每箱重 75 kg。计算这辆厢式货车的最大装载量。（箱体有“向上”标志）

2. 货物拼装运输应注意的事项有哪些？

3. 物流公司某营业点需配送两种货物，A 类货物容重为 10 kg/m^3，A 类货物体积为 2 m^3/件；B 类货物容重 7 kg/m^3，B 类货物体积为 3 m^3/件；车辆载重量为 103 kg，车最大容积为 13 m^3，计算最佳配装方案，A、B 类货物各装多少件？（　　）
A. 4、3　　B. 1、2　　C. 2、3　　D. 3、4</td></tr>
<tr><td colspan="4">学号：　　姓名：　　时间：　　年　　月　　日</td></tr>
</table>

项目五　智慧仓储安全管理

项目引入

为提升物流运营效率，确保货物安全，增强市场竞争力，近期公司非常重视智慧仓储安全管理工作，安排王宇不仅负责 4 号库的在库管理工作，同时要负责该仓库的日常安全管理工作，接下来他需要学习智慧仓储安全管理知识，明确仓储安全管理工作职责。

仓库主管对王宇提出两点要求：

1. 理解智慧仓储安全管理的基本任务和目标；

2. 树立居安思危的意识，构筑仓储安全防线，掌握智慧仓储安全管理的内容，为企业仓储工作的顺利开展保驾护航。

项目分析

为完成仓库主管交代的仓储安全管理工作，王宇需提前熟悉以下工作内容：

1. 掌握仓库的防火、灭火工作基本内容，了解智慧仓库智能设备安全管理的内容；

2. 了解仓库防盗和安全保卫的重要性，掌握仓库作业安全管理的内容。

任务一　仓库消防管理

任务描述

惠安仓储物流有限公司按照仓库安全管理规章制度需要进行长期的库房消防安全管理，进行有效的防火训练，请明确仓库安全管理员的岗位职责，制定完整的仓库消防管理作业制度，完成在库货物的消防安全管理，包括：

1. 制订一份仓储消防安全管理作业计划；

2. 正确找出火灾隐患，并用恰当的措施消除隐患；

3. 正确选择和使用消防器材进行救火模拟训练。

任务目标

知识目标

1. 了解仓库火灾的基本知识。

2. 掌握仓库防火工作的基本内容。

3. 掌握仓库灭火工作的基本内容。

能力目标

1. 能够熟练操作各种灭火器，能对其操作方法熟练掌握。

2. 能够正确使用智能消防设备。

3. 能够进行仓库火灾的灭火工作。

4. 能对仓库火灾进行有效防范。

素质目标

1. 增强安全意识与责任意识。

2. 严格遵守仓储消防安全的法律法规和标准要求。

任务准备

在库物品仓库安全管理是其他工作的前提和基础。安全对于仓库来说具有重要意义。因为，仓库是在库物品重要的集散地，也是储藏和保管在库物品的场所，其价值和使用价值均很高，一旦发生火灾或爆炸等严重事故，不仅仓库和设施可能被毁坏，而且仓库中的在库物品也将被毁坏。因此，仓库的安全工作应该位于一切管理工作的首位，并贯穿于整个仓储过程。

微课：仓储安全管理

仓库消防管理工作旨在保障员工人身安全、保证作业安全，减少因消防事故带来的人身和经济损失。智慧仓库消防安全相比传统的仓库消防安全虽然加了“智慧”二字，但最终目的与传统仓库消防安全一致。智慧仓库消防管理旨在提高消防工作效率和安全性，通过运用物联网、云计算等新一代信息技术，实现消防管理的智能化和高效化。

一、仓库安全管理员工作职责

微课：仓储设备作业安全

（1）负责制定仓库安全管理规定，拟订各岗位安全生产管理制度。

（2）负责购置和配备安全生产所需的各种设施和设备，如消防器材、安全指示标牌、警示标牌等。

（3）制订消防安全计划和防范措施。

（4）定期进行安全生产检查、消防检查、安全生产责任制落实情况的检查。

（5）能够进行仓库的防火、灭火和防盗工作。

（6）定期进行安全生产、安全知识培训教育，加强人员安全意识。

（7）在仓库主管的领导下对各部门、各工作岗位和各作业环节进行安全检查和监督，确保仓库生产和储存货物的安全。

二、火灾分类

仓库火灾是指发生在仓库区域内，由于各种原因引起的可燃物燃烧，进而造成财产损失、人员伤亡或环境破坏的灾害性事件。

为有效地防止火灾和灭火，有必要从防火的角度对火灾进行分类。

（一）按燃烧物质性质分类

（1）A类火灾。固体物质火灾，这类火灾涉及木材、纸张、棉、毛、麻、塑胶等固体物质的燃烧。

（2）B类火灾。液体火灾及可熔化的固体物质火灾，包括汽油、原油、煤油、柴油、甲醇、乙醇、沥青、石蜡等物质的火灾。

（3）C类火灾。气体火灾，主要涉及可燃性气体，如天然气、煤气、甲烷、乙烷、氢气等物质的火灾。

（4）D类火灾。金属火灾，这类火灾是由钾、钠、镁、锂等金属燃烧引起的。

(5)E类火灾。带电物体和精密仪器等物质的火灾,如变压器等设备的电气火灾等。

(6)F类火灾。烹饪器具内的烹饪物火灾,如动植物油脂。

(二)按仓库储存物品的火灾危险性分类

在仓库火灾的实际分类中,更常见的是根据仓库内储存物品的火灾危险性进行分类,即甲、乙、丙、丁、戊类仓库火灾。

(1)甲类仓库火灾。储存高度易燃、易爆物品的仓库火灾。这类物品通常具有低闪点、易挥发、易爆炸等特点,如闪点低于28℃的液体、爆炸品等。

(2)乙类仓库火灾。除甲类外的易燃固体仓库火灾,以及生产过程中可能产生可燃粉尘或气体的仓库火灾。这类物品虽然不如甲类物品易燃易爆,但仍具有较高的火灾危险性。

(3)丙类仓库火灾。储存可燃固体物质仓库的火灾。这类物品在燃烧时能够产生足够的热量和火焰,如木材、纸张、塑料、泡沫等。

(4)丁类仓库火灾。储存难燃固体物质仓库的火灾。这类物品在燃烧时具有较低的火灾危险性,如酚醛泡沫塑料、水泥刨花板等。

(5)戊类仓库火灾。储存不燃固体物质仓库的火灾。这类物品在一般情况下不会燃烧,如钢材、砖块、汽车、仪表等。

(三)按火灾发生原因分类

(1)自燃火灾。由于物品自身性质或储存条件不当而引发的火灾。

(2)人为火灾。由于人员操作不当、疏忽大意或故意纵火等人为因素引发的火灾。

(3)电气火灾。由于电气设备故障、线路老化等原因引发的火灾。

(四)按火灾形态分类

(1)堆垛火灾。起火点在一堆物品中心点的位置,火焰容易迅速蔓延,造成严重的人员伤亡和财产损失。

(2)包装火灾。由于易燃物品被包装物(如塑料袋、纸板盒、木制箱等)引起的火灾,包装物容易传火,导致火灾由点状火灾发展成大面积火灾。

(3)氧化火灾。由于易燃物品进入了氧化状态而引起的火灾,如金属、油脂、涂料等物质长时间存放且接触空气或水分导致氧化的情况下发生的火灾。

仓库火灾的分类可以从多个角度进行,每种分类方法都有其独特的视角和侧重点。在实际工作中,应根据具体情况选择合适的分类方法,以便更好地进行火灾预防和应急处理。

仓库防火的基本原则是预防为主,防消结合。这意味着在仓库的日常管理中,应将预防火灾放在首位,通过加强管理、提高员工消防意识、完善消防设施等手段来降低火灾发生的风险。同时,要做好火灾发生后的应急处置工作,确保能够及时有效地控制火势,减少损失。

三、消防器材的种类及使用方法

几种灭火器的使用步骤

仓库使用的灭火器材主要有灭火器、水和沙等,除此之外,还有消防栓、消防泵和消防车等。其中灭火器主要有以下几种:

(1)干粉灭火器。此种灭火器不导电、不腐蚀、毒性低。

(2)卤代烷灭火器。此种灭火器不导电、不腐蚀、不污损仪器和设备。

(3)二氧化碳灭火器。此种灭火器不导电、不含水分、不污损仪器和设备。但不能用于含碳物资的灭火,如木材、棉、毛、纸张。

(4)泡沫灭火器。此种灭火器可导电,不能用于带电设备的灭火。

灭火器的用料主要有干粉和二氧化碳,类型包括手提式和推车式。

课内小任务

任务描述:查阅资料,将火灾类型及适用的灭火器填入表 5-1-1 中。

表 5-1-1　火灾类型及适用的灭火器

火灾类型	可燃物	灭火器类型
A 类		
B 类		
C 类		
D 类		
E 类		
F 类		

学号:　　　　姓名:　　　　时间:　　年　　月　　日

四、仓库火灾的防范

仓库火灾的防范,主要是要做好对火源、电源、库存物资和仓库设施的管理。

(一)熟悉防火方法

燃烧三要素中的可燃物、助燃物、着火源(温度)共同作用才能引起燃烧,缺少任何一个要素都不能形成火灾。防火工作就是使三者分离,不会互相发生作用。

微课:认识消防安全

1. 控制可燃物

通过减少、不使用可燃物或将可燃物质进行难燃处理来防止火灾。如仓库建筑采用不燃材料建设,使用难燃电气材料等;易燃货物使用难燃包装,用难燃材料覆盖可燃物等;通过通风的方式使可燃气体及时排除,洒水减少可燃物扬尘等措施。

2. 隔绝助燃物

对于易燃品采取封闭、抽真空、充惰性气体、浸泡的方法,用不燃涂料喷易燃品的方式使易燃物不与空气直接接触来防止燃烧。

3. 消除着火源

通过使得发生火灾的着火源不在仓库内出现来实现防火的目的。由于仓库不可避免地会储藏可燃物,而隔绝空气的操作需要较高的成本,因此仓库防火的核心就是防止着火源。消除着火源也是灭火的基本方法。

(二)做好火源管理

仓库应当设置醒目的防火标志,对火源严加管理。

仓库内严禁吸烟和使用明火。职工、外来人员和机动车辆入库,必须收留火种,禁止带入库区。进入棉麻、鞭炮、化工危险品等库区及其他火险危险性大的库区、货场的车辆必须戴防火罩。仓库区周围 50 m 内严禁燃放烟花爆竹。

库区如确需临时动用明火作业,必须经防火负责人或有关主管部门批准,并落实安全防范措施,指定专人监护现场,作业结束要认真检查,不得留有火种。

仓库生活区安装、使用固定火源,必须符合安全规定,经防火负责人批准,指定专人管理,备妥消防器材,做到人离火灭,对各种用火设备要定期检查、维修。

经批准设置的火源不准用易燃液体引火,不准在火源附近堆放易燃物,不准靠近火源烘烤衣物。从炉内取出炽热灰烬,必须用水浇灭后,倒在指定的安全地点。

物品入库应认真检查是否带有火种,特别对草包、纸包、棉包、布包类在库物品更要严格检查或隔离观察,如发现可疑应在安全地点开包检验。

(三)做好电源管理

仓库生产、生活、库区照明用电线路必须分开,电线和电气设备必须由持有合格证的电工安装、检查、保养维修。不准乱拉临时电线,不准超负荷作业,禁止使用不合格的装置和漏电保护装置。

库房内不准设置移动式照明灯具,照明灯头应装在通道上方,堆码在库物品必须与灯头保持 50 cm 以上水平距离,工作完毕切断电源。

每年定期对电线进行绝缘测试,发现电线老化、破损、绝缘不良,可能引起打火、短路等不安全因素的,必须及时更新、维修。架空电线线路的下方严禁堆放物资。对各种电气设备、避雷装置须按时检测维修。对各种机械、机具易产生火花的部位须设防火装置。

库房内不准使用碘钨灯和超过 60 W 的白炽灯等高温照明灯具及各种电气设备。储存在库物品、食糖、烟草、中药材等在库物品的库房,因工作、生产确需使用去湿机、干燥器、电熨斗、电烙铁等电气设备时,必须经单位防火负责人批准,并采取相应的安全措施。当使用日光灯低温照明灯具和其他防燃型照明灯具时,应当对镇流器采取隔热、散热等防火保护措施,确保安全。

库内铺设的配电线路,需穿金属管或用非燃硬塑料管保护。每个库房应在库房外单独安装开关箱,并做到防雨防潮。对灰尘较多的部位必须使用防尘、防爆灯泡和保险开关,要做到人离电断。

(四)做好仓库和库存物资管理

仓库生产区必须和生活区分开,对“大杂院”仓库和未能分开的老式仓库,要采取安全措施,并制订计划,逐步调整改造。未改造前,要建立统一安全组织,统一安排消防设施,划分安全责任区,明确分工,各负其责。

在库物品、物资应根据不同性质按库、区、类分别存放。库存在库物品每垛占地面积不宜大于 100 m^2,垛与垛间距不少于 1 m,垛与墙间距不少于 0.5 m,垛与梁、柱的间距不少于 0.3 m,主要通道的宽度不少于 2 m。每栋建筑面积不足 500 m^2 的库房其储存在库物品的垛距、墙距、梁距和主要通道的宽度可以适当降低,但要保持畅通。露天存放在库物品的防火间距,必须符合建筑设计防火规范的规定。

易自燃在库物品应存放在温度较低，通风良好的库房。不准将性质相互抵触、串味和灭火方法不同的在库物品混存，要在醒目处标明储存在库物品的名称、性质和灭火方法。仓库内不准存放私人物品，保管员不准私自收存在库物品、物资。

库区和库房内应经常保持清洁，对散落的包装物，库区落叶、杂草等应及时清除，妥善处理。禁止在库区内停放、修理机动车辆。电瓶车、铲车进入库房时，必须按照有关规定装上防止火花溅出的安全装置。装卸机具、消防车(泵)的必备用油，应放在确保安全的地点。

(五)做好仓库设施管理

新建、扩建和改建的仓库建筑设计要符合国家建筑设计防火规范的有关规定，并经公安、消防监督部门审核。竣工时，其主管部门会同公安、消防监督部门进行验收，验收不合格的，不得交付使用。

各级商业仓库应根据规模大小、建筑结构、在库物品特点等不同情况，依据建筑灭火器配置设计规范要求，安装消防报警、灭火、监控、通信、避雷等设备，配备相应种类和数量的消防器材，做到布局合理，便于取用。

仓库要建立各种消防器材的管理制度，做到定点、定人、定期检查、维修、换药，严禁挪用。对怕冻设备，在寒冬季节应采取防冻措施，保证消防设备、器材完好有效。消防设施主要有以下几种：

1. 防火墙

防火墙是在建造仓库库房时设计的。

2. 防火隔离带

仓库的防火隔离带有两种：一种是在建筑时就考虑的；另一种是在库房、料棚和货场内以及它们之间留出足够的防火隔离带，尤其是储存可燃性材料和设备，其防火隔离带必须保证。

3. 防火门

防火门是用耐火材料制成的，万一库房起火，扑救不及，可以关闭防火密封门，可阻止火势蔓延到另一间库房。

(六)建立健全防火组织和消防制度措施

仓库消防工作主要包括防火和灭火两方面。仓库消防安全必须贯彻"预防为主，防消结合"的方针，实行"谁主管，谁负责"的原则。仓库消防安全由本单位及其上级主管部门负责。仓库应当确定一名主要领导人为防火负责人，全面负责仓库的消防安全管理工作。

1. 建立仓库防火负责人制度

(1)组织学习贯彻消防法规，完成上级部署的消防工作。

(2)组织制订电源、火源、易燃易爆物品的安全管理和值班巡逻等制度，落实逐级防火责任制和岗位防火责任制。

(3)组织对职工进行消防宣传、业务培训和考核，提高职工的安全素质。

(4)组织开展防火检查，消除火险隐患。

(5)领导专职、义务消防队组织，与专、兼职消防人员制订灭火应急方案，组织扑救火灾。

(6)定期总结消防安全工作，实施奖惩。

2. 做好消防机构设置

仓库根据需要可组织专职消防机构和消防队伍，承担仓库消防工作的管理、检查和监督，应急消防，员工消防培训，消防值班，公共场所的消防管理，仓库消防设备管理和维护。同时可以组织兼职消防队伍，承办各工作部门的消防工作，检查所在部门的消防工作，及时发现消防隐患。

3. 建立消防责任制

消防工作采用严格的责任制，采取“谁主管谁负责，谁在岗谁负责”的制度。每个岗位、每个员工的消防责任明确，并采取有效的措施督促执行。仓库需订立严格和科学的消防规章制度，制订电源、火源、易燃易爆品的安全管理和值班巡逻制度，确保各项规章制度被严格执行。制订合适的奖惩制度，激励员工做好消防工作。

(1)仓库内的工作人员需要经过消防培训，考核合格后方可上岗。仓库还需要定期组织员工进行消防培训，并结合消防演习确保每一位仓库员工熟悉岗位消防职责。经常性地开展防火宣传，保持员工的防火警惕性。消防安全教育，各级仓库管理人员要结合日常管理工作，采用各种形式，经常对员工进行消防安全宣传教育，对进入仓库的外来人员也应进行安全宣传。

①仓库消防安全宣传教育主要内容：

a. 国家和公安消防部门制定的有关消防法规。

b. 本单位制定的消防安全条例、规定、制度。

c. 有关消防业务在库物品知识。

d. 消防安全经验和典型事故案例。

②仓库安全防火责任制度：

a. 要认真执行《中华人民共和国消防法》关于仓库防火安全管理的有关规定。

b. 仓库管理人员必须熟悉本库储存物资的性质、数量、分布情况等问题。

c. 不准在仓库周围堆放易燃可燃物，并要经常清理杂物。

d. 要根据储存物的性质，按规定安装所需要的照明设备，不准乱拉电线、安装电气设备、电加热器。

e. 电闸要设总闸、分闸，并应将电闸安装在室内，工作结束应立即断电。

f. 禁止在库内动用明火，如需要动火，必须经有关部门批准，并采取安全措施

g. 不准在库内住人，无关人员禁止入库。

h. 管理人员对消防用水地点必须十分清楚，要经常保持道路畅通，要会报警，会使用、保养灭火器材。

(2)仓库的消防设备要有专人负责管理，坚决制止挪用或损坏消防设备。

根据各类消防设备的特性定期进行保养和检查、充装。定期检查防雷系统，保证其处于有效状态。仓库必须实行分级负责的安全检查制度，仓库每月、班组每周、岗位每日检查一次。仓库必须坚持每日防火安全检查制度。

五、火灾发生的处理

(一)火灾报警

仓库在起火后的十几分钟内能否将火扑灭，不酿成大火，这个时间段是一个关键时刻。把握住这个关键时刻有两条：一是利用现场灭火器材及时扑救；二是立即拨通“119”火警电话报警，以便调集足够的力量，尽早地控制和扑灭火灾。不管火势大小，只要发现失火，立即报告主

管部门和报警,报警越早损失越小。具体发生火灾的处理方式可参考下面的做法。

(1)立即向公司主管安全生产的部门汇报(先报失火消息,次报地点时间,再报火灾火情,最后请示自己该做些什么)。启动应急预案,等候上级命令。

(2)火情较大或较为严重,还应立即报告消防部门。

(3)如果火情较小,应在保证自己安全的前提下,使用灭火器救火,或做一些抢救人员和财产的工作。

(4)重大火灾事故,不得擅自冒险行动。还需保护现场,做疏散人群的工作。

(5)补救和做好现场记录,真实反映火灾情况,协助安全人员做好火灾事故调查。

(二)灭火方法的选择

灭火是可燃物已发生燃烧时采取终止燃烧的措施。

1.冷却法

将灭火剂直接喷洒在可燃物上,使可燃物的温度降低到自燃点以下,从而使其停止燃烧。常使用的水、酸碱灭火器、二氧化碳灭火器等均有一定的冷却作用。

2.窒息法

将火附近的氧气含量减少,使燃烧不能继续。窒息法有封闭窒息法,如将燃烧间密闭;充注不燃气体窒息法,如充注二氧化碳、水蒸气等;不燃物遮盖窒息法,如用沙、惰性泡沫、湿棉被等覆盖着火物灭火。

3.隔绝法

将可燃物减少、隔离的方法。当发生燃烧时,将未着火的货物撤离,从而避免火势扩大。隔绝可燃物是灭火的基本原则,一方面能减少受损货物,另一方面能控制火势。当发生火灾时,首要的工作就是将火场附近的可燃物撤离或者用难燃材料将其隔离。

4.化学抑制法

将化学灭火剂喷入燃烧区参与燃烧反应,中止链反应而使燃烧停止。采用这种方法可使用的灭火剂有干粉和卤代烷灭火剂。灭火时,将足够数量的灭火剂准确地喷射到燃烧区内,使灭火剂阻止燃烧反应。同时还需采取必要的冷却降温措施,以防复燃。

5.综合灭火法

火灾的危害性极大,而且当火势迅猛时,基本无法控制。发生火灾时,要及时采取各种能够采用的灭火方式共同使用,不能依赖单一的方法。如采取封闭库房和库外喷水降温同时进行;货物搬离附近火场的隔绝法和释放灭火剂同时进行。

在共同使用多种灭火方式时,要注意避免所采用的手段互相干扰,降低灭火效果。如采用泡沫灭火时,不能用水冲,除非有大量的水能够代替不足的泡沫;酸性灭火剂不能与碱性灭火剂共同使用等。

6.特殊火灾的扑救

(1)电气设备引起的火灾的扑救。电力线路或电气设备发生火灾,由于是带电燃烧,所以蔓延迅速。如果扑救不当,可能会引起触电事故,扩大火灾范围,加重火灾损失。

①断电灭火。电力线路或电气设备发生火灾,如果没有及时切断电源,扑救人员的身体或所持器械可能触及带电部分而造成触电事故。因此发生火灾后,应该沉着果断,设法切断电

源，然后组织扑救。应该特别强调的是，在没有切断电源时千万不能用水冲浇，而应用沙或四氯化碳灭火器灭火。只有在切断电源后才可用水灭火。

②带电灭火。有时为了争取时间，防止火灾扩大蔓延，来不及切断电源；或因生产需要及其他原因无法断电，则需要带电灭火。选用适当的灭火器，在确保安全的前提下，应用不导电的灭火剂如二氧化碳、四氯化碳、“1211”，“1301”、红卫 912 或干粉灭火器进行灭火。应指出的是，泡沫灭火器的灭火剂（水溶液）有一定的导电性，且对电气设备的绝缘强度有影响，不应用于带电灭火。

(2)化学危险品火灾的扑救。化学危险品容易发生火灾、爆炸事故，但不同的化学危险品以及在不同情况下发生火灾时，其扑救方法差异很大，若处置不当，不仅不能有效扑灭火灾，反而会使灾情进一步扩大。此外，由于化学品本身及其燃烧产物大多具有较强的毒害性和腐蚀性，极易造成人员中毒、灼伤。因此，扑救化学危险品火灾是一项极其重要而又非常危险的工作。

（三）做好火灾逃生

1. 加强个人防护，减少烟气侵害

人员一旦被烟火围困，无论是逃生，还是去灭火，最基本的要求就是要搞好自身防护。否则，由于火势猛，烟雾浓，温度高，人们将难以自保。因此，一旦觉察着火，当务之急应采取个人防护措施。例如利用毛巾、手帕、床单、衣服等用水浸湿，扎住口鼻，防止吸入高温烟气；又如把毛毯、地毯等用水浸湿，包裹好身体，就地滚出火焰区逃生。其次，逃生过程中要爬行。当被烟火围困时，要沿承重墙朝出口爬行，即使站起来感觉烟火不大，身体承受得了，也应尽力避免，千万不要站立行走。因为 1.5 m 以上的空气里，早已含有大量一氧化碳。最后，逃离着火房间，千万要把门关牢，把火限制在起火房间内。

毛巾除烟（自我防护的主要方法），在奔向出口或避难层的过程中，多数情况下要穿过浓烟区，甚至火焰区，肯定会受到烟呛的危害。因此，用湿毛巾捂住口鼻，对于顺利逃生具有十分重要的作用。毛巾除烟的注意事项：

(1)折叠层数要依毛巾的质地而异，一般市售毛巾折叠 8 层为宜。由于黑烟大多是木质物品及油类的燃烧产物，比白烟颗粒大。因此，使用湿毛巾的除烟效果会更明显。

(2)毛巾可不弄湿。虽然湿毛巾除烟效果和消除有毒气体的效果比干毛巾要好，但由于通气阻力增大，会很快使人感到呼吸困难。

(3)使用时要同时捂住口和鼻，使过滤烟的面积尽量增大。在被浓烟围困时，逃生者一刻也不能将毛巾从口鼻上拿开。因为，即使只吸一口高温烟气，也会使人感到不适，心慌意乱，丧失逃生信心。

2. 正确选择逃生捷径，减少被烟火围困的时间

大火降临，人们容易在人群的簇拥下向着经常使用的楼梯奔去，即使那里已挤成一团，堵塞了出口。这一方面是灾祸降临，人们挤在一起，以缓解心理上的孤独和恐惧；另一方面是对所处环境不了解，对别处有无出口无把握。因此，选择逃生路线至关重要。

(1)选择最短的直通室外的通道、出口、消防电梯等。

(2)尽量避免对面人流和交叉人流。

(3)选择烟气尚未充斥、有新鲜空气的防烟楼梯间、封闭楼梯间、通道和出口。

(4)选择通向疏散楼梯间的通道出口。

(5)处在着火层的，应向下层逃生。

(6)处在着火层以上各层的，应向室外阳台、楼顶逃生。

(7)千万不要乘坐电梯。电梯直通大楼各层，烟、热、火很容易涌入。在热的作用下会造成电梯失控或变形；烟的毒性、火的熏烤可危及人的生命。

3.正确采用逃生方法，最大限度地保全生命

(1)若人员被困在多层或高层建筑，逃生之路已被烟火封锁，此时应选择下列方法逃生。

①结绳外悬法。

②结绳下滑法。

③骑坐窗外空调机法。

④创造避难间法。

⑤卫生间避难法。

⑥抛物跳楼法。

⑦逃向避难层法。

(2)若人员被困在单层建筑内，火势猛，烟雾大，此时应采用下列方法逃生：

①扎好口鼻，迅速逃向出口，当一个出口由于人员拥挤堵塞时，千万不要参与拥挤，而应选择自己熟悉的环境，逃向其他出口。

②若窗口为防盗窗，门口又被人员堵塞，无法外逃时，应将自身衣服撕成布条，扎好口鼻，迅速跑向室内消火栓处，打开水带，接上消火栓出水口，接上水枪，旋转消火栓阀门。然后靠近窗子，低姿射水，将水射向火势蔓延方向，射向烟雾向自己扩散的方向。同时，要不断地将水射向自身。这样，既能阻止烟火蔓延，减少热辐射的作用，又能保全自身安全。

六、智慧消防技术在物流仓储安全管理的实践

随着科技的快速发展，智慧消防技术正逐步成为物流仓储安全管理的新趋势。这一技术的引入，不仅提高了仓储中心的防火能力，也大大增强了应急响应的效率和准确性。

智慧消防，一道坚实的安全屏障

(一)智慧消防技术定义与原理

智慧消防技术是指利用物联网、大数据、云计算等现代信息技术手段，对火灾隐患进行实时监测、预警和处置的一种新型消防管理模式。它通过集成各种传感器和智能设备，实现对仓储中心内部环境的全方位监控，从而及时发现并处理火灾隐患。

(二)智慧消防技术优势

智慧消防技术具有实时性、智能化、高效性等特点。它能够在火灾发生前进行预警，避免火灾事故的发生；同时，在火灾发生后，能够迅速启动应急响应机制，指导人员进行疏散和救援工作。

1.火灾监测与预警

物流仓储中心通过安装烟雾探测器、温度传感器等智能设备，实现对火灾隐患的实时监测。当这些设备检测到异常数据时，会立即将信息传输至中央控制系统，并通过声光报警、短信通知等方式提醒相关人员。

2. 智能灭火

在火灾发生后，智能灭火系统会自动启动，根据火灾现场的具体情况选择合适的灭火方式进行灭火。同时，系统还会实时传输灭火进程和现场画面至中央控制系统，为救援人员提供决策支持。

3. 应急疏散与救援

智慧消防技术还包括应急疏散与救援系统。该系统能够根据火灾现场的情况，自动规划最佳疏散路径，并通过广播、指示牌等方式指导人员进行疏散。此外，系统还可以与消防部门进行联动，实现快速响应和救援。

七、几种智能消防设备介绍

仓库智能消防设备是现代仓储管理中不可或缺的重要组成部分，它们利用先进的物联网、大数据、人工智能等技术手段，实现对仓库火灾风险的实时监测、预警和自动灭火，以保障仓库的安全运营。

(一)火灾探测器

火灾探测器是火灾探测系统最重要的组成部分之一，它至少含有一个能连续或以一定频率周期探测物质燃烧过程中所产生的各种物理、化学现象的传感器，并且至少能向控制和指示设备提供一个适合的信号。其基本功能就是对物质燃烧过程中产生的各种气、烟、热、光(火焰)等表征火灾信号的物理、化学参数做出有效响应，并转化为计算机可接收的电信号，供计算机分析处理(图 5-1-1 和图 5-1-2)。

图 5-1-1　光电感烟探测器

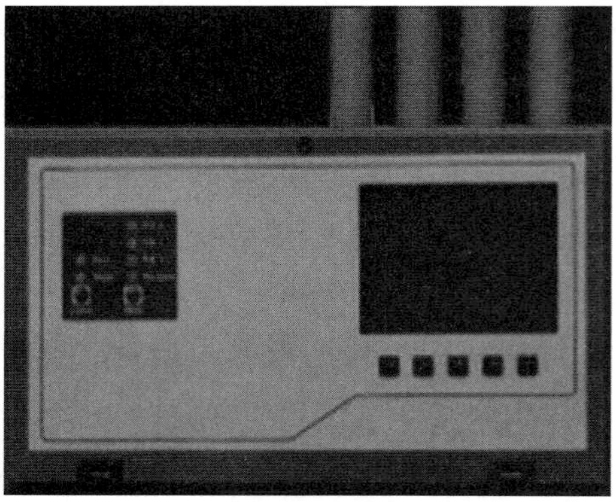

图 5-1-2　吸气式感烟探测器

(二)智能消防水炮系统

利用红外传感技术、信号处理技术等进行智能扫描，自动定位火源并喷射水流进行灭火。具有射程远、保护范围广，适用于大型仓库等空间大、高度高的场所(图 5-1-3)。

(三)悬挂式干粉灭火装置

当火灾发生时，装置能自动感应火源并启动灭火程序，释放干粉灭火剂进行灭火。灭火迅速、无须人工干预，特别适用于易燃易爆物品较多的仓库(图 5-1-4)。

图 5-1-3　智能消防水炮系统

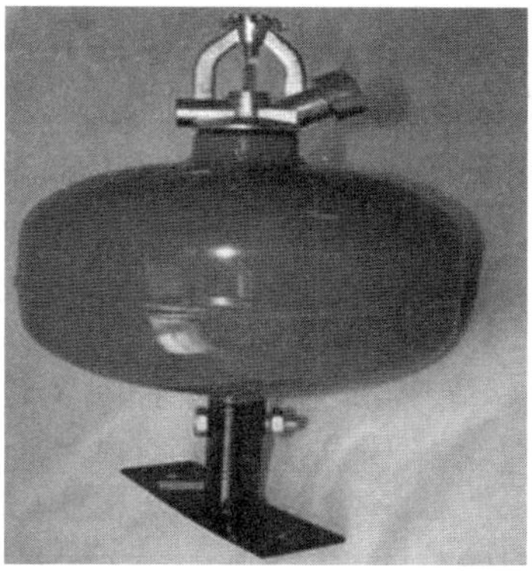

图 5-1-4　悬挂式干粉灭火装置

(四)气体灭火系统

通过释放惰性气体(如七氟丙烷)等灭火剂,降低火场温度、抑制燃烧反应,实现灭火。清洁环保、对设备无损害,适用于对清洁度要求较高的仓库,如机房、图书馆等(图 5-1-5)。

(五)消防机器人

具备灭火、排烟、降温等多种功能,能在危险环境下进行远程操控灭火作业。具有多功能性、高灵活性,能适应复杂多变的火灾现场,降低人员伤亡风险(图 5-1-6)。

图 5-1-5　气体灭火系统

图 5-1-6　消防机器人

随着物联网、大数据和人工智能技术的不断发展,仓库智能消防设备将更加智能化,能够更准确地识别火灾风险并进行预警和灭火。未来的仓库智能消防设备将更加注重系统集成和兼容性,实现不同设备之间的无缝对接和协同工作。未来,随着环保意识的进一步提升,将促使仓库智能消防设备向环保方向发展,采用更加环保的灭火剂和材料,降低对环境的影响。

任务实施

项目五	智慧仓储安全管理	任务一	仓库消防管理
任务背景	1.请根据课前任务描述的内容,实地检查库内物品火灾隐患,制订安全管理作业计划。 2.每组同学按照安全管理作业计划,实地检查库内物品火灾隐患,进行角色扮演。 3.每组同学进行消防器材救火演示。		
任务要求	1.将学生分组,每组 5 人左右。 2.完成任务后小组内互评。 3.每个小组派代表汇报本组同学完成情况。		
实施方法	将在库物品防火工作作为一个任务,学生按照资讯—计划—实施—检查评估来完成项目,在老师指导下制订方案、实施方案,最终进行评估。组织学生以表演形式模拟演练火灾防范及火灾发生的处理。		
实施成果			
学号:	姓名:	时间: 年 月 日	

任务检测

项目五	智慧仓储安全管理	任务一	仓库消防管理
检测方式	课证融通习题、技能训练		
课证融通习题	**一、单选题** 1. 下列哪一项不属于仓库安全管理的内容？（　　） A. 灭火器材的配备和维护　B. 作业人员的安全培训 C. 仓库内部的环境整洁　D. 仓库货物的分类管理 2. 在仓库存放易燃易爆品时，应采取的措施是（　　）。 A. 定期进行货物分类和整理　B. 配备防火设施和消防器材 C. 按照相关法规严格操作　D. 加强仓库门禁管理 3. 下面关于手提式干粉灭火器的说法错误的是（　　）。 A. 使用前要检查是否有压力，查看压力表指针指向绿色区域属于正常状况 B. 可在拔掉保险插销后摇晃灭火器 C. 拔掉保险插销时不可用手捏紧上把手，避免无法拔出保险插销或强行拔出保险插销后立即喷出粉剂 D. 应站在燃烧点的上风或侧风方向约 2 m 处，对准火焰根部来回扫射，直到将明火扑灭 4. 使用提式干粉灭火器时，应站在燃烧点的上风或侧风方向约（　　）m 处，对准火焰根部来回扫射，直到将明火扑灭。 A. 1　B. 2　C. 3　D. 5 5. 使用灭火器扑灭火灾时要对准火焰（　　）喷射。 A. 上部　B. 中部　C. 根部　D. 全部 6. 避免烟气危害最简单的方法是（　　）。 A. 低姿、弯腰，必要时匍匐前进 B. 用毛巾、衣服、织物等捂住口鼻 C. 佩戴防烟面具 D. 上述说法都对 7. 在使用手提式干粉灭火器时，需要检查其是否有压力，压力表指针指向（　　）区域属于正常状况，目的是保证灭火器能安全有效使用。 A. 红色　B. 黄色　C. 绿色　D. 黑色 8. 设置在危险品中间仓、防爆柜等特定场所，局部位置起火后，通过消防沙覆盖火源灭火，主要原理是（　　）。 A. 窒息法　B. 冷却法　C. 隔离法　D. 化学抑制法 **二、多选题** 1. 消防安全五个第一时间是指（　　）。 A. 第一时间发现火情　B. 第一时间抢救物资 C. 第一时间扑救初期火灾　D. 第一时间启动消防设施 2. 正确引导人员进行疏散的能力包括（　　）。 A. 熟悉本单位疏散逃生路线　B. 熟悉本单位疏散程序 C. 掌握避难逃生设施使用方法　D. 具备火场自救逃生的基本技能 3. 凡能引起可燃物质燃烧的能源，统称为点火源，常见的点火源包括（　　）。 A. 静电火花　B. 高温热源　C. 机械火花　D. 明火		

续表

项目五	智慧仓储安全管理	任务一	仓库消防管理
检测方式	课证融通习题、技能训练		
课证融通习题	4. 以下哪些属于消防设施异常现象（　　）。 A. 保护区域未发生火灾，喷淋头喷水 B. 监测区域内未发生火灾，发出声光报警 C. 经确认发生火灾，消防广播自动播放火灾信息 D. 消防设施被损坏，如被叉车、牵引车等撞坏 5. 水能吸收大量的热量，能降低燃性液体浓度，高压水能冲散燃烧物，下面说法正确的是（　　）。 A. 与水接触有燃烧爆炸危险的物质如铁水，不能用水 B. 油类物质原则上不能用水 C. 直流水用于扑救一般固体物质火灾；雾状水可以扑救粉尘、带电设备火灾 D. 电气设备着火，火势扩大，在没有断电的情况下直接用水进行扑救		
技能训练	1. 火灾事故发生的原因有哪些？ 2. 发生火灾如何报警？ 3. 如何做好仓库火灾防范工作？		
学号：	姓名：	时间：　　年　　月　　日	

任务二　仓库的防盗与安全保卫

任务描述

惠安仓储物流有限公司主管部门要对所属仓库的防盗工作进行全面检查，在检查组到来前，请完善本库房防盗工作和安全保卫工作的相关制度，并对相关人员进行宣传，以及对防盗设施进行检查。

1. 制订一份仓库防盗与安全保卫作业计划；
2. 正确消除仓库防盗与安全保卫隐患；
3. 正确选择和使用智慧仓库安全管理技术。

任务目标

知识目标

1. 了解出入库人员管理基本内容。
2. 了解货物安全管理基本内容。
3. 掌握人工智能信息技术下仓库安全管理的内容。

能力目标

1. 能够制定仓库安全保卫规章制度。
2. 能够正确使用智能防盗安全设备。
3. 能够利用人工智能信息技术进行仓库防盗与安全保卫工作。

素质目标

1. 爱岗敬业，增强安全意识。
2. 增强创新意识，提升信息素养。

任务准备

货物的防盗和安全保卫是仓储企业或部门的一项重要工作。仓储企业或部门除了要明确一位主要领导负责治安保卫工作外，还应该建立各级治安保卫组织机构。一般来说，应根据仓库规模的大小、人员的多少、任务的繁简程度，适当地设置专职保卫科、保卫员等专职机构或人员，专门负责仓储货物的防盗安全工作。各级组织都要明确负责人，明确职责范围和权限。各级组织自上而下一级管一级，自下而上一级对一级负责，哪一级出问题，就追究哪一级责任，严格执行“谁主管，谁负责”的原则。做好仓库防盗和安全工作，主要是做好仓库人员管理和货物管理。

一、出入库人员管理

在安全保卫问题的人员管理上，包括对单位内部人员的管理和对单位外部人员的管理两方面。

(一)做好对单位内部人员的管理

仓储企业或部门单位内部人员管理，通常采用严格的规章制度来管理。各级行政部门对本部门所辖人员应进行治安宣传和教育。一旦出现问题，则由保卫部门配合行政部门解决。

(二)做好对单位外部人员的管理

仓储企业或部门对单位外部人员的管理，主要是指驻库员、押运员、火车调车员、提送货人员、联系业务人员、临时工以及探亲访友等人员的管理。

（1）驻库员是经仓库同意，由厂方或业务往来单位派驻仓库，处理日常业务的代表。仓库发给驻库员出入证，在治安管理方面视同仓库职工。

（2）对于随火车进入仓库的铁路工作人员，每次进入都应通报人员数量，原则上要求这些人员只在铁路沿线范围内活动。火车押运人员进入仓库后一般由仓库的铁路运输部门负责业务接洽和接待工作，业务手续交接完毕后应立即离开库区现场。

（3）提送货人员要进库办理业务。必须向门卫出示提送货凭证，门卫要做好入库登记。收存火种、指明提送货地点。提送货人员一般不得进入库房，需要进入库房时，要经仓库保管员同意并佩挂入库证，由保管员陪进陪出。业务办理完毕后，出离仓库时要交还入库证，随身带出货物要向门卫递交出门证，经门卫查验无误后方可放行。

（4）来仓库联系业务的工作人员须持身份证和单位介绍信，做好登记。

（5）仓库临时工一般由劳动人事部门负责管理，临时工工作现场应由正式职工带领并负责其安全。对来库探亲访友人员严禁在仓库生产区接待。

二、货物安全管理

（一）一般货物安全管理

货物储存要分区分类。原则要求不同类型货物不能混存。货物在库储存，要有专人负责，保管员要经常检查。

（二）特殊货物安全管理

特殊货物系指稀有贵重金属材料及制成品、珠宝玉器及其他贵重工艺品、贵重药品、仪器、设备、化工危险品、特需物品等。储存此类货物要遵循一般货物的管理制度和公安部门的管理规定外，还要根据这些货物的性质性能和特点制订专门的储存管理办法。主要内容是：

（1）设专库（柜）储存。储存场所必须要符合防盗、防火、防爆、防破坏等条件。根据情况可以安装防盗门、监视器、报警器等装置，外部人员严禁进入库房。

（2）保管特殊货物要指定有业务技术专长的人员负责，并且必须是两人以上执行，单独一人无权收发。

（3）要坚持严格的审批、收发、退货、交接、登账制度，预防在储存、运输、装卸、堆码、出入库等流转过程中发生丢失或错收、错发事故。

（4）特殊货物要有特殊的保管措施，要经常进行盘点和检查，绝对保证账物相符。

（5）对过期失效和报废的易燃、易爆、剧毒、腐蚀、污染、放射性等货物要按照公安部门和环保部门有关规定进行处理和销毁，不得随意处置。

三、建立配套制度

（一）健全安全保卫制度

1. 门卫制度

（1）检查进、出仓库的车辆、人员及物资。

（2）凭进、出仓库的有效凭证放行（表5-2-1）。

表 5-2-1　门卫放行登记表

日期	提货单位	提货内容摘要	提货人签名	备注

(3)门卫室内，不准搞娱乐活动，非值班门卫人员不得长期滞留门卫室，以免分散值班人员精力。

(4)外来车辆入库停宿，必须经主管领导批准。

(5)门卫室及周围不准寄放任何物品，以保证出入畅通。

(6)门卫值班人员对出入本库的物品，应严格进行清点登记，并收妥有关凭证或证明。

2. 执勤制度

(1)建立值班制度，必须保证每天 24 小时均有人值班。

(2)仓库应组织巡逻，巡逻时间和路线不要固定。

(3)加强夜间值班和夜间巡逻。

(4)巡逻人员应主动与值班人员协调一致，发现问题时，立即采取门卫堵卡和内部清查双管齐下的措施，及时查处。

(5)巡逻人员要认真履行职责，对巡逻结果应做好书面记录，内容有：巡逻的时间、线路、目标，发现的问题及处理结果等(表 5-2-2)。

表 5-2-2　仓库巡查表

日期	区域	巡查情况	检查人	备注

(6)重要的仓库、危险品仓库还须配备武装警卫人员。

3. 交接班制度

(1)值班人员必须遵照规定的轮班表担任值班，不得擅自调班或离岗。

(2)接班人应提前 15 分钟到岗，如接班人员没到岗，交接人员须坚守岗位，并报有关领导，当发生故障或正处理、责任不清时，禁止交接。

(3)交接人员必须按要求填写好交接记录，并做到认真、准确、整齐无缺。

(4)交接班的内容一律以所填写的交接班记录和现场交接清楚为准(表 5-2-3)。凡应交代的事项由交班者负责;凡没有交接清楚的事项,由接班者负责;双方都未履行交接手续内容,双方都应负责。

表 5-2-3　交接班记录表

交接班记录		
交班人员(签名):	接班人员(签名):	日期:
(以下由交班人员填写)		
1. 值班期间巡查情况		
2. 值班期间防盗设备情况		

(二)建立仓库治安检查制度

仓储企业或部门的治安检查,通常与防火安全检查同步进行。一般大型仓库要求执行四级安全检查制度,而一般中小型仓库也应该执行三级检查。

仓库检查的形式有内部自查,上级检查下级,外部抽查(公安部门、消防部门、街道联防等对企业检查),内外部联合检查等多种形式。

仓库检查时间有经常性检查,定期检查,临时抽查(上级对下级、外部对内部临时确定的检查),节假日检查(国庆、春节、新年、五一等节假日到来之前进行检查)。凡是安全检查都要做好记录,发现问题和隐患要及时向上级报告,并要认真研究,积极采取措施解决,预防事态扩大或事故发生。

(三)建立治安防范责任制和奖惩制度

根据单位治安工作的需要,各级部门和人员都应建立治安防范责任制并进行相应的考核。各级治安防范责任制的内容大致包括治安工作范围、职责任务、工作标准、规范要求、工作程序、考核办法、奖惩规定等。

对那些思想进步、工作积极、遵纪守法、成绩显著的保卫组织和人员要给予一定的表彰和奖励;对于那些工作消极、擅离职守、失职失误并造成不良影响和不良后果的部门和人员要给予一定的批评和惩罚;对于那些有偷盗扒窃、打架斗殴、扰乱治安、违法乱纪行为的人员,要给予批评教育、经济处罚、行政处分直至报公安部门处理。具体奖惩标准和办法应视具体情况并结合本单位情况而定,但要贯彻精神鼓励与物质奖励相结合、批评教育和经济惩罚相结合的原则。

课内小任务

任务描述：随着社会的发展和经济的进步，仓库作为储存和保管货物的场所，扮演着十分重要的角色。然而，由于仓库内物资的价值较高，仓库防盗工作显得尤为重要。为了确保仓库安全，防范盗窃发生，制定仓库防盗管理制度是必要的。现请制定一套仓库防盗管理制度。
学号： 姓名： 时间： 年 月 日

四、基于人工智能技术的仓储安全管理

基于人工智能(AI)的仓储安全管理，是现代仓储行业发展的重要趋势，它利用先进的AI技术提升仓储作业的安全性、效率和精确度。

(一)智能安防

智能安防系统是指运用人工智能技术和相关设备，通过智能化的数据分析和感知能力，提供安全监控和预警服务的一种综合系统。智能安防系统由多个部分组成，包括智能监控摄像头、人脸识别系统、动态检测设备、语音识别系统、数据分析平台等。不同的部分协同工作，构成了一个完整的智能安防系统。

(1)智能监控摄像头。智能监控摄像头是智能安防系统中最基础的组成部分，可以通过高清像素的摄像头实时监控人员和物体的活动。这些摄像头可以接入云端平台，用户可以通过手机或电脑远程监控和管理，提高安全防范的灵活性。

(2)人脸识别系统。人脸识别系统是智能安防系统中的重要组成部分，通过人脸识别技术，可以将摄像头捕捉到的人脸与数据库中的人脸进行匹配，实现对陌生人的监测和报警。该系统可以有效减少盗窃、抢劫等犯罪行为的发生，提升安全防范的效果。

(3)动态检测设备。动态检测设备是智能安防系统中的另一关键组成部分，通过红外线或其他传感器，可以实时监测人员和物体的移动，并进行实时报警。这种设备可以根据预先设定的参数进行灵敏度调整，避免误报，并及时通知用户发生的异常情况。

(4)语音识别系统。语音识别系统是智能安防系统的一项先进技术，通过分析语音内容和情感，可以实现声音的自动识别和处理。该系统可以识别突发事件和紧急情况的发生，如火灾、抢劫等，自动报警并触发相应的安防措施。

(5)数据分析平台。数据分析平台是智能安防系统中的核心组成部分,通过采集、存储和分析大量的数据,可以实现对安全状况的全面评估和预警。该平台可以通过机器学习和深度学习算法,自动识别出异常行为和风险因素,并提供相应的决策支持,帮助用户及时采取措施应对风险。

(二)机房环境监控

机房环境监控是综合机房整体分布环境的一个机房集中监控系统,是完整的室内集中监控系统。其针对机房动力和环境的集中监控管理,监控对象主要是机房动力和环境等设备,如配电、空调、温湿度、漏水、门禁、安防、消防、防雷等。

机房环境监控是由采集子系统、传输子系统、软件子系统组成的,采集子系统完成底端数据的采集,传输子系统将底端采集到的数据传送到监控中心,软件子系统完成系统设置、数据处理、告警产生、数据存储、系统功能。

(三)智能仓库监测系统

智能仓库监测系统是现代仓储管理中不可或缺的一部分,它利用先进的物联网、大数据、人工智能等技术手段,对仓库内的环境、设备、货物等进行实时监测和管理,以提高仓库的运营效率、安全性和管理水平。

智能仓库监测系统通常由以下几个部分组成:

(1)传感器网络。传感器网络包括温湿度传感器、烟雾传感器、门磁传感器、振动传感器等多种类型的传感器,用于实时采集仓库内的环境参数和设备状态信息。

(2)数据采集与传输设备。负责将传感器采集到的数据进行汇聚、处理和传输到数据中心或云平台。

(3)数据中心或云平台。用于存储、处理和分析监测数据,提供数据可视化、报警通知、统计分析等功能。

(4)监控与管理软件。监控与管理软件包括智能监控系统、事件处理系统、组态监控平台等,用于实时监测仓库状态、处理异常事件、优化作业流程等。

随着物联网、大数据、人工智能等技术的不断发展,智能仓库监测系统将呈现以下发展趋势,多种技术的深度融合将推动智能仓库监测系统的性能提升和功能拓展;智能仓库监测系统将向更加智能化、自动化的方向发展,提高系统的自主性和适应性;针对不同仓库的特定需求,提供个性化的智能仓库监测解决方案;随着技术的普及和应用范围的扩大,相关标准和规范将逐步建立和完善。

智能仓库监测系统是现代仓储管理中不可或缺的一部分。通过实时监测、预警、分析和决策支持等功能,它能够提高仓库的安全性、效率和管理水平,为企业的可持续发展提供有力保障。

任务实施

项目五	智慧仓储安全管理	任务二	仓库的防盗与安全保卫
任务背景	本任务教学地点设置在企业的仓储部，也可以设在学校具有仓储功能的实训室。教学场所（实训室）要求存放不同种类的物品，另外需要准备各种防盗的设施设备。具体实施可采取由学生组织安全例会的形式向全班同学宣讲安全防盗内容，会后检查实训室存在的安全隐患并排除安全隐患，同时组织小组成员模拟出入库人员及货物进出仓的安全管理。		
任务要求	1. 将学生分组，每组 5 人左右。 2. 完成任务后小组内互评。 3. 每个小组派代表汇报本组同学完成情况。		
实施方法	将仓库防盗和安全保卫工作作为一个小任务，学生按照资讯—计划—实施—检查评估来完成项目，在老师指导下制订方案、实施方案，最终进行评估。		
实施成果			
学号：	姓名：	时间：　　年　　月　　日	

任务检测

<table>
<tr><td>项目五</td><td>智慧仓储安全管理</td><td>任务二</td><td>仓库的防盗与安全保卫</td></tr>
<tr><td>检测方式</td><td colspan="3">课证融通习题、技能训练</td></tr>
<tr><td>课证融通习题</td><td colspan="3">一、单选题
1. 以下哪种行为属于仓库管理人员的安全意识不足？（　　）
A. 每天巡查仓库消防设施　　B. 违规搬运货物，不使用工具
C. 检查货物是否符合相关标准　　D. 及时报备仓库的安全事故
2. 下列哪个措施不属于仓库日常安全检查的内容？（　　）
A. 环境的整洁和卫生检查　　B. 货物堆放是否合理稳固
C. 消防设施是否完好有效　　D. 进出仓库的人员身份查验
3. 在仓库岗位培训中，下列哪项培训内容不是必须进行的？（　　）
A. 灭火方法和逃生演练　　B. 仓库货物的包装和标识
C. 货物搬运的安全操作　　D. 电气设备的维护和保养
4. 未经允许的非仓库工作人员一律不得进入仓库，经允许的非仓库工作人员进入仓库，（　　）必须陪同。
A. 安全员　　B. 部门主管　　C. 库管员　　D. 公司领导
5. 仓库安全检查通常包括哪些方面？（　　）
A. 货物堆放是否规范　　B. 安全出口和通道是否畅通
C. 消防设施是否完好　　D. 所有以上选项
二、判断题
1. 仓库内可以使用任何类型的照明设备。（　　）
2. 仓库工作人员可以随意更改仓库的安全规章制度。（　　）
3. 在仓库内，所有人员都必须穿戴规定的安全防护装备。（　　）
4. 仓库内可以存放个人物品，如钱包、手机等。（　　）
5. 仓库内的安全标识可以随意移动或覆盖。（　　）</td></tr>
<tr><td>技能训练</td><td colspan="3">查阅资料，试总结和提出我国冷库安全管理的对策。

全书任务检测
参考答案</td></tr>
<tr><td colspan="4">学号：　　　　姓名：　　　　时间：　　年　　月　　日</td></tr>
</table>

项目六　智慧仓储数字化运作实训

项目引入

经过一段时间的业务学习和工作锻炼，王宇作为公司的储备干部已能独当一面，仓库主管分配他开展对新入职员工的仓储信息系统培训工作。

仓库主管对王宇提出两点要求：

1. 周密设计培训任务和培训计划，对新员工进行信息系统岗位方面的合理分配。
2. 组织协调好新入职岗位人员完成入库作业、出库作业、补货作业、移库作业和盘点作业的仓储数字化操作，提升智慧仓储作业效率和管理水平，及时、顺利解决 WMS 系统中的仓储管理问题。

项目分析

为完成仓库主管交代的智慧仓储数字化运作管理方面的培训工作，王宇需提前熟悉以下工作内容。

1. 明确智慧仓储数字化运作下的入库作业流程；
2. 明确智慧仓储数字化运作下的出库作业流程；
3. 明确智慧仓储数字化运作下的盘点作业流程；
4. 明确智慧仓储数字化运作下的补货作业流程。

任务一　入库作业数字化运作实训

任务描述

北京时间 2024 年 7 月 22 日 9:00，惠安仓储哈尔滨物流中心运营部接到欣达超市发来的三张入库通知单，具体如下(表 6-1-1 至表 6-1-3)：

表 6-1-1　入库通知单 1

<table>
<tr><td>ASN 编码</td><td colspan="2">ASN202407110</td><td>客户指令号</td><td>RK20240701</td><td colspan="2">客户名称</td><td>欣达超市</td></tr>
<tr><td>库房</td><td colspan="2">惠安仓储大庆物流中心</td><td>紧急程度</td><td>一般</td><td colspan="2">是否取货</td><td>否</td></tr>
<tr><td>入库类型</td><td colspan="2">正常入库</td><td colspan="2">预计入库时间</td><td colspan="3">2024 年 7 月 22 日</td></tr>
<tr><td>货品条形码</td><td>货品名称</td><td>包装规格/mm</td><td>批次</td><td>生产日期</td><td>单位</td><td>数量</td><td>备注</td></tr>
<tr><td>6925126982122</td><td>红枣枸杞沙琪玛</td><td>190×370×270</td><td>202407</td><td>20240710</td><td>箱</td><td>50</td><td>/</td></tr>
<tr><td>6925129972575</td><td>炭烧腰果</td><td>190×370×270</td><td>202406</td><td>20240607</td><td>箱</td><td>40</td><td>/</td></tr>
</table>

表 6-1-2　入库通知单 2

ASN 编码	ASN202407210		客户指令号	RK20240702	客户名称		欣达超市
库房	惠安仓储哈尔滨物流中心		紧急程度	一般	是否取货		否
入库类型	正常入库		预计入库时间		2024 年 7 月 23 日		
货品条形码	货品名称	包装规格/mm	批次	生产日期	单位	数量	备注
6925126982122	红枣枸杞沙琪玛	190×370×270	202407	20240711	箱	50	/
6925126982128	双汇王中王	190×370×270	202406	20240617	箱	30	/

表 6-1-3　入库通知单 3

ASN 编码	ASN202407310		客户指令号	RK20240703	客户名称		欣达超市
库房	惠安仓储哈尔滨物流中心		紧急程度	一般	是否取		否
入库类型	正常入库		预计入库时间		2024 年 7 月 22 日		
货品条形码	货品名称	包装规格/mm	批次	生产日期	单位	数量	备注
6925126982122	红枣枸杞沙琪玛	370×190×270	202407	20240708	箱	52	/
6920459905012	康师傅冰红茶	398×280×270	202405	20240524	箱	40	/

在物流业务数字化管理系统中完成 7 月 22 日需要入库的作业。

实训目标

1. 能够了解货物交接、验收、上架的作业流程；
2. 能够利用信息系统完成货品的入库作业。

实训步骤

步骤一：入库订单检查

通常信息员接收到客户的入库需求后，需要对入库需求进行审核，核对待入库的商品名称、条码、批次号、生产日期，入库的仓库，入库的时间等。如果入库单信息有误，则需要与客户进行沟通确认，入库需求可暂不处理。

入库作业数字化运作系统操作指导*

课内小任务

任务描述：
认真审核表 6-1-1 至表 6-1-3 的入库通知单，分别阐述各通知单是否需要进行处理，若不能进行处理，请说明理由。

入库通知单 1	

* 注：扫描二维码，阅读配套彩色图文讲解，熟悉实训软件界面及操作。

续表

入库通知单 2	
入库通知单 3	
学号： 姓名： 时间： 年 月 日	

步骤二：订单录入

1. 在系统主页面点击【入库预报】，跳转到入库订单管理页面。

2. 点击【新增】则进入入库订单维护页面，录入审核无误的订单信息。

3. 在入库订单维护界面录入订单信息，在“订单信息”页面将客户名称、客户指令号、ASN编号、紧急程度、下达时间等信息录入系统，其中，星号为必填选项。

4. 在“订单入库信息”页面选择库房、入库类型、是否取货、预计入库时间等订单相关信息。

5. 在“订单货品”界面，点击【添加货品】，添加到货品列表中，填写入库通知单中要求的批次、生产日期、数量等信息，信息确认无误后，点击【保存订单】按钮，提交订单。

6. 入库订单保存完成后，返回到订单列表中，勾选订单，点击【发送审核】，如有多个订单则重复该操作。

7. 核对订单信息是否准确，确认无误后，点击【确认审核】按钮，完成订单审核。

8. 在系统主页面选择【ASN 操作】，进入 ASN 操作页面。

9. 在【ASN 操作】中，选中待处理的订单信息，点击【月台计划】，进入“月台管理”页面，在当前页面选中待处理信息，点击【确认】按钮，完成月台分配作业，有多个订单需要重复该操作，直至所有订单都完成月台分配。

步骤三：入库单确认

1. 在【ASN 操作】页面，选择要打印的订单，点击【单据打印】按钮，如果电脑连接打印机，则可自动打印入库单。

2. 勾选订单，点击【提交】按钮，提交入库任务。

步骤四：入库理货

1. 点击物流业务数字化管理系统的【手持系统】，进入手持终端模拟系统。

2. 点击【仓储作业】，进入 RF 仓储手持系统。

3. 点击【入库作业】按钮进入入库作业界面，点击【入库理货】按钮进入理货操作界面。

4. 选择想要进行理货的入库单，点击【理货】，可进入理货页面。

5. 当使用手持系统操作时，使用 RF 扫描货品条码及托盘标签，进行绑定货品及托盘信息的操作，输入数据后，点击【确认】按钮。

当使用电脑模拟操作时，输入货品条码，按“回车”，再输入托盘标签，需注意托盘标签为 13 位编码，输入完成后按“回车”。输入数据后，点击【确认】按钮。注意：输入数量时，不能超过该货品最大的码盘数。

6. 当操作界面的“待理货”区域没有信息时，即所有货品与托盘的信息绑定完成，仓管员可以进行下一步入库搬运操作，如有多个订单则重复该操作。

步骤五：入库搬运

1. 使用地牛，将托盘搬运至指定位置（入库托盘交接区），返回手持系统主页面，点击【入库搬运】，进入到搬运页面。

2. 使用手持扫描托盘标签，或直接手动输入托盘标签，按“ 回车”，获得下一步作业指令“到达地点：托盘交接区”后，点击【确认】按钮，确认待搬运货物信息。

3. 点击【确认】完成该托盘的搬运工作。循环操作，直至搬运完全部待搬运托盘，完成入库搬运操作。当仓储手持系统的“入库作业一搬运”操作界面下面没有显示操作信息时，即代表已完成所有货物的搬运作业。

步骤六：入库上架

1. 点击【入库上架】按钮，进入入库上架操作页面。

2. 用 RF 扫描待上架的托盘标签，或手动输入托盘标签，按“ 回车”，系统显示该托盘上的货品名称和所要上架的目标储位。

3. 扫描要上架的托盘条码，扫描的储位必须与系统分配的储位相同，否则不允许上架。使用堆高车/叉车，将托盘放入指定的储位，使用手持终端（即仓储手持系统），扫描储位条码（也可手动输入），点击【确认上架】按钮，完成货物的上架。

循环操作，直至完成所有货品的上架作业。

步骤七：入库理货完成

入库上架完成后，点击【入库理货】进入理货界面，选中需要处理的信息并点击【完成】按钮，完成入库作业的手持端操作。

任务二　出库作业数字化运作实训

任务描述

惠安仓储哈尔滨物流中心主要面向哈尔滨市区客户进行配送服务，该中心运营部在北京时间 2024 年 10 月 8 日 11:00，接到欣达超市发送的出库通知单，具体如下（表 6-2-1 至表 6-2-4）：

表 6-2-1　出库通知单 1

SO 编码	SO2024098001	客户指令号	CK202490801			
发货库房	惠安仓储哈尔滨物流中心	客户名称	欣达超市			
收货单位	欣达超市（朝晖店）	出库日期	2024 年 10 月 8 日			
收货地址	黑龙江省哈尔滨市香坊区朝晖路 142 号	是否送货	是			
货品条形码	货品名称	生产日期	单位	数量	体积/m^3	重量/kg
6925126982124	黑米锅巴	20240810	箱	4	1.6	19.2
6925126340590	可口可乐	20240620	瓶	3	0.48	1.5
6927201849302	上好佳鲜虾片	20240712	箱	6	2.4	19.2
6923866340322	清风卷纸	20240708	卷	5	0.28	1.2

表 6-2-2　出库通知单 2

SO 编码	SO2024098002	客户指令号	CK202490802			
发货库房	惠安仓储哈尔滨物流中心	客户名称	欣达超市			
收货单位	欣达超市(萧山店)	出库日期	2024 年 10 月 8 日			
收货地址	黑龙江省哈尔滨市道外区萧山路 702 号	是否送货	是			
货品条形码	货品名称	生产日期	单位	数量	体积/m^3	重量/kg
6923866340322	清风卷纸	20240708	卷	7	1.12	4.6
6927201849304	奥利奥夹心饼干	20240820	箱	12	2.16	23.04
6925126982124	黑米锅巴	20240810	箱	8	3.2	38.4
6923866340322	清风卷纸	20240708	箱	6	2.88	57.6
6925126340590	可口可乐	20240620	瓶	7	1.12	3.5

表 6-2-3　出库通知单 3

SO 编码	SO2024098003	客户指令号	CK202490803			
发货库房	惠安仓储哈尔滨物流中心	客户名称	欣达超市			
收货单位	欣达超市(余杭店)	出库日期	2024 年 10 月 9 日			
收货地址	黑龙江省哈尔滨市南岗区余杭街 53 号	是否送货	是			
货品条形码	货品名称	生产日期	单位	数量	体积/m^3	重量/kg
6923866340322	清风卷纸	20240708	卷	15	1.12	4.6
6927201849304	奥利奥夹心饼干	20240820	箱	10	2.16	23.04
6925126982124	黑米锅巴	20240810	箱	5	3.2	38.4
6927201849302	上好佳鲜虾片	20240712	箱	16	2.4	19.2
6925126340590	可口可乐	20240620	瓶	9	1.12	3.5

表 6-2-4　出库通知单 4

SO 编码	SO2024098004	客户指令号	CK202490804
发货库房	惠安仓储哈尔滨物流中心	客户名称	欣达超市
收货单位	欣达超市(玄武店)	出库日期	2024 年 10 月 8 日
收货地址	黑龙江省大庆市龙凤区玄武路 214 号	是否送货	是

续表 6-2-4

货品条形码	货品名称	生产日期	单位	数量	体积/m^3	重量/kg
6925126982124	黑米锅巴	20240810	箱	6	1.6	19.2
6927201849304	奥利奥夹心饼干	20240820	箱	5	2.16	23.04
6927201849302	上好佳鲜虾片	20240712	箱	6	2.4	19.2
6923866340322	清风卷纸	20240708	箱	10	2.88	57.6

请结合惠安仓储哈尔滨物流中心业务要求，在物流业务数字化管理系统中完成惠安仓储哈尔滨物流中心 10 月 8 日的出库作业。

实训目标

1. 能够对客户发来的出库单进行审核，并在系统中新增出库任务；
2. 能够通过系统和 RF 手持终端完成出库作业。

实训步骤

步骤一：订单检查

对 3 个出库通知单进行检查，检查收货人信息、要求出库日期、生产日期等，如发现异常，则暂时不处理，无问题则均需要执行。

出库作业数字化运作系统操作指导

课内小任务

任务描述：

认真审核表 6-2-1 至表 6-2-4 出库通知单，分别阐述各通知单是否需要进行处理，若不能进行处理，请说明理由。

出库通知单 1	
出库通知单 2	
出库通知单 3	
出库通知单 4	

学号：　　　　姓名：　　　　时间：　　年　　月　　日

步骤二：出库单录入

1. 在系统主页面点击【出库预报】，进入出库预报页面。
2. 点击【新增】按钮，进入出库订单信息维护页面。
3. 在“订单信息”页面录入订单下达时间、SO 编码、货主指令号、货主、收货人、订单来源、紧急程度等内容。

4.在“订单出库信息”页面录入库房、出库类型、是否送货、预计出库时间等内容。

注:在是否送货选项中选择“否”;出库时间选择客户下达时间之后即可,及2024年10月8日11:00之后。

5.在“订单货品”页面添加货品,录入货品数量信息。点击【添加货品】,选择需要出库的,注意出库货品的单位。

6.确认“订单信息”“订单出库信息”“订单货品”的信息无误后,点击【保存订单】按钮,保存订单。

7.在“出库预报”页面,选中需要审核的订单,点击【发送审核】。

8.仓管员确认信息无误后,点击【确认审核】按钮完成审核。

步骤三:出库审核

1.仓管员在系统主页面点击【出库审核】按钮,进入审核页面。

2.选中待处理的订单,点击【月台计划】按钮进行出库月台分配,在跳转出的页面中,选择出库月台,点击【确认】完成出库任务的月台分配操作。

3.仓管员在“出库审核”页面选中需要审核的订单,点击【审核】按钮,在系统上方弹出的提示内点击【确定】完成出库单的审核操作。

步骤四:订单打印

在系统主页面点击【SO单打印】按钮,进入订单打印页面,仓管员确认信息无误后点击【打印】按钮,如果电脑连接打印机,则可自动打印出库单。

步骤五:波次计划

1.在系统主界面选择【波次计划】,新增出库订单的波次拣选计划。

2.点击【新增】按钮进入到新增拣选单页面。

3.在新增的波次计划页面中选择惠安仓储哈尔滨物流中心,会出现待调度的订单,勾选需要调度的订单并点击【加入调度】,所有待调度的订单加入完成后,点击【保存】。

4.在“波次计划”页面,选择调度订单,点击【分配】按钮进行货物分配。

5.进入分配页面后,在“待拣货结果”中选择需要拣选的商品,点击【库存】按钮,“库存”框中会显示该货品的库存信息,选择需要出库的货品库存信息,在“数量”处的输入框内填入需要出库的数量,并点击【拣货调度】,完成该商品的出库分配。若有多件商品需要出库重复操作即可。待所有商品全部分配完成,点击【保存】按钮,完成分配。

6.分配调度完成后,在“出库管理—波次计划”中找到订单记录,选中订单,点击【拣选单打印】,进行拣选单的打印作业。

7.在拣货单打印预览窗口中,出库拣选单信息确认无误后,点击左上角【打印】按钮,即完成打印操作。

8.在“出库管理—波次计划”页面,选中待处理订单,点击【下达】按钮,将出库信息发送至操作员的手持终端中。

9.确认信息无误后,点击【确认下达】,下达订单拣选任务。

步骤六:出库理货开始

1.点击【手持系统】,进入到手持系统中。

2.在手持系统中,点击【仓储作业—出库作业—出库理货】,进入手持系统的出库理货界面。

3. 在出库理货页面，选择作业单，点击【开始】，开始进行出库作业。

步骤七：整箱出库下架

1. 在手持系统的出库页面，点击【下架作业】按钮，进入下架页面。

2. 输入要下架货品的储位标签，按"回车"，再输入托盘标签，按"回车"，最后点击【确认】，完成货品的下架。若使用手持终端操作，可依次扫描储位标签、托盘编码，最后点击确认，完成下架。所有货品重复操作，可完成所有货品的下架。

步骤八：整箱搬运作业

1. 点击【搬运作业】按钮进入仓储业务系统操作界面。

2. 输入托盘标签，按"回车"，可获取搬运的货品信息，点击【确认】，完成货品搬运。此时模拟的是货品从托盘货架区搬运到出库区的过程。

如使用手持终端，可扫描待搬运托盘的标签，获得搬运指令信息，系统会自动显示出该托盘上所放的货品信息、数量和要搬运到的地点，点击【确认】按钮。如果有多个搬运任务，循环操作，直至完成所有出库货品的搬运作业。

3. 整箱出库完成后，托盘内若有剩余的货品未出库，手持系统会提示"返库"，则需进行返库作业；托盘内若没有剩余的货品，则不需要操作返库。

步骤九：整箱返库作业

在搬运作业的托盘标签，输入待返库搬运的托盘编号，按"回车"，显示返库搬运货物的信息，并点击【确认】按钮完成托盘的返库搬运作业。

步骤十：返库上架作业

1. 回到手持系统的出库作业页面，点击【返库上架】按钮，进行托盘商品返库操作。

2. 输入要上架的托盘标签，按"回车"，显示上架的货品信息，输入系统提示的上架储位，点击【确认】，完成货品返库上架。

3. 如使用 RF 手持终端操作，则扫描需要返库上架的托盘标签号，系统自动显示出需要返库上架的货品的信息及需要上架的储位如图所示。扫描系统分配的区储位（注：系统中需手动输入并按回车确认），点击【确认】完成上架操作。

如果有多个需要返库的托盘，重复上面的操作，直到所有待返库上架的托盘全部返库上架完成。

步骤十一：出库理货完成

1. 进入系统手持的【出库理货】界面，选择作业单号，点击【理货】按钮，进行理货作业。

2. 点击"托盘标签信息"（即蓝字部分的数字），出现进行理货的货品信息，信息确认无误后，点击【保存结果】按钮，待所有货品条码信息确认完成后，会显示货品理货成功提示。

3. 返回到作业单号列表页面，选择作业单号，如果没有电子拣货区的货物需要出库，则点击【完成】，完成货品的理货。

步骤十二：电子拣选区出库作业

1. 进入出库作业的操作菜单页面，点击【电子拣货】。

2. 电子拣货需使用电子标签货架进行作业，首先需要进行出库单（SO 单）和周转箱的绑定。（注：出库单条码可在系统左侧"出库管理"下的"SO 单查询"页面进行查找）。

3. 进入电子拣选页面，依次使用 RF 手持终端扫描或手动输入订单条码（SO 单号），周转箱后点击【确认】按钮（周转箱号为 13 位数字），完成出库单和周转箱的绑定。

4. 返回到作业单号列表页面，选择作业单号，点击【完成】，完成货品的理货。

5. 正常情况下，此时电子标签的指示灯将被点亮，上面会显示相应货品的出库数量。作业人员拿着周转箱到电子拣货货架根据指示灯显示的数量进行拣货操作。拣选完一种货品后，拍灭相应的电子标签。当所有的拣选任务完成后，订单结束器上的绿灯会闪烁同时伴有蜂鸣声。将结束器拍灭后，该订单的拣选任务完成。

任务三　盘点作业数字化运作实训

任务描述

北京时间2024年7月17日13:00，惠安仓储哈尔滨物流中心运营部下达指令，要求信息员结合公司托盘货架区的储位分配情况和实际作业情况生成并提交盘点任务，库管员需现场利用手持终端对托盘货架区A和B货架的货物进行盘点（盘点区域和货品信息见图6-3-1，图6-3-2），并打印盘点结果。根据以上任务要求请结合物流业务数字化管理系统完成盘点作业。

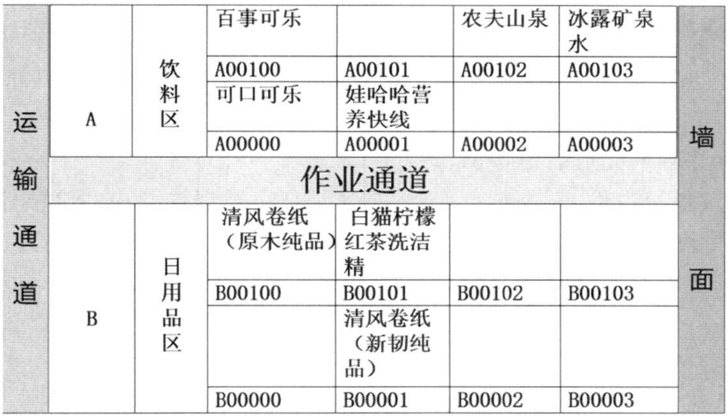

图6-3-1　货位存储图

	库房	区名称	储位	条形码	货品名称	托盘标签
✎	惠安仓储哈尔滨物流中心	托盘货架区	A00000	6928804011173	可口可乐	8000000000004
✎	惠安仓储哈尔滨物流中心	托盘货架区	A00001	6902083886455	娃哈哈营养快线	8000000000012
✎	惠安仓储哈尔滨物流中心	托盘货架区	A00100	6924882496116	百事可乐	8000000000007
✎	惠安仓储哈尔滨物流中心	托盘货架区	A00102	6921168509256	农夫山泉	8000000000015
✎	惠安仓储哈尔滨物流中心	托盘货架区	A00103	6928804013740	冰露矿泉水	8000000000013
✎	惠安仓储哈尔滨物流中心	托盘货架区	B00001	6922266437359	清风卷纸（新韧纯品）	8000000000001
✎	惠安仓储哈尔滨物流中心	托盘货架区	B00100	6922266452154	清风卷纸（原木纯品）	8000000000003
✎	惠安仓储哈尔滨物流中心	托盘货架区	B00101	6901894121670	白猫柠檬红茶洗洁精	8000000000010

图6-3-2　系统内货物信息

实训目标

1. 掌握盘点流程与方式；

2. 能够通过系统和RF仓储手持终端完成托盘货架区的盘点作业。

实训步骤

步骤一：新增盘点任务

1. 信息员进入实训系统后，在系统主页面点击【盘点单】按钮，进入新增盘点单页面。

2. 进入后，在盘点任务页面，点击【新增】按钮，新增盘点单。

3.在盘点任务页面，填写盘点任务的基础信息，选择库房为“惠安仓储哈尔滨物流中心”，在“盘点区域”下选择“托盘货架区”，并在“负责人”中选择本次盘点具体负责人，在“盘点方式”下选择“盲盘”，待所有盘点信息确认无误后，点击页面下方的【保存订单】按钮，保存当前盘点单。

盘点作业数字化运作系统操作指导

4.保存订单后，选中需要执行盘点作业的订单，点击【发送审核】，之后订单信息会下发到对应负责人的手持终端中，负责人根据盘点单内容对目标区域的商品进行盘点。

步骤二:盘点实施

1.盘点负责人进入手持系统，在手持系统中进入【仓储作业一在库作业一盘点作业】，进入到货品下架页面。

2.选中作业信息，点击【开始】后，点击【盘点】操作按钮，启动盘点任务，进入托盘货架区盘点作业的页面。

3.盘点负责人前往托盘货架区执行盘点操作，按货架顺序，层的顺序依次进行盘点。扫描储位标签、货物条码信息，清点实物数量，在手持端录入实际盘点所得的数量信息。

(1)若储位有商品库存时，扫描“储位标签”后，再扫描货品条码，获得货品的名称、规格、包装单位等信息，清点数量后，在“实际数量”中填写数量信息，点击【保存】即可完成当前货位的盘点记录。

注:在托盘标签输入完成后需按回车键。

以货品“可口可乐”为例，来进行盘点:根据实训任务数据准备中的储位信息表扫描储位标签“A00000”、货品条码为“6928804011173”，实际数量输入“5”，点击【保存】。

(2)若储位确认没有库存时，扫描“储位标签”后，直接点击【无货品】即可完成当前货位的盘点记录。

4.完成托盘货架区的储位盘点后，手持界面显示“无待盘点的货品”。点击下方【返回】按钮，返回上级菜单页面，选择【在库作业】。

5.选择【盘点作业】，进入页面后选中盘点作业信息，点击【完成】操作按钮，即手持盘点操作完成。

步骤三:打印盘点结果

1.现场盘点结束后，仓管员登录系统在系统主页面选中【盘点结果打印】。

2.现场盘点结束后，在盘点结果打印页面可以看到，盘点任务的状态为“完成”，则可以点击【打印】按钮，进入“盘点结果单”预览打印界面。

3.盘点负责人在“盘点结果单”预览打印界面，点击【打印】按钮即可打印纸质《盘点结果单》。

4.仓管员在纸质《盘点结果单》上签字确认，并将纸质盘点单上交主管，主管核对后，签字确认。

任务四　补货作业数字化运作实训

任务描述

北京时间2024年10月8日13:00，惠安仓储哈尔滨物流中心运营部下达指令，电子标签货架区需进行冰露矿泉水(货品条码为6928804013740)的补货，补货数量为1箱，请在物流业务数字化管理系统中操作货品补货。

实训目标

1. 掌握补货流程与方式；

2. 能够通过系统和 RF 仓储手持终端完成补货作业。

实训步骤

步骤一:录入补货单

补货作业数字化运作系统操作指导

1. 信息员在系统主页面点击【补货单】按钮,进入新增补货单页面。

2. 选择【补货单】后,点击【新增】按钮,进入补货作业信息录入界面。

3. 在增加补货订单页面,选择库房编码为惠安仓储哈尔滨物流中心,在“库存信息”下选择“冰露矿泉水”,并在“补货量”中填写补货数量为“1”,点击【增加】按钮,完成补货信息的添加。待所有补货信息确认无误后,点击页面下方的【保存】按钮,保存当前补货订单。

4. 仓管员保存订单后,选中补货作业计划单,点击【补货作业单提交】按钮提交补货任务。

步骤二:下架作业

1. 进入手持系统,在手持系统中进入【仓储作业一出库作业一下架作业】,进入到货品下架页面。

2. 输入储位标签,按“回车”,再输入托盘编码,再次按“回车”,可查看到需要补货下架的商品信息。如果使用手持终端,则依次扫描储位标签和托盘标签。确认货物的储位信息,点击【确认】按钮,确认下架。

步骤二:搬运作业

1. 在仓储手持系统界面点击【搬运作业】。

2. 在搬运页面输入托盘标签,按“回车”,查看待搬运的货物信息,点击【确认】按钮。完成所有待搬运货品的操作后,点击【返回】按钮返回至上一页面。

3. 完成搬运作业后,若托盘有剩余的货品,则会有“返库”提示,需要进行返库搬运、上架作业;若没有剩余货品,则将空托盘返回托盘存放区,搬运作业界面没有显示操作信息即完成。

步骤三:返库上架

点击【返库上架】按钮,扫描托盘标签(手动输入需要按“回车”),输入提示的区储位编码,点击【确认】,直到该页面无货品信息提示,则表示所有货品返库上架完成。

步骤四:补货上架

1. 返回系统主页面,进入【在库作业-补货作业】。

2. 输入货品条码(注:货品条码输入完成后需按“回车”)和数量,信息核对无误后,点击【确认补货】完成补货作业。

参考文献

[1]侯彦明.物流基础[M].北京:中国铁道出版社,2022.

[2]操露.智慧仓储实务:规划、建设与运营[M].北京:机械工业出版社,2023.

[3]梁艳波.仓储管理实务[M].北京:中国财富出版社,2014.

[4]薛威.仓储作业管理[M].4版.北京:高等教育出版社,2022.

[5]田源,张文杰.仓储规划与管理[M].北京:清华大学出版社,2009.

[6]党争奇.智能仓储管理实战手册[M].北京:化学工业出版社,2020.

[7]柳荣.智能仓储物流、配送精细化管理实务[M].北京:人民邮电出版社,2020.

[8]文振华.仓储管理实务[M].上海:华东师范大学出版社,2014.

[9]鲁楠,刘明鑫.采购管理与库存控制[M].大连:大连理工大学出版社,2023.

[10]林秋雄.基于物联网技术的智慧物流仓储管理研究[J].物流工程与管理,2023,45(9):69-71.

[11]金小莹.智慧物流背景下"仓储与配送管理"课程改革研究[J].物流科技,2023,46(17):178-180.

[12]吴秀兰,罗厚朝.智慧物联网新技术在智慧仓建设中的应用研究[J].物流科技,2024,47(6):146-149.

[13]谈慧.仓储与配送管理[M].北京:高等教育出版社,2021.

[14]刘贵生.智能仓储与配送[M].北京:机械工业出版社,2023.

[15]靳荣利.仓储与配送管理[M].2版.北京:机械工业出版社,2023.

[16]郑丽,王卫洁.仓储与配送管理实务[M].2版.北京:清华大学出版社,2021.

中国特色高水平专业群系列教材

高等职业教育“十四五”规划教材

基础会计

主编　张春霞　张仲华

中国农业大学出版社

·北京·

内 容 简 介

本书主要依据模拟企业经济业务案例，使学习者以会计职业人的身份，边学习边工作，促进学习者的专业理论知识水平与业务技能不断提高。

本书采用模块与任务驱动相结合式体例设计，根据学习内容的特点，共划分为会计理论基础、确认和计量企业的基本经济业务、会计工作实务3个模块。在每个模块下，从“初识会计工作”到“编制会计报表”，共设计了14个学习与工作任务。每个任务都配有学习视频、课件、训练、考核、评价等内容。所有任务学习完成后，还有企业综合业务实训演练，可全面巩固与提升学习者的专业理论知识水平与实践技能。

本书可做为普通高等学校（应用型本科、职业本科、高职高专）、成人高校、民办高校财经类专业的通用教材，也可做为社会会计从业者和经济管理人员的业务学习与参考用书。

图书在版编目(CIP)数据

基础会计/张春霞，张仲华主编．--北京：中国农业大学出版社，2023.8

ISBN 978-7-5655-3029-6

Ⅰ.①基… Ⅱ.①张… ②张… Ⅲ.①会计学 Ⅳ.①F230

中国国家版本馆CIP数据核字(2023)第138642号

书　　名　基础会计

JICHU KUAIJI

作　　者　张春霞　张仲华　主编

策划编辑　张　玉　　**责任编辑**　张　玉　贺晓丽

封面设计　郑　川　李尘工作室

出版发行　中国农业大学出版社

社　　址　北京市海淀区圆明园西路2号　　**邮政编码**　100193

电　　话　发行部 010-62733489，1190　　编辑部 010-62732617，2618

出版部 010-62732617，2618　　读者服务部 010-62732336

网　　址　http://www.caupress.cn　　**E-mail**　cbsszs@cau.edu.cn

经　　销　新华书店

印　　刷　北京中兴印刷有限公司

版　　次　2023年8月第1版　2023年8月第1次印刷

规　　格　185 mm×260 mm　16开本　14.75印张　370千字

定　　价　48.00元

编写人员

主　编　张春霞（黑龙江农业经济职业学院）
　　　　张仲华（黑龙江农业经济职业学院）

副主编　于永梅（黑龙江农业经济职业学院）
　　　　王秀芳（酒泉职业技术学院）

参　编　陆红霞（新疆农业职业技术学院）
　　　　张立华（黑龙江农业经济职业学院）
　　　　徐迎磊（黑龙江农业经济职业学院）

前 言

“基础会计”是高等职业院校财经类专业重要的专业基础课程。“基础会计”做为会计的入门课程，对于学习者掌握会计职业技能和职业发展至关重要。大数据、云计算、智能化的到来，微课、慕课、SPOC、智慧课堂、翻转式学习、混合式学习等已经进入了会计教育领域；会计的职能也由核算转向管理，这些变化都给基础会计教材提出了新的挑战。党的二十大报告指出，要深入实施人才强国战略。培养造就大批德才兼备的高素质人才，是国家和民族长远发展大计。本书力求更好地为应用型人才培养服务，从内容到表现形式，都更贴近会计实务，更有利于学习者学习与训练。

本书具有如下特点：

1. 内容选取与时俱进

内容选取符合 2017 年修订后的会计准则、2019 年增值税率调整后的法规政策及初级会计师考试大纲的要求，并增加了课程思政的教学目标与素材。

2. 内容采用模块化与任务驱动相结合式体例设计，融“教、学、做”为一体

本书以提高学习者的学习能力、实践能力、创新能力为目标，融“教、学、做”为一体，体现了“任务驱动”“工学交替”的教学思路，共设计了 3 个模块、14 个学习任务。每个模块下有知识目标、能力目标、思政目标；每个任务下任务描述承上启下，连接紧密，清晰具体；知识准备能保证任务的完成；任务训练强化理论水平与实践技能。每个模块安排了模块考核与训练、模块总结与评价，学生可以进行检测与反思，充分锻炼学生分析问题与解决问题的能力。

3. 企业综合业务实训演练帮助学生完成向职业人身份的转变

企业综合业务实训演练，使学生置身于实际工作中，以会计岗位的员工身份，完成填制与审核会计凭证、登记会计账簿、编制会计报表的工作任务，既是对学生实践技能的强化，也是学生身份的一次真实转换。

4. 配套资源充分，运用更高效

本书为国家级教学资源库——黑龙江农业经济职业学院农业经济管理专业的专业基础课程“基础会计”的配套教材。课程资源有课程标准、PPT 课件、微课、动画、题库等，同时，扫描教材中的二维码可直接学习。

本书参考学时为 108 学时，各项目的学时分配参照下表。

模块	名　　称	参考学时数
模块一	会计理论基础	12
模块二	确认与计量企业的基本经济业务	20

续表

模块	名　　称	参考学时数
模块三	会计工作实务	40
机动		6
合计		78
企业综合业务实训演练		30

本书由黑龙江农业经济职业学院张春霞、张仲华、于永梅、徐迎磊、张立华，酒泉职业技术学院王秀芳，新疆农业职业技术学院陆红霞共同完成。张春霞、张仲华任主编，于永梅、王秀芳任副主编，陆红霞、张立华、徐迎磊参编。模块1中的任务1和任务4，模块1和模块3的模块考核与训练由张春霞编写，模块2、模块3中的任务1和任务3，附录2(不含企业综合业务实训演练参考答案)由张仲华编写，模块1中的任务2和任务3，模块3中的任务4由于永梅编写，模块3中的任务2和附录1企业综合业务实训演练(含参考答案)由王秀芳编写。最后由张春霞统稿。张春霞完成动画4个、微课6个。于永梅完成微课14个。陆红霞完成微课15个。张立华完成微课8个、动画7个。徐迎磊完成微课11个、动画4个。

本书在编写过程中，得到了各位编写人员及所在院校领导的大力支持，同时也参考了有关教材、图书以及网络内容，在此一并表示感谢。

由于时间仓促和编者水平所限，书中难免有错误和不当之处，敬请广大读者和同行提出宝贵意见，以便今后改进。

编　者

2023年1月

目　录

模块1　会计理论基础 …… 1

任务1　初识会计工作 …… 1
任务2　识别会计要素和会计等式 …… 9
任务3　设置会计科目和会计账户 …… 17
任务4　运用借贷记账法 …… 24

模块2　确认和计量企业的基本经济业务 …… 34

任务1　核算企业资金筹集的经济业务 …… 34
任务2　核算企业供应过程的经济业务 …… 39
任务3　核算企业生产过程的经济业务 …… 48
任务4　核算企业销售过程的经济业务 …… 56
任务5　核算企业利润形成及利润分配的经济业务 …… 65
任务6　核算企业资金退出的经济业务 …… 73

模块3　会计工作实务 …… 81

任务1　填制与审核会计凭证 …… 81
任务2　设置与登记会计账簿 …… 95
任务3　开展财产清查 …… 126
任务4　编制会计报表 …… 137

附录 …… 168

附录1　企业综合业务实训演练 …… 168
附录2　知识训练、任务训练、模块考核与训练、企业综合业务实训演练参考答案 …… 196

参考文献 …… 226

二维码目录

初识会计工作 / 1
识别会计要素(1) / 9
识别会计要素(2) / 9
识别会计等式 / 13
设置会计科目 / 17
设置会计账户 / 21
运用借贷记账法 / 24
对应账户与会计分录 / 26
试算平衡(1) / 27
试算平衡(2) / 27
资金筹集业务-投资者投入资金核算 / 35
资金筹集业务-借入资金核算 / 37
供应过程业务-原材料采购业务核算 / 39
核算供应过程-购置固定资产业务(1) / 45
核算供应过程-购置固定资产业务(2) / 45
核算供应过程-购置固定资产业务(3) / 45
核算生产过程业务(1) / 48
核算生产过程业务(2) / 48
核算生产过程业务(3) / 48
核算生产过程业务(4) / 48
核算销售过程业务(1) / 56
核算销售过程业务(2) / 56
核算销售过程业务(3) / 56
核算利润形成业务(1) / 66
核算利润形成业务(2) / 66
核算利润分配业务(1) / 70
核算利润分配业务(2) / 70
核算利润分配业务(3) / 70
填制与审核原始凭证(1) / 88
填制与审核原始凭证(2) / 88
填制与审核记账凭证(1) / 90
填制与审核记账凭证(2) / 90
传递与保管会计凭证(1) / 93
传递与保管会计凭证(2) / 93
设置与启用会计账簿 / 96
设置与登记日记账(1) / 108
设置与登记日记账(2) / 108
设置与登记总分类账(1) / 111
设置与登记总分类账(2) / 111
设置与登记明细分类账(1) / 115
设置与登记明细分类账(2) / 115
设置与登记明细分类账(3) / 115
设置与登记明细分类账(4) / 115
平行登记总分类账与明细账 / 116
对账 / 117
更正错账(1) / 118
更正错账(2) / 118
更正错账(3) / 118
更正错账(4) / 118
财产清查的概念、种类(1) / 126
财产清查的概念、种类(2) / 126
清查与核算货币资金 / 128
清查与核算库存现金 / 128
清查与核算银行存款 / 130
清查与核算固定资产 / 134
清查与核算往来款项 / 135
会计报表的概念及种类 / 138
编报会计报表的要求 / 139
编制资产负债表(1) / 140
编制资产负债表(2) / 140
编制利润表 / 147

模块1　会计理论基础

知识目标

◆ 理解什么是会计；
◆ 了解会计工作的机构、岗位及工作流程；
◆ 掌握会计职能、会计对象、会计核算方法、会计基本前提、会计信息质量要求、会计核算基础的基本含义及其具体内容；
◆ 理解六大会计要素的基本内容；
◆ 理解六大会计要素的三个会计等式；
◆ 理解具体交易或事项对会计等式的影响；
◆ 掌握会计科目的种类及常用会计科目的名称；
◆ 掌握会计账户的基本结构；
◆ 掌握借贷记账法的含义、记账规则、会计分录编制方法以及试算平衡方法。

能力目标

◆ 能正确识别会计要素；
◆ 能根据交易或事项分析出对会计等式两边总额的影响；
◆ 能根据业务内容准确确定会计科目名称；
◆ 能熟练掌握会计账户的结构；
◆ 能运用借贷记账法对企业简单经济业务编制会计分录，并能进行试算平衡。

思政目标

◆ 贯彻执行党的二十大精神，为全面建设社会主义现代化国家而团结奋斗；
◆ 培养学生在学习与工作中都要遵守会计职业道德，养成仔细认真、客观公正、坚持准则、不做假账的职业素养，践行社会主义核心价值观。

任务1　初识会计工作

初识会计工作

任务描述

同学们，大家好！大家都是怀着做会计职业人的梦想和本书相遇了。接下来大家就以佩奇服装有限公司会计的身份来进行学习。该公司2019年1月创立，投资人梦洁投资600万元，投资人可欣投资400万元。该公司是增值税一般纳税人，增值税税率13%，主要生产男女卫衣和卫裤。生产这些衣、裤所用的材料有面料、里料、领子、纽扣、缝纫线等。梦想是美好的，但需要我们付出努力才能实现，要想成为理想中的会计职业人，大家就要打好基础。本书会带着大家边学习边工作，掌握好会计职业所需要的基本理论与专业技能，提升大家的专业素质，为实践工作和考取职业证书做好充分准备。

本任务需要我们来理解并掌握以下内容：

1. 会计的概念；
2. 会计职业；
3. 会计职能、会计对象、会计核算方法；
4. 会计基本前提、会计信息质量要求；
5. 会计核算基础。

知识准备

一、会计的概念

会计是以货币为主要计量单位，运用一系列专门的方法，对企业、行政事业单位的经济活动进行连续、系统、全面、综合的核算和监督，提供可靠、相关的信息，以满足信息使用者需要的一种管理活动。

本概念中涵盖了会计的本质、主要特点、方法、会计主体、基本职能、目标等要素，大家可以从这些维度去充分理解。

【训练1-1·单选题】

会计的本质是(　　)。

A. 经济活动　　B. 管理活动　　C. 筹资活动　　D. 投资活动

二、会计机构设置

会计机构是指单位内部设置的组织和办理会计事务的职能部门，是企业重要的组织机构之一。

根据《中华人民共和国会计法》第七条规定，国务院财政部门主管全国的会计工作。县级以上地方各级人民政府的财政部门管理本行政区域内的会计工作。

《中华人民共和国会计法》第三十六条规定，各单位应当根据会计业务的需要，设置会计机构，或者在有关机构中设置会计人员并指定会计主管人员；不具备设置条件的，应当委托经批准设立从事会计代理记账业务的中介机构(如会计咨询公司等)代理记账。

一个单位是否需要设置会计机构，一般取决于单位规模的大小、经济业务和财务收支的繁简以及经济管理体制的要求。

三、会计人员配备

会计人员是指企业从事会计工作的人员，包括单位财务会计负责人、会计机构负责人和具体从事会计的工作人员。

会计人员应具备两方面的素质：一是具备会计专业的理论知识与专业技能；二是应具备会计工作职业道德。

四、会计岗位设置

企业、事业、政府机关、社会团体等单位的会计，其主要工作任务是会计核算、会计监督和财务管理等。不同性质单位的会计岗位是不完全相同的，《会计基础工作规范》中规定，会计工作岗位一般可分为以下11个，但不是固定的，各单位可以根据自身需要合并或重新分设，可以一人一岗，也可以一岗多人或一人多岗。

1. 会计机构负责人或会计主管人员

会计机构负责人或会计主管人员的岗位职责，是组织制定并贯彻本单位的各项财务制度；组织编制本单位财务成果计划、单位预算，并检查其执行情况；组织编制财务会计报表和有关报告；组织财会人员政治和业务学习；负责对会计人员的工作考核；参与会计人员的任免和调动等。

2. 出纳

出纳的岗位职职责，是负责办理现金收付和银行结算业务；登记现金和银行存款日记账；保管库存现金和有价证券；保管有关印章、空白收据和空白支票。

3. 财产物资核算

财产物资核算的岗位职责，是会同有关部门制定本单位材料物资核算与管理办法；负责材料物资、固定资产的明细核算；做好监督、检查工作。

4. 工资核算

工资核算的岗位职责，是负责办理职工的工资结算、工资分配核算，并进行有关明细核算，分析工资总额计划执行情况。

5. 成本费用核算

成本费用核算的岗位职责，是负责编制成本、费用计划，并将其指标分解落实到有关责任单位和个人；会同有关部门拟订成本费用管理与核算办法，建立健全各项原始记录和定额资料，遵守国家的成本开支范围和开支标准，正确归集和分配费用，计算产品成本、登记成本明细账，并编制有关会计报表，分析成本计划的执行情况。

6. 财务成果核算

财务成果核算的岗位职责，是负责编制收入、利润计划并组织实施，正确解缴有关税费；负责编制有关收入、利润方面的会计报表，并对其分析和利用。

7. 资金核算

资金核算的岗位职责，是负责资金的筹集、使用、调度和核算。

8. 往来结算

往来结算的岗位职责，是负责办理应收、应付款项的往来结算业务、备用金的管理和核算。

9. 总账报表

总账报表的岗位职责，是负责总账的登记与核对，并与有关的日记账和明细账相核对，依据账簿记录编制会计报表和报表附注，进行综合分析，参与企业生产经营决策等。

10. 稽核

稽核的岗位职责，是负责确立稽核工作的组织形式和具体分工，明确稽核工作的职责、权限，审核会计凭证和复核会计账簿和报表。

11. 档案管理

档案管理的岗位职责，是负责制定会计档案的立卷、归档、保管、查阅和销毁等管理制度，保证会计档案的妥善保管、有序存放、方便查阅、严防毁损、散失和泄密。

五、会计的工作流程

会计工作的业务流程如图 1-1 所示。

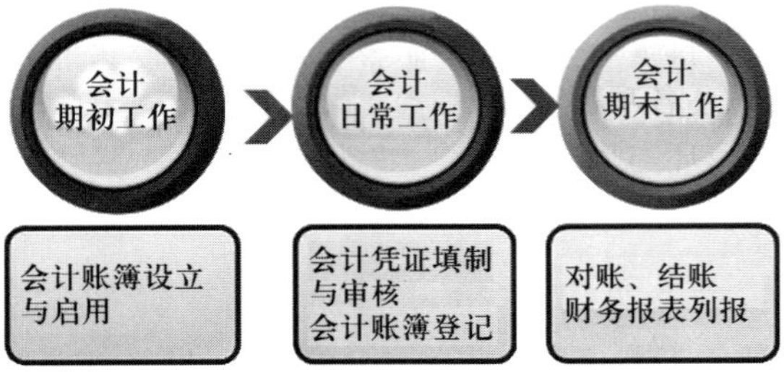

图 1-1　会计工作的业务流程

六、会计的职能

会计的职能，是指会计在经济管理活动中所具有的内在功能。核算、监督是会计的基本职能。

1. 会计的核算职能

会计的核算职能，又称会计的反映职能，是指会计以货币为主要计量单位，通过确认、计量、记录、报告等环节，对特定主体的经济活动进行记账、算账、报账，为各方面提供会计信息的功能。会计核算贯穿于经济活动的全过程。从核算的时间看，它既包括事后核算，也包括事前、事中的核算；从核算的内容看，它既包括记账、算账、报账，又包括预测、决策、分析和考核。

2. 会计的监督职能

会计的监督职能，是指会计人员在进行会计核算的同时，对特定主体经济活动的合法性、合理性进行审查。监督的核心就是要干预经济活动，使之遵守国家法令、法规，保证财经制度的贯彻执行。会计监督贯穿于经济活动的全过程，包括事前监督、事中监督和事后监督。

【训练 1-2 • 多选题】

会计的基本职能包括（　　）。

A. 预测　　B. 核算　　C. 监督　　D. 控制

七、会计的对象

会计的对象，是会计所核算和监督的内容。会计是以货币为主要计量单位，对经济活动进行核算和监督的经济管理工作。因此，凡是特定单位能够以货币表现的经济活动都是会计核算和监督的内容，就是会计的对象，也称为价值运动或资金运动。下面主要介绍工业企业的资金运动。

工业企业的资金运动表现为资金投入、资金运用和资金退出三个过程。

企业的资金投入包括企业接受投资者投入的资金和向债主借入的资金，前者称为企业的所有者权益，后者称为企业的负债，也称债权人权益。

企业的资金运用是资金投入企业后在供、产、销过程中的不断循环与周转。供应过程是生产资料的采购过程，为产品的生产进行准备；生产过程是将材料投入生产并加工成新产品的过程；销售过程是实现产品的使用价值和价值的过程。投入的资金经过储备资金形态、成品资金形态，又回到货币资金形态，一部分以税金的形式上缴国家、以股利形式分配给股东，其余部分又重新投入生产经营过程，进行下一轮的循环运动。至此，资金完成了一个循环周转过程。

企业的资金退出包括偿还各项债务，上缴各项税金、向所有者分配利润等，这部分资金便离开企业，退出企业的资金循环与周转。

八、会计核算方法

会计核算方法是对经济业务进行全面、连续和系统地记录和计算，为经营管理提供必要的信息所运用的方法，主要由以下 7 个专门方法组成。

1. 设置账户

设置账户是指对会计对象要素的具体内容行进行归类、核算和监督的一种专门方法。会计对象要素的内容是复杂多样的，要对会计对象要素所包含的经济内容进行系统地核算和监督，就需要对它们进行科学地分类，以便取得各种不同性质的核算指标。

2. 复式记账

复式记账是指对每一项经济业务，都以相等的金额，同时在两个或两个以上相互联系的账户中进行登记的一种专门方法。

【训练 1-3 · 案例分析】

以银行存款购进原材料一批，价值 50 000 元。在记账时，同时记原材料增加 50 000 元，银行存款减少 50 000 元，这就是复式记账。如果只记录银行存款减少 50 000 元，就是单式记账。

动脑筋：两种记账方法哪种更好呢？

3. 填制和审核会计凭证

会计凭证是记录经济业务、明确经济责任的书面证明，是登记账簿的依据。对每一项经济业务，都要取得或填制会计凭证，并加以审核，做为登记账簿的依据，从而保证会计核算的质量。

4. 登记账簿

登记账簿是在账簿中连续地、完整地、科学地记录和反映经济活动及财务收支的一种方法。登记账簿必须以凭证为依据，利用账户和复式记账的方法，把经济业务分门别类地登记到账簿中去，并定期地进行结账和对账，为编制财务会计报告提供完整而系统的会计信息资料。

5. 成本计算

成本计算是按照一定的成本对象，对生产经营过程中所发生的成本、费用进行归集，以确定各对象的总成本和单位成本的一种专门方法。准确计算成本可以掌握成本构成情况，考核成本计划的完成情况，对于挖掘潜力，降低成本具有重要的作用。

6. 财产清查

财产清查是通过盘点实物、核对往来款项，以查明财产实存数的一种专门方法。为了保证会计记录的正确可靠，保证账实相符，必须定期或不定期地对各项财产物资、往来款项进行清查，如发现账实不符，应查明原因，明确责任，调整账面记录，使账存数与实存数一致。

7. 编制财务会计报告

编制财务会计报告是以书面报告的形式，定期总括反映生产经营活动的财务状况和经营成果的一种专门方法。财务会计报告主要是根据账簿记录，经过加工整理而产生的一套完整的指标体系。财务会计报告所提供的各项指标，是企业单位经济活动中最重要的会计信息。

上述会计核算的各种专门方法，是一个完整的方法体系。为了科学地组织会计核算，实行日常的会计监督，必须全面、互相联系地应用这些专门方法。也就是说，对于日常所发生的各项经济业务，都要填制和审核会计凭证；按照规定的账户，运用复式记账法记入有关账簿；对于经营过程中发生的各项费用，应当进行成本计算；一定时期终了，通过财产清查，在账证相符、账账相符、账实相符的基础上，根据账簿记录，编制财务会计报告。

九、会计核算的基本前提

会计核算的基本前提是组织会计核算工作应当具备的前提条件，是对会计核算中的一些重要因素，根据正常情况或客观需要，在空间范围上、在时间界限上、在计量方式上所做的一些合乎情理的限制和规定，又称为会计假设。

我国《企业会计准则》规定会计核算的基本前提包括：会计主体、持续经营、会计期间和货币计量 4 项。

1. 会计主体

会计主体是指会计工作为之服务的经济组织和责任实体。会计主体界定了从事会计工作和提供会计信息的空间范围。即企业应当对其本身发生的交易或者事项进行会计确认、计量和报告。

2. 持续经营

持续经营是指会计主体在可预见的未来，将根据正常的经营方针和既定的经营目标持续经营下去。即在可预见的未来，该会计主体，不会破产清算，所持有的资产将正常营运，所负有的债务将正常偿还。

3. 会计期间

会计期间是将企业的全部经营期人为地划分为相等的时间段落，以便分期结算账目和编制财务报告。

我国企业会计准则中将会计期间分为年度、半年度、季度和月度。年度、半年度、季度和月度的起讫日期采用公历日期，即会计年度与公历年度相同，从1月1日开始到12月31日为止。半年度、季度和月度均称为会计中期。

4. 货币计量

货币计量是指会计核算以货币做为统一的计量尺度，而且假设货币本身的价值是稳定的。在我国，会计核算应当以人民币作为记账本位币，业务收支以外币为主的企业，也可以选定某种外币作为记账本位币，但向有关方面编送的财务会计报告应当折算为人民币反映。

【训练1-4·单选题】

界定从事会计工作和提供会计信息空间范围的基本前提是(　　)。

A. 会计主体　B. 持续经营　C. 会计期间　D. 货币计量

【训练1-5·判断题】

货币是会计计量的唯一计量单位(　　)。

【解析】 错误。会计是以货币做为主要计量单位，除货币外，还有实物计量单位、时间计量单位，如吨、件、工时等。

十、会计信息质量要求

1. 可靠性

可靠性要求企业应当以实际发生的交易或者事项为依据进行确认、计量和报告，保证会计信息真实可靠、内容完整。

2. 相关性

相关性要求企业提供的会计信息应当与财务报告使用者的经济决策需要相关，有助于财务报告使用者对企业过去、现在或者未来的情况作出正确评价或者预测。

3. 可理解性

可理解性要求企业提供的会计信息应当清晰明了，便于财务报告使用者理解和使用。

4. 可比性

可比性要求企业提供的会计信息应当具有可比性。同一企业对于不同时期发生的相同或者相似的交易或者事项，应当采用一致的会计政策，不得随意变更。不同企业同一会计期间发生的相同或者相似的交易或者事项，应当采用规定的会计政策，确保会计信息口径一致、相互可比，即纵向可比，横向也要可比。

5. 实质重于形式

实质重于形式要求企业应当按照交易或者事项的经济实质进行会计确认、计量和报告，不应仅以交易或者事项的法律形式为依据。

6. 重要性

重要性要求企业提供的会计信息应当反映与企业财务状况、经营成果和现金流量有关的所有重要交易或者事项。

7. 谨慎性

谨慎性要求企业对交易或者事项进行会计确认、计量和报告时应当保持应有的谨慎，不应高估资产或者收益、低估负债或者费用。

8. 及时性

及时性要求企业对于已经发生的交易或者事项，应当及时进行确认、计量和报告，不得提前或者延后。

【训练 1-6 • 单选题】

要求企业应当以实际发生的交易或者事项为依据进行确认、计量和报告的信息质量要求是(　　)。

A. 相关性　　B. 可靠性　　C. 重要性　　D. 可理解性

十一、会计核算基础

1. 权责发生制

权责发生制又称应收应付制，企业应当以权责发生制为基础进行会计确认，计量和报告。它是以款项收付是否应归属本期为标准，确定本期收入和费用的一种会计处理方法，凡是当期已经实现的收入和已经发生或应当负担的费用，不论款项是否收付，都应作为当期的收入和费用处理；凡是不属于当期的收入和费用，即使款项已经在当期收付，都不应作为当期的收入和费用。这种方法能够正确划分并确定各个会计期间的经营成果。

2. 收付实现制

收付实现制是以收到或支付现金作为确认收入和费用的依据。收到现金时确认收入，支出现金时确认为费用。目前，我国行政、事业单位部分业务采用收付实现制。

【训练 1-7 • 业务分析题】

佩奇公司 2023 年 2 月，当月销售产品当月收到价款 50 万元，当月销售产品尚未收到价款的 20 万元，发票已开出，收到 1 月份已销的产品货款 10 万元。请按照权责发生制和收付实现制分别确定本公司 2 月份的销售收入。

【解析】 根据权责发生制和收付实现制的内涵分析：

以权责发生制为基础 2 月份销售收入＝50＋20＝70(万元)

以收付实现制为基础 2 月份销售收入＝50＋10＝60(万元)

课程思政

前面我们学习了从事会计工作必备的理论基础，同时，政治素质与职业道德提升要与理论并行。

1. 贯彻执行党的二十大精神，为全面建设社会主义现代化国家而团结奋斗。请同学们学习二十大报告的主题，并讨论如何践行。

2. 请同学们查询会计职业道德，并分析在学习与工作中如何践行会计职业道德。

任务训练

训练目的:深入理解会计核算方法。

训练要求:填写以下表格空白处,每名同学独立完成。

	具体方法名称	具体方法内涵的理解
会计核算方法		
会计核算方法之间的关系		

任务2　识别会计要素和会计等式

任务描述

同学们,前面我们已经了解了会计的工作对象,给大家一个任务:要想把企业复杂的资金运动清晰地反映出来,形成有用的会计信息给使用者,我们应该怎么做呢?大部分同学都想到了要先分类。本任务我们就来学习会计对象是如何分类的,分类后各部分内容之间存在什么样的关系。

1. 正确识别会计要素(会计对象的基本分类);
2. 正确识别会计等式(会计要素之间的等量关系)。

知识准备

识别会计要素(1)　识别会计要素(2)

一、识别会计要素

会计要素,是会计对象按经济特征所做的基本分类,是会计核算对象的具体化。企业的会计要素分类与会计报表的关系如图1-2所示。

(一)资产

资产是企业过去的交易或者事项形成的、由企业拥有或者控制的、预期会给企业带来经济利益的资源。

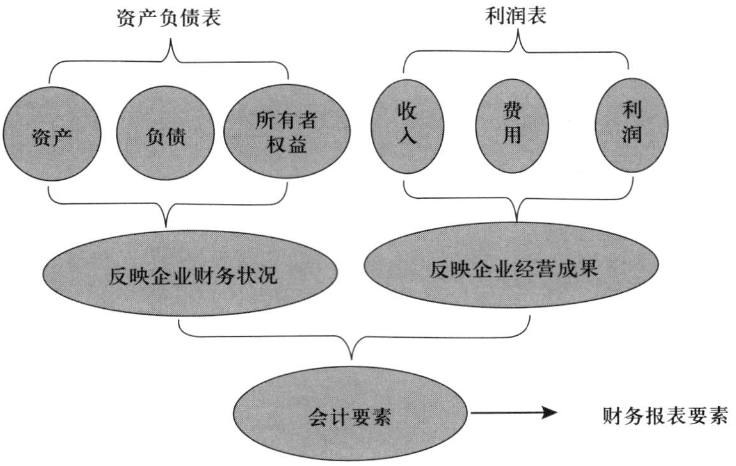

图 1-2 会计要素分类与会计报表关系

资产按其流动性大小或变现能力的强弱，可以划分为流动资产和非流动资产。

1. 流动资产

流动资产是指预计在一年内或超过一年的一个营业周期内变现、出售或耗用，或者为交易目的而持有的资产，主要包括库存现金、银行存款、交易性金融资产、应收账款、应收票据、预付账款、应收利息、应收股利、其他应收款、库存商品、周转材料等。

2. 非流动资产

资产中流动资产以外的资产应均为非流动资产。非流动资产主要包括长期股权投资、固定资产、在建工程、工程物资、无形资产等。

【训练 1-8 · 业务分析题】

佩奇公司有两台设备 A 和 B，其中 A 设备型号较老，自 B 设备投入使用后，一直未再使用。B 设备是 A 设备的替代品，目前已承担该工序的全部生产任务。问：A、B 设备是否都可以作为该公司的固定资产？

【解析】 由于 A 设备已不能为企业带来经济利益，不符合资产的特征，故不能作为企业的固定资产。

【训练 1-9 · 多选题】

下列项目属于流动资产的有（　　）。

A. 应收账款　　B. 应付账款　　C. 预付账款　　D. 固定资产

（二）负债

负债是企业过去的交易、事项形成的，履行该义务预期会导致经济利益流出企业的现时义务。现时义务是指企业在现行条件下已承担的义务。

负债按其流动性的大小或偿还期限的长短，分为流动负债和非流动负债。

1. 流动负债

流动负债是指预计在一年内或超过一年的一个营业周期内清偿或主要为交易目的而持有

的负债，主要包括：应付票据、应付账款、短期借款、预收账款、应付职工薪酬、应付股利、应交税费、其他应付款等。

2. 非流动负债

除上述流动负债以外的其他负债都属于非流动负债，如应付债券、长期借款、长期应付款等。

【训练 1-10 · 多选题】

下列选项中属于流动负债的有（　　）。

A. 应付账款　B. 预付账款　C. 预收账款　D. 应付职工薪酬

【训练 1-11 · 多选题】

下列属于非流动负债的有（　　）。

A. 应付票据　B. 应付债券　C. 应付股利　D. 长期应付款

（三）所有者权益

所有者权益是指企业资产扣除负债后由所有者享有的剩余权益。公司的所有者权益又称为股东权益，通常包括实收资本、资本公积、盈余公积、未分配利润以及其他综合收益等项目。

1. 实收资本（股本）

实收资本（股本）是指企业所有者（投资者）投入企业的注册资本或者股本的金额。

2. 资本公积

资本公积包括企业收到的投资者出资超过其在注册资本中或股本中所占份额的部分，即资本溢价（股本溢价），以及直接计入所有者权益的利得和损失。

利得是指由企业非日常活动所形成的、会导致所有者权益增加的、与所有者投入资本无关的经济利益的流入。

损失是指由企业非日常活动所发生的、会导致所有者权益减少的、与所有者利润分配无关的经济利益的流出。

3. 盈余公积

盈余公积是指企业按税后利润的一定比例提取的法定盈余公积，以及按投资人确定的比例从税后利润中计提的任意盈余公积。

4. 未分配利润

未分配利润是企业历年结存的尚未分配的利润。盈余公积和未分配利润又统称留存收益。

5. 其他综合收益

其他综合收益是指在损益中确认的各项利得和损失扣除所得税影响后的净额。

【训练 1-12 · 多选题】

下列各项中，影响所有者权益的有（　　）。

A. 投资者投入的资本　B. 企业的盈利水平

C. 资本溢价　D. 借入的款项

(四)收入

收入是指企业在日常活动中形成的、会导致所有者权益增加的、与所有者投入资本无关的经济利益的总流入。

收入按经营业务的主次,可分为主营业务收入和其他业务收入。

1. 主营业务收入

主营业务收入是企业日常活动中主要经营活动获得的收入,如工商企业销售商品形成的收入,房地产销售企业销售房产取得的收入,运输企业提供运输服务取得的收入。

2. 其他业务收入

其他业务收入是主营业务以外的其他日常活动所取得的收入,如工业企业销售材料、出租固定资产、无形资产取得的租金收入。

【训练 1-13 · 单选题】

下列各项中,不属于收入要素的是(　　)。

A. 固定资产出租收入　　B. 固定资产出售收入

C. 销售材料的收入　　D. 提供劳务的收入

【训练 1-14 · 多选题】

下列各项中,不会引起收入增加的有(　　)。

A. 罚款收入　　B. 变卖报废设备

C. 出售专有技术所有权　　D. 取得投资人投入资金

(五)费用

费用是指企业在日常活动中发生的、会导致所有者权益减少的、与向所有者分配利润无关的经济利益总流出。

按照费用与收入的关系,费用可分为营业成本和期间费用。

1. 营业成本

营业成本是指销售商品或提供劳务的成本。营业成本按照其销售商品或提供劳务在企业日常活动中所处地位可以分为主营业务成本和其他业务成本。

2. 期间费用

期间费用包括管理费用、销售费用和财务费用。

管理费用是企业行政管理部门为组织和管理生产经营活动而发生的各种费用;

销售费用是企业在销售商品过程中发生的以及专设销售机构的各项经费;

财务费用是企业筹集生产经营所需资金而发生的费用。

【训练 1-15 · 多选题】

下列各项中,属于费用要素的有(　　)。

A. 制造费用　　B. 研发支出　　C. 财务费用　　D. 预付账款

(六)利润

利润是指企业在一定会计期间的经营成果。利润包括收入减去费用后的净额、直接计入当期利润的利得和损失等。利润由营业利润、利润总额和净利润三部分构成。

1. 营业利润

营业利润是企业日常销售商品、提供劳务等活动中所产生的利润，是企业利润的核心组成部分。

2. 利润总额

利润总额是指企业营业利润加营业外收入减去营业外支出后的金额。

3. 净利润

净利润是指利润总额减去所得税费用后的金额。

【训练 1-16 · 多选题】

下列各项中，反映企业经营成果的会计要素有(　　)。

A. 利润　　B. 收入　　C. 所有者权益　　D. 费用

【训练 1-17 · 多选题】

下列各项中，影响利润总额的有(　　)。

A. 直接计入当期损益的利得或损失　　B. 费用

C. 直接计入所有者权益的利得或损失　　D. 收入

二、识别会计等式

识别会计等式

(一)六大会计要素的关系

1. 资产、负债和所有者权益的关系

资产＝债权人权益＋所有者权益

资产＝负债＋所有者权益

上述等式称为会计基本等式，也叫会计恒等式、第一会计等式。它直接反映资产负债表中资产、负债及所有者权益三要素之间的内在联系和数量关系，概括出企业在一定时点上的财务状况。在会计基本等式中，负债和所有者权益的位置不得前后颠倒。

2. 收入、费用和利润的关系

收入－费用＝利润

这一等式可称为第二会计等式，是资金运动的动态表现，是编制利润表的依据。

3. 扩展的会计等式

收入减去费用等于利润，利润归属于所有者权益。若企业赚得利润，将使所有者权益增加，相应的资产也会增加；若企业发生经营亏损，将使所有者权益减少，相应的资产也会减少。也就是说，企业实现的利润归所有者所有，企业发生的亏损也由所有者负担。因此，第三个会计等式为：

资产＝负债＋所有者权益＋(收入－费用)

资产＋费用＝负债＋所有者权益＋收入

【训练 1-18 · 单选题】

下列各选项中，属于会计等式的是(　　)。

A. 收入－成本＝利润

B. 资产＝权益

C. 资产－负债＝权益

D. 期初余额＋本期增加额－本期减少额＝期末余额

(二) 交易或事项对会计等式的影响

佩奇公司 2023 年年初会计等式：

资产 ＝ 负债 ＋ 所有者权益
900 ＝ 600 ＋ 300

假定 2023 年 1 月发生以下有代表性的 9 笔业务：

【业务 1】 2023 年 1 月 2 日，企业收到所有者追加的投资 100 万元，款项存入银行。(资产与所有者权益同时等额增加)

资产 ＝ 负债 ＋ 所有者权益
900 ＝ 600 ＋ 300
＋100 ＝ 0 ＋ 100

2 日末资产总额 1 000 万元，权益总额 1 000 万元，其中负债 600 万元，所有者权益 400 万元。

【业务 2】 1 月 5 日，企业从银行取得借款 200 万元。(资产与负债同时等额增加)

资产 ＝ 负债 ＋ 所有者权益
1 000 ＝ 600 ＋ 400
＋200 ＝ ＋200 ＋ 0

5 日末资产总额 1 200 万元，权益总额 1 200 万元，其中负债 800 万元，所有者权益 400 万元。

业务 1 和业务 2 的发生引起资产与权益同时等额增加，导致等式两边金额同时增加，变动后等式仍保持平衡。

【业务 3】 1 月 10 日，企业用银行存款归还银行借款 100 万元。(资产与负债同时等额减少)

资产 ＝ 负债 ＋ 所有者权益
1 200 ＝ 800 ＋ 400
－100 ＝ －100 ＋ 0

10 日末资产总额 1 100 万元，权益总额 1 100 万元，其中负债 700 万元，所有者权益 400 万元。

【业务 4】 1 月 12 日，投资人撤资 100 万元，企业用银行存款支付。(资产与所有者权益同时等额减少)

资产 ＝ 负债 ＋ 所有者权益
1 100 ＝ 700 ＋ 400
－100 ＝ 0 － 100

12 日末资产总额 1 000 万元，权益总额 1 000 万元，其中负债 700 万元，所有者权益 300 万元。

业务 3 和业务 4 的发生引起等式两边金额同时减少，减少金额相等，变动后等式仍保持平衡。

【业务5】　1月15日,企业用银行存款10万元购买一台设备。(资产内部等额一增一减)

资产　=　负债　+　所有者权益

1 000+10−10　=　700　+　300

15日末资产总额1 000万元,权益总额也是1 000万元,其中负债700万元,所有者权益300万元。

该经济业务的发生引起等式左边即资产内部的项目此增彼减,增减的金额相同,变动后资产的总额不变,等式仍保持平衡。

【业务6】　1月18日,企业将已到期但无力支付的应付票据30万元转为应付账款。(负债内部等额一增一减)

资产　=　负债　+　所有者权益

1 000　=　(700−30+30)　+　300

18日末资产总额1 000万元,权益总额1 000万元,其中负债700万元,所有者权益300万元。

【业务7】　1月20日,企业将资本公积30万元转为投资人的投资。(所有者权益内容等额一增一减)

资产　=　负债　+　所有者权益

1 000　=　700　+　(300−30+30)

20日末资产总额1 000万元,权益总额1 000万元,其中负债700万元,所有者权益300万元。

【业务8】　1月31日,企业将欠银行的借款100万元转为银行向企业的投资。(负债与所有者权益等额减增)

资产　=　负债　+　所有者权益

1 000　=　700　+　300

0　=　−100　+　100

31日末资产总额1 000万元,权益总额1 000万元,其中负债600万元,所有者权益400万元。

【业务9】　1月31日,企业宣告分派利润20万元。(负债与所有者权益等额增减)

资产　=　负债　+　所有者权益

1 000　=　(600+20)　+　(400−20)

31日末资产总额1 000万元,权益总额1 000万元,其中负债620万元,所有者权益380万元。

【业务6】—【业务9】的发生引起等式右边负债内部项目此增彼减,或所有者权益内部项目此增彼减,或负债与所有者权益项目之间的此增彼减。变动后资产和权益的总额不变,等式仍保持平衡。经济业务类型对会计等式的影响如表1-1所示。

表1-1　9种具体业务类型引起的变化及对等式两边总额的影响

(1)一项资产增加、一项所有者权益等额增加的经济业务 (2)一项资产增加、一项负债等额增加的经济业务	左右两侧同加	等式两边总额增加
(3)一项资产减少、一项负债等额减少的经济业务 (4)一项资产减少、一项所有者权益等额减少的经济业务	左右两侧同减	等式两边总额减少

续表1-1

(5)一项资产增加、另一项资产等额减少的经济业务	左侧有增有减	等式两边总额不变
(6)一项负债增加、另一项负债等额减少的经济业务 (7)一项所有者权益增加、另一项所有者权益等额减少的经济业务 (8)一项所有者权益增加、一项负债等额减少的经济业务 (9)一项负债增加、一项所有者权益等额减少的经济业务	右侧有增有减	等式两边总额不变

【训练 1-19 · 单选题】

企业用银行存款购入原材料，原材料入库，表现为(　　)。

A. 一项资产增加，另一项资产减少，资产总额不变

B. 一项资产增加，另一项资产减少，资产总额增加

C. 一项资产增加，另一项负债增加

D. 一项资产减少，另一项负债减少

不论哪一项交易或事项发生后，均未破坏资产与负债、所有者权益总额的平衡关系。会计等式揭示了会计具体对象各要素之间的内在联系。实际工作中，企业每天实际发生的交易或事项要复杂得多，但无论交易或事项怎样变动，都不会破坏资产与权益的平衡关系，会计等式永远恒等。

任务训练

训练目的：熟悉具体业务事项涉及的会计要素种类和名称，掌握会计要素增减变动对会计等式两边总额的影响。

训练内容：假如通达公司 2023 年 1 月末资产总额 198 000 元，负债 62 000 元，所有者权益 136 000 元，2023 年 2 月份发生了如下业务：

(1)收到银行借入的 100 000 元 5 年期借款，存入银行。

(2)收到购货单位归还之前欠货款 12 000 元，存入银行。

(3)收到投资者投入设备一台，价值 36 000 元。

(4)从银行提取现金 16 800 元，备发工资。

(5)以银行存款 30 000 元归还短期借款。

(6)以银行存款 3 000 元缴纳应交税金。

(7)以银行存款 18 600 元，偿还前欠购料款。

(8)借入归还期为 9 个月的借款 16 000 元，归还之前欠 B 公司的货款。

训练要求：

(1)将各业务涉及的要素增减金额写在下表对应栏内；

(2)计算三大会计要素期末余额；

(3)验证三大会计要素之间的关系。

业务序号	三大要素期初余额及各业务涉及要素的变化(单位:元)		
	资产总额 198 000	负债 62 000	所有者权益 136 000
1			
2			
3			
4			
5			
6			
7			
8			
合计			
期末			

任务3　设置会计科目和会计账户

任务描述

我们把会计对象分类为资产、负债、所有者权益、收入、费用和利润,每个要素都包括很多内容,每个内容的增减变化要准确反映出来,还需要进一步分类,这就是我们今天要学习的会计科目与会计账户。这部分内容非常重要,关系到能否学好这门课程,同学们要扎实掌握。

1. 理解并记忆企业常用的会计科目名称;
2. 掌握会计账户的基本结构。

设置会计科目

知识准备

一、设置会计科目

会计科目是指对会计要素的具体内容进行分类的项目,也就是对各项会计要素在科学分类的基础上所赋予的名称。例如,企业为了满足生产经营的需要,要存有一定数量的现金,所以应设置"库存现金"这一会计科目。

(一)会计科目设置原则

企业必须根据《企业会计准则》和国家统一的会计制度规定设置和使用会计科目,设置会计科目一般应遵循下列基本原则:

1. 合法性原则

为了保证会计信息的可比性，企业所设置的会计科目应当符合有关会计法规的规定，特别是企业会计准则应用指南中对会计科目的规定。在不影响对外提供统一财务报表的前提下，企业可以根据企业的实际情况自行增设、减少或合并某些会计科目。如商品流通企业，因其性质主要是产品的购进和销售，因此，不应设置“生产成本”和“制造费用”账户。

2. 相关性原则

会计科目的设置，应为提供有关各方面所需要的会计信息服务，满足对外报告与对内管理的要求，要充分考虑会计信息使用者对本企业会计信息的需要设置会计科目，以提高会计信息的相关性，满足相关各方的信息需求。

3. 独立性和稳定性原则

每一个会计科目都应有明确的含义，体现特定的经济内容，各个会计科目所反映的经济内容要有严格的界限，其核算内容具有独立性，不能相互混淆。同时，为了便于不同时期的会计资料进行对比分析，会计科目应保持相对的稳定，以便在一定时期内综合汇总和不同时期对比分析其所提供的核算资料。

4. 全面性原则

由于会计科目是会计核算的具体分类，因此，会计科目的设置必须能够提供全面反映会计核算对象的内容。会计科目的设置能够覆盖一个单位的全部交易或事项，即所有的交易或事项都必须有相应的会计科目来归集与核算。

【训练 1-20 · 单选题】

下列关于设置会计科目原则的表述中，正确的是（　　）。

A. 相关性是指设置的会计科目应当符合国家统一的会计制度规定

B. 相关性是指设置的会计科目应当为提供有关各方面所需要的会计信息服务，满足对外报告与对内管理的要求

C. 合法性是指设置的会计科目应当为提供有关各方所需要的会计信息服务，满足对外报告和对内管理的要求

D. 实用性是指设置的会计科目应当符合单位自身特点，满足单位实际需要

（二）会计科目分类

1. 按会计科目所反映的经济内容分类

会计科目按其所反映的经济内容不同，一般可分为资产类、负债类、共同类、所有者权益类、成本类和损益类。工业企业常用会计科目如表 1-2 所示。

表 1-2　会计科目表

（一）资产类	（二）负债类
库存现金	短期借款
银行存款	应付票据
其他货币资金	应付账款

续表1-2

交易性金融资产	预收账款
应收票据	合同负债
应收账款	应付职工薪酬
预付账款	应交税费
应收股利	应付股利
应收利息	应付利息
其他应收款	其他应付款
坏账准备	递延收益
材料采购	长期借款
在途物资	应付债券
原材料	未确认融资费用
材料成本差异	预计负债
库存商品	递延所得税负债
发出商品	**(三)共同类(略)**
商品进销差价	**(四)所有者权益类**
委托加工物资	实收资本(股本)
存货跌价准备	资本公积
合同资产	盈余公积
长期股权投资	其他综合收益
长期股权投资减值准备	本年利润
投资性房地产	利润分配
长期应收款	库存股
未实现融资收益	**(五)成本类**
固定资产	生产成本
累计折旧	制造费用
固定资产减值准备	研发支出
在建工程	**(六)损益类**
工程物资	主营业务收入
固定资产清理	其他业务收入
无形资产	投资收益

续表1-2

累计摊销	公允价值变动损益
无形资产减值准备	资产处置损益
商誉	其他收益
长期待摊费用	营业外收入
递延所得税资产	主营业务成本
待处理财产损溢	其他业务成本
	税金及附加
	销售费用
	管理费用
	财务费用
	信用减值损失
	资产减值损失
	营业外支出
	所得税费用
	以前年度损益调整

【训练 1-21 · 多选题】

下列选项中，属于流动负债科目的有（　　）。

A. 短期借款　B. 长期借款　C. 应付账款　D. 预付账款

【训练 1-22 · 多选题】

按经济内容分类，下列属于损益类科目的有（　　）。

A. 主营业务成本　B. 生产成本　C. 制造费用　D. 管理费用

【训练 1-23 · 多选题】

下列选项中，属于成本类科目的有（　　）。

A. 其他业务成本　B. 主营业务成本　C. 劳务成本　D. 研发支出

2. 按会计科目所提供指标的详细程度分类

会计科目按其所提供指标的详细程度不同，可分为总分类科目（一级科目）和明细分类科目，明细分类科目又可分为二级分类科目（子目）和三级分类科目（细目）。

（1）总分类科目，又称总账科目，是对会计要素的具体内容进行总括分类的会计科目，它反映的是各项经济业务总括情况。表 1-2 所列示的会计科目都是总分类科目。

（2）二级科目，又称子目，是指对一级会计科目所反映的经济内容进行较为详细分类的会计科目。例如制造企业中的“原材料”科目属于一级科目，为了详细核算材料的类别，应该在

“原材料”科目下设置“原料及主要材料”“辅助材料”“燃料”等二级科目。

(3)三级科目，又称细目，是指对二级会计科目所反映的经济内容进一步详细分类的会计科目。例如，“原材料”属于一级科目，“原料及主要材料”属于二级科目，在此二级科目下还可以按材料的品种或规格等再分设明细科目，如“甲材料”“乙材料”等属于三级科目。

会计科目按其所提供指标的详细程度分类，有助于了解会计科目所反映的具体经济内容，但是并不是所有的一级科目都需要分设二级科目和三级科目，企业可以根据管理需要来设置总账科目和明细科目。

【训练 1-24・多选题】

下列科目中，属于三级科目的有(　　)。

A. 应交税费——应交增值税(销项税额)　B. 应交税费

C. 应交税费——应交增值税　D. 应交税费——应交增值税(进项税额)

二、设置会计账户

设置会计账户

会计账户是指根据会计科目开设的，具有一定结构，用来系统、连续地记录各项交易或事项的发生情况，反映会计要素增减变动及其结果的一种工具。各单位必须依据会计科目开设账户，有什么样的会计科目就开设什么样的账户。

(一)账户的结构

1. 账户的基本结构

账户的基本结构如表 1-3 所示。

表 1-3　账户的基本结构

账户名称

年		凭证		摘要	左方 (增加或减少)	右方 (减少或增加)	余额
月	日	种类	编号				

表中指标说明：

(1)账户名称(会计科目)；

(2)日期(所依据的记账凭证中注明的日期)；

(3)凭证种类、编号(所依据的记账凭证的种类及其编号)；

(4)摘要(经济业务的简要说明)；

(5)金额(增加额、减少额和余额)。

会计要素在特定会计期间增加和减少的金额，分别称为账户的“本期增加发生额”和“本期减少发生额”，二者统称为账户的“本期发生额”。

会计要素在会计期末的增减变动结果，称为账户的“余额”，具体表现为“期初余额”和“期末余额”。账户余额通常与增加额在同一方向。账户上期的期末余额转入本期，即为本期的期初余额；账户本期的期末余额转入下期，即为下期的期初余额。四个金额要素之间的关系如下：

本期期末余额＝本期期初余额＋本期增加发生额－本期减少发生额

例如：“应收账款”账户，月初余额 1 000 元，销售货款未收 6 000 元，收回货款 4 000 元，月末余额为 3 000 元。

本期期末余额＝本期期初余额＋本期增加发生额－本期减少发生额

3 000＝1 000＋6 000－4 000

【训练 1-25 · 单选题】

“库存现金”账户的期初余额为 66 000 元，本期增加发生额为 90 000 元，本期减少发生额为 76 000 元，则该账户的期末余额为（　　）。

A. 20 000 元　　B. 30 000 元　　C. 80 000 元　　D. 70 000 元

【训练 1-26 · 单选题】

“短期借款”账户的期初余额为 100 000 元，本期增加发生额为 80 000 元，本期减少发生额为 20 000 元，则该账户的期末余额为（　　）。

A. 160 000 元　　B. 40 000 元　　C. 90 000 元　　D. 180 000 元

2. 账户的简化结构

账户的基本结构简化为“T”型账户，就是简化结构，如图 1-3 所示。

左（借）方　　账户名称（会计科目）　　右（贷）方

图 1-3　账户简化结构

【训练 1-27 · 单选题】

下列关于账户说法正确的是（　　）。

A. 账户的期末余额等于期初余额　　B. 余额一般与增加额在同一方向

C. 账户的左方发生额等于右方发生额　　D. “T”型账户分为增加方、减少方、余额方

（二）账户的分类

1. 按账户的经济内容进行分类

账户按经济内容可以划分为资产类账户、负债类账户、所有者权益类账户、成本类账户、损益类账户、共同类账户 6 类。

（1）资产类账户　是用来反映企业资产的增减变动及其结存情况的账户，按其流动性的不同可分为流动资产账户和非流动资产账户两类。

（2）负债类账户　是用来反映企业负债增减变动及其余额情况的账户，按偿还期限的长短

分为流动负债账户和非流动负债账户。

(3)所有者权益类账户　是用来反映企业所有者权益增减变动及其余额情况的账户。

(4)成本类账户　是用来归集生产费用,据以计算产品生产成本及研发费用的账户。

(5)损益类账户　是用来反映同利润形成有直接关系的各项收入和各项费用的账户。

(6)共同类账户　是核算资产、负债双重性质的账户,按共同类账户的余额方向分为反映资产的账户和负债的账户。

2. 按照账户所提供指标的详细程度分类

账户按照提供指标的详细程度可分为总分类账户和明细分类账户。

(1)总分类账户　是根据总分类科目开设的,它提供的是总括的核算指标,一般只用货币计量;

(2)明细分类账户　是根据明细科目开设的,是对经济业务的具体内容进行明细核算、提供详细核算资料的账户,明细分类账户还可以细分为二级明细分类账户和三级明细分类账户。

【训练 1-28 · 多选题】

下列各项中,属于损益类账户的有(　　)。

A. 营业外收入　　B. 主营业务成本　　C. 本年利润　　D. 所得税费用

(三)会计科目与账户的关系

会计科目与账户是既有联系又有区别的两个概念。

1. 联系

会计科目是设置账户的依据,是账户的名称;账户是会计科目的具体运用,即会计科目所反映的经济内容就是账户所要登记的内容。

2. 区别

会计科目只是对会计要素具体内容的分类,本身没有什么结构,也无法提供任何数据;账户能对会计对象进行连续、系统的记录,能具体地反映会计要素的增减变动及结存情况,具有一定的结构和格式。

【训练 1-29 · 多选题】

关于账户与会计科目的联系和区别,下列表述中正确的有(　　)。

A. 会计科目是账户的名称,账户是会计科目的具体运用

B. 会计科目与账户两者口径一致,性质相同

C. 会计科目不存在结构,账户则具有一定的格式和结构

D. 会计科目可以记录经济业务的增减变化及其结果

任务训练

训练目的:掌握账户类别、本期发生额和账户余额的关系。

训练内容:通达公司 2023 年 1 月末有关账户的资料如下表:

通达公司发生额及余额表

单位:元

账户名称	类别	期初余额	本期增加发生额	本期减少发生额	期末余额
银行存款		(　　)	33 000	16 000	32 100
库存商品		19 000	12 000	19 800	(　　)
原材料		11 000	(　　)	10 600	21 200
制造费用			1 500	(　　)	0
生产成本		46 300	15 800	(　　)	3 200
短期借款		(　　)	22 000	35 000	16 000
应付账款		6 680	2 120	4 160	(　　)
实收资本		200 000	(　　)	100 000	100 000
利润分配		26 100	15 300	(　　)	12 000

训练要求:根据资料,确定正确类别,计算正确金额填入括号内。

任务4　运用借贷记账法

运用借贷记账法

任务描述

经过前面的学习,我们知道了会计要素的增减变化是通过会计账户的左方或右方来记录的,那么到底用哪方记增加,哪方记减少,就要学习借贷记账法了,这是能否做好会计工作的关键所在。大家一定要用心学好!

1. 掌握借贷记账法下账户的结构;
2. 掌握并会运用借贷记账法的记账规则;
3. 能根据企业经济业务编制会计分录;
4. 能对账户进行试算平衡。

知识准备

一、借贷记账法的含义

借贷记账法是指以"借""贷"作为记账符号,对每一项经济业务,都要以相等的金额在两个或两个以上相互联系的账户中同时进行记录的一种复式记账法。

复式记账法是指对发生的每一项经济业务,都以相等的金额在相互联系的两个或两个以上的账户中同时进行记录的一种记账方法。

单式记账法是对发生的每一项经济业务,只在一个账户中进行单方面记录的一种记账方法。单式记账法记账简单,但是账户设置不完整,账户之间的记录没有直接联系,无法全面反映各项经济业务的来龙去脉,也不便于检查账户记录的正确性。

二、借贷记账法的记账符号

借贷记账法以“借”和“贷”作为记账符号，账户的左方为借方，右方为贷方。对于一个具体账户而言，“借”和“贷”究竟哪个代表增加、哪个代表减少，要根据账户的性质来确定。

三、借贷记账法的账户结构

账户的具体结构取决于其本身的性质。按照会计等式“资产＋费用＝负债＋所有者权益＋收入”，把账户分为两类性质不同的账户。处于等式左边的资产和费用是一类，反映资金的使用形式，其借方记录增加，贷方记录减少；处于等式右边的负债、所有者权益和收入账户为一类，反映资金的来源渠道，其贷方记录增加，借方记录减少。

(一)资产、成本类账户结构

资产、成本类账户借方登记资产、成本的增加额，贷方登记资产、成本的减少额，账户的余额一般在借方，表示期末资产及在产品的实有数额，如图 1-4 所示。

借方　　资产类、成本类账户　　贷方

借方	贷方
期初余额 本期增加额	本期减少额
期末余额	

图 1-4　资产、成本类账户结构

资产、成本类账户期末余额＝期初余额＋本期借方发生额－本期贷方发生额

(二)负债和所有者权益类账户结构

贷方登记负债和所有者权益的增加额，借方登记负债和所有者权益的减少额，账户的余额一般在贷方，表示期末负债和所有者权益的实有数额，如图 1-5 所示。

借方　　负债类、所有者权益类账户　　贷方

借方	贷方
本期减少额	期初余额 本期增加额
	期末余额

图 1-5　负债和所有者权益类账户结构

负债和所有者权益类账户期末余额＝期初余额＋本期贷方发生额－本期借方发生额

(三)损益类账户结构

损益类账户包括收入类和费用类账户。

收入类账户的结构是：贷方登记收入的增加额，借方登记收入的减少额及转出额，期末没有余额，如图 1-6 所示。

借方　　收入、利得类账户　　贷方

借方	贷方
本期减少额	本期增加额

图 1-6　收入类账户结构

费用类账户的结构是：借方登记费用的增加额，贷方登记费用的减少额及转出额，期末没

有余额，如图 1-7 所示。

借方	费用、损失类账户	贷方
本期增加额		本期减少额

图 1-7　费用类账户结构

四、借贷记账法的记账规则

记账规则是指运用记账方法记录经济业务时遵循的规律。借贷记账法的记账规则是：有借必有贷，借贷必相等。这是指对于发生的每一笔经济业务，在一个或者几个账户中记借方，同时必须在另一个或几个账户中记贷方，同时借方登记的金额与贷方登记的金额是相等的。

【例 1-1 · 业务题】

佩奇公司以银行存款 5 000 元归还已到期的短期借款。

这项交易应记入“银行存款”和“短期借款”两个账户。“银行存款”是资产类账户，减少额 5 000 元应记入该账户的贷方；“短期借款”是负债类账户，减少额 5 000 元应记入该账户的借方，体现了“有借必有贷，借贷必相等”的记账规则。登记结果如图 1-8 所示。

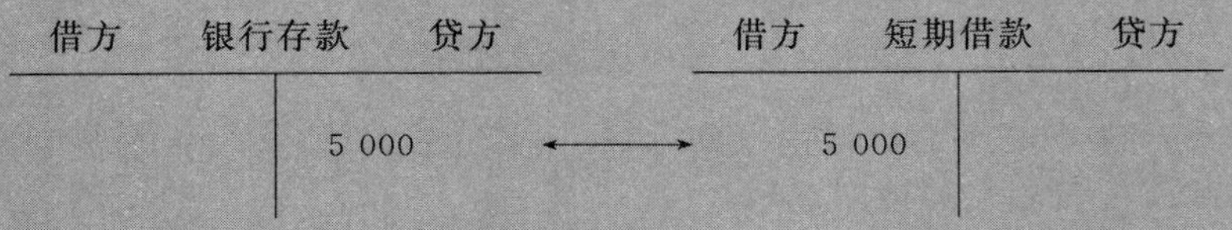

图 1-8　借贷记账法记账规则关系

五、对应账户与会计分录

对应账户与会计分录

(一)对应账户

根据记账规则登记每项经济业务时，在有关账户之间都会形成应借、应贷的相互关系，这种关系被称为账户对应关系。发生对应关系的账户被称为对应账户。如【例 1-1】中的“银行存款”与“短期借款”就是对应账户。

(二)会计分录

根据某项经济业务应借、应贷账户及其金额所作的记录称为会计分录。实际工作中会计分录是编写到记账凭证上，根据记账凭证，据以登记会计账簿。

1. 会计分录的编制步骤

步骤一，找账户。一项业务发生后，首先找到这项经济业务涉及的所有会计账户，且至少有两个。

步骤二，确定账户性质。确定步骤一涉及的账户是资产、费用，还是负债、所有者权益、收入中哪个类别的。

步骤三，辨明增减、确定借贷方向。根据业务分析每个账户是增加还是减少，结合账户性质确定记借方还是记贷方。

步骤四，确定金额。根据业务内容确定每个账户应计入的金额，再用记账规则检查分录中借、贷方金额是否相等。

2. 会计分录的写法

以【例 1-1 · 业务题】为例，参照格式如下：

借：短期借款　　　　5 000

　贷：银行存款　　　　5 000

会计分录有简单会计分录和复合会计分录 2 种。

简单会计分录是只有一个借方账户和另一个贷方账户的会计分录，即一借一贷；复合会计分录是一借多贷、一贷多借或多借多贷的会计分录。

六、试算平衡

试算平衡(1)　　试算平衡(2)

为了检验和确保一定时期内所发生的经济业务在账户中登记的正确性，需要在会计期末进行账户的试算平衡。所谓试算平衡，是指根据资产与权益的恒等关系以及借贷记账法的记账规则，检查所有账户记录是否正确的方法，包括发生额试算平衡和余额试算平衡。

(一)账户发生额的试算平衡

发生额的试算平衡是根据本期所有账户借方发生额合计与贷方发生额合计的恒等关系，检验本期发生额记录是否正确的方法。

全部账户本期借方发生额合计＝全部账户本期贷方发生额合计

如果出现不相等，必然是在记账过程中出现了差错，应当及时查找错误的原因，并及时予以更正。如果相等，也不能说明就是正确的，重记、漏记、记反方向、记错账户是检查不出来的，这就要求工作人员养成工作仔细认真的职业态度。

(二)账户余额的试算平衡

账户余额的试算平衡是根据期末全部账户借方余额合计与贷方余额合计的恒等关系，检验本期账户记录是否正确的方法。

全部账户本期借方期初(末)余额合计＝全部账户本期贷方期初(末)余额合计

在实际工作中，这两种试算平衡是通过编制“发生额及余额试算平衡表”进行的，格式如表 1-4 所示。

表 1-4　发生额及余额试算平衡表　　单位：元

账户名称	期初余额		本期发生额		期末余额	
	借方	贷方	借方	贷方	借方	贷方
库存现金	2 700				2 700	
银行存款	74 100		162 000	180 000	56 100	
应收账款	42 000			12 000	30 000	
原材料	450 000				450 000	
库存商品	75 000				75 000	

续表1-4

账户名称	期初余额		本期发生额		期末余额	
	借方	贷方	借方	贷方	借方	贷方
固定资产	1 170 000		200 000		1 370 000	
短期借款		75 000	75 000	45 000		45 000
应付账款		45 000	75 000	226 000		196 000
预收账款		118 800				118 800
应付股利		30 000		15 000		45 000
应交税费			26 000		26 000	
长期借款		1 035 000				1 035 000
实收资本		120 000	105 000	270 000		285 000
资本公积		300 000	90 000			210 000
盈余公积		90 000	15 000			75 000
合计	1 813 800	1 813 800	748 000	748 000	2 009 800	2 009 800

注:表中期初余额为上期期末结账后余额,本期发生额为本期业务涉及账户发生额的汇总金额,期末余额为本期期末结账后的余额。编制方法可见后续的“科目汇总表”。

任务训练

训练目的:熟练掌握会计分录编制及“T”型账户的开设与登记。

训练资料:通达公司 2023 年 1 月 31 日有关总分类账户的余额如下表所示:

2023 年 1 月 31 日总分类账户余额表

单位:元

账户名称	借方金额	账户名称	贷方余额
库存现金	2 500	短期借款	316 500
银行存款	70 000	应付账款	38 000
应收账款	25 000	应交税费	13 000
库存商品	58 500	实收资本	30 500
原材料	62 000		
固定资产	180 000		
合　计	398 000	合　计	39 8000

该公司 2 月份发生下列部分经济业务:

(1)2 日,投资人兴发公司投入新设备一台,价值 80 000 元。

(2)8 日,以银行存款支付上月未交税费款 13 000 元。

(3)10 日,第一车间生产 A 产品领用原材料 35 000 元。

(4)12 日,收到享达公司之前欠的货款 20 000 元,存入银行。

(5)17 日,职工高洋出差预借差旅费 1 500 元,以现金支付。

(6)25 日,向银行借入短期借款 20 000 元直接归还之前欠北辰公司货款。

(7)28 日,购入原材料 65 000 元,用银行存款支付。

训练要求:

(1)根据上表开设总分类账户并登记期初余额(用"T"型账户);

(2)根据上述经济业务编制会计分录;

(3)根据会计分录登记各账户;

(4)期末结算各账户。

模块考核与训练

一、单项选择题

1. 下列会计要素中,反映企业财务状况的会计要素是(　　)。

A. 收入　　B. 费用　　C. 利润　　D. 负债

2. 企业会计要素分为(　　)类。

A. 2　　B. 4　　C. 6　　D. 8

3. 下列会计要素中,反映企业经营成果的会计要素是(　　)。

A. 资产　　B. 收入　　C. 负债　　D. 所有者权益

4. 下列属于流动资产的是(　　)。

A. 仓库中的原材料　　B. 机器设备　　C. 商标权　　D. 借入 3 年期借款

5. 下列项目中不属于流动负债的是(　　)。

A. 企业因购买货物应支付的货款　　B. 企业因销售货物预先收取的货款

C. 企业向银行借入的期限为 5 年的借款　　D. 企业应付职工的工资、福利费

6. 下列项目中不属于所有者权益的是(　　)。

A. 营业外收入　　B. 实收资本　　C. 资本公积　　D. 未分配利润

7. 某项经济业务的发生引起资产的减少,则可能引起(　　)。

A. 负债增加　　B. 所有者权益增加　　C. 收入增加　　D. 费用增加

8. 下列项目中不属于收入的是(　　)。

A. 企业销售商品形成的收入　　B. 企业出售报废固定资产形成的收入

C. 企业销售库存材料形成的收入　　D. 企业销售包装物形成的收入

9. 下列项目中不属于费用的是(　　)。

A. 企业管理部门的办公费　　B. 企业发生的业务招待费

C. 企业处置固定资产的净损失　　D. 企业银行贷款的手续费

10. 下列不属于期间费用的是(　　)。

A. 制造费用　　B. 管理费用　　C. 销售费用　　D. 财务费用

11. 某公司 2022 年初资产总额 5 000 000 元,负债总额 2 000 000 元,当年接受投资者投资 500 000 元,从银行借款 1 000 000 元。该公司 2022 年末所有者权益应为(　　)元。

A. 2 500 000　　B. 1 500 000　　C. 3 500 000　　D. 5 000 000

12. 下列项目中属于所有者权益的是(　　)。

A. 长期股权投资　　B. 应付股利　　C. 盈余公积　　D. 投资收益

13. 下列项目不属于流动资产的是(　　)。

A. 货币资金　　B. 交易性金融资产　　C. 存货　　D. 固定资产

14. 银行将短期借款转为对本公司的投资,这项经济业务将引起本公司(　　)。

A. 资产减少,所有者权益增加　　B. 负债增加,所有者权益减少

C. 负债减少,所有者权益增加　　D. 负债减少,资产增加

15. 企业收到之前欠款存入银行的业务属于(　　)。

A. 一项资产增加,另一项资产减少

B. 一项资产增加,另一项负债增加

C. 一项资产增加,另一项所有者权益增加

D. 一项资产增加,另一项负债减少

16. 以下经济业务中会使企业资产总额增加的是(　　)。

A. 以银行存款购买设备　　B. 从银行借入 3 年期借款存入银行

C. 以银行存款偿还到期借款　　D. 以盈余公积转增资本

17. 下列属于资产类会计科目的是(　　)。

A. 短期借款　　B. 投资收益　　C. 应收账款　　D. 预收账款

18. 下列属于负债类会计科目的是(　　)。

A. 银行存款　　B. 应交税费　　C. 固定资产　　D. 主营业务收入

19. 下列属于所有者权益类会计科目的是(　　)。

A. 无形资产　　B. 应付账款　　C. 实收资本　　D. 管理费用

20. 下列属于成本类会计科目的是(　　)。

A. 财务费用　　B. 制造费用　　C. 主营业务成本　　D. 其他业务成本

21. 下列属于损益类会计科目的是(　　)。

A. 应收账款　　B. 资本公积　　C. 生产成本　　D. 主营业务收入

22. 下列会计科目中属于资产类科目的是(　　)。

A. 预收账款　　B. 预付账款　　C. 本年利润　　D. 实收资本

23. 下列会计科目中属于负债类科目的是(　　)。

A. 销售费用　　B. 资本公积　　C. 应收账款　　D. 预收账款

24. 下列会计科目中,不属于损益类科目的是(　　)。

A. 主营业务收入　　B. 管理费用　　C. 投资收益　　D. 制造费用

25. 计算账户期末余额的一般公式是(　　)。

A. 期末余额=期初余额+本期增加额-本期减少额

B. 期末余额=期初余额+本期减少额-本期增加额

C. 期末余额=期初余额+本期借方发生额-本期贷方发生额

D. 期末余额=期初余额+本期贷方发生额-本期借方发生额

26. 假设某账户本期期初余额为 5 000 元,本期减少发生额 8 000 元,本期期末余额 6 000 元,则该账户本期增加发生额为(　　)元。

A. 7 000　　B. 9 000　　C. 3 000　　D. 6 000

二、多项选择题

1. 会计期间可以分为(　　)。

A. 月度　　B. 季度　　C. 半年度　　D. 年度

2. 账户一般可以提供的金额指标有(　　)。

A. 期初余额　　B. 本期增加发生额　　C. 本期减少发生额　　D. 期末余额

3. 下列关于资产的叙述中,正确的有(　　)。

A. 由过去的交易或事项形成　　B. 必须由企业拥有

C. 预期会给企业带来经济利益　　D. 由企业拥有或控制

4. 下列关于负债的叙述中,正确的有(　　)。

A. 由过去的交易或事项形成的现时义务

B. 会导致经济利益流出企业

C. 由现在的交易或事项形成的偿债义务

D. 由未来的交易或事项形成的偿债义务

5. 下列选项中,属于负债要素的有(　　)。

A. 预付账款　　B. 预收账款　　C. 短期借款　　D. 应交税费

6. 下列选项中,属于所有者权益的有(　　)。

A. 实收资本　　B. 资本公积　　C. 盈余公积　　D. 未分配利润

7. 下列选项中,属于收入要素的有(　　)。

A. 投资收益　　B. 主营业务收入　　C. 营业外收入　　D. 其他业务收入

8. 下列选项中,属于费用要素的有(　　)。

A. 管理费用　　B. 制造费用　　C. 销售费用　　D. 财务费用

9. 下列选项中,属于所有者权益要素的有(　　)。

A. 收回的销货款　　B. 投资者投入的资本

C. 本期实现的利润　　D. 留存收益

三、判断题

1. 会计的职能只有两个,即核算与监督。(　　)

2. 账户上期的期末余额转入本期,即为本期的期初余额。(　　)

3. 总分类科目与其所属的明细分类科目核算内容相同,但前者提供的信息比后者更详细。(　　)

4. 会计要素中,反映财务状况的会计要素是资产、收入和利润。(　　)

5. 资产包括流动资产和固定资产两部分。(　　)

6. 各项借款、应付和预收款项都是企业的债务。(　　)

7. 企业的资本公积和未分配利润统称为留存收益。(　　)

8. 生产成本与主营业务成本都属于成本类科目。(　　)

9. 制造费用、管理费用、销售费用都属于损益类科目。(　　)

四、技能训练题

1.2023 年 1 月 31 日，通达公司的资产和权益如下：

单位：元

资产项目	月初余额	负债及所有者权益项目	月初余额
现金	1 610	短期借款	38 000
银行存款	213 000	应付账款	59 600
应收账款	36 000	应付职工薪酬	12 210
原材料	18 200	长期借款	120 000
库存商品	29 000	实收资本	200 000
固定资产	182 000	资本公积	50 000
资产合计	479 810	权益合计	479 810

2023 年 2 月份发生如下经济业务：

(1)从银行提取现金 600 元。 (　　)

(2)以银行存款购买原材料 5 200 元。 (　　)

(3)购进原材料 6 000 元，货款暂欠。 (　　)

(4)赊购一台设备 20 000 元，未付款。 (　　)

(5)从银行借入 3 个月期借款 20 000 元。 (　　)

(6)从银行借入 3 年期借款 60 000 元。 (　　)

(7)收回应收账款 8 000 元存入银行。 (　　)

(8)用银行存款偿还前欠货款 9 000 元。 (　　)

(9)以银行存款 10 000 元偿还短期借款。 (　　)

(10)收到某公司投入设备 50 000 元。 (　　)

要求：说明上述各项经济业务对资产和权益的影响，填在后面的括号内，并计算公司 2 月末资产权益总额。

2.2023 年 3 月，通达公司发生下列经济业务：

(1)从银行提取现金 600 元。 (　　)

(2)用银行存款 120 000 元购入固定资产。 (　　)

(3)购入原材料价值 1 800 元，货款尚未支付。 (　　)

(4)接受利顺公司投入的资金 90 000 元，存入银行。 (　　)

(5)用银行存款 16 800 元归还前欠某单位货款。 (　　)

(6)从银行借入期限为 8 个月的借款 20 000 元，存入银行。 (　　)

要求：根据上述经济业务的内容，确定每笔经济业务涉及的会计科目的名称及增减方向，填在后面的括号内。

模块总结与评价

学生对照本模块的学习目标，总结本人学习的主要内容、收获与不足，对专业知识、专业能力及专业素质方面进行自我评价，填写评价表，同学之间进行分享与交流，教师进行综合评价。

学生总结与评价表（学生自备作业纸）

年　　月　　日

<table>
<tr><td rowspan="2">专业知识评价</td><td>你掌握了哪些专业知识</td><td>存在哪些不足</td><td>评价分值</td></tr>
<tr><td></td><td></td><td>40</td></tr>
<tr><td rowspan="2">专业能力评价</td><td>你具备了哪些专业能力</td><td>存在哪些不足</td><td>评价分值</td></tr>
<tr><td></td><td></td><td>40</td></tr>
<tr><td rowspan="2">专业素质评价</td><td>你具备了哪些专业素质</td><td>哪些方面还需要提高</td><td>评价分值</td></tr>
<tr><td></td><td></td><td>20</td></tr>
<tr><td>学生（签字）</td><td colspan="3">教师评价：</td></tr>
</table>

模块2 确认和计量企业的基本经济业务

知识目标

- 掌握企业资金筹集的业务内容及设置的账户；
- 掌握企业供应过程的业务内容及设置的账户；
- 掌握企业生产过程的业务内容及设置的账户；
- 掌握企业销售过程的业务内容及设置的账户；
- 掌握企业利润形成及利润分配的业务内容及设置的账户；
- 掌握上述设置所有账户的性质、结构及使用方法。

能力目标

- 能识别企业的基本经济业务；
- 能对企业的基本经济业务编制会计分录；
- 能根据会计分录开设并登记“T”型账户；
- 能对所做的会计分录进行试算平衡。

思政目标

- 培养学生在学习与工作中仔细认真、客观公正、严谨的工作态度，正确核算企业的收入、费用，依法纳税，公款不私存。

任务1 核算企业资金筹集的经济业务

任务描述

会计科目、会计账户与借贷记账法的学习，使我们能对企业简单的经济业务编制会计分录。对于工业企业都会发生哪些经济业务？这些经济业务怎么进行会计处理呢？本任务就让我们运用会计的基本理论对核算企业的资金筹集业务进行学习。

1. 了解企业资金筹集的业务内容；
2. 掌握核算企业资金筹集业务需要设置的账户；
3. 掌握企业资金筹集典型业务的账务处理技能。

知识准备

资金筹集是企业进行生产经营活动的前提条件，是资金运动的起点。企业购建厂房设备、购买材料物资、支付职工薪酬、偿还到期债务、从事正常的生产经营活动，都必须拥有一定量的资金。企业资金筹集的渠道有两个：一是投资者投入的资金；二是向债权人借入的资金。

一、投资者投入资金的核算

资金筹集业务-投资者投入资金核算

企业的投资者可以采用货币资金、实物资产、无形资产等多种形式对企业进行投资。以货币资金投资的应按实际收到的投资额入账，以实物资产或无形资产投资的应按双方合同或协议约定价值入账，合同或协议约定价值不公允的除外。

（一）账户设置

1.“银行存款”账户

“银行存款”账户是资产类账户，用于核算企业存入银行或其他金融机构的各种款项。该账户结构如图 2-1 所示。

银行存款（资产类）

期初余额 银行存款的增加数	银行存款的减少数
余额：银行存款的实有数	

本账户按开户机构及存款种类设明细账，进行明细分类核算

图 2-1　“银行存款”账户结构

2.“固定资产”账户

“固定资产”账户是资产类账户，用于核算和监督企业固定资产原价的增减变动及结余情况。该账户结构如图 2-2 所示。

固定资产（资产类）

期初余额 增加的固定资产原价	登记减少的固定资产原价
余额：企业现有固定资产原价	

本账户按固定资产类别、使用部门和每项固定资产进行明细分类核算

图 2-2　“固定资产”账户结构

3.“无形资产”账户

“无形资产”账户是资产类账户，用于核算和监督企业无形资产的增减变动及结余情况。该账户结构如图 2-3 所示。

无形资产（资产类）

期初余额 无形资产的增加数	无形资产的减少数
余额：无形资产的实有数	

本账户按无形资产的项目设明细账，进行明细分类核算

图 2-3　“无形资产”账户结构

4."实收资本"账户

"实收资本"账户是所有者权益类账户,用于核算和监督投资者投入资本的增减变动及结余情况。该账户结构如图 2-4 所示。

实收资本(所有者权益类)

因减资退还的资本金	期初余额 投资者投入企业的资本以及按规定用资本公积、盈余公积转增资本的数额	本账户应按投资者的姓名或种类设置明细分类账,进行明细分类核算
	余额:企业实际收到的资本数额	

图 2-4 "实收资本"账户结构

5."资本公积"账户

"资本公积"账户属于所有者权益类账户,用于核算和监督企业资本公积的增减变动及结余情况,其内容包括资本溢价和其他资本公积。该账户结构如图 2-5 所示。

资本公积(所有者权益类)

资本公积的减少数	期初余额 资本公积的增加数	本账户按资本溢价、其他资本公积设置明细账,进行明细分类核算
	余额:资本公积的结存数	

图 2-5 "资本公积"账户结构

(二)典型业务的账务处理

1. 实收资本业务核算

【例 2-1·业务题】

2019 年佩奇公司成立时,收到投资人梦洁投入的货币资金 400 万元,存入银行。同时收到梦洁投入的固定资产,经评估确认价值为 200 万元;收到投资人可欣投入的专利权一项,经评估确认价值为 400 万元。

核算本业务涉及的主要账户有"银行存款""固定资产""无形资产""实收资本"。会计人员根据投资协议、投入资产的相关票据做如下会计分录:

借:银行存款	4 000 000	
固定资产	2 000 000	
无形资产	4 000 000	
贷:实收资本——梦洁		6 000 000
——可欣		4 000 000

2. 资本公积业务核算

【例 2-2 · 业务题】

承上例，2020 年 12 月，假如万彩有限公司愿意加入该公司，经协商万彩有限公司出资 250 万元，将注册资本增加到 1 200 万元，在注册资本中占有的份额为 200 万元。

投资者出资额超出其在注册资本或股本中所占份额的部分称为资本溢价（股本溢价），用“资本公积”账户核算，会计人员根据投资协议、投入资产的相关票据做如下会计分录。

借：银行存款　　2 500 000

　贷：实收资本——万彩有限公司　　2 000 000

　　　资本公积——资本溢价　　500 000

二、向债权人借入资金的核算

企业为进行生产经营活动，除要吸收投资人的投资以外，还需向银行或非银行金融机构借款。企业的借款按偿还期限的长短，分为短期借款和长期借款；短期借款主要用于企业生产经营周转的需要，偿还期限在一年（含一年）以内，形成流动负债；长期借款主要用于增添大型设备、购置房地产、进行技术改造等，偿还期限在一年以上，形成非流动负债。此处只学习短期借款。

资金筹集业务-借入资金核算

（一）账户设置

1.“短期借款”账户

“短期借款”账户属于负债类账户，用于核算和监督企业短期借款的借入和归还情况。该账户结构如图 2-6 所示。

短期借款（负债类）

归还的短期借款本金数额	期初余额 取得的短期借款本金数额	按短期借款的种类、贷款银行设置明细账，进行明细分类核算
	余额：尚未归还的借款数额	

图 2-6 “短期借款”账户结构

2.“财务费用”账户

“财务费用”账户是损益类账户，用于核算和监督企业为筹集生产经营所需资金而发生的费用，包括利息支出（减利息收入）、汇兑损失（减汇兑收益）及相关的手续费等。该账户结构如图 2-7 所示。

财务费用（损益类）

登记发生的利息支出、汇兑损失及相关手续费的增加额	登记利息收入、汇兑收益的增加额及期末结转数	本账户应按费用项目设置明细账进行明细分类核算
无余额		

图 2-7 “财务费用”账户结构

3.“应付利息”账户

“应付利息”账户是负债类账户，用于核算企业按照合同约定应支付的利息。该账户结构如图 2-8 所示。

应付利息(负债类)

实际支付的利息	期初余额 按合同利率计算确定的应付未付利息	可按结算账户设置明细账
	余额：应付未付的利息	

图 2-8 “应付利息”账户结构

(二)典型业务的账务处理

1. 取得短期借款业务核算

【例 2-3 · 业务题】

2022 年 12 月 1 日，佩奇公司向银行借入生产经营资金 200 000 元，年利率为 6%，期限 6 个月，到期一次性还本付息，利息按月计提，款项已存入银行。会计人员根据银行的放款通知进行如下会计分录：

借：银行存款　　200 000

　贷：短期借款　　200 000

2. 利息费用业务核算

【例 2-4 · 业务题】

承上例，按期计提借款利息，并做出会计处理。

会计人员根据借款合同要求，应于 2022 年 12 月 31 日、2023 年 1 月末、2 月末、3 月末、4 月末、5 月末计提短期借款利息，进行会计处理。

2022 年 12 月 31 日，佩奇公司计提当月借款利息＝200 000×6%÷12＝1 000(元)

借：财务费用　　1 000

　贷：应付利息　　1 000

2023 年 1 月末、2 月末、3 月末、4 月末、5 月末做上述相同的会计分录。

3. 归还短期借款本息业务核算

【例 2-5 · 业务题】

承【例 2-3】和【例 2-4】，2023 年 6 月 1 日，借款到期，归还本金 200 000 元和利息 6 000 元。会计人员根据银行扣款通知进行如下会计分录：

借：短期借款　　200 000

　　应付利息　　6 000

　贷：银行存款　　206 000

任务训练

通达公司，一般纳税人，增值税税率13%（下同）。

1. 2023年发生资金筹集的各项经济业务如下：

（1）有投资者长红公司加入该公司，缴入资金400 000元，注册资本中的出资额为300 000元，其余100 000元为资本溢价。

（2）收到ABC公司投入的货币资金200 000元存入银行。

（3）收到甲公司投入的设备一套原始价值250 000元，双方评估值为200 000元。

（4）向银行借入1年期借款1 000 000元存入银行。

（5）接受南光公司投入非专利技术，评估后双方确认价值为50 000元。

（6）公司经批准，用资本公积200 000元转增资本金。

要求：编制该公司上述经济业务的会计分录。

2. 2023年1月1日，通达公司向银行借入生产经营资金100 000元，年利率为6%，期限6个月，7月1日到期偿还本金，利息按季度支付。

要求：编制取得借款、借款利息处理、归还借款的会计分录。

任务2　核算企业供应过程的经济业务

任务描述

通过企业的资金筹集业务，有了生产经营资金，企业就可以购买生产所需要的生产设备、原材料等，这就是供应过程。本任务应完成的目标如下：

1. 了解企业供应过程的业务内容；
2. 掌握核算企业供应过程业务需要设置的账户；
3. 掌握企业供应过程典型业务的账务处理技能。

知识准备

供应过程是制造业企业经营活动的起点。在供应过程中，企业要用货币资金建造或购买厂房、机器设备和各种材料物资，完成生产准备过程。在这一过程中，企业要支付购买固定资产和材料物资的价税款，要支付采购费用，要与供货单位发生货款结算业务。资金形态由货币资金形态转化为储备资金形态。供应过程核算的内容主要包括固定资产购置和材料采购两个方面，还要计算固定资产成本和材料采购成本。

供应过程业务-原材料采购业务核算

一、原材料采购业务核算

（一）材料采购成本的确定

材料采购成本是指企业物资从采购到入库前所发生的全部支出，包括购买价款(发票上列明的价款)、相关税费(进口关税、消费税、资源税和不能抵扣的增值税进项税额等)、运输费、装卸费、保险费、途中合理损耗、入库前的挑选整理费用(工资、费用支出和必要的损耗扣除下脚料残值),以及其他可归属于采购成本的费用。

【训练 2-1 · 计算题】

通达公司为增值税一般纳税人,购入材料一批,增值税专用发票上标明的价款是 25 万元,增值税为 4 万元,另支付材料的运输费 1 万元,保险费 0.2 万元。该批材料的采购成本是(　　)万元。

(二)增值税简介

增值税是以增值额为征税对象的一种流转税。在我国境内从事销售货物、提供应税劳务、提供销售服务、销售无形资产、销售不动产以及进口货物的单位和个人为增值税的纳税人。应税劳务是指加工、修理、修配劳务。销售服务是指运输、邮政、电信、建筑、金融、现代服务、生活服务等。

按照经营规模的大小,将纳税人分为一般纳税人和小规模纳税人。一般纳税人实行税款抵扣制度,使用增值税专用发票,基本税率分为 13%、9%、6%。小规模纳税人按征收率简化计税,使用增值税普通发票,征收税率为 3%。

一般纳税人增值税的当期应纳税额=当期销项税额-当期进项税额

销项税额=不含增值税销售额×适用税率(即开出增值税专用发票中的税额)

进项税额为购进货物、接受应税劳务等取得增值税专用发票中的税额。购买方在支付发票中货款的同时,还要支付进项税额。

【例 2-6 · 业务题】

2023 年 1 月,佩奇公司购进货物取得的增值税专用发票的进项税额合计为 56 800 元,开出增值税专用发票的销项税额合计为 86 400 元。计算当月缴纳多少增值税?

佩奇公司 1 月份应缴纳增值税额=当期销项税额-当期进项税额

=86 400-56 800

=29 600(元)

课程思政

某会计咨询公司接到一个会计的咨询电话,双方对话内容如下:

会计:"我们公司被税务局稽查,查出一张增值税普通发票不合规,说不让税前扣除,请问我该怎么办?"

咨询员:"不让税前扣除那就调增吧! 发票不合规是因为你作为会计审核不认真。"

会计(大声辩解说):"我哪里不认真了? 我上网查真伪,还核对名称账户,反复核对没有一点错误才付的款。"

咨询员:"那就怪了,既然发票一点错误都没有,检查人员凭什么不让税前扣除? 你可以和他们理论一下。”

会计嗫嚅地说：“写在票面上的内容都对，就只有一点，备注栏上是空白的，没有写该写的内容，所以检查人员说不能扣除。”

咨询员：“噢，原来如此，你为啥当时不检查备注栏？”

会计：“我以为备注就是想写就写，不想写就可以不写啊！前些年检查的时候也没人说过备注栏必须写啊！”

咨询员：“哎，你是拿老眼光看新问题啊！营改增以后，已经规定了好些备注栏必填的情况，你可得好好再学习一下了。”

要求：请同学们分组讨论：

1. 会计在实践工作过程中应该具备哪些职业素养？

2. 查询哪些业务开具发票时必须进行备注？

（三）账户设置

根据原材料是否验收入库、货款结算、增值税等业务内容，需要设置的账户有“在途物资”“原材料”“应交税费”“应付账款”“应付票据”“预付账款”等账户。

1.“在途物资”账户

“在途物资”账户是资产类账户，用于核算企业采用实际成本法时外购材料的买价和采购费用，是计算和确定材料实际成本的账户。该账户结构如图2-9所示。

在途物资（资产类）

期初余额 购入材料的买价和采购费用	验收入库材料的实际成本	按材料的类别、品种或规格设置明细账，进行明细分类核算
余额：尚未入库的在途物资实际成本		

图2-9　“在途物资”账户结构

2.“原材料”账户

“原材料”账户是资产类账户，用于核算企业库存的各种材料，包括原料及主要材料、辅助材料、外购半成品、修理用备件、包装材料、燃料等的实际成本。该账户结构如图2-10所示。

原材料（资产类）

期初余额 入库材料的实际成本	发出材料的实际成本	按材料的类别、品种或规格设置明细账，进行明细分类核算
余额：库存材料的实际成本		

图2-10　“原材料”账户结构

3.“应交税费”账户

“应交税费”账户是负债类账户，用于核算企业按照税法等规定计算应缴纳的各种税费，包括增值税、消费税、所得税、城市维护建设税、教育费附加等。该账户结构如图2-11所示。其中“应交税费——应交增值税”账户用来核算企业增值税的发生、抵扣、缴纳等，该账户结构如图2-12所示。

应交税费(负债类)

实际缴纳的各种税费	期初余额 计算应缴未缴的税费
多缴或尚未抵扣的税费	尚未缴纳的税费

按应交税费的类别设置明细账,进行明细分类核算

图 2-11 “应交税费”账户结构

应交税费——应交增值税(负债类)

采购材料物资时,向供应单位支付的进项税额	期初余额 企业销售商品时向购买单位收取的销项税额
余额:尚未抵扣的增值税	余额:应缴纳的增值税

按应交增值税项目设置明细账,进行明细分类核算,如“进项税额”“销项税额”“已交税金”等。

图 2-12 “应交税费——应交增值税”账户结构

4.“应付账款”账户

“应付账款”账户是负债类账户,用于核算企业因购买材料、物资和接受劳务供应等而应付未付给供应单位的款项。该账户结构如图 2-13 所示。

应付账款(负债类)

已偿还的款项	期初余额 发生尚未支付的款项
	余额:应付给供应单位的款项

应按供应单位(债权人)设置明细账,进行明细分类核算

图 2-13 “应付账款”账户结构

5.“应付票据”账户

“应付票据”账户是负债类账户,用于核算企业购买材料、商品和接受劳务等开出、承兑的商业汇票,包括银行承兑汇票和商业承兑汇票,承诺在规定的时间偿付款项的票据。该账户结构如图 2-14 所示。

应付票据(负债类)

到期支付或者到期无力支付转销的商业汇票金额	期初余额 企业开出、承兑的商业汇票金额
	余额:尚未到期的商业汇票金额

应设置“应付票据备查簿”,详细登记每一张票据的种类、号数、签发日期、到期日等信息

图 2-14 “应付票据”账户结构

6.“预付账款”账户

“预付账款”账户是资产类账户,用于核算企业按照合同规定预付给供应单位的款项。预付款项情况不多的,也可以不设置该账户,将预付的款项直接记入“应付账款”账户。该账户结构如图 2-15 所示。

预付账款(资产类)		
期初余额 因购货等业务预付的款项以及货到后结算应补付的款项	收到货物后应支付的款项以及结算后应退回的多付款项	应按供应单位(债权人)设置明细账,进行明细分类核算
余额:预付的款项	余额:企业尚需补付的款项	

图 2-15　“预付账款”账户结构

【训练 2-2・分析题】

佩奇公司从加油站购买了一张加油卡 2 000 元(预付账款借方登记),第一次加油 1 000 元(贷方登记),第二次加油 1 500 元(贷方登记),试问此时预付账款的余额在哪一方,表示什么?

(四)典型业务的账务处理

1. 采购原材料

【例 2-7・业务题】

2022 年 12 月 2 日,佩奇公司,购入 01 面料 2 000 匹,单价 200 元,增值税 52 000 元,材料尚未入库,货款未支付。涉及的原始单据如图 2-16 所示。

全国统一发票监制 黑龙江省 国家税务局监制

黑龙江省增值税专用发票

发票联　1200087630　　　　N o01117042

校验码:　2760960304783982478　　　　开票日期:　2022　年 12　月 02　日

购货单位	名　　称:佩奇服装有限公司 纳税人识别号:44010120ABC1820T2M 地 址、电 话:哈尔滨市南岗工业园区0451-87****36 开户行及账号:工商银行南岗支行 213522538135	密码区	5%59#>%&*962@>%@*7&*#$*#$ *75402@*79$9&#$9&$*#$96&<#>% #$92@*7>%&*9*$&<#>4#40@%&* #$9>276<

货物或应税劳务名称	规格型号	单位	数量	单价	金额	税率%	税额
01 面料		张	2000	200	400000	13%	52000
合计					400000		52000
价税合计(大写)	人民币肆拾伍万贰仟元整				¥ 452000.00		

销货单位	名　　称:万纤纺织有限公司 纳税人识别号:88331234CDE5634P8K 地 址、电 话:0451-84****67 开户行及账号:工商银行开发区支行 213400000045	备注	万纤纺织有限公司 88331234CDE5634P8K 发票专用章

收款人:　　复核:　　开票人:　　销货单位(章)

第三联:发票联购货方记账凭证

图2-16　增值税专用发票

会计人员根据审核无误的增值税专用发票，编制如下会计分录：

借：在途物资——01 面料　　400 000

　应交税费——应交增值税（进项税额）　　52 000

　贷：应付账款——万纤纺织有限公司　　452 000

2. 原材料入库

【例 2-8 · 业务题】

承【例 2-7】2022 年 12 月 8 日，佩奇公司将所购入的 01 面料验收入库。其材料入库单如图 2-17 所示。

供货单位：万纤纺织有限公司　　**材料入库单**　　材料类别：原材料

发票号码：01117042　　2022 年 12 月 8 日　　材料仓库：2

材料编号	材料名称（规格）	单位	数量	实际成本												
							运杂费	金额								
			应收	实收	单价	发票价格		百	十	万	千	百	十	元	角	分
	01 面料	匹	2 000 000 000	2 000 000	2 000	400 000		¥	4	0	0	0	0	0	0	0
	合计							¥	4	0	0	0	0	0	0	0
备注：							附单据 1 张									

核算：（印）　　主管：（印）　　保管：（印）　　检验：（印）　　交库：（印）

图 2-17　材料入库单

会计人员根据审核无误的材料入库单，编制如下会计分录：

借：原材料——01 面料　　400 000

　贷：在途物资——01 面料　　400 000

3. 预付货款方式购入原材料

【例 2-9 · 业务题】

2022 年 12 月 1 日，佩奇以转账支票 30 000 元向大华公司预付购买 02 面料的货款。会计人员根据审核无误转账支票存根（参见会计凭证填制项目），编制如下会计分录：

借：预付账款——大华公司　　30 000

　贷：银行存款　　30 000

【例 2-10 · 业务题】

2022 年 12 月 20 日，收到大华公司发来的 02 面料 500 匹，并收到增值税专用发票。增值税专用发票显示单价 100 元，货款共计 50 000 元，增值税税率为 13%，增值税进项税额为 6 500 元，材料已入库，同时开出转账支票 26 500 元补付大华公司货款。

会计人员根据审核无误的增值税专用发票、支票存根(略)，编制如下会计分录：

借：原材料——02 面料　　50 000
　应交税费——应交增值税(进项税额)　　6 500
　贷：预付账款——大华公司　　30 000
　　银行存款　　26 500

归纳：一般纳税人原材料采购可参照如下账务处理：

借：在途物资(材料开始采购未入库，按价款和采购费用发票金额)
　原材料(材料已入库，按价款和采购费用发票金额)
　应交税费——应交增值税(进项税额)(按价款和采购费用发票中的增值税金额)
　贷：银行存款(已通过银行结算方式付款)
　　应付账款(款项未支付)
　　应付票据(开出并承兑商业汇票)

注意：小规模纳税人采购原材料增值税的进项税额应计入材料采购成本。

二、固定资产购置业务核算

核算供应过程-购置固定资产业务(1)

核算供应过程-购置固定资产业务(2)

核算供应过程-购置固定资产业务(3)

固定资产是指为生产商品、提供劳务、出租或者经营管理而持有、使用寿命超过一个会计年度的有形资产，通常包括房屋、建筑物、机器设备、运输工具等。

(一)固定资产成本的确定

固定资产的成本是指企业购建某项固定资产达到预定可使用状态前所发生的一切合理、必要的支出。企业可以通过外购、自行建造、投资者投入等方式取得固定资产。取得方式不同，固定资产成本的具体构成内容及其确定方法也不尽相同。

外购的固定资产的成本包括购买价款、相关税费、使固定资产达到预定可使用状态前所发生的可归属于该项资产的运输费、装卸费、安装费和专业人员服务费等，不包括设备使用的培训费。

【训练 2-3・计算题】

通达公司是增值税一般纳税人，购入一台不需要安装即可投入使用的设备，取得增值税专用发票上注明设备价款为 30 000 元，增值税税额为 3 900 元，另支付运输费 300 元和包装费 400 元，款项以银行存款支付，则该项固定资产的成本为(　　)元。

(二)账户设置

核算固定资产设置的账户主要有“固定资产”(前面已学)、“在建工程”等。

“在建工程”账户是资产类账户，用于核算企业基建、更新改造、购入需要安装的设备等在建造过程中发生的支出。该账户结构如图 2-18 所示。

在建工程(资产类)		
期初余额 企业各项在建工程的实际支出	工程完工转入使用而结转的实际工程成本	按“建筑工程”“安装工程”“在安装设备”及单项工程等进行明细核算
余额：未完工工程的实际成本		

图 2-18 “在建工程”账户结构

(三)典型业务的账务处理

1. 购入不需要安装的固定资产

【例 2-11 · 业务题】

2022 年 12 月 1 日，佩奇公司购入不需要安装就可投入使用的 F-5 设备一台，取得的增值税专用发票上注明的设备价款为 100 000 元，增值税税额为 13 000 元，款项未支付。该设备已由生产车间验收，相关凭证如图 2-19 和图 2-20 所示。

黑龙江省增值税专用发票

（全国统一发票监制章 黑龙江省 国家税务局监制）

发票联 2200083078　　　　No01115024

校验码：27609603047839846 46　　　　开票日期：2022 年 12 月 1 日

购货单位	名　　称：佩奇服装有限公司 纳税人识别号：44010120ABC1820T2M 地址、电话：哈尔滨市南岗工业园区0451-87****36 开户行及账号：工商银行南岗支行 213522538135			密码区	5%59#>%&*962@>%@*7&*#$*#$ *75402@*79$9&#$9&$*#$96&<#>% #$92@*7>%&*9*$&<#>4#40@%& *#$9>276<		
货物或应税劳务名称	规格型号	单位	数量	单价	金额	税率%	税额
F-5 设备	JSY-09	台	1	100000	100000	13%	13000
合计					100000		13000
价税合计（大写）	人民币壹拾壹万叁仟元整　¥：113000.00						
销货单位	名　　称：利达机械制造有限公司 纳税人识别号：87331234JKL5656F5D 地 址、电 话：0451-85****89 开户行及账号：工商银行开发区支行 040200000067			备注	（利达机械制造有限公司 87331234JKL5656F5D 发票专用章）		

收款人：　　复核：　　开票人：　　销货单位（章）

第三联：发票联 购货方记账凭证

图2-19 增值税专用发票

固定资产验收单

供货单位：利达机械制造有限公司

发票号码：01115024　　　　2022 年 12 月 5 日

资产编号	资产名称	规格	数量		实际成本											
			计量单位	数量	单价	设备造价	运杂费	合计金额								
								百	十	万	千	百	十	元	角	分
	F-5 设备		台	1	100 000	1 000 000			1	0	0	0	0	0	0	0
	合计								1	0	0	0	0	0	0	0
备注：																

核算：(印)　　主管：(印)　　保管：(印)　　检验：(印)　　交库：(印)

图 2-20　固定资产验收单

会计人员根据审核无误的原始单据编制如下会计分录：

借：固定资产——F-5 设备　　100 000
　　应交税费——应交增值税(进项税额)　　13 000
　贷：应付账款——利达机械制造有限公司　　113 000

2. 购入需要安装的固定资产

【例 2-12 · 业务题】

2023 年 1 月 15 日，佩奇公司购入一台需要安装的机床，取得的增值税专用发票上注明的价款为 100 000 元，增值税税额为 13 000 元；1 月 20 日支付安装费并取得增值税专用发票，注明安装费 20 000 元，增值税税额为 2 600 元；全部款项已用银行存款支付；1 月 31 日，设备安装完毕，达到预定可使用状态(凭证略)。

会计人员根据审核无误的原始单据编制如下会计分录：

(1)1 月 15 日购入机床时

借：在建工程——机床　　100 000
　　应交税费——应交增值税(进项税额)　　13 000
　贷：银行存款　　113 000

(2)1 月 20 日支付安装费时

借：在建工程——机床　　20 000
　　应交税费——应交增值税(进项税额)　　2 600
　贷：银行存款　　22 600

(3)1 月 31 日，设备安装完毕达到预定可使用状态时

借：固定资产——机床　　120 000
　贷：在建工程——机床　　120 000

任务训练

2023 年 3 月，通达公司，发生以下供应过程的经济业务：

1. 5 日，上月已付款的在途 A 材料验收入库，A 材料实际成本为 500 000 元。

2. 8 日，从长虹公司购入 A 材料 100 千克，每千克单价 30 元；B 材料 50 千克，每千克单价 20 元，增值税额 520 元，两种材料共发生运费 300 元，货款、增值税及运费尚未支付，材料已验收入库。

3. 10 日，预付金龙公司购买 C 材料款 3 000 元。

4. 12 日，开出支票一张，从本市光远公司购入 C 材料 40 千克，每千克单价 50 元，增值税率 13%，买价及增值税 2 260 元，材料已入库。

5. 13 日，通过银行偿还前欠长虹公司的货款及运费 4 820 元。

6. 16 日，收到金龙公司发来的 C 材料 40 千克及增值税发票，其中 C 材料的价款为 2 000 元，代垫运费 100 元，增值税 260 元，材料已验收入库。

7. 18 日，从京昌公司购入 B 材料 120 千克，每千克 20 元，运杂费 400 元，增值税 312 元，企业开出并承兑了期限为 4 个月的商业汇票一张，但材料尚未到达企业。

8. 20 日，接到银行通知，收到金龙公司退回的预付款 640 元。

9. 公司购入材料甲 4 000 千克，每千克 2 元，总价款为 8 000 元，增值税税额为 1 040 元，已通过银行付款，材料验收入库时，合理损耗 10 千克。

10. 30 日，向东光公司购买 D 材料已验收入库，结算单据等仍未到达，按暂估价 60 000 元入账。

11. 购入不需安装设备一台，买价 58 000 元，增值税率 13%，包装费 2 100 元，运费 588 元，全部款项以银行存款付清，设备交付生产车间使用。

12. 购入需要安装机器一台，买价 25 000 元，增值税率 13%，包装费 420 元，运费 490 元，以银行存款付清全部款项，将机器交付安装公司进行安装调试，调试费 630 元，以转账支票付讫。机器安装完毕，交付生产车间使用。

要求：根据上述经济业务编制会计分录。

任务 3　核算企业生产过程的经济业务

任务描述

核算生产过程业务(1)　核算生产过程业务(2)　核算生产过程业务(3)　核算生产过程业务(4)

通过企业的供应过程业务，有了生产设备和材料物资，企业就可以生产产品了。从原材料物资的投入，经过生产加工，到产成品入库，这就是生产过程。本任务应该完成的目标如下：

1. 了解企业生产过程的业务内容；
2. 掌握核算企业生产过程业务需要设置的账户；
3. 掌握企业生产过程典型业务的账务处理技能。

生产过程是企业资金周转的第二个阶段。在生产过程中，一方面生产工人需要借助机器设备对各种原材料进行加工，制造出各种产品，发生材料消耗费、固定资产磨损的折旧费、生产工人劳动耗费的人工费等；另一方面，还要发生企业与工人之间的工资结算关系、与有关单位之间的劳务结算关系等。

一、产品生产成本的构成

产品生产成本的构成内容按其经济用途可分为直接材料、直接人工和制造费用。

直接材料是指构成产品实体的原料及主要材料、有助于产品形成的辅助材料。

直接人工是指直接从事产品生产的工人的职工薪酬，具体包括短期薪酬、离职后福利、辞退福利和其他长期职工福利。

制造费用是指企业为生产产品和提供劳务而发生的各项间接费用(车间所生产产品的共同费用)，包括车间管理人员的职工薪酬、车间固定资产折旧、照明费、水电费，以及其他不能直接计入产品成本的费用等。这些费用在发生时先归集，会计期末采用一定的分配方法分配后计入到所生产的产品成本中。

二、账户设置

1.“生产成本”账户

“生产成本”账户是成本类账户，用于核算企业生产各种产品(如产成品、自制半成品等)、自制材料、自制工具、自制设备等所发生的各项费用。该账户结构如图 2-21 所示。

生产成本(成本类)

借方	贷方	说明
期初余额 产品生产过程中所发生的各项生产费用	完工产品转出的实际成本	该账户按产品的品种、类别、批别、订单等设置明细账，在明细账中按照规定的成本项目设置专栏进行明细分类核算
余额：尚未完工的在产品实际成本		

图 2-21　“生产成本”账户结构

例如：生产成本——卫衣 A(直接材料费)

——卫衣 A(直接人工费用)

——卫衣 A(制造费用等)

2.“制造费用”账户

“制造费用”账户是成本类账户，用于核算企业车间为生产产品和提供劳务而发生的各项间接费用。该账户结构如图 2-22 所示。

制造费用(成本类)

借方	贷方	说明
企业在产品制造过程中发生各项间接费用	月度终了分配转入“生产成本”账户的金额	按不同的生产车间、部门和费用项目进行明细核算
一般无余额		

图 2-22　“制造费用”账户结构

3.“管理费用”账户

“管理费用”账户是损益类账户中的费用类账户，用于核算企业行政管理部门为组织和管理企业生产经营所发生的各种费用，包括企业统一负担的公司经费（行政管理部门职工薪酬、办公费和差旅费等）、工会经费、董事会费（董事会成员津贴、会议费和差旅费等）、聘请中介机构费、咨询费（含顾问费）、业务招待费、房产税、车船税、土地使用税、印花税等。该账户结构如图 2-23 所示。

管理费用（成本类）

发生的各项管理费用	期末转入“本年利润”账户的金额	按照费用项目设置明细账

图 2-23 “管理费用”账户结构

4.“应付职工薪酬”账户

“应付职工薪酬”账户是负债类账户，用于核算企业根据有关规定应付给职工的各种薪酬。该账户结构如图 2-24 所示。

应付职工薪酬（负债类）

实际发放的职工薪酬数额	期初余额 分配计入有关成本费用的职工薪酬数额	按“工资、奖金、津贴和补贴”“职工福利费”“非货币性福利”“社会保险费”“住房公积金”“工会经费和职工教育经费”“带薪缺勤”“利润分享计划”“设定提存计划”“设定受益计划”“辞退福利”等项目设置明细账
	余额：应付未付的职工薪酬数额	

图 2-24 “应付职工薪酬”账户结构

5.“累计折旧”账户

“累计折旧”账户是资产类账户，用于核算企业固定资产因为使用等原因而损耗的价值，也是“固定资产”账户的备抵调整账户。因此，其贷方登记增加，借方登记减少。该账户结构如图 2-25 所示。

累计折旧（资产类）

出售、报废、毁损、盘亏等原因减少或转销的固定资产折旧数	期初余额 按月计提的固定资产折旧数	可不设明细账，每项固定资产折旧额应在固定资产卡片上登记
	余额：现有固定资产已计提的累计折旧数	

图 2-25 “累计折旧”账户结构

6.“库存商品”账户

“库存商品”账户是资产类账户，用于核算企业库存的各种商品的实际生产成本（或进价）或计划成本（或售价），包括库存产成品、外购商品等。该账户结构如图 2-26 所示。

库存商品（资产类）

期初余额 外购和自制入库的各种商品的实际成本	出库的各种商品的实际成本
余额：库存商品的实际成本	

按库存商品的品种、类别、规格等进行明细核算

图 2-26　“库存商品”账户结构

三、典型业务的账务处理

1. 生产领用材料

【例 2-13 · 业务题】

2022 年 12 月 1 日，佩奇公司生产产品领用原材料一批，具体材料名称、数量、金额和用途如图 2-27 所示。

发料凭证汇总表

2022 年 12 月 1 日

领料单位	01 面料		02 面料		里料		合计
	数量/米	金额/元	数量/米	金额/元	数量/米	金额/元	
生产卫衣 A 耗用	1 600	81 600	6 000	48 000	400	4 000	133 600
生产卫裤 B 耗用	1 800	91 800	3 000	24 000	200	2 000	117 800
车间一般耗用	60	30 600			100	1 000	4 060
行政管理部门耗用			400	3 200			3 200
合计	3 460	176 460	9 400	75 200	700	7 000	258 660

主管：　　　　审核：　　　　发料：　　　　保管：

图 2-27　发料凭证汇总表

会计人员根据审核无误的发料凭证汇总表编制如下会计分录：

借：生产成本——卫衣 A　　133 600

　　　　　　——卫裤 B　　117 800

　　制造费用　　4 060

　　管理费用　　3 200

　贷：原材料——01 面料　　176 460

　　　　　　——02 面料　　75 200

　　　　　　——里料　　7 000

2. 分配并发放工资费用

【例 2-14 · 业务题】

2022 年 12 月 31 日，佩奇公司结算本月应付职工工资 191 050 元，各部门职工工资分配汇总表如 2-1 所示。

表 2-1 职工工资分配汇总表

2022 年 12 月 31 日 单位：元

领料单位	工资合计
生产卫衣 A 工人	65 050
生产卫裤 B 工人	46 000
小计	111 050
车间管理人员	30 000
行政管理人员	50 000
合计	191 050

会计人员根据审核后的工资分配汇总表，分配工资编制如下会计分录：

借：生产成本——卫衣 A　　65 050
　　　　　　——卫裤 B　　46 000
　　制造费用　　30 000
　　管理费用　　50 000
　　贷：应付职工薪酬——工资、奖金、津贴和补贴　　191 050

发放工资时编制如下会计分录：

借：应付职工薪酬——工资、奖金、津贴和补贴　　191 050
　　贷：银行存款　　191 050

3. 采购办公用品

【例 2-15 · 业务题】

2022 年 12 月 17 日，佩奇公司采购办公用品 1 080 元，增值税税率为 13%，增值税 140.4 元，开出转账支票支付。生产部门和行政管理部门各领用 540 元。

会计人员根据审核无误的增值税专用发票、支票存根、办公用品领用单编制如下会计分录：

借：制造费用　　540
　　管理费用　　540
　　应交税费——应交增值税（进项税额）　　140.40
　　贷：银行存款　　1 220.40

4. 计提固定资产折旧

【例 2-16・业务题】

2022 年 12 月 31 日，佩奇公司编制固定资产分类折旧计算表，如表 2-2 所示。

表 2-2　固定资产分类折旧计算表

2022 年 12 月 31 日　　单位：元

固定资产类别	使用部门	月折旧额
房屋建筑物	生产车间	4 000
	行政管理部门	2 000
	小计	6 000
设备	生产车间	5 820
	行政管理部门	1 000
	小计	6 820
合计		12 820

会计人员根据审核后的固定资产分类折旧计算表编制如下会计分录：

借：制造费用　　9 820(4 000＋5 820)

　　管理费用　　3 000(2 000＋1 000)

　贷：累计折旧　　12 820

5. 分配结转制造费用

【例 2-17・业务题】

2022 年 12 月 31 日，将本月发生的制造费用按本月生产工人的工资比例分配计入卫衣 A 和卫裤 B 两种产品的成本。根据本月制造费用总账（略）发生额合计 44 420(4 060＋30 000＋540＋9 820)元，会计人员编制"制造费用分配表"（略），编制会计分录如下：

制造费用分配率＝44 420/(65 050＋46 000)＝0.40

卫衣 A 应分配制造费用＝0.40×65 050＝26 020(元)

卫裤 B 应分配制造费用＝0.40×46 000＝18 400(元)

借：生产成本——卫衣 A　　26 020

　　　　　　——卫裤 B　　18 400

　贷：制造费用　　44 420

6. 结转完工产品成本

【例 2-18・业务题】

2022 年 12 月 31 日，根据产品成本明细账的资料，编制产品成本计算单，结转本月完工产品成本。本月投产的卫衣 A 400 件（含月初在产品 100 件）和卫裤 B 300 件全部完工，具体资料如图 2-28、图 2-29、图 2-30 所示。

生产成本明细账

产品名称:卫衣 A　　　　单位:元

2022年		凭证号	摘要	借方发生额	成本项目		
月	日				直接材料	直接人工	制造费用
12	1	略	期初余额	40 940	20 940	15 000	5 000
	1		领用材料	133 600	133 600		
	31		分配工资	65 050		65 050	
	31		分配制造费用	26 020			26 020
	31		合计	265 610	154 540	80 050	31 020
	31		结转完工产品成本	265 610	154 540	80 050	31 020

图 2-28　生产成本明细账(卫衣 A)

生产成本明细账

产品名称:卫裤 B　　　　单位:元

2022年		凭证号	摘要	借方发生额	成本项目		
月	日				直接材料	直接人工	制造费用
	1		领用材料	117 800	117 800		
	31		分配工资	46 000		46 000	
	31		分配制造费用	18 400			18 400
	31		合计	182 200	117 800	46 000	18 400
	31		结转完工产品成本	182 200	117 800	46 000	18 400

图 2-29　生产成本明细账(卫裤 B)

产品成本计算单

2022 年 12 月 31 日　　　　单位:元

成本项目	卫衣 A(400 件)		卫裤 B(300 件)	
	总成本	单位成本	总成本	单位成本
直接材料	154 540	386.35	117 800	392.67
直接人工	80 050	200.13	46 000	153.33
制造费用	31 020	77.55	18 400	61.33
产品生产成本	265 610	664.03	182 200	607.33

财会主管:　　　　会计:　　　　复核:　　　　制表:

图 2-30　产品成本计算单

会计人员根据“产品成本计算单”编制如下会计分录：

借：库存商品——卫衣 A　　265 610

　　　　　——卫裤 B　　182 200

　贷：生产成本——卫衣 A　　265 610

　　　　　　——卫裤 B　　182 200

任务训练

2023 年 1 月，通达公司发生以下生产过程经济业务：

1. 本月生产车间领用材料及用途汇总如下：

单位：元

项目	A 材料	B 材料	C 材料	合计
生产产品耗用	50 000	40 000	10 000	100 000
其中：甲产品	35 000	12 000	4 000	51 000
乙产品	15 000	28 000	6 000	49 000
车间一般耗用	700		200	900
管理部门耗用		600	400	1 000
合计	100 700	80 600	20 600	201 900

2. 分配本月职工工资 64 000 元，生产工人工资 34 000 元，其中甲产品 20 000 元，B 产品 14 000 元；车间管理人员工资 10 000 元；行政管理人员工资 20 000 元。

3. 按人均 100 元标准计提本月的职工福利费，甲产品 2 800 元，乙产品 1 960 元，生产车间 1 400 元，行政管理部门 2 800 元。

4. 开出现金支票一张 64 000 元，提取现金准备发放工资。

5. 以现金 64 000 元发放本月工资。

6. 以银行存款购入车间用办公用品 1 200 元。

7. 租入厂房一间，以银行存款支付本月租金 1 500 元。

8. 月末计提固定资产折旧，生产车间折旧费 1 300 元，行政管理部门折旧费 2 000 元。

9. 以银行存款支付本月车间设备的修理费 1 000 元。

10. 根据上述业务，汇总制造费用，按甲、乙两种产品的生产工时进行分配，甲产品生产工时 600 小时，乙产品生产工时 400 小时。

11. 计算甲、乙两种产品成本。甲、乙产品全部完工，结转完工入库产品生产成本。

要求：1. 根据所给资料编制会计分录；

2. 根据会计分录登记“生产成本”“制造费用”T 型总账和“生产成本”T 型明细账。

任务4　核算企业销售过程的经济业务

任务描述

核算销售过程业务(1)　核算销售过程业务(2)　核算销售过程业务(3)

通过企业的生产过程，有了合格的可以对外销售的产品，接下来我们要把产品卖出去，收回货币资金，这就是销售过程。本任务应完成的目标如下：

1. 了解企业销售过程的业务内容；
2. 掌握核算企业销售过程业务需要设置的账户；
3. 掌握企业销售过程典型业务的账务处理技能。

产品销售过程是企业资金周转的第三个阶段，也是企业产品价值和经营成果的实现过程。在产品销售过程中，企业要将所生产的产品对外销售，同时办理结算并及时收回货款。企业在取得商品销售收入的同时，还会发生销售成本和销售费用。产品销售后还要按照国家税法规定依法缴纳税费。

一、账户设置

1.“主营业务收入”账户

“主营业务收入”账户是损益类账户中的收入类账户，用于核算企业根据收入准则确认的销售商品、提供劳务等主营业务的收入。该账户结构如图2-31所示。

主营业务收入（损益类）

销售退回冲销的收入及期末转入“本年利润”账户的数额	企业实现的主营业务收入	按主营业务的种类进行明细核算
	无余额	

图2-31　“主营业务收入”账户结构

2.“主营业务成本”账户

“主营业务成本”账户是损益类账户中的费用类账户，用于核算企业根据收入准则确认销售商品、提供劳务等主营业务收入时应结转的产品成本。该账户结构如图2-32所示。

主营业务成本（损益类）

结转已销售产品、提供劳务的实际成本数额	转入“本年利润”账户的数额	按主营业务的种类进行明细核算
无余额		

图2-32　“主营业务成本”账户结构

3.“其他业务收入”账户

“其他业务收入”账户是损益类账户中的收入类账户，用于核算企业除主营业务活动以外的其他经营活动实现的收入，包括工业企业销售材料、出租固定资产、出租无形资产、出租包装物等的收入。该账户结构如图 2-33 所示。

其他业务收入（损益类）

转入“本年利润”账户的数额	企业取得的其他业务收入	按其他业务的种类设置明细账，进行明细分类核算
	无余额	

图 2-33 “其他业务收入”账户结构

4.“其他业务成本”账户

“其他业务成本”账户是损益类账户中的费用类账户，用于核算企业确认的除主营业务活动以外的其他经营活动所发生的支出，包括销售材料的成本、出租固定资产的折旧额、出租无形资产的摊销额、出租包装物的成本或摊销额等。其借方记增加，贷方记减少。该账户结构如图 2-34 所示。

其他业务成本（损益类）

企业取得其他业务收入应结转的成本	转入“本年利润”账户的数额	按其他业务的种类设置明细账，进行明细分类核算
	无余额	

图 2-34 “其他业务成本”账户结构

5.“应收账款”账户

“应收账款”账户是资产类账户，用于核算企业因销售商品、产品、提供劳务等经营活动应向购货方收取而未收取的款项。该账户结构如图 2-35 所示。

应收账款（资产类）

期初余额： 应收账款的增加	应收账款的减少	按债务人设置明细账，进行明细核算
余额：尚未收回的应收账款		

图 2-35 “应收账款”账户结构

6.“应收票据”账户

“应收票据”账户是资产类账户，用于核算企业因销售商品、产品、提供劳务等而收到的商业汇票，包括银行承兑汇票和商业承兑汇票。该账户结构如图 2-36 所示。

应收票据（资产类）

期初余额： 收到的商业汇票金额	商业汇票到期收款金额或未收款转销金额	按开出、承兑商业汇票的单位进行明细核算
余额：未到期的商业汇票金额		

图 2-36 “应收票据”账户结构

7.“预收账款”账户

“预收账款”账户是负债类账户，用于核算企业按照合同规定向购货单位预收的款项。该账户结构如图 2-37 所示。

预收账款(负债类)

销售实现时清偿的预收款项或退回多收的款项	期初余额： 企业收到预收款项 补付差价款	按购货单位进行明细核算。预收账款情况不多的，也可将预收款项业务并入“应收账款”账户核算
	余额：预收账款数	

图 2-37 “预收账款”账户结构

8.“销售费用”账户

“销售费用”账户是损益类账户中的费用类账户，用于核算企业销售商品、材料、提供劳务过程中发生的各种费用，包括运输费、装卸费、包装费、保险费、展览费和广告费，以及为销售本企业商品而专设的销售机构的职工薪酬、业务费、折旧费等经营费用。该账户结构如图 2-38 所示。

销售费用(损益类)

发生的销售费用数	期末转入“本年利润”账户数	按费用项目设置明细账，进行明细分类核算
无余额		

图 2-38 “销售费用”账户结构

9.“税金及附加”账户

“税金及附加”账户是损益类账户中的费用类账户，用于核算企业经营活动发生的消费税、城市维护建设税和教育费附加等相关税费。该账户结构如图 2-39 所示。

税金及附加(损益类)

按规定计算的应负担的税金及附加	期末转入“本年利润”账户数	一般不设明细账
无余额		

图 2-39 “税金及附加”账户结构

二、典型业务的账务处理

1. 正常销售商品业务

【例 2-19 · 业务题】

2022 年 12 月 15 日，佩奇公司向开元公司发出卫衣 A 300 件，单价为 1 000 元，货款合计 300 000 元，增值税税率为 13%，增值税税额为 39 000 元，价税合计 339 000 元。佩奇公司开出增值税专用发票，产品已托运，收到哈尔滨开元公司开来的转账支票并送存银行，相关凭证如图 2-40 和图 2-41 所示。

黑龙江省值税专用发票

发票联　　　　　　　　　　　　　　　　　　　　No021157011

校验码：27609603047839832593　　　　　　　　开票日期：2022 年 12 月 15 日

购货单位	名　　称：开元公司 纳税人识别号：　21010511VFR4754K3A 地 址、电 话：河图街　190　号 0451 - 39****52 开户行及账号：中国工商银行道里区支行 210103265945			密码区	5%59#>%&*962@>%@*7&*#$*# $*75402@*79$9&#$9&　$*#$96&<# >%#$92@*7>%&*9*$&<#>4#40 @%&*#$9>276<		
货物或应税劳务名称	规格型号	单位	数量	单　价	金　　额	税率 %	税额
卫衣 A		件	300	1000	300000	13%	39000
合计					300000		39000
价税合计（大写）	人民币叁拾叁万玖仟元整				¥：339000.00		
销货单位	名　　称：佩奇服装有限公司 纳税人识别号：　44010120ABC1820T2M 地 址、电 话：哈尔滨市南岗工业园区　　0451 - 87****36 开户行及账号：工商银行南岗支行　　213522538135			备注	佩奇服装有限公司 44010120ABC1820T2M 发票专用章		

第三联：记账联　销货方记账凭证

收款人：　　　　　复核：　　　　　开票人：　　　　　销货单位（章）

图2-40　增值税专用发票（开元公司）

中国工商银行进账单（收款通知）

2022 年 12 月 15 日　　　　　　　　　　　　第　　号

收款人	全　称	佩奇服装有限公司	付款人	全　称	开元公司
	账　号	213522538135		账　号	210103265945
	开户银行	中国工商银行南岗支行		开户银行	中国工商银行白云办事处

人民币（大写）：叁拾叁万玖仟元整	百	千	万	千	百	十	元	角	分
	¥	3	3	9	0	0	0	0	0

票据种类	转账支票	收款人开户行盖章

（中国工商银行 电子回单专用章 ebank）

图2-41　中国工商银行进账单（收款通知）

会计人员根据增值税专用发票和进账单，编制如下会计分录：

借：银行存款　　　　　　　　　　　　　　339 000

　贷：主营业务收入——卫衣 A　　　　　　　　　300 000

　　应交税费——应交增值税（销项税额）　　　　39 000

【例 2-20·业务题】

2022 年 12 月 20 日，佩奇公司向远力公司发出卫裤 B 500 件，单价为 1 000 元，货款合计 500 000 元，增值税税率为 13%，增值税税额为 65 000 元，价税合计 565 000 元。佩奇公司开出增值税专用发票，产品已托运，收到远力公司签发的商业承兑汇票一张，票面价值 565 000 元，相关凭证如图 2-42 和图 2-43 所示。

黑龙江省增值税专用发票

发票联 3200032116　　　　No 021157012

校验码：27609603047839824 78　　　　开票日期：2022 年 12 月 20 日

购货单位	名　　称：远力公司 纳税人识别号：21010511DER4785H2X 地址、电话：铁工街196号024-23****87 开户行及账号：中国工商银行铁工街支行 21010326594				密码区	5%59#>%&*962@>%@*7&*#$*#$*7540 2@*79$9&#$9&$*#$96&<#>%#$92@*7 >%&*9*$&<#>4#40@%&*#$9>276<		
货物或应税劳务名称	规格型号	单位	数量	单价	金　额	税率%	税额	
卫裤 B		件	500	1 000	500 000	13%	65 000	
合计					500 000		65 000	
价税合计（大写）	人民币伍拾陆万伍仟元整　　¥：565000.00							
销货单位	名　　称：佩奇服装有限公司 纳税人识别号：44010120ABC1820T2M 地 址、电 话：哈尔滨市南岗工业园区0451-87****36 开户行及账号：工商银行南岗支行213522538135				备注	佩奇服装有限公司 44010120ABC1820T2M 发票专用章		

第三联：记账联　销货方记账凭证

收款人：　　复核：　　开票人：　　销货单位（章）

图2-42　增值税专用发票（远力公司）

商 业 承 兑 汇 票

汇票号码　SC2458

2022年12月20日　　第015号

收款人	全　称	佩奇服装有限公司	付款人	全　称	远力公司	
	账　号	213522538135		账　号	21010326594	
	开户银行	中国工商银行铁工街支行　行号		开户银行	中国工商银行南岗支行	行号
汇票金额	人民币（大写）：伍拾陆万伍仟元整				千 百 十 万 千 百 十 元 角 分	¥ 5 6 5 0 0 0 0 0
汇票到期日	2023 年 3 月 20 日		交易合同号码			
本汇票已经本单位承兑，到期日无条件支付票款。此致 收款人　付款人盖章 负责：　经办　年　月　日			汇票签发人盖章 负责　经办			

中国工商银行 电子回单专用章 ebank

图2-43　商业承兑汇票

会计人员根据增值税专用发票和商业承兑汇票复印件编制如下会计分录：

借：应收票据——远力公司　565 000

　贷：主营业务收入——卫裤 B　500 000

　　应交税费——应交增值税（销项税额）　65 000

如果是赊销，借方应记入“应收账款”账户。

2. 预收货款方式销售商品业务

【例 2-21・业务题】

2022 年 12 月 2 日，根据销售合同预收兴华公司购货款 100 000 元，货款已存入银行。12 月 17 日，向兴华公司发出卫衣 A 200 件，单价为 1 000 元，货款合计 200 000 元，增值税税率为 13%，增值税税额为 26 000 元，开出增值税专用发票，兴华公司以转账支票支付余款（原始凭证略）。会计人员根据增值税发票、两张收款单据编制如下会计分录：

(1)12 月 2 日

借：银行存款　100 000

　贷：预收账款——兴华公司　100 000

(2)12 月 17 日

借：预收账款——兴华公司　100 000

　银行存款　126 000

　贷：主营业务收入　200 000

　　应交税费——应交增值税（销项税额）　26 000

3. 销售材料业务

【例 2-22・业务题】

2022 年 12 月 23 日，佩奇公司向王氏服装加工厂出售一批不用的 03 面料 100 匹，单价为 300 元，价款合计 30 000 元，增值税税额为 3 900 元，开出增值税专用发票，收到王氏服装加工厂的转账支票并送存银行（原始凭证略）。

会计人员根据增值税专用发票、银行进账单（收账通知）编制如下会计分录：

借：银行存款　33 900

　贷：其他业务收入——03 面料　30 000

　　应交税费——应交增值税（销项税额）　3 900

4. 支付销售费用业务

【例 2-23 · 业务题】

2022 年 12 月 28 日，佩奇公司签发转账支票一张，支付产品广告费 9 000 元，增值税税率为 6%，税额为 540 元(增值税专用发票略)，转账支票存根如图 2-44 所示。

中国工商银行转账支票存根

附加信息

出票日期：2022 年 12 月 28 日

收款人：龙飞广告有限公司
金额：9540.00
用途：广告费
备注：
复核　　　　会计记账

图 2-44　转账支票存根

会计人员根据增值税专用发票和转账支票存根，编制如下会计分录：

借：销售费用——广告费　　9 000

　应交税费——应交增值税(进项税额)　　540

　贷：银行存款　　9 540

5. 结转产品销售成本业务

【例 2-24 · 业务题】

2022 年 12 月 31 日，佩奇公司结转本月已销售卫衣 A 500 件、卫裤 B 500 件的实际成本。原始凭证有产品出库单和销售成本计算表，格式如图 2-45 至图 2-48 所示。

产品出库单

第 01 号

客户：开元公司　　送货日期 2022 年 12 月 15 日　　仓库 02 号

产品名称	规格型号	单位	数量	单位成本/元	金额/元	备注
卫衣 A		件	300	664.03	199 209	
合计						

验货：　　制单：

图 2-45　产品出库单(开元公司)

产品出库单　　第 02 号

客户:兴华公司　　送货日期 2022 年 12 月 17 日　　仓库 02 号

产品名称	规格型号	单位	数量	单位成本/元	金额/元	备注
卫衣 A		件	200	664.03	132 806	
合计						

验货:　　制单:

图 2-46　产品出库单(兴华公司)

产品出库单　　第 03 号

客户:远力公司　　送货日期 2022 年 12 月 20 日　　仓库 03 号

产品名称	规格与型号	单位	数量	单位成本/元	金额/元	备注
卫裤 B		件	500	607.33	303 665	
合计						

验货:　　制单:

图 2-47　产品出库单(远力公司)

销售成本计算表

2022 年 12 月 31 日

销售产品名称	单位	销售数量	单位成本/元	销售成本/元	备注
卫衣 A	件	500	664.03	332 015	
卫裤 B	件	500	607.33	303 665	
合计				635 680	

审核:　　制单:

图 2-48　销售成本计算表

会计人员根据编制的销售成本计算表编制如下会计分录:

借:主营业务成本——卫衣 A　　332 015

　　　　　　　　——卫裤 B　　303 665

　贷:库存商品——卫衣 A　　332 015

　　　　　　　——卫裤 B　　303 665

6. 结转材料销售成本业务

【例 2-25·业务题】

2022 年 12 月 21 日，佩奇公司 03 面料的单位成本为 280 元，销售成本共计 28 000 元，会计人员根据材料出库单编制如下会计分录：

借：其他业务成本　　28 000

　贷：原材料——03 面料　　28 000

7. 计算税金及附加业务

【例 2-26·业务题】

2022 年 12 月 21 日，佩奇公司按照本月应该缴纳的增值税税额 48 719.60 元(本月销项税额 133 900－进项税额 85 180.40)的 7%提取城市维护建设税，按 3%提取教育费附加，计算如图 2-49 所示。

城市维护建设税及教育费附加计算表

2022 年 12 月 31 日　　金额单位：元

项目	计税依据	适用税率	税额	应记借方科目
应交城市维护建设税	48 719.60	7%	3 410.37	
应交教育费附加	48 719.60	3%	1 461.59	
合计			4 871.96	

审核：　　制单：

图 2-49　城市维护建设税及教育费附加计算表

会计人员根据审核后的城市维护建设税及教育费附加计算表编制如下会计分录：

借：税金及附加　　4 871.96

　贷：应交税费——应交城市维护建设税　　3 410.37

　　　　　　——应交教育费附加　　1 461.59

课程思政

百红公司 2021 年 1 月销售一批产品给 ABC 企业，价款共计 100 000 元，款项尚未收到，于 2022 年年末，经公司经理机构批准作为坏账损失核销。2023 年 3 月 1 日收到该项货款。百红公司会计人员收到货款不但没有入账，还将 100 000 元私自侵吞。

请问：

(1)会计人员这种做法属于什么行为？

(2)你若是会计人员，应收账款作为坏账处理应如何编制会计分录？

(3)当甲企业收回款项时，会计人员应如何进行会计处理？

(4)作为会计人员,应该具备哪些专业素养?

要求:同学们以小组为单位进行讨论,在班级分享讨论结果。

任务训练

2023年1月,通达公司发生以下销售过程经济业务。

1. 向龙城公司销售甲产品30件,每件销售价100元,以银行存款代垫运费160元,增值税390元,款项尚未收到。

2. 预收海兰公司货款3 000元存入银行。

3. 向东兴公司销售乙产品50件,每件售价80元,增值税520元,收到转账支票一张存入银行。

4. 发出甲产品50件给海兰公司,每件售价100元,增值税650元,以银行存款垫付运费500元。2天后收到海兰公司补付的差价款2 650元及运费500元存入银行。

5. 收到龙城公司甲产品的货款、增值税及运费3 550元。

6. 向黄海公司销售乙产品100件,每件80元,增值税1 040元,收到黄海公司签发的6个月的商业承兑汇票一张,面值9 040元。

7. 结转本月销售的甲、乙两种产品的生产成本,本月销售甲、乙产品的数量分别为80件和150件。甲产品的单位成本70元,乙产品的单位成本55元。

8. 以银行存款支付销售产品的广告宣传费8 600元。

9. 按规定计算出本月应负担的城市建设税994元,教育费附加426元。

要求:根据上述业务编制会计分录。

任务5　核算企业利润形成及利润分配的经济业务

任务描述

通过企业的销售过程,取得了收入,要和企业的费用相配比。大家都知道,收入大于费用,就是利润,反之则是亏损。有了利润,是不是投资者都装进自己的腰包呢?这是我们学习者最关心的问题。本任务应完成的目标如下:

1. 掌握企业利润的构成,会计算企业的利润;
2. 掌握企业利润形成业务设置的账户及典型业务账务处理技能;
3. 掌握企业利润分配的程序;
4. 掌握企业利润分配业务需要设置的账户及典型业务的账务处理技能。

利润是指企业在一定会计期间(月、季、年度)从事生产经营活动所取得的盈利或发生的亏损。它是反映企业工作质量的一个重要指标,包括收入减去费用后的净额、直接计入当期损益的利得和损失等。

一、核算企业利润形成的经济业务

核算利润形成业务(1)　　核算利润形成业务(2)

(一)利润的构成

利润由营业利润、利润总额和净利润三个层次构成。

1. 营业利润

营业利润主要是由企业的日常经营活动所形成，是企业利润的最主要、最稳定的来源。这一指标能够比较恰当地反映企业管理者的经营业绩，其计算公式如下：

营业利润＝营业收入－营业成本－税金及附加－销售费用－管理费用－财务费用－信用减值损失－资产减值损失＋公允价值变动收益(－公允价值变动损失)＋投资收益(－投资损失)

其中，

营业收入＝主营业务收入＋其他业务收入

营业成本＝主营业务成本＋其他业务成本

2. 利润总额

利润总额又称税前会计利润，是指营业利润加上营业外收入减去营业外支出后的金额，其计算公式如下：

利润总额＝营业利润＋营业外收入－营业外支出

3. 净利润

净利润又称税后利润，是指利润总额减去企业所得税费用后的净额，其计算公式如下：

净利润＝利润总额－所得税费用

(二)账户设置

1.“本年利润”账户

“本年利润”账户是所有者权益类账户，用来核算企业一定会计期间实现的净利润(或发生的净亏损)。该账户结构如图 2-50 所示。

本年利润(所有者权益类)

登记由“主营业务成本”“税金及附加”“销售费用”“管理费用”“财务费用”“其他业务成本”“营业外支出”“所得税费用”等账户转入的数额	登记由“主营业务收入”“其他业务收入”“营业外收入”“投资收益”等账户转入的数额	一般不设明细账
余额：表示企业发生的净亏损	余额：表示企业实现的净利润	

图 2-50　“本年利润”账户结构

2.“营业外收入”账户

“营业外收入”账户是损益类账户中的收入类账户，核算企业发生的与其经营活动无直接关系的各项收入，主要包括接受捐赠、罚没利得、非货币性资产交换利得、债务重组利得、确实无法支付而按规定程序经批准后转作营业外收入的应付款项等。该账户结构如图 2-51 所示。

营业外收入（损益类）

期末结转“本年利润”账户	取得营业外收入	按营业外收入的内容设置明细账
	无余额	

图 2-51　“营业外收入”账户结构

3.“营业外支出”账户

“营业外支出”账户是损益类账户中的费用类账户，核算企业发生的与其经营活动无直接关系的各项净支出，包括罚款支出、捐赠支出、非常损失、非货币性资产交换损失、债务重组损失等。该账户结构如图 2-52 所示。

营业外支出（损益类）

发生营业外支出	期末结转“本年利润”账户	按营业外支出的内容设置明细账
无余额		

图 2-52　“营业外支出”账户结构

4.“投资收益”账户

“投资收益”账户是损益类账户中的收入类账户，核算企业因为购买股票、债券、基金等有价证券而取得的收益或发生的损失。该账户结构如图 2-53 所示。

投资收益（损益类）

发生投资损失 期末投资净收益结转“本年利润”账户	取得投资收益 期末投资净损失结转“本年利润”账户	按投资项目设置明细账
	无余额	

图 2-53　“投资收益”账户结构

5.“所得税费用”账户

“所得税费用”账户是损益类账户中的费用类账户，核算企业根据所得税准则确认的应从当期利润总额中扣除的所得税费用。该账户结构如图 2-54 所示。

所得税费用（损益类）

计算应交所得税	期末结转“本年利润”账户	一般不设置明细账
无余额		

图 2-54　“所得税费用”账户结构

(三)典型业务的账务处理

1. 接受捐赠或取得罚款业务

【例 2-27 · 业务题】

2022 年 12 月 26 日,佩奇公司收到美和公司违约罚款收入 2 400 元存入银行。相关凭证如图 2-55、图 2-56 所示。

中国工商银行进账单(收款通知)

2022 年 12 月 26 日　　　　第 42 号

<table>
<tr><td rowspan="3">收款人</td><td>全　称</td><td>佩奇服装有限公司</td><td rowspan="3">付款人</td><td>全　称</td><td colspan="9">美和公司</td></tr>
<tr><td>账　号</td><td>213522538135</td><td>账　号</td><td colspan="9">111001080648</td></tr>
<tr><td>开户银行</td><td>中国工商银行南岗支行</td><td>开户银行</td><td colspan="9">中国工商银行清江支行</td></tr>
<tr><td colspan="5" rowspan="2">人民币(大写)贰仟肆佰元整</td><td>百</td><td>十</td><td>万</td><td>千</td><td>百</td><td>十</td><td>元</td><td>角</td><td>分</td></tr>
<tr><td></td><td></td><td>¥</td><td>2</td><td>4</td><td>0</td><td>0</td><td>0</td><td>0</td></tr>
<tr><td colspan="2">票据种类</td><td>转账支票</td><td colspan="11">收款人开户行盖章</td></tr>
</table>

图2-55　中国工商银行进账单

收　款　收　据

2022 年 12 月 26 日　　　　字第 16 号

<table>
<tr><td colspan="2">今收到　美和公司　交来　现金　款项
人民币(大写):贰仟肆佰元整　¥2400.00</td></tr>
<tr><td>备注:</td><td></td></tr>
</table>

第二联:收据

单位(印章)　　收款人:　　财务负责人:

图2-56　收款收据

会计人员根据银行进账单和收款收据,编制如下会计分录:

借:银行存款　　2 400

　　贷:营业外收入　　2 400

2. 对外捐赠或支付罚款业务

【例 2-28 · 业务题】

2022 年 12 月 22 日,佳美公司开出转账支票向希望工程捐款 20 000 元。原始凭证有转账支票存根、捐款收据(略)。

借:营业外支出　　20 000

　　贷:银行存款　　20 000

3. 期末结转各损益类账户净发生额

各损益类账户结转至本年利润时，可在年末结转 1 次，平时月份不进行损益类账户的结转，只是通过编制利润表计算出各会计期间的利润，即“表结法”；也可以每月都将损益类账户结转至本年利润，1 年要结转 12 次，即“账结法”。利润的结转方法可由企业自己选定。

【例 2-29 • 业务题】

2022 年 12 月 31 日，佩奇公司月末结账前，各损益类账户的发生额，如图 2-57 所示。

损益类账户本月发生额汇总表

2022 年 12 月 31 日　　　　单位：元

审核：　　　　制单：

收入账户	贷方发生额	支出账户	借方发生额
主营业务收入	1 000 000	主营业务成本	635 680
其他业务收入	30 000	税金及附加	4 871.96
营业外收入	2 400	其他业务成本	28 000
投资收益		管理费用	56 740
		销售费用	9 000
		财务费用	1 000
		营业外支出	20 000
合计	1 032 400	合计	755 291.96

图 2-57　损益类账户发生额汇总

会计人员根据图 2-57，做如下账务处理：

(1)结转收入类账户

借：主营业务收入　　1 000 000
　　其他业务收入　　30 000
　　营业外收入　　2 400
　　贷：本年利润　　1 032 400

(2)结转费用类账户

借：本年利润　　755 291.96
　　贷：主营业务成本　　635 680
　　　　其他业务成本　　28 000
　　　　税金及附加　　4 781.96
　　　　管理费用　　56 740
　　　　销售费用　　9 000
　　　　财务费用　　1 000
　　　　营业外支出　　20 000

(3)按照税法规定计算和结转应交所得税额，所得税税率 25%，假如纳税调整额为 0。

应交所得税额＝应纳税所得额×适用税率

＝(利润总额±纳税调整额)×25%

＝(本年利润贷方发生额－本年利润借方发生额)×25%

＝(1 032 400－755 291.96)×25%

＝69 277.01(元)

借:所得税费用　　69 277.01

　贷:应交税费——应交所得税　　69 277.01

借:本年利润　　69 277.01

　贷:所得税费用　　69 277.01

二、核算企业利润分配的经济业务

核算利润分配业务(1)　核算利润分配业务(2)　核算利润分配业务(3)

利润分配是指企业对净利润的分配。企业实现的净利润应按照国家有关的法律、法规及企业章程的规定，在企业和投资者之间进行分配。

(一)计算当年可供分配利润

可供分配利润＝全年净利润(或亏损)＋年初未分配利润－弥补以前年度亏损＋其他转入

【训练 2-4・填空题】

假如通达公司年初未分配利润为 10 万元，本年实现净利润 200 万元，则通达公司本年末可供分配的利润是(　　)万元；若公司年初未分配利润为－10 万元，本年实现净利润 200 万元，则本年末可供分配的利润是(　　)万元。

(二)利润分配的程序

企业当期实现的净利润要按照法定程序进行分配。

(1)弥补以前年度亏损；

(2)按一定比例提取法定盈余公积金(法定盈余公积金达到注册资本的 50%时，可不再提取)，提取法定盈余公积金之后，经股东大会决议，还可以从净利润中提取任意公积金；

(3)向投资者分配利润　企业可采用现金股利、股票股利和财产股利等形式向投资者分配利润(或股利)。

【训练 2-5・填空题】

承【训练 2-4】，若公司年初未分配利润为 10 万元，本年实现净利润 200 万元，则按本年净利润(　　)万元为基数进行分配；若公司年初未分配利润为－10 万元，本年实现净利润 200 万元，则以本年净利润(　　)为基数进行分配。

（三）账户设置

1."利润分配"账户

"利润分配"账户，所有者权益类，核算企业利润的分配（或亏损的弥补）和历年分配（或弥补亏损）后的结存余额。该账户结构如图 2-58 所示。

利润分配（所有者权益类）

从"本年利润"账户转入的全年亏损额 实际分配的利润	弥补亏损数额 年末转入的全年净利润 盈余公积补亏数额
余额：未弥补的亏损	余额：累积未分配的利润

应设置明细账有：提取法定盈余公积、提取任意盈余公积、应付现金股利或利润、盈余公积补亏、未分配利润

图 2-58　"利润分配"账户结构

2."盈余公积"账户

"盈余公积"账户是所有者权益类账户，核算企业从净利润中提取的盈余公积，包括法定盈余公积和任意盈余公积。该账户结构如图 2-59 所示。

盈余公积（所有者权益类）

弥补亏损或转增资本数	盈余公积的提取数
	余额：实际结存数

明细账有：法定盈余公积、任意盈余公积

图 2-59　"盈余公积"账户结构

3."应付股利"账户

"应付股利"账户是负债类账户，核算企业经批准分配的现金股利或者利润。该账户结构如图 2-60 所示。

应付股利（负债类）

实际支付的现金股利或利润	应支付的现金股利或利润
	余额：尚未支付的现金股利或利润

按投资者设置明细账

图 2-60　"应付股利"账户结构

（四）典型业务账务处理

1. 结转全年实现的净利润或净亏损

【例 2-30·业务题】

佩奇公司 1—11 月份实现的净利润为 1 185 778.97 元，12 月份实现净利润 207 831.03 元（1 032 400－755 291.96－69 277.01），12 月 31 日，将全年净利润 1 393 610 元转入"利润分配"账户。

借：本年利润　　1 393 610

　贷：利润分配——未分配利润　　1 393 610

若是净亏损，结转会计分录与上面相反。

2. 提取法定盈余公积和任意盈余公积

【例 2-31·业务题】

2022 年 12 月 31 日，佩奇公司按全年净利润(不包括年初未分配利润)的 10%提取法定盈余公积，按净利润的 5%提取任意盈余公积。

借：利润分配——提取法定盈余公积　　139 361(1 393 610×10%)

　　　　　　——提取任意盈余公积　　69 680.50(1 393 610×5%)

　贷：盈余公积——法定盈余公积　　139 361

　　　　　　　——任意盈余公积　　69 680.50

3. 向投资者分配利润

【例 2-32·业务题】

2022 年 12 月 31 日，佩奇公司经股东大会批准，向投资者分配利润 600 000 元，梦洁和可欣分别按 60%和 40%的比例分配。

借：利润分配——应付现金股利或利润　　600 000

　贷：应付股利——梦洁　　360 000

　　　　　　　——可欣　　240 000

4. 结转“利润分配”所属明细科目

【例 2-33·业务题】

2022 年 12 月 31 日，佩奇公司结转“利润分配”账户所属的明细科目，明细科目余额见前例。

借：利润分配——未分配利润　　809 041.50

　贷：利润分配——提取法定盈余公积　　139 361

　　　　　　　——提取任意盈余公积　　69 680.50

　　　　　　　——应付现金股利或利润　　600 000

2022 年，佩奇公司的年终未分配利润为 584 568.50(1 393 610－809 041.5)元。

任务训练

通达公司是一般纳税人，所得税税率 25%，2022 年 1—11 月份的本年净利润为贷方余额为 5 000 000 元，“利润分配—未分配利润”账户的年初余额为 150 000 元。12 月 31 日有关损益类账户的发生额如下表所示：

单位：元

账户名称	借方发生额	贷方发生额
主营业务收入		600 000
主营业务成本	350 000	

续表

账户名称	借方发生额	贷方发生额
税金及附加	5 000	
其他业务收入		150 000
其他业务成本	75 000	
投资收益		18 000
销售费用	35 000	
管理费用	45 000	
财务费用	3 000	
营业外收入		8 000
营业外支出	2 000	

要求：(1)计算本公司12月份的营业利润、利润总额；

(2)编制结转12月份损益的会计分录；

(3)计算并结转12月份应交所得税(无纳税调整)；

(4)编制结转全年净利润的会计分录。

任务6　核算企业资金退出的经济业务

任务描述

通过前面的学习，我们知道企业创立和生产经营过程中都需要资金筹集，再通过供应、生产、销售过程的循环周转，获得利润，进行利润的分配。那么投入到企业的资金一部分留存企业，进行扩大再生产，另一部分资金则退出企业。本任务应完成的目标如下：

1. 掌握资金退出企业的主要途径；
2. 掌握资金退出企业的典型业务账务处理技能。

知识准备

一、企业资金退出的主要途径

企业资金退出的主要途径有偿还各种借款、上缴税费、向投资者支付利润等。

二、典型业务的账务处理

1. 偿还借款

以短期借款为例，账务处理见筹资业务核算，下面以偿还业务进行如下归纳：

借：短期借款(本金)

应付利息(已计提的借款利息)

财务费用(当期负担的借款利息)

贷:银行存款

2. 上缴税费

(1)结转本月未交增值税或多交增值税

期末根据“应交税费——应交增值税”账户的本期发生额计算出本期应交增值税额或多交增值税额,结转到“应交税费——未交增值税”账户中。

【例 2-34 · 业务题】

承【例 2-26】,2021 年 12 月,佩奇公司本月应缴纳增值税额为 48 719.6 元(本月销项税额 133 900－进项税额 85 180.40)。

借:应交税费——应交增值税(转出未交增值税)　　48 719.60

　贷:应交税费——未交增值税　　48 719.60

若是结转多交增值税,与上面相反。

(2)上缴各项税费

【例 2-35 · 业务题】

承【例 2-24、2-34】,以银行存款上交增值税、城市维护建设税、教育费附加。

借:应交税费——未交增值税　　48 719.60

　　　　——应交城市维护建设税　　3 410.37

　　　　——应交教育费附加　　1 461.59

　贷:银行存款　　53 591.56

3. 向投资者支付利润

【例 2-36 · 业务题】

承【例 2-32】,佩奇公司 2023 年 2 月 10 日,以银行存款向投资者梦洁和可欣支付 2022 年应分配的利润。

借:应付股利——梦洁　　360 000

　　　　——可欣　　240 000

　贷:银行存款　　600 000

模块考核与训练

一、单项选择题

1. 企业接受股东投资,按照其在注册资本中的份额,贷记(　　)科目。

A. 实收资本　　B. 资本公积　　C. 盈余公积　　D. 利润分配

2. 短期借款是指企业向银行或其他金融机构等借人的偿还期在(　　)以内的各种借款。

A. 3 个月　　B. 6 个月　　C. 1 年　　D. 3 年

3. 某企业发行新股 10 000 股，每股面值 1 元，发行价为每股 5 元，不考虑其他费用，则登记为资本公积的数额为(　　)元。

A. 10 000　　B. 50 000　　C. 40 000　　D. 20 000

4. 短期借款利息数额不大，可以直接支付、不预提，在实际支付时直接计入(　　)。

A. 财务费用　　B. 管理费用　　C. 应付利息　　D. 销售费用

5. 某增值税一般纳税人购买不需要安装的设备一台，价款 200 000 元，增值税税额 26 000 元，发生运杂费 10 000 元，全部款项已用银行存款付讫。则该固定资产的入账价值为(　　)元。

A. 226 000　　B. 210 000　　C. 226 000　　D. 209 300

6. 某工业企业为增值税小规模纳税人，购入材料一批，取得的增值税专用发票上注明的不含税价款为 21 200 元，增值税税额为 2 756 元。该企业适用的增值税税率为 3%，材料入库前的挑选整理费为 200 元，材料已验收入库。则该企业取得的材料的入账价值应为(　　)元。

A. 20 200　　B. 21 400　　C. 23 592　　D. 24 156

7. 企业计提生产用固定资产折旧，应记入(　　)账户。

A. 累计折旧　　B. 生产成本　　C. 制造费用　　D. 固定资产

8. 制造企业领用材料制造产品，应记入(　　)账户。

A. 制造费用　　B. 生产成本　　C. 营业费用　　D. 管理费用

9. 制造企业销售产品时支付的运输费，应记入(　　)账户。

A. 生产成本　　B. 管理费用　　C. 销售费用　　D. 材料采购

10. 企业本月收到上期产品赊销款 20 000 元；本期销售产品 40 000 元，收到货款 30 000 元，余款尚未收到。按权责发生制原则，本月实现的主营业务收入(　　)元。

A. 20 000　　B. 40 000　　C. 50 000　　D. 30 000

11. 某企业本月支付厂部管理人员工资 30 000 元，生产车间固定资产保险费 6 000 元，该企业本月管理费用发生额为(　　)元。

A. 30 000　　B. 32 400　　C. 30 400　　D. 38 400

12. 企业在生产经营过程中借入短期借款的利息支出应记入(　　)账户。

A. 管理费用　　B. 财务费用　　C. 制造费用　　D. 生产成本

13. “本年利润”账户的月末余额(　　)。

A. 肯定在借方　　B. 肯定在贷方

C. 可能在借方也可能在贷方　　D. 盈利在借方，亏损在贷方

14. 某企业本月营业利润为 220 000 元，营业外支出为 40 000 元，营业外收入为 20 000 元，该企业本月实现的利润总额为(　　)元。

A. 200 000　　B. 280 000　　C. 160 000　　D. 180 000

15. 反映现有固定资产累计折旧提取数的账户是(　　)。

A. 固定资产　　B. 固定资产净值　　C. 在建工程　　D. 累计折旧

16. 企业利润分配的对象是(　　)。

A. 利润总额　B. 税前利润　C. 计税利润　D. 净利润

17. 制造费用期末应分配计入(　　)。

A. 本年利润　B. 生产成本　C. 管理费用　D. 库存商品

18. 下列账户年终结账后无余额的是(　　)。

A. 利润分配　B. 累计折旧　C. 本年利润　D. 实收资本

19. 累计折旧账户属于(　　)账户。

A. 资产　B. 负债　C. 费用　D. 损益

20. 某企业购入一批原材料不含税价 40 000 元,增值税进项税额 5 200 元,发生材料运杂费 2 300 元。该批材料的采购成本应为(　　)元。

A. 49 100　B. 48 800　C. 46 800　D. 42 300

21. 下列费用在制造成本法下,不应计入产品成本,而列作期间费用的是(　　)。

A. 直接材料费用　B. 直接人工费用

C. 车间间接费用　D. 企业管理部门发生的费用

22. 账结法下,"本年利润"账户 3 月 31 日的贷方余额为 100 000 元,表示(　　)。

A. 3 月份利润总额　B. 一季度累计净利润

C. 营业利润　D. 主营业务利润

23. 某制造企业下列属于其他业务收入的是(　　)。

A. 销售产品取得的收入　B. 接受捐赠取得的收入

C. 销售材料取得的收入　D. 处理固定资产净收益

24. 企业本期发生的业务招待费应(　　)。

A. 分期计入损益　B. 直接计入生产成本

C. 直接计入制造费用　D. 直接计入管理费用

25. 应计入产品成本的费用是(　　)。

A. 销售费用　B. 财务费用　C. 制造费用　D. 管理费用

26. 与企业生产经营无直接联系的支出是(　　)。

A. 营业外支出　B. 财务费用　C. 其他业务支出　D. 销售费用

27. 产品销售过程的广告费应计入(　　)

A. 销售费用　B. 生产成本　C. 主营业务成本　D. 管理费用

28. 与企业生产经营无直接联系的收入是(　　)。

A. 其他业务收入　B. 主营业务收入　C. 营业外收入　D. 投资收益

二、多项选择题

1. 下列属于资金来源的有(　　)。

A. 销售商品实现的收入　B. 投资者投入的资金

C. 债权人投资的资金　D. 接受捐赠

2. 核算短期借款利息可能涉及的会计科目有(　　)。

A. 应付利息　B. 财务费用　C. 银行存款　D. 短期借款

3. 下列各项中,不应计入材料采购成本的有(　　)。

A. 可以抵扣的增值税　B. 运输途中运杂费

C. 运输途中的合理损耗　　D. 入库后的仓储费

4. 下列各项中，属于制造费用的有(　　)。

A. 车间设备的维修费　　B. 车间发生的水电费

C. 车间发生的办公费　　D. 车间管理人员的工资

5. 某企业 2022 年营业利润 3 200 万元，营业外收入 500 万元，营业外支出 100 万元，净利润 3 100 万元。关于该企业 2022 年度有关指标的表述正确的有(　　)。

A. 利润总额 3 600 万元　　B. 利润总额 3 700 万元

C. 所得税费用 500 万元　　D. 所得税费用 900 万元

6. 下列项目可以作为营业收入的有(　　)。

A. 出售产品取得的收入　　B. 购买债券取得的利息收入

C. 对外单位罚款所取得的收入　　D. 出售材料取得的收入

7. 关于"本年利润"账户，下列说法正确的有(　　)。

A. 各月末余额反映自年初开始至当月末为止累计实现的净利润或净亏损

B. 年终结转后无余额

C. 平时月份期末余额可能在借方，也可能在贷方

D. 所有者权益类账户

8. 下列(　　)属于营业外支出的核算内容。

A. 购买固定资产的支出　　B. 非常损失

C. 罚款支出　　D. 举借短期借款的利息支出

9. 下列应记入"管理费用"账户的有(　　)。

A. 厂部固定资产的折旧费　　B. 业务招待费

C. 车间管理人员工资　　D. 厂部管理人员工资

10. 期末需要结转至"本年利润"账户的有(　　)。

A. 制造费用　　B. 管理费用　　C. 主营业务成本　　D. 所得税费用

11. 下列各项税金应记入"税金及附加"账户的有(　　)。

A. 消费税　　B. 增值税　　C. 教育费附加　　D. 城市维护建设税

12. 下列账户中，如月末有余额通常在贷方的有(　　)。

A. 应付账款　　B. 短期借款　　C. 预付账款　　D. 预收账款

13. 下列费用中，属于期间费用的有(　　)。

A. 产品生产费用　　B. 销售费用　　C. 管理费用　　D. 财务费用

14. 下列账户中，月末结转后没有余额的有(　　)。

A. 管理费用　　B. 税金及附加　　C. 销售费用　　D. 财务费用

15. 下列费用中，属于制造费用的有(　　)。

A. 车间主任工资　　B. 车间机物料消耗

C. 车间耗用水电费　　D. 车间固定资产折旧

16. 构成并影响营业利润的项目有(　　)。

A. 主营业务成本　　B. 投资收益　　C. 税金及附加　　D. 营业外收入

17. 下列费用中，构成产品成本的可能有(　　)。

A. 直接材料费　　B. 直接人工费　　C. 间接制造费用　　D. 管理费用

18. 下列属于营业外收入核算内容的有(　　)。

A. 原材料盘盈　　B. 罚款净收入

C. 处置固定资产净收益　　D. 接受捐赠利得

19. 以下账户中,年末无余额的有(　　)。

A. 本年利润　　B. 利润分配　　C. 管理费用　　D. 财务费用

20. 下列各项中,属于产品成本项目的有(　　)。

A. 直接材料　　B. 折旧费用　　C. 管理费用　　D. 直接人工

三、判断题

1.“应付账款”账户和“预付账款”账户同属负债类账户。(　　)

2. 利息支出(减利息收入)、汇兑差额以及相关的手续费通过财务费用核算。(　　)

3. 短期借款的利息一律计入财务费用。(　　)

4. 企业获得资产的途径只能由所有者投资形成。(　　)

5. 企业应收未收的各种应收款项,均应通过“应收账款”账户核算。(　　)

6. 企业销售产品时,若产品已发出,只要货款尚未收到,就不能作为营业收入实现处理。(　　)

7. 企业支付生产车间机器设备的修理费应记入“制造费用”账户。(　　)

8. 企业应当在收到以前月份销售货款的时候确认营业收入。(　　)

9. 计提固定资产折旧意味着费用增加,因此,应记入“累计折旧”账户的借方。(　　)

10.“生产成本”账户期末若有借方余额,表示企业月末有在产品。(　　)

11. 企业销售过程中发生的费用应计入主营业务成本。(　　)

12. 企业向银行或其他金融机构借入的款项,应通过“应付账款”账户进行核算。(　　)

13. 企业的营业利润与财务费用无关。(　　)

14. 计提固定资产折旧意味着固定资产价值的减少,累计折旧的增加。(　　)

15. 利润总额扣除所得税后的利润为净利润,也称税后利润。(　　)

四、技能训练题

1. 2022 年 12 月初,通达公司总分类账户及有关明细账户的期初余额如下：　　单位:元

账户名称	借方余额	账户名称	贷方余额
库存现金	4 700	短期借款	300 000
银行存款	1 360 550	应付账款	85 100
应收账款	180 000	应交税费	42 000
原材料	720 000	应付利息	10 000
库存商品	609 000	实收资本	5 000 000
固定资产	7 000 000	资本公积	100 000
		盈余公积	144 000
		本年利润	1 522 150

续表

账户名称	借方余额	账户名称	贷方余额
		利润分配	786 000
		累计折旧	1 885 000
合　计	9 874 250	合计	9 874 250

12月份通达公司发生经济业务如下：

(1)购入A原材料，价款50 000元，增值税6 500元，运输费2 000元，增值税180元，所有款项以银行存款支付，材料验收入库。

(2)仓库发出原材料100 000元，用于生产甲产品50 000元，乙产品50 000元，发出B材料8 000元，车间耗用5 000元，管理部门耗用3 000元。

(3)红光公司交来转账支票一张，归还前欠货款50 000元，当即送存银行。

(4)发放职工工资150 000元，通过银行转入职工个人储蓄账户。

(5)本月职工工资分配如下：甲产品生产工人工资50 000元，乙产品生产工人工资50 000元，车间管理人员工资20 000元，行政管理人员工资30 000元。

(6)每名职工按100元标准分配职工福利费，甲产品分配2 000元，乙产品分配2 000元，车间管理人员1 000元，行政管理人员1 500元。

(7)计提固定资产折旧26 000元，其中车间14 000元，厂部12 000元。

(8)分配制造费用，甲、乙两种产品各负担制造费用的50%。

(9)本月甲产品投产1 220件，乙产品投产1 220件，月末全部完工。结转完工产品成本。

(10)向红光公司销售甲产品1 000件，单价200元，货款200 000元，增值税26 000元；销售乙产品1 000件，单价200元，货款200 000元，增值税26 000元。已办妥委托银行收款手续。

(11)结转本月已销产品成本。甲产品单位成本100元，乙产品单位成本100元。

(12)以银行存款支付电视广告费12 000元。

(13)以银行存款支付短期借款利息12 000元(前两个月已预提10 000元)。

(14)销售下脚料5 000元，增值税650元，款项存入银行。同时结转该材料的实际成本3 000元。

(15)开出转账支票20 000元对受灾地区捐款。

(16)按本月应交增值税[销项税额(52 000+650)-进项税额(6 500+180)]的7%和3%计算本月应交城市维护建设税3 217.9元、教育费附加1 379.1元。

(17)将损益类账户本月发生额结转“本年利润”账户。

(18)按本月利润总额的25%计算并结转应交所得税(不考虑纳税调整因素)。

(19)按全年净利润的10%提取法定盈余公积，按净利润的5%提取任意盈余公积，按净利润的30%向投资者进行分配。

(20)“本年利润”和“利润分配”各明细账户结转到“利润分配——未分配利润”账户。

要求：

(1)根据上述经济业务编制会计分录；

(2)开设"T"型总账并进行登记;

(3)编制总账的试算平衡表。

2. 假设 ABC 公司 2016 年年初未分配利润为 50 万元,2016 年发生亏损 185 万元;2017—2021 年,每年实现所得税前利润均为 25 万元,2022 年实现所得税前利润为 60 万元。如无其他纳税调整事项,所得税率为 25%,按照 10%提取法定公积金、30%向投资者分配利润。

要求:(1)编制 2016—2022 年度相关会计分录;

(2)计算该公司 2022 年年底未分配利润数额。

模块总结与评价

学生对照本模块的学习目标,总结本人学习的主要内容、收获与不足,对专业知识、专业能力及专业素质方面进行自我评价,填写评价表,同学之间进行分享与交流,教师进行综合评价。

学生总结与评价表(学生自备作业纸)

年　　月　　日

专业知识评价	你掌握了哪些专业知识	存在哪些不足	评价分值
			40
专业能力评价	你具备了哪些专业能力	存在哪些不足	评价分值
			40
专业素质评价	你具备了哪些专业素质	哪些方面还需要提高	评价分值
			20
学生(签字)	教师评价:		

模块3 会计工作实务

知识目标

◆ 理解什么是会计凭证，有哪些类别；
◆ 掌握填制与审核会计凭证的方法；
◆ 理解什么是会计账簿，有哪些类别；
◆ 掌握设置与登记会计账簿的方法；
◆ 理解什么是财产清查；
◆ 掌握清查与核算财产清查的方法；
◆ 理解什么是会计报表，有哪些类别；
◆ 掌握编制会计报表的方法。

能力目标

◆ 能正确识别会计凭证；
◆ 能正确填制与审核会计凭证；
◆ 能设置会计账簿，采用正确的会计账页格式；
◆ 能熟练登记各种会计账簿；
◆ 能对不同的财产物资进行清查，对清查结果做出正确的账务处理；
◆ 能正确编制资产负债表和利润表。

思政目标

◆ 贯彻执行党的二十大精神，培养终身学习的综合素质；
◆ 培养学生应养成客观公正、廉洁自律、诚实守信、遵纪守法、不做假账、仔细认真的职业品质，提供真实的会计信息，为会计信息使用者提供高效服务。

任务1 填制与审核会计凭证

任务描述

前面我们已经学习了会计的基本理论，并运用基本理论对企业的基本经济业务进行了核算，那么实际工作是什么样呢？经济业务是怎么体现的？会计分录填在哪里？从现在开始，我们就进入会计实操的学习。本任务就来完成如下学习任务：

1. 能正确识别原始凭证、填制原始凭证，能对已填完的原始凭证进行审核；
2. 能正确书写会计数字；

3. 能根据经济业务内容正确选择收款凭证、付款凭证或转账凭证(通用记账凭证不用选择);

4. 能根据审核无误的原始凭证正确编制记账凭证,能对已填完的记账凭证进行审核;

5. 会计期末,能完成会计凭证装订与保管工作。

知识准备

一、会计凭证的概念及其分类

(一)会计凭证的概念

会计记录必须如实反映会计主体的经济活动情况,因此会计工作要在经济业务发生时,由执行或完成该项经济业务的有关人员从外部取得或自行填制适当的文字记录作为证明文件,以说明经济业务的内容、数量和金额,并在书面证明上签名或盖章,以对经济业务的真实性、合法性负责。这些证明文件就是会计凭证,会计凭证是用于记录经济业务、明确相关责任、作为登记账簿的书面依据。

(二)会计凭证的分类

会计凭证按照填制程序和用途可分为原始凭证和记账凭证。

1. 原始凭证及其分类

原始凭证又称单据,是指在经济业务发生或完成时取得或填制的,用以记录或证明经济业务发生或完成情况的原始凭据。

常见的原始凭证有现金收据、发票、支票、银行进账单、收料单、差旅费报销单、产品入库单、领料单等。

(1)原始凭证按其取得来源不同分类　分为外来原始凭证和自制原始凭证。

外来原始凭证是指在经济业务活动发生或完成时,从其他单位或个人取得的收据、发货票等。如购买原材料取得的增值税专用发票(图 3-1),购买办公用品时取得的发货票,职工出差报销的飞机票、火车票和餐饮发票等。

自制原始凭证是指本单位内部经办业务的部门和人员,在执行或完成某项经济业务时,填制的仅供本单位内部使用的原始凭证。如领料单、产成品入库单和借款单等。借款单如图 3-2 所示。

(2)原始凭证按其填制手续和内容不同分类　分为一次凭证、累计凭证和汇总凭证。

一次凭证是指一次填制完成,只记录一笔经济业务且仅一次有效的原始凭证。例如收据、收料单、发货票和银行结算凭证等都是一次原始凭证,收料单如图 3-3 所示。

累计凭证是指在一定时期内多次记录发生的同类型经济业务且多次有效的原始凭证,限额领料单就是一种累计原始凭证,如图 3-4 所示。

汇总凭证也叫原始凭证汇总表,是指对一定时期内反映经济业务内容相同的若干张原始凭证,按照规定标准汇总填制的原始凭证。如发料凭证汇总表(图 3-5)、工资结算汇总表、差旅费报销单等。汇总原始凭证既可以提供经营管理所需要的总量指标,又可以大大简化核算手续。

黑龙江省增值税专用发票

发票联 1200087630　　　　No01117042

校验码：2760960304783982478　　　　开票日期：2022年12月02日

购货单位	名　　称：佩奇服装有限公司 纳税人识别号：44010120ABC1820T2M 地址、电话：哈尔滨市南岗工业园区0451-87****36 开户行及账号：工商银行南岗支行 213522538135				密码区	5%59#>%&*962@>%@*7&*#$*#$* 75402@*79$9&#$9&$*#$96&<#>%# $92@*7>%&*9*$&<#>4#40@%&* #$9>276<	
货物或应税劳务名称	规格型号	单位	数量	单价	金　额	税率 %	税额
01 面料		张	2000	200	400000	13%	52000
合计					400000		52000
价税合计（大写）	人民币肆拾伍万贰仟元整				¥452000.00		
销货单位	名　　称：万纤纺织有限公司 纳税人识别号：88331234CDE5634P8K 地　址、电　话：0451-84****67 开户行及账号：工商银行开发区支行 213400000045				备注	万纤纺织有限公司 88331234CDE5634P8K 发票专用章	

第三联：发票联购货方记账凭证

收款人：　　　复核：　　　开票人：　　　销货单位（章）

图 3-1　增值税专用发票

借　款　单

2023　年　1　月　1　日　　　　第 202302　号

借款部门：销售部			
借款金额：人民币（大写）贰仟元整			¥：2 000.00
借款事由：会议费　　现金付讫			
单位负责人	部门负责人	财务负责人	借款人
王强	张丽	吴艳玲	赵红

图 3-2　借款单

收　料　单

供货单位：万纤公司　　　　材料类别：原材料

发票号码：0028637　　　2023　年 4 月 4 日　　　材料仓库：2

材料编	材料名称（规格）	单位	数量 应收	数量 实收	实际成本 单价	发票价格	运费	金额 百	十	万	千	百	十	元	角	分
	03面料	匹	30	30	2000	6000			¥	6	0	0	0	0	0	0
	合　计								¥	6	0	0	0	0	0	0
备注：								附单据　1 张								

核算：（印）　　主管：（印）　　保管：（印）　　检验：（印）　　交库：（印）

图 3-3　收料单

领料单位： **限额领料单** 编号：

用途： 年 月 日 发料仓库：

材料类别	材料编号	材料名称规格	计量单位	单价	全月领用限额	全月实领	
						数量	金额

日期	请领		实发			退料			限额结余
	数量	领料单位负责人	数量	发料人	领料人	数量	退料人	收料人	
合计									

供应部门负责人： 生产计划部门负责人： 仓库负责人：

图 3-4 限额领料单

发料凭证汇总表

年 月 日 附领料单 份

材料名称 / 应借科目	01 面料	02 面料	03 面料	纽扣	……	合计
生产成本—卫衣 A						
生产成本—卫裤 B						
生产成本—机修车间						
生产成本—供气车间						
管理费用						
销售费用						
合计						

主管： 审核： 发料： 保管：

图 3-5 发料凭证汇总表

(3)原始凭证按其格式、使用范围不同分类 分为通用凭证和专用凭证。

通用凭证是指由有关部门统一印制、在一定范围内使用的具有统一格式和使用方法的原始凭证，如由银行统一印制的“汇款凭证”、由税务部门统一印制的“发票”等。

专用凭证是指由单位自行印制仅在本单位内部使用的原始凭证。如差旅费报销单、领料单、折旧计算表、工资费用分配表等。

有些原始凭证按照不同分类标准可分别属于不同的种类。例如“收料单”既是自制原始凭证，又是专用原始凭证，也是一次凭证。外来的凭证大多为一次凭证，累计凭证大多为自制原始凭证。

2. 记账凭证及其分类

记账凭证又称记账凭单，是指会计人员根据审核无误的原始凭证，按照经济业务的内容加以归类，并据以确定会计分录后所填制的会计凭证，作为登会计账簿的直接依据，是介于原始凭证与会计账簿之间的中间环节。

(1)记账凭证按其用途分类 分为专用记账凭证和通用记账凭证。

①专用记账凭证 指分类反映经济业务的记账凭证。按其反映的经济业务内容，专用记账凭证可分为收款凭证、付款凭证和转账凭证三种。

收款凭证是专门用来记录库存现金、银行存款增加的记账凭证。它既可以做为登记库存现金或银行存款日记账及有关明细账的收款证明凭证，也是出纳员收款的证明。收款凭证格式如图 3-6 所示。

收 款 凭 证

借方科目 银行存款　　　　2023 年 3 月 5 日　　　　收字第 8 号

摘要	贷方科目		金额									记账
	总账科目	明细科目	百	十	万	千	百	十	元	角	分	
收回前欠货款	应收账款	南江公司			2	0	0	0	0	0	0	
合计				¥	2	0	0	0	0	0	0	

附单据 1 张

会计主管　　　　记账　　　　出纳　　　　复核　　　　制单

图 3-6 收款凭证

付款凭证是专门用来记录库存现金和银行存款减少业务的记账凭证。既可以作为登记库存现金和银行存款日记账及有关明细账的依据，又可以作为出纳员付出款项的证明凭证。付款凭证的格式如图 3-7 所示。

付 款 凭 证

贷方科目：库存现金　　　　2023 年 3 月 8 日　　　　付字 第 5 号

摘要	借方科目		金额									记账
	总账科目	明细科目	百	十	万	千	百	十	元	角	分	
购买办公用品	管理费用	办公费					5	0	0	0	0	
合计						¥	5	0	0	0	0	

附单据 1 张

会计主管　　　　记账　　　　出纳　　　　复核　　　　制单

图 3-7 付款凭证

请注意：对于库存现金和银行存款之间的相互划转业务（即存钱或取钱业务），为避免重复记账，一般只填制付款凭证。

转账凭证是指专门用来记录不涉及库存现金和银行存款收付的其他经济业务的记账凭证。它是登记总分类账和明细分类账的依据。转账凭证的格式如图 3-8 所示。

转　账　凭　证

转 字 第 20 号

2023 年 3 月 15 日　　附单据 1 张

摘　要	总账科目	明细科目	借方金额								√	贷方金额								√
			十	万	千	百	十	元	角	分		十	万	千	百	十	元	角	分	
计提折旧	制造费用	折旧费		1	2	2	0	0	0	0										
	管理费用	折旧费		2	3	0	0	0	0	0										
	累计折旧												3	5	2	0	0	0	0	
合　　计			¥	3	5	2	0	0	0	0		¥	3	5	2	0	0	0	0	

会计主管　　记账　　复核　　制单

图 3-8　转账凭证

②通用记账凭证　指用来反映所有经济业务的记账凭证，为各类经济业务所共同使用，其格式与转账凭证基本相同。通用记账凭证的格式如图 3-9 所示。

记　账　凭　证

第 1 号

2023 年 3 月 1 日　　附单据 1 张

摘要	总账科目	明细科目	借方金额								√	贷方金额								√
			十	万	千	百	十	元	角	分		十	万	千	百	十	元	角	分	
提现	库存现金				5	0	0	0	0	0										
	银行存款													5	0	0	0	0	0	
合　　计				¥	5	0	0	0	0	0			¥	5	0	0	0	0	0	

会计主管　　记账　　复核　　制单

图 3-9　记账凭证

(2)记账凭证按填列方式分类　分为单式记账凭证和复式记账凭证。

单式记账凭证是指只填列经济业务所涉及的一个会计科目及其金额的记账凭证。经济业务涉及几个会计科目，就要填制几张记账凭证。

复式记账凭证是将每一笔经济业务所涉及的全部科目及其发生额均在同一张记账凭证中反映的一种凭证。通用记账凭证、收款凭证、付款凭证、转账凭证均属于复式记账凭证。

二、书写会计数字

数字是会计人员反映经济活动的主要载体。常用的数字书写有两种：一种是阿拉伯数字书写；另一种是中文大写数字书写。通常，将前一种数字表示的金额称为小写金额，将后一种数字表示的金额称为大写金额。数字的书写要求清楚、正确、规范。

(一)书写阿拉伯数字

阿拉伯数字是世界各国的通用数字，书写的顺序是由高位到低位、从左到右依次写出各位数字。阿拉伯数字书写规范是指要符合手写体的规范要求。其书写规范的要求如下：

1. 书写高度要求

每个数码要紧贴底线书写，其高度占全格的 1/2，最高不能超过 2/3，为更正数字留有余地。除 6、7、9 外，其他数码高低要一致。“6”的上端比其他数码高出 1/4，“7”和“9”的下端比其他数码伸出 1/4。写法如图 3-10 所示。

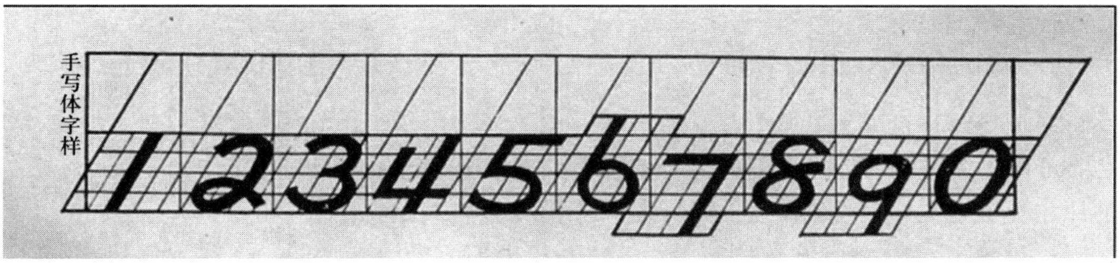

图 3-10　阿拉伯数字书写示意图

2. 书写角度要求

各数码字的倾斜度要一致，一般要求上端向右倾斜 45°～60°。

3. 书写间距要求

每个数码要大小匀称，笔画流畅，独立有形，使人一目了然，不能连笔书写。数码排列应保持同等距离，每个字上、下、左、右要对齐。

4. 书写有圆圈的数字要求

比如“6、8、9、0”，圆圈必须封口。不要把“0”和“6”“1”和“7”“3”和“8”“7”和“9”写混。在阿拉伯数字的整数部分，可以从小数点起向左按“三位一节”，空出半个阿拉伯数字的位置或用分位号“，”分开。

(二)书写中文大写数字

大写数字一律用正楷或者行书体书写。用壹、贰、叁、肆、伍、陆、柒、捌、玖、拾、佰、仟、万、亿、元、角、分、零、整等。大写金额前未印有“人民币”字样的，应加写“人民币”三个字，“人民币”字样和大写金额之间不得留有空白。大写金额到元或角止的，后面要写“整”或“正”字；有分的，不写“整”或“正”字。

(三)书写大小写金额

原始凭证在填制过程中,大小写金额必须相符,填写规范。

(1)阿拉伯数字金额之前要填写人民币符号“¥”,人民币符号“¥”与阿拉伯数字之间不得留有空白,金额一律填写到角分,无角分的,写“00”或“—”,有角无分的,分位写“0”,不得用符号“—”代替。

(2)大写金额前应写有“人民币”三个字,“人民币”字样和大写数字金额之间不得留有空白;大写数字金额到元或角为止的,后面要写“整”或“正”字,如 35.80 元,应写成“叁拾伍元捌角整”;大写数字金额有分的,后面不写“整”或“正”字,如 51.56 元,应写成“伍拾壹元伍角陆分”。

(3)小写阿拉伯数字金额中间有一个或几个“0”时,大写数字金额应只写一个“零”字,如 100 607 元,应写成“壹拾万零陆佰零柒元整”;小写阿拉伯数字金额角位是“0”,而分位不是“0”,大写数字金额元后应写“零”字,如 8 256.03 元,应写成“捌仟贰佰伍拾陆元零叁分”;小写阿拉伯数字金额元位是“0”,但角位不是“0”时,大写数字金额可以写“零”字,也可以不写“零”字,如 150.34 元,应写成“壹佰伍拾元零叁角肆分”,或写成“壹佰伍拾元叁角肆分”;小写阿拉伯数字金额最高位是“1”时,大写数字金额应加写“壹”字,如 19.20 元,应写成“壹拾玖元贰角整”。

三、填制与审核原始凭证

填制与审核原始凭证(1)　　填制与审核原始凭证(2)

(一)原始凭证的基本内容

企业的经济业务是多种多样、纷繁复杂的,反映其具体内容的原始凭证也是多种多样的。比如,发票应记载原材料的品名、数量、单价、金额;而借款单则反映借款事由、出差天数、借款金额及有关领导的审批等内容。因此,各种原始凭证,尽管格式不一样,项目不一样,但都应该具备以下共同的基本内容,这些基本内容就是每一张原始凭证具备的要素。

(1)原始凭证的名称。

(2)填制原始凭证的日期。

(3)填制原始凭证的单位名称和填制人姓名。

(4)接受凭证的单位名称。

(5)经办人员的签名或盖章。

(6)经济业务内容,如品名、数量、单价、金额大小写、填制原始凭证的单位财务章等。

(二)填制原始凭证

1. 记录真实

经济业务的内容、数字等必须真实可靠、符合实际情况。

2. 内容完整

项目必须逐项填列齐全,不得遗漏和省略。原始凭证中的年、月、日要按照填制原始凭证的实际日期填写。名称要齐全,不能简化;品名或用途要填写明确,不能含糊不清。有关人员的签章必须齐全。

3. 手续完备

(1)单位自制的原始凭证必须有经办单位领导人或指定的人员签名、盖章;

(2)对外开出的原始凭证必须加盖本单位公章;

(3)从外部取得的原始凭证,必须盖有填制单位的公章;

(4)从个人取得的原始凭证,必须有填制人员的签名或盖章。

4. 书写清楚、规范

文字的书写字迹清楚、不得使用未经国务院公布的简化汉字,见前边会计数字书写要求。

5. 编号连续

一式几联的原始凭证,必须注明各联的用途,并且只能以一联用作报销凭证。作废时应加盖"作废"戳记,连同存根一起保存。

6. 不得涂改、刮擦和挖补

原始凭证如有错误,应当由出具单位重开或更正,更正处应当加盖出具单位印章。原始凭证金额有错误的,应当由出具单位重开,不得在原始凭证上更正。

7. 填制及时

原始凭证应当及时填写、及时送交会计机构、及时审核。

(三)审核原始凭证

1. 审核原始凭证的基本要求

审核原始凭证,应从真实性、合法性、合理性、完整性、正确性、及时性等方面进行审核。

真实性是指审核原始凭证日期是否真实,业务内容是否真实,数据是否真实等内容。

合法性审核是指审核原始凭证所记录的经济业务是否有违反国家法律法规问题。

合理性是指审核原始凭证所记录的经济业务是否符合企业生产经营活动的需要,是否符合有关的计划和预算等。

完整性是指审核原始凭证的内容和填制手续是否具备其基本内容、填写有无缺陷,有关人员签章是否齐全。

正确性主要是审核原始凭证各项金额的计算及填写是否正确。

及时性是指审核原始凭证是否在经济业务发生或完成时及时填制并及时传递。审核时应注意对支票等时效性强的原始凭证仔细验证其签发日期。

【训练 3-1 · 单选题】

下列不属于原始凭证审核内容的是(　　)。

A. 凭证是否有单位的公章和填制人员签章

B. 凭证是否符合规定的审核程序

C. 凭证是否符合有关计划和预算

D. 会计科目使用是否正确

2. 审核原始凭证结果的处理

(1)对于完全符合要求的原始凭证,应当及时据以编制记账凭证并入账。

(2)对于真实合法、合理但内容不够完整、填写有错误的原始凭证,应退回给有关经办人员,由其负责将其补充完整、更正错误或重开后再办理正式会计手续。

(3)对于不真实不合法的原始凭证,会计机构、会计人员有权不予接受,并向单位负责人报告。

【训练 3-2 · 单选题】

会计机构和会计人员对不真实、不合法和违规收支的原始凭证,应当(　　)。

A. 予以退回　　B. 予以纠正

C. 不予接受　　D. 不予接受,并向单位负责人报告

四、填制与审核记账凭证

填制与审核记账凭证(1)　　填制与审核记账凭证(2)

(一)记账凭证的基本内容

记账凭证是登记账簿的依据。由于原始凭证只表明经济业务的内容,而且种类繁多、数量庞大、格式不一,因而不能直接记账。为了做到分类反映经济业务的内容,必须按会计核算方法的要求将其归类整理编制记账凭证,标明经济业务应记入的账户名称及应借应贷的金额,作为直接记账的依据。因此,记账凭证必须具备以下内容:

1. 填制凭证的日期;
2. 凭证编号;
3. 经济业务的内容摘要;
4. 经济业务应记入账户(会计科目)的名称、记账方向和金额;
5. 所附原始凭证的张数和其他附件资料;
6. 填制记账凭证人员、稽核人员、记账员、出纳员、会计主管人员的签名或盖章。

(二)填制记账凭证

1. 填制记账凭证的要求

记账凭证根据审核无误的原始凭证或原始凭证汇总表填制,除必须做到记录真实、内容完整、书写规范清楚、手续完备、填制及时外,还应符合下列要求。

(1)填写记账凭证日期　记账凭证日期应为编制凭证的日期,不是经济业务发生的日期。

(2)填写摘要栏　针对经济业务特点,做到真实、简明扼要。

(3)正确确定会计分录　根据经济业务内容正确确定会计分录,写明必要的明细科目。

(4)记账凭证应连续编号　以每个月为单位,编号从"1 号"编起,后边连续。采用通用记账凭证,按经济业务发生顺序编号。采用专用记账凭证,编号为(现、银)收字第×号、(现、银)付字第×号、转字第×号。一笔经济业务需要填制两张或两张以上记账凭证的,可以采用分数编号法进行编号。例如,第 6 笔经济业务需要填制 2 张记账凭证,凭证顺序号编成 $6\frac{1}{2}$号、$6\frac{2}{2}$号,前面的数表示凭证顺序,后面分数的分母表示该号凭证共有 2 张,分子表示两张凭证中的第一张、第二张。

(5)注明所附原始凭证张数　除结账和更正错误,记账凭证必须附有原始凭证并注明所附

原始凭证的张数。所附原始凭证张数的计算，一般以原始凭证的自然张数为准。一张原始凭证如涉及几张记账凭证的，可以将该原始凭证附在一张主要的记账凭证后面，在其他记账凭证上注明该主要记账凭证的编号或者附上该原始凭证的复印件。

(6)正确处理填错的记账凭证　填错的记账凭证如未记账，应当重新填制；如已登记入账，应按规定的方法进行更正(参见会计账簿中的更正错账)。

(7)划线注销　记账凭证填制完成后，如有空行，应当自金额栏最后一笔金额数字下的空行处至合计数上的空行处划线注销。

【训练 3-3・单选题】

可以不附原始凭证的记账凭证是(　　)。

A. 更正错误的记账凭证　　B. 从银行提取现金的记账凭证

C. 以现金发放工资的记账凭证　　D. 职工临时性借款的记账凭证

【训练 3-4・单选题】

填制记账凭证时，下列做法错误的是(　　)。

A. 根据每一张原始凭证填制

B. 根据若干张同类原始凭证汇总填制

C. 将若干张不同内容和类别的原始凭证汇总填制在一张记账凭证上

D. 根据原始凭证汇总表填制

2. 填制收款凭证

收款凭证是根据现金或银行存款收款业务的原始凭证填制的。日期填写填制凭证时的日期。"摘要"栏内应填写经济业务的简要说明。左上方"借方科目"应填写"库存现金"或"银行存款"科目。"贷方科目"栏应填写与收入现金或银行存款相对应的一级科目和二级或明细科目。每一级科目的应贷金额应填入与本科目同一行的"金额"栏中，借方科目应借金额为"合计"行的合计金额。"记账"栏注明记入总账或日记账、明细账的页次，也可以划"√"表示已登记入账。"附件张数"填写所附原始凭证的张数。填制收款凭证如图 3-11 所示。

收　款　凭　证

借方科目　银行存款　　　　2023 年 4 月 4 日　　　　银收字第 1 号

摘要	贷方		金额									记账
	总账科目	明细科目	百	十	万	千	百	十	元	角	分	
销售产品	主营业务收入	卫衣		1	0	0	0	0	0	0	0	
	应交税费	应交增值税			1	3	0	0	0	0	0	
合计			¥	1	1	3	0	0	0	0	0	

附单据 2 张

会计主管：　　记账：　　出纳：　　复核：　　制单：

图 3-11　填制收款凭证示意图

3. 填制付款凭证

付款凭证是根据现金或银行存款付款业务的原始凭证填制的。左上方"贷方科目"应填写

“库存现金”或“银行存款”科目。“借方科目”栏应填写与付出现金或银行存款相对应的一级科目和二级或明细科目。其他内容与收款凭证基本相同。填制付款凭证如图 3-12 所示。

付 款 凭 证

贷方科目：库存现金　　　　2023 年 4 月 5　　　　现付字　第 6 号

摘要	借方		金额									记账	
	总账科目	明细科目	百	十	万	千	百	十	元	角	分		附单
预借差旅费	其他应收款	张力				4	0	0	0	0	0		据
													1
													张
合计					¥	4	0	0	0	0	0		

会计主管：　　记账：　　出纳：　　复核：　　制单：

图 3-12　填制付款凭证示意图

注意：出纳人员对于已经收讫的收款凭证和已经付讫的付款凭证，以及它们所附的有关原始凭证，都要加盖“收讫”和“付讫”的印章，以免发生重收、重付等差错。

【训练 3-5 · 分析题】

甲公司会计凭证采用的是收付转专用记账凭证，2023 年 5 月 1 日，出纳去银行提取现金 5 000 元备用。对此业务，王同学认为甲公司应填制收款凭证，原因是公司收到了现金 5 000 元；李同学认为应填制付款凭证，原因是公司的银行存款减少了 5 000 元。对此两人争论了起来，都认为自己说的有道理。请问：

(1)你认为哪个同学说的有道理？应该用哪种记账凭证？为什么？

(2)你若是会计人员，这个记账凭证应该怎么填写？

4. 填制转账凭证

转账凭证是根据不涉及现金和银行存款收付的转账业务的原始凭证填制的。“会计科目”栏应分别填写应借应贷的一级科目和所属二级或明细科目。借方科目的应记金额，在与借方科目同一行的“借方金额”栏填记；贷方科目的应记金额，在与贷方科目同一行的“贷方金额”栏填记；“借方金额”栏合计数与“贷方金额”栏合计数应相等。其他内容的填制方法与收款凭证、付款凭证基本相同。填制转账凭证如图 3-13 所示。

转 账 凭 证　　　　转字第 10 号

2023 年 4 月 12 日　　　　附单据 2 张

摘要	总账科目	明细科目	借方金额								√	贷方金额								√
			十	万	千	百	十	元	角	分		十	万	千	百	十	元	角	分	
购入	原材料	面料		6	0	0	0	0	0	0										
材料	应交税费	增值税			7	8	0	0	0	0										
	应付账款	华兴公司											6	7	8	0	0	0	0	
合计			¥	6	7	8	0	0	0	0		¥	6	7	8	0	0	0	0	

会计主管：　　记账：　　复核：　　制单：

图 3-13　填制转账凭证示意图

5. 填制通用记账凭证

填制通用记账凭证与填制转账凭证的方法基本相同。经济业务涉及的会计科目全部填写在“会计科目”栏内，借方科目在先，贷方科目在后，借方科目的金额填入“借方金额”栏，贷方科目的金额填入“贷方金额”栏。填制通用记账凭证如图 3-14 所示。

记账凭证　　　　第 9 号

2023 年 4 月 31 日　　　　附单据 1 张

摘要	总账科目	明细科目	借方金额								√	贷方金额								√
			十	万	千	百	十	元	角	分		十	万	千	百	十	元	角	分	
结转本月已销产品成本	主营业务成本	卫衣		6	0	0	0	0	0	0										
	主营业务成本	卫裤		8	0	0	0	0	0	0										
	库存商品	卫衣											6	0	0	0	0	0	0	
	库存商品	卫裤											8	0	0	0	0	0	0	
合　计		¥	1	4	0	0	0	0	0	0	¥	1	4	0	0	0	0	0	0	

会计主管：　　　记账：　　　复核：　　　制单：

图 3-14　填制通用记账凭证示意图

(三)审核记账凭证

填制完记账凭证后，必须经过认真审核，才能作为登记账簿的依据。审核记账凭证的主要内容包括：内容是否真实、项目是否齐全、科目是否正确、金额是否正确、书写是否规范、手续是否完备。尤其审核出纳人员在办理收款或付款业务后，是否已在原始凭证上加盖“收讫”或“付讫”的印章。

【训练 3-6 · 多选题】

下列属于审核记账凭证内容的是(　　)。

A. 经济业务是否符合国家有关政策的规定

B. 凭证的金额与所附原始凭证的金额是否一致

C. 经济业务是否符合会计主体经济活动的需要

D. 会计科目是否正确

五、传递与保管会计凭证

(一)传递会计凭证

传递会计凭证是指从会计凭证的取得或填制时起至归档保管过程中，在单位内部有关部门和人员之间的传送程序。传递会计凭证应当满足内部控制制度的要求，使传递程序合理有效，同时尽量节约传递时间，减少传递的工作量。各单位应根据具体情况确定每一种会计凭证的传递程序和方法。

传递与保管会计凭证(1)

传递与保管会计凭证(2)

传递会计凭证具体包括传递程序和传递时间。各单位应根据经济业务特点、内部机构设置、人员分工和管理要求，具体规定各种凭证的传递程序；根据有关部门和经办人员办理业务的情况，确定凭证的传递时间。

(二)保管会计凭证

保管会计凭证是指会计凭证记账后的整理、装订、归档和存查工作。

(1)会计凭证应定期装订成册，防止散失　会计部门在依据会计凭证记账以后，应定期(每天每旬或每月)对各种会计凭证进行分类整理，将各种记账凭证按照编号顺序，连同所附的原始凭证一起加具封面和封底，装订成册，并在装订线上加贴封签，由装订人员在装订线封签处签名或盖章。

(2)会计凭证封面书写　应注明单位名称、凭证种类、凭证张数起止号数、年度、月份会计主管人员和装订人员等有关事项，会计主管人员和保管人员应在封面上签章。

(3)会计凭证应加贴封条，防止抽换凭证　原始凭证不得外借，其他单位如有特殊原因确实需要使用时，经本单位会计机构负责人(会计主管人员)批准，可以复制。向外单位提供的原始凭证复制件，应在专设的登记簿上登记，并由提供人员和收取人员共同签名、盖章。

(4)原始凭证较多时，可单独装订　但应在凭证封面注明所属记账凭证的日期、编号和种类，同时在所属的记账凭证上应注明“附件另订”及原始凭证的名称和编号，以便查阅。对各种重要的原始凭证，如押金收据、提货单等，以及各种需要随时查阅和退回的单据应另编目录，单独保管，并在有关的记账凭证和原始凭证上分别注明日期和编号。

(5)每年装订成册的会计凭证，在年度终了时可暂由单位会计机构保管一年，期满后应当移交本单位档案机构统一保管，未设立档案机构的，应当在会计机构内部指定专人保管。出纳人员不得兼管会计档案。

(6)严格遵守会计凭证的保管期限要求，期满前不得任意销毁。

任务训练

1. 熟悉会计数字的书写规范，掌握会计数字的书写技巧。要求在下表中填入空缺的小写或大写金额。

小写金额	大写金额
	叁拾伍元捌角整
	伍拾壹元伍角陆分
	壹拾万零陆佰零柒元整
	捌仟贰佰伍拾陆元零叁分
	壹佰伍拾元零叁角肆分
	壹拾玖元贰角整
101 010.00	
2 000 345.05	
980 603.50	

续表

小写金额	大写金额
150 020.00	
486 572.67	
100 000.78	

2. 掌握原始凭证的填制方法

(1)2023 年 4 月 8 日，通达公司出纳收到锐意公司的违约金现金 1 000 元，要求填制“收款收据”。

(2)2023 年 4 月 10 日，通达公司从南方公司购入主要材料 A 材料 3 200 吨，单价 50 元，已验收入库，款已付，要求填制“收料单”。

3. 掌握记账凭证的填制方法

2023 年 4 月 8 日，通达公司会计人员根据出纳填制的锐意公司“收款收据”，要求填制收款凭证。

4. 熟悉记账凭证的内容，掌握各种记账凭证的填制方法

2023 年 5 月，通达公司发生下列部分经济业务事项：

(1)5 日，向工商银行借入期限为 3 个月的借款 100 000 元，利率 6%，借款到期还本付息，款项存入银行。

(2)12 日，向南方公司购买 A 材料一批，价款 40 000 元，增值税 4 200 元，价税款合计签发一张期限为 3 个月的商业汇票抵付。材料已验收入库。

(3)15 日，发出 A 材料 8 000 元，其中生产产品领用 4 000 元，车间一般耗用 3 000 元，管理部门耗用 1 000 元。

(4)20 日，从银行提取现金 20 000 元备用。

(5)22 日，以银行存款支付产品广告费 30 000 元。

要求：根据上述业务分别采用专用记账凭证和通用记账凭证编制记账凭证。(记账凭证自备)

5. 熟悉会计凭证的传递程序

ABC 公司销售收款循环中的主要业务活动包括：①接受顾客订单；②批准赊销信用；③按销售单供货；④按销售单装运货物；⑤向顾客开具账单(销售发票)；⑥记录销售；⑦办理和记录现金、银行存款收入；⑧办理和记录退货、销货折扣与折让；⑨处理坏账。

如何认知“销售单”这一凭证在企业销售收款循环中的主要流转过程？在相关部门之间如何进行传递？

任务 2　设置与登记会计账簿

任务描述

我们已经知道了原始凭证是经济业务，会计分录要填在记账凭证上，那么接下来是不是就

要记账了。我们要记哪些账、采用什么格式的账页、怎么把记账凭证的内容记到账上？本任务就来完成大家提出的问题，学习记账。

1. 能对目标企业进行会计账簿设置，也就是都要记哪些账，确定好账页格式；
2. 会计账簿启用时，能准确填写会计账簿启用表；
3. 能根据审核无误的记账凭证及所附的原始凭证正确登记日记账、明细账；
4. 能根据记账凭证账务处理程序、科目汇总表账务处理程序正确登记总账；
5. 能平行登记总账与明细账；
6. 能够完成账证、账账、账实等对账工作，有错账能用正确方法进行更正；
7. 会计期末，能完成结账工作；
8. 年末，能完成会计档案保管与更换新账工作。

知识准备

一、设置与启用会计账簿

设置与启用会计账簿

设置和登记会计账簿是会计核算的专门方法之一。各单位通过填制与审核会计凭证，将每日发生的经济业务记录在会计凭证上。但会计凭证数量多、资料分散，每张凭证只能记载个别的经济业务，所提供的信息是分散的、不系统的。为了连续、系统地反应和监督各单位在一定时期内某一类经济业务的活动情况，形成系统的会计核算资料，有必要把会计凭证所记录的大量分散的资料加以分类、整理，这就需要设置和登记账簿。

(一)会计账簿的概念、作用及其基本内容

1. 会计账簿的概念

会计账簿简称账簿。它是以具有一定格式的账页组成，以经过审核的会计凭证为依据，用以全面、系统、连续地记录各项经济业务的簿籍。

2. 会计账簿的作用

设置和登记账簿，是编制会计报表的基础，是联结会计凭证与会计报表的中间环节，在经济管理中具有重要作用。

(1)为经营管理提供比较系统、完整的会计核算资料　账簿是会计信息的重要载体，通过账簿记录，可以对会计凭证提供的大量的、分散的会计核算资料进行整理、分类、汇总，把经济业务的发生情况，全面、系统地反映出来，提供经营管理所必需的会计信息。

(2)为编制会计报表提供依据　账簿能提供一个单位在一定时期内的资产、负债和所有者权益的增减变动及期末结存情况，以及收入和费用的发生、净利润的实现和分配的情况，为编制会计报表提供总括和具体的资料。

(3)为开展财务分析和会计检查提供依据　账簿是重要的经济档案，设置和登记账簿有利于保存会计资料。通过定期或不定期对账簿资料进行检查、分析，可以了解一个单位贯彻有关政策、制度的情况，考核、评价有关计划的执行情况，对资金使用是否合理，费用开支是否符合标准，利润的形成与分配是否符合规定等作出分析、评价，从而找出差距，挖掘潜力，提出改进措施。

3. 会计账簿的基本内容

会计账簿的格式尽管多种多样，但一般都应具备以下基本内容：

(1)封面　主要用于表明账簿的名称，如总分类账、各种明细分类账、库存现金日记账、银行存款日记账等。

(2)扉页　主要用来列明会计账簿的使用信息，如科目索引、账簿启用和经管人员一览表等。

(3)账页　账页是账簿用来记录经济业务的主要载体，包括账户的名称、日期栏、凭证种类和编号栏、摘要栏、金额栏，以及总页次和分户页次等基本内容。会计账簿的基本内容如图 3-15 所示。

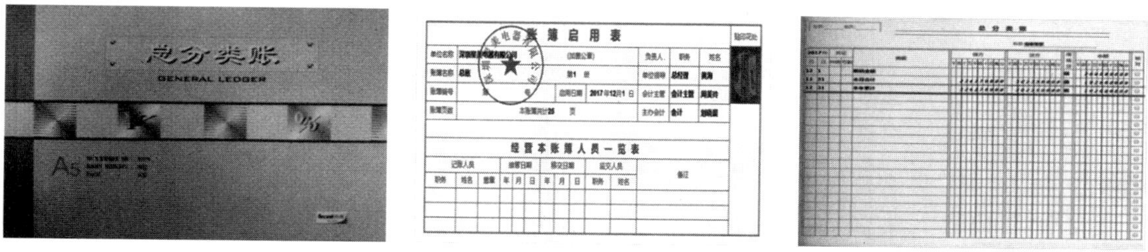

图 3-15　会计账簿的基本内容

动脑筋：有了记账凭证记录经济业务，为什么还要会计账簿呢？

(二)会计账簿的分类

为了更好地掌握和运用各种账簿，充分发挥账簿在日常经济管理中的重要作用，需要从不同的角度对账簿进行分类。

1. 按会计账簿的用途分类

会计账簿按用途分类，可以分为序时账簿、分类账簿和备查账簿。

(1)序时账簿　又称日记账，是按照经济业务发生时间的先后顺序逐日、逐笔登记的账簿。序时账簿按其记录的内容，可分为普通日记账和特种日记账。

普通日记账是用来逐笔记录全部经济业务的序时账簿(图 3-16)。

普　通　日　记　账

年		凭证字号	摘要	对方科目	借方金额												√	贷方金额												√
月	日				十	亿	千	百	十	万	千	百	十	元	角	分		十	亿	千	百	十	万	千	百	十	元	角	分	

图 3-16　普通日记账

特种日记账是用来按发生时间的先后顺序逐笔登记某一特定种类的经济业务发生或完成

情况的账簿。我国企业一般都只设置库存现金日记账(图 3-17)和银行存款日记账。

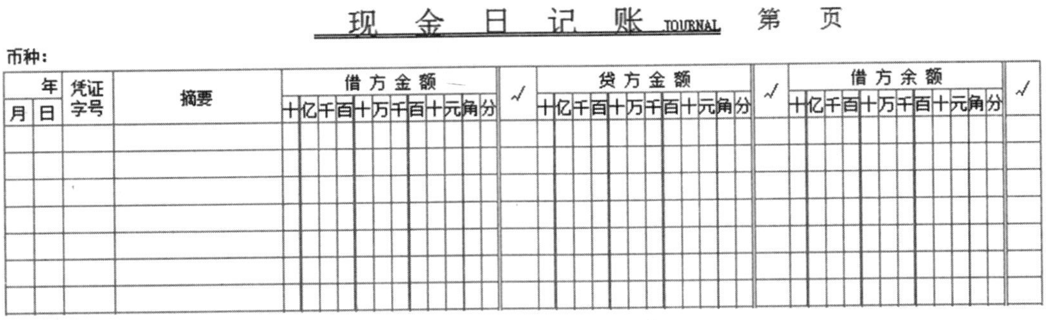

图 3-17 现金日记账

(2)分类账簿 分类账簿是按照分类账户设置登记的账簿。账簿按其反映经济业务的详略程度,可分为总分类账簿和明细分类账簿。

总分类账簿,又称总账,是根据总分类账户开设的,能够全面地反映企业的经济活动,为编制财务报表提供直接数据资料的账簿。主要采用三栏式(图 3-18)。

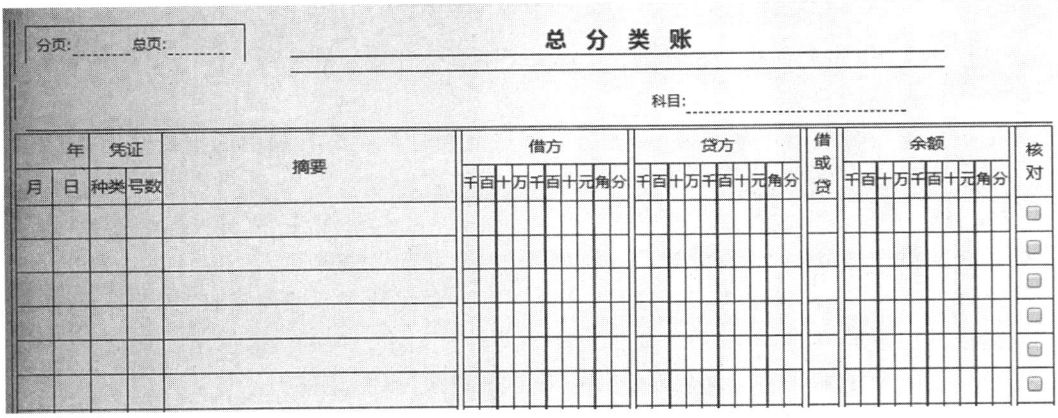

图 3-18 总分类账

明细分类账簿,又称明细账,是根据明细分类账户开设的,用来提供明细资料的账簿。总账对所属的明细账起统驭作用,明细账对总账进行补充和说明。

明细分类账可采用的格式主要有三栏式明细账、数量金额式明细账和多栏式明细账。明细分类账的格式如图 3-19 所示。

(3)备查账簿 又称辅助登记簿或补充登记簿,是指对某些在序时账簿和分类账簿中未能记载或记载不全的经济业务进行补充登记的账簿,如租入固定资产登记簿、代管商品物资登记簿等。

备查账簿只是对其他账簿记录的一种补充,与其他账簿之间不存在严密的依存和勾稽关系。

备查账簿根据企业的实际需要设置,没有固定的格式要求。

明细分类账
SUBSIDIARY LEDGER

第 1 页
连续第 页

科目编号　　明细科目 深圳三勇建材有限公司　　总账科目 应收账款

21年		凭证	摘要	借方		贷方		借或贷	余额
月	日	字号		亿千百十万千百十元角分		亿千百十万千百十元角分			亿千百十万千百十元角分
10	4	记08	销产品	10000000				借	100000000
	5	记14	销产品	20000000				借	120000000
	26	记55	销产品	30000000				借	150000000
	31	记96	收前欠账款			80000000		借	70000000
11	2	记08	收前欠账款			20000000		借	50000000
	5	记21	销产品	70000000				借	120000000
	8	记35	销产品	5000000				借	125000000
	13	记47	销产品	15000000				借	140000000

图 3-19　明细分类账

【训练 3-7 · 判断题】

序时账簿又称日记账，是按经济业务发生或完成时间的先后顺序逐日逐笔进行登记的账簿。(　　)

【训练 3-8 · 多选题】

下列各项中，属于备查账簿的有(　　)。

A. 应收账款明细账　　B. 工作人员登记簿

C. 受托加工材料登记簿　　D. 租入固定资产登记簿

2. 按账页格式分类

会计账簿按账页格式的不同，可以分为两栏式账簿、三栏式账簿、多栏式账簿、数量金额式账簿和横线登记式账簿。

(1)两栏式账簿　两栏式账簿是指只有借方和贷方两个金额栏目的账簿(图 3-20)。

转账日记账

年		凭证号	摘要	借方		贷方	
月	日			总账科目	金额	明细科目	金额

图 3-20　两栏式账簿

（2）三栏式账簿　三栏式账簿是指设有借方、贷方和余额三个金额栏目的账簿。各种日记账、总账及资本、债权、债务明细账都可采用三栏式账簿（图 3-21）。

分页:______ 总页:______

______级科目:______________________　　______级科目:______________________

年		凭证		摘要	借方	贷方	借或贷	余额	√
月	日	种类	号数		千百十万千百十元角分	千百十万千百十元角分		千百十万千百十元角分	
									☐
									☐
									☐

图 3-21　三栏式账簿

（3）多栏式账簿　多栏式账簿是指在账簿的两个金额栏目（借方和贷方）按需要分设若干专栏的账簿。这种账簿可以按“借方”和“贷方”分别设专栏，也可以只设“借方”或“贷方”专栏，设多少栏则根据需要确定。收入、成本、费用明细账一般采用这种格式的账簿（图 3-22）。

应交税费（应交增值税）明细账　　　　第 1 页　连续第 页

×年		凭证字号	摘要	借方			贷方		借或贷	余额
				合计	进项税额	已交税金	合计	销项税额		
月	日			千百十万千百十元角分	千百十万千百十元角分	千百十万千百十元角分	亿千百十万千百十元角分	千百十万千百十元角分		千百十万千百十元角分
12	1		期初余额						贷	1896000
	5	记04	购原材料	8296000	8296000				借	6400000
	6	记05	销售产品				2040000	2040000	借	4360000
	6	记07	交纳税金	1896000		1896000			借	6256000
	10	记10	购原材料	1700000	1700000				借	7956000
	12	记11	销售产品				8160000	8160000	贷	204000
	19	记15	销售产品				340000	340000	贷	544000
	23	记20	销售材料				204000	204000	贷	748000
			本月合计	11892000	9996000	1896000	10774000	10774000		

图 3-22　多栏式账簿

（4）数量金额式账簿　数量金额式账簿是指在账簿的借方、贷方和余额三个栏目内，每个栏目再分设数量、单价和金额三小栏，借以反映财产物资的实物数量和价值量的账簿。原材料、库存商品等明细账一般采用数量金额式账簿（图 3-23）。

（5）横线登记式账簿　又称平行式账簿，是指将前后密切相关的经济业务登记在同一行上，以便检查每笔业务的发生和完成情况的账簿。材料采购、在途物资、应收票据和一次性备用金等明细账一般采用横线登记式账簿（图 3-24）。

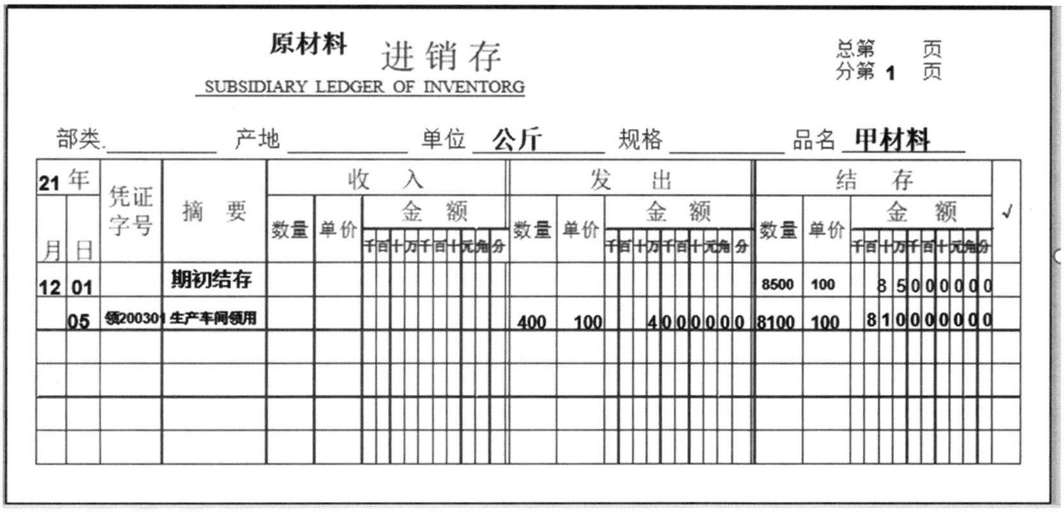

原材料 进销存

SUBSIDIARY LEDGER OF INVENTORG

总第　页
分第 1 页

部类＿＿＿＿ 产地＿＿＿＿ 单位 公斤 规格＿＿＿＿ 品名 甲材料

21年 月	日	凭证字号	摘要	收入 数量	收入 单价	收入 金额	发出 数量	发出 单价	发出 金额	结存 数量	结存 单价	结存 金额	√
12	01		期初结存							8500	100	85000000	
	05	领200301	生产车间领用				400	100	4000000	8100	100	810000000	

图 3-23　数量金额式账簿

横线登记式账

年		凭证		摘要	借方			贷方	余额
月	日	种类	号码		买价	采购费用	合计		

图 3-24　横线登记式账簿

3. 按外形特征分类

(1)订本账　订本式账簿，简称订本账，是在启用前将编有顺序页码的一定数量的账页装订成册的账簿(图 3-25)。

优点：能避免账页散失和防止抽换账页。

缺点：不便于记账人员分工记账。

订本式账簿一般适用于总分类账、现金日记账、银行存款日记账。

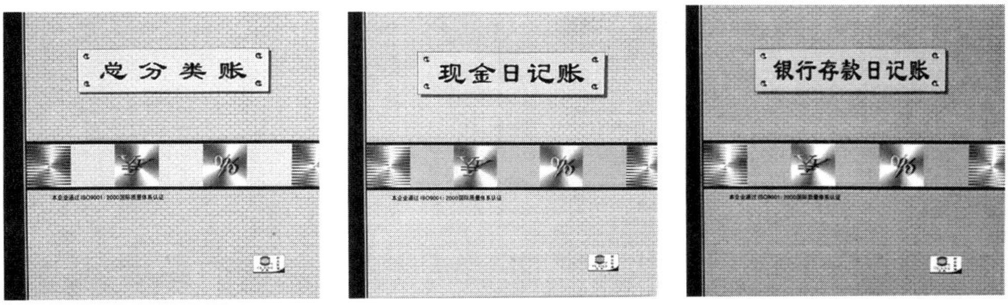

图 3-25　订本账

(2)活页账　活页式账簿,简称活页账,是将一定数量的账页置于活页夹内,可根据记账内容的变化而随时增加或减少部分账页的账簿(图 3-26)。

优点:记账时可根据实际需要,随时将空白账页装入账簿,或抽去不需用的账页,便于同时分工记账。

缺点:账页容易散失或故意抽换账页。

各种明细分类账一般采用活页账形式。

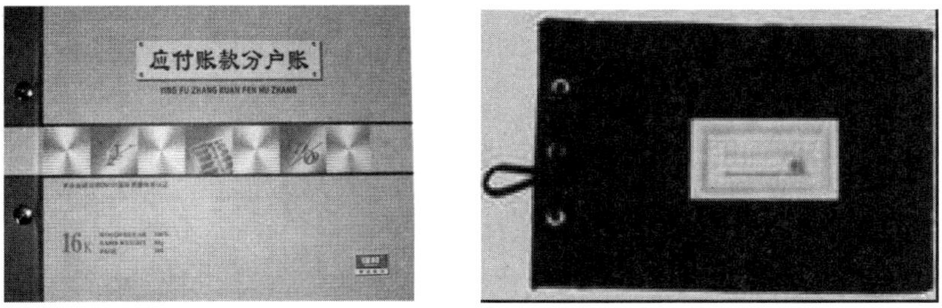

图 3-26　活页账

动脑筋:活页账在启用时需要确定页数吗?谈谈使用会计账簿时需要注意的事项。

(3)卡片账　卡片式账簿,简称卡片账,是将一定数量的卡片式账页存放于专设的卡片箱中,可以根据需要随时增添账页的账簿。在我国,企业一般只对固定资产明细账的核算采用卡片账形式(图 3-27)。

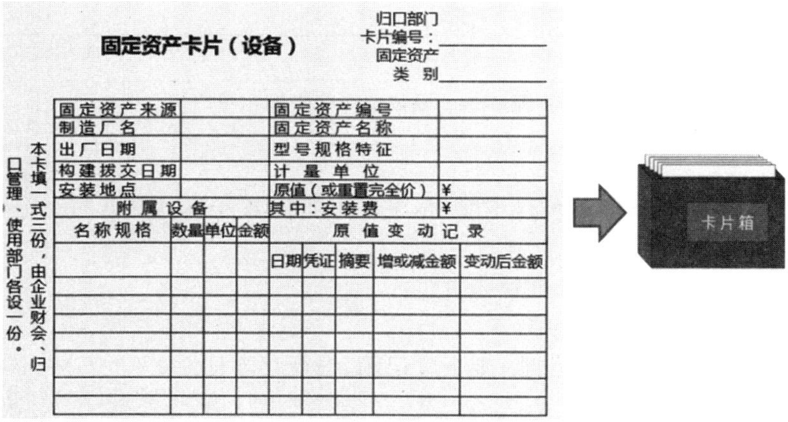

固定资产卡片(设备)

归口部门
卡片编号:
固定资产类别

固定资产来源				固定资产编号				
制造厂名				固定资产名称				
出厂日期				型号规格特征				
构建拨交日期				计量单位				
安装地点				原值(或重置完全价)			¥	
附属设备				其中:安装费			¥	
名称规格	数量	单位	金额	原值变动记录				
				日期	凭证	摘要	增或减金额	变动后金额

本卡填一式三份,由企业财会、归口管理、使用部门各设一份。

图 3-27　卡片账

【训练 3-9・多选题】

下列关于各种账簿形式优缺点的表述中,正确的有(　　)。

A. 订本账的优点是能避免账页散失和防止抽换账页

B. 订本账的缺点是不能准确为各账户预留账页

C. 活页账的优点是记账时可以根据实际需要，随时将空白账页装入账簿，或抽取不需要的账页，可根据需要增减账页，便于分工记账

D. 活页账的缺点是如果管理不善，可能会造成账页散失或故意抽换账页

【训练 3-10 · 单选题】

账簿按(　　)分为序时账、分类账和备查账。

A. 用途　　B. 经济内容　　C. 外表形式　　D. 会计要素

【训练 3-11 · 单选题】

(　　)是对全部经济业务事项按照会计要素的具体类别而设置的分类账户进行登记的账簿。

A. 序时账簿　　B. 分类账簿　　C. 备查账簿　　D. 订本式账簿

【训练 3-12 · 单选题】

关于三栏式账簿，错误的是(　　)。

A. 三栏式账簿是设有借方、贷方和余额三个基本栏目的账簿

B. 各种收入、费用类明细账都采用三栏式账簿

C. 三栏式账簿又分为设对方科目和不设对方科目两种

D. 设有"对方科目"栏的，称为设对方科目的三栏式账簿

【训练 3-13 · 单选题】

关于账簿形式的选择，错误的是(　　)。

A. 企业一般只对库存现金明细账的核算采用活页账形式

B. 银行存款日记账应使用订本账形式

C. 各种明细分类账一般采用活页账形式

D. 总分类账一般使用订本账形式

(三)设置与启用会计账簿

1. 设置会计账簿

设置会计账簿包括确定账簿的种类，设计账页的格式和内容，以及规定账簿的登记方法等，每个单位都应根据自身业务的特点和经营管理的需要，设置一定种类和数量的账簿，一般来说，设置会计账簿应遵循以下几项原则：

(1)按照会计法和国家统一会计制度的规定设置　《中华人民共和国会计法》规定，各单位必须依法设置会计账簿。各单位发生的各项经济业务事项应当在依法设置的会计账簿上统一登记、核算，不得违反会计法和国家统一的会计制度的规定，不得少设、私设会计账簿进行登记、核算。

(2)按照会计业务的需要设置　各单位应根据经济业务的特点和管理要求科学、合理地设置账簿，确保账簿能全面、连续、系统地核算各项经济业务，为经营管理提供系统、分类的会计核算资料。

(3)账簿的设置要组织严密、层次分明　账簿之间要互相衔接、互相补充、互相制约，能清晰地反映账户间的对应关系，以便提供完整、系统的资料。会计账簿的设置，既要防止账簿重叠、繁琐复杂，也要防止过于简化，以致不能提供日常管理所需的资料和编制报表的数据。

2. 启用会计账簿

为了保证账簿记录的合法性、合理性,保证账簿资料的完整性,防止舞弊行为,明确经济责任,会计人员在启用新的账簿时,应在账簿的封面上写明单位名称和账簿名称。登记账簿之前,必须在账簿扉页上的"账簿启用和经管人员一览表"中,逐项填明单位名称、账簿名称、账簿编号、账簿页数、账簿启用和交接日期、记账人员姓名、会计主管人员姓名或交接人员及监交人员姓名,并加盖公章或财务专用章,另外还要按规定粘贴印花税票。

启用订本式账簿应当从第一页到最后一页顺序编定页数,不得跳页、缺号。使用活页式账簿应当按账户顺序编号,并须定期装订成册,装订后再按实际使用的账页顺序编定页码,另加目录以便于记明每个账户的名称和页次。账簿启用表如图 3-28 所示。

账簿启用表											
单位名称	湖北襄樊泰明实业有限公司										
账簿编号	字 第 号 第 册共 册										
账簿页数	本账簿共计 50 页 100 号										
启用日期	20×× 年 1 月 1 日										
经管人员		接管			移交			会计负责人		备注	
姓名	盖章	年	月	日	年	月	日	姓名	盖章		
宋秋	宋秋		1	1				张波	张波		

图 3-28 账簿启用表

二、登记会计账簿的要求

(一)准确完整

必须根据审核无误的会计凭证,及时地登记各类账簿,以保证账簿记录的准确性。登记账簿时应当将会计凭证日期、编号、业务内容摘要、金额和其他有关资料逐项记入账内,做到数字准确、摘要清楚、字迹工整。

(二)注明记账符号

账簿登记完毕后,要在记账凭证上签名或者盖章,并在记账凭证的"记账"栏内注明账簿页数或画对勾,如图 3-29 所示,表示记账完毕,避免重记、漏记。

(三)书写留空

账簿中书写的文字和数字上面要留有适当空格,不要写满格,一般应占格距的 1/2(不是 1/3)。

(四)正常记账使用蓝黑墨水

为保持账簿记录的持久性,防止涂改,登记账簿必须使用蓝黑墨水或者碳素墨水并用钢笔

记 账 凭 证

日期：2021年11月06日　　　　　　　　　　第012号

摘要	总账科目	明细科目	借方金额											贷方金额											记账
			亿	千	百	十	万	千	百	十	元	角	分	亿	千	百	十	万	千	百	十	元	角	分	
赊销书柜	应收账款	三元商场					1	1	3	0	0	0	0												√
赊销书柜	应交税费	应交增值税（销）																	1	3	0	0	0	0	√
赊销书柜	主营业务收入书柜																	1	0	0	0	0	0	0	√
附单据 1 张	合　计					¥	1	1	3	0	0	0	0				¥	1	1	3	0	0	0	0	

复核：　王刚　　记账：　李艳　　出纳：　　制单：　周苗苗

图 3-29　登记账簿后的记账凭证

书写，不得使用圆珠笔（银行的复写账簿除外）或者铅笔书写。

（五）特殊记账使用红墨水

（1）按照红字冲账的记账凭证冲销错误记录，如图 3-30 所示。

应 付 账 款

总第＿＿＿＿页　分第＿＿＿＿页

＿＿＿＿级科目编号及名称＿红星材料厂＿

＿＿＿＿级科目编号及名称

2017年		凭证		摘要	日期	借方									贷方									借或贷	余额								
月	日	种类	号数			百	十	万	千	百	十	元	角	分	百	十	万	千	百	十	元	角	分		百	十	万	千	百	十	元	角	分
7	1			期初余额																				贷			1	0	0	0	0	0	0
7	3	记	6	偿付前欠货款				1	0	0	0	0	0	0										平							0		
7	5	记	10	冲销7月3日多记金额					9	0	0	0	0	0	—红字									贷				9	0	0	0	0	0

图 3-30　红字冲账

（2）在不设借贷等栏的多栏式账页中登记减少数，如图 3-31 所示。

（3）在三栏式账户的余额栏前，如未印明余额方向的，在余额栏内登记负数余额，如图 3-32 所示。

（4）根据国家统一的会计制度的规定可以用红字登记的其他会计记录。

生产成本明细账

户名：A产品　　　　　　　　　　　　　　　　　　　　　　第　　页

2017年		凭证		摘要					
月	日	种类	号数		直接材料	直接人工	制造费用		合计
9	1			期初余额	24 000.00	10 000.00	6 000.00		40 000.00
9	1	记	6	领用材料	20 000.00				20 000.00
9	30	记	16	分配工资		19 000.00			19 000.00
9	30	记	17	结转制造费用			12 900.00		12 900.00
9	30	记	18	结转完工产品成本	36 280.00	16 000.00	10 000.00		62 280.00
9	30			月末余额	7 720.00	13 000.00	8 900.00		29 620.00

红字

图 3-31　红字登记“生产成本”多栏账的减少数

银行存款日记账

21年		凭证字号	对方科目	摘要	收入金额											支出金额											结存余额										
月	日				亿	千	百	十	万	千	百	十	元	角	分	亿	千	百	十	万	千	百	十	元	角	分	亿	千	百	十	万	千	百	十	元	角	分
7	1			期初余额																										1	9	3	4	5	0	0	0
7	2	记-1	库存现金	提备用金																	1	0	0	0	0	0				1	9	2	4	5	0	0	0
7	3	记-2	应付账款	偿还货款															2	4	7	3	3	4	0	0					5	4	8	8	4	0	0
7	3	记-3	短期借款	接入短期借款															1	8	0	0	0	0	0	0				1	2	5	1	1	6	0	0

红字

图 3-32　红字在余额栏登记减少数

(六)顺序登记

记账时，必须按账户页次逐页逐行登记，不得隔页、跳行。如果发生隔页、跳行现象，应当在空页、空行处用红色墨水画对角线注销，或者注明“此页空白”“此行空白”字样，并由记账人员签名或者盖章，如图 3-33 所示。

现金日记账

第　　页

年		凭证		票据号数	摘　要	借　方										贷　方										余　额										核对
月	日	种类	号数			千	百	十	万	千	百	十	元	角	分	千	百	十	万	千	百	十	元	角	分	千	百	十	万	千	百	十	元	角	分	
					此页空白																															□
																																				□
																																				□
					周传明																															□
																																				□
																																				□
																																				□
																																				□

图 3-33　账簿隔页处理

（七）结出余额

凡需要结出余额的账户，结出余额后，应在“借或贷”栏内写明“借”或者“贷”字样，以示余额的方向；没有余额的账户，应在“借或贷”栏内写“平”字，并在“余额”栏用“0”表示。库存现金日记账和银行存款日记账必须逐日结出余额，如图 3-34 所示。

明细分类账
SUBSIDIARY LEDGER

第 1 页
连续第 1 页

科目编号 A/C NO. 112201　明细科目 SUB.LED.A/C 深圳三勇建材有限公司　总账科目 GEN.LED.A/C 应收账款

21年 月	日	凭证字号	摘要	借方	✓	贷方	✓	借或贷	余额
12	01		期初余额					借	23400000
	03	001	收前欠账款			23400000		平	0

结出余额

图 3-34　结出余额

（八）过次页承前页

每一账页登记完毕都应当结出本页发生额合计及余额，在该账页最末一行“摘要”栏注明“过次页”，并将这一金额记入下一页第一行有关金额栏内，在该行“摘要”栏内注明“承前页”，以保持账簿记录的连续性，便于对账和结账，如图 3-35 所示。

对需要结计本月发生额的账户，结计“过次页”的本页合计数应当为自本月初起至本页末止的发生额合计数。

第 4 页
连续第　页

月	日	凭证字号	摘要	借方	贷方	借或贷	余额
11	11	记12134	销售产品	6800000		借	216750000
	12	记12156	收前欠账款		5700000	借	216180000
	13	记12167	收前欠账款		10250000	借	215155000
	14	记12214	销售产品	4520000		借	219675000
	20	记12223	收前欠账款		122000000	借	97675000
			过次页	208967000	216780000		

第 5 页
连续第　页

×年 月	日	凭证字号 VOU.NO.	摘要 DESCRIPTION	借方 DEBIT	贷方 CREDIT	借或贷	余额 BALANCE
11	21		承前页	208967000	216780000	借	97675000
	21	记12251	销售产品	8650000			106325000

图 3-35　过次承前

(九)不得涂改、刮擦、挖补

如发生账簿记录错误，不得刮、擦、挖补或用褪色药水更改字迹，而应采用规定的方法更正。

【训练 3-14 · 单选题】

登记账簿时，下列做法错误的是(　　)。

A. 用红字冲销错误记录

B. 发生的空行、空页一定要补充书写

C. 文字和数字的书写占格距的 1/2

D. 在发生的空页上注明此页空白

【训练 3-15 · 多选题】

下列各项中，可以使用红色墨水记账的情况有(　　)。

A. 按照红字冲账的记账凭证，冲销错误记录

B. 在三栏式账户的余额栏前，如未印明余额方向的，在余额栏内登记负数余额

C. 在不设借贷等栏的多栏式账页中，登记增加数

D. 根据国家统一的会计制度的规定可以用红字登记的其他会计记录

【训练 3-16 · 多选题】

下列符合登记会计账簿基本要求的是(　　)。

A. 文字和数字的书写应占格距的 1/3

B. 冲销错误记录可以用红色墨水

C. 登记后在记账凭证上注明已经登账的符号

D. 可以使用圆珠笔登账

三、设置与登记日记账

设置与登记日记账(1)

设置与登记日记账(2)

日记账是按照经济业务发生或完成的时间先后顺序逐日逐笔进行登记的账簿。在我国，大多数企业一般只设库存现金日记账和银行存款日记账。

(一)设置与登记库存现金日记账

库存现金日记账的格式主要有三栏式和多栏式两种，库存现金日记账必须使用订本账。

1. 登记三栏式库存现金日记账

三栏式库存现金日记账设借方、贷方和余额三个金额栏目，一般将其分别称为收入、支出和结余三个基本栏目。如图 3-36 所示。

填写记账凭证日期，与实际日期一致

现金日记账（三栏式）							
年		凭证号	摘要	对方科目	收入	支出	结余
月	日						

图 3-36　现金日记账(三栏式)

由出纳人员根据库存现金收款凭证、库存现金付款凭证以及银行存款的付款凭证，按照库存现金收、付款业务和银行存款付款业务发生时间的先后顺序逐日逐笔登记。根据“上日余额＋本日收入－本日支出＝本日余额”的公式，逐日结出库存现金余额，与库存现金实有数核对，以检查每日库存现金收付是否有误。三栏式库存现金日记账的登记方法如下：

(1)日期栏，指记账凭证的日期，应与库存现金的实际收付日期一致；

(2)凭证栏，登记收付款凭证种类和编号；

(3)摘要栏，登记入账的经济业务；

(4)对方科目栏，登记现金收入的来源科目和现金支出的用途科目；

(5)借方、贷方(或收入、支出)栏，登记现金收付金额。

每日终了，应分别计算库存现金收入和支出的合计数，结出余额，做到“日清”，以便将账面余额与实存库存现金核对。月终，应计算出全月库存现金收入、支出合计数和余额，并与“现金”总分类账户核对一致，做到日清月结，账实相符。

【例 3-1 · 实务题】

将下列三笔业务登记在三栏式库存现金日记账中。

1. 12 月 3 日收回员工出差借款

借：库存现金　　500

　　贷：其他应收款　　500

　　(现金收款凭证 1 号)

2. 12 月 5 日现金付招待费 100 元

借：管理费用　　100

　　贷：库存现金　　100

　　(现金付款凭证 1 号)

3. 12 月 9 日从银行取现金 1 000 元

借：库存现金　　1 000

　　贷：银行存款　　1 000

　　(银行存款付款凭证 1 号)

登记结果如图 3-37 所示。

×年		凭证号	摘要	对方科目	收入	支出	结余
月	日						
12	1		期初余额				3 000
	3	现收 1	收回欠额	其他应收款	500		3 500
	5	现付 1	付招待费	管理费用		100	3 400
	9	银付 1	提现	银行存款	1 000		4 400

图 3-37　现金日记账(三栏式)

2. 登记多栏式库存现金日记账

多栏式库存现金日记账是在三栏式库存现金日记账基础上发展起来的。日记账的借方(收入)和贷方(支出)金额栏都按对方科目设专栏，即按收入的来源和支出的用途设专栏。格式如图 3-38 所示。

现金日记账(多栏式)												
×年		凭证号	摘要	收入				支出				结余
				应贷科目			合计	应借科目			合计	
月	日			银行存款	主营业务收入	…		其他应收款	管理费用	…		

图 3-38　现金日记账(多栏式)

这种格式在月末结账时，可以结出各收入来源专栏和支出用途专栏的合计数，便于对现金收支的合理性、合法性进行审核分析，便于检查财务收支计划的执行情况，其全月发生额还可以作为登记总账的依据。

(二)设置与登记银行存款日记账

银行存款日记账用来核算和监督银行存款每日的收入、支出和结余情况。银行存款日记账的格式与现金日记账相同，可以采用三栏式，也可以采用多栏式；但不管三栏式还是多栏式，都应在适当位置增加一栏“结算凭证”，以便记账时标明每笔业务的结算凭证及编号，便于与银行核对账目。

为了保证现金日记账和银行存款日记账的安全和完整，无论采用三栏式还是多栏式现金日记账和银行存款日记账，都必须使用订本账。银行存款日记账的设置和登记方法如下。

(1)银行存款日记账应按企业在银行开立的账户和币种分别设置，每个银行账户设置一本日记账。

(2)银行存款日记账由出纳人员根据银收凭证、银付凭证和现付凭证等业务发生时间的先后顺序逐日逐笔登记。

(3)根据银行存款收款凭证和有关的现金付款凭证(库存现金存入银行的业务)登记银行存款收入栏，根据银行存款付款凭证登记其支出栏，每日结出存款余额。

【训练 3-17・单选题】

现金日记账的登记方法错误的是(　　)。

A. 每日终了，应分别计算现金收入和现金支出的合计数，结出余额，同时将余额同库存现金实有数核对

B. 现金日记账可逐月结出现金余额，与库存现金实存数核对，以检查每月现金收付是否有误

C. 凭证栏系指登记入账的收、付款凭证的种类和编号

D. 日期栏系指记账凭证的日期

【训练 3-18 · 单选题】

关于银行存款日记账的具体登记方法，表述错误的是（　　）。

A. 日期栏：系指记账凭证的日期

B. 凭证栏：系指银行存款实际收付的金额

C. 对方科目：系指银行存款收入的来源科目或支出的用途科目

D. 摘要栏：摘要说明登记入账的经济业务的内容

【训练 3-19 · 多选题】

出纳人员可以登记和保管的账簿有（　　）。

A. 现金日记账　　B. 银行存款日记账　　C. 现金总账　　D. 银行存款总账

四、设置与登记分类账

设置与登记总分类账(1)　　设置与登记总分类账(2)

(一)设置与登记总分类账

1. 设置总分类账

为了全面、总括地反映经济活动和财务收支情况，并为编制报表提供资料，每个单位都必须设置总分类账。总分类账采用定本式账簿，按照会计科目的编号顺序设置账户，并根据往年记录适当估计本年度内各种经济业务发生的笔数，为每个账户预留若干账页。总分类账最常用的格式为三栏式，设置借方、贷方和余额三个基本金额栏目。在采用汇总记账凭证记账程序时，为了清晰地反映经济业务的对应关系，要设置“对方科目”栏。

2. 登记总分类账

总分类账由总账会计负责登记，其登记方法因所采用的记账程序的不同而不同，可以采用记账凭证账务处理程序，也可以采用记账凭证汇总表（又称科目汇总表）或汇总记账凭证账务处理程序。一般来说，经济业务少的小型单位的总分类账可以根据记账凭证逐笔登记；经济业务多的大中型单位的总分类账可以根据记账凭证汇总表或汇总记账凭证定期登记。

(1)根据记账凭证账务处理程序登记总分类账　记账凭证账务处理程序如图 3-39 所示。

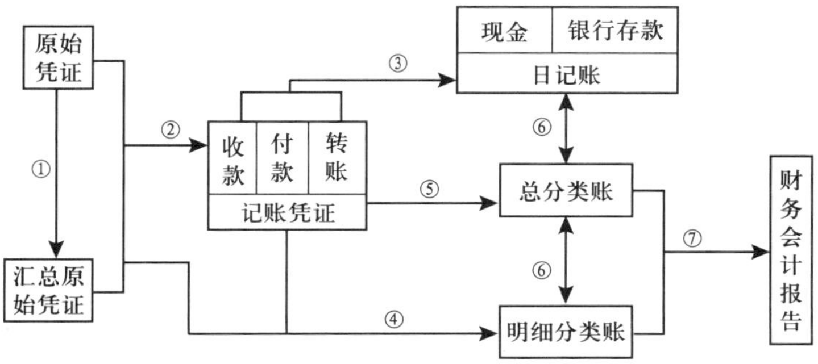

图 3-39　记账凭证账务处理程序

【例 3-2 · 实务题】

12 月 3 日，佩奇公司收到三元商场偿还的前欠货款 234 000 元，记账凭证如图 3-40 所示，请用记账凭证账务处理程序登记总分类账。

记　账　凭　证

日期：2021年12月03日　　　　第001号

摘　要	总账科目	明细科目	借方金额（亿千百十万千百十元角分）	贷方金额（亿千百十万千百十元角分）	记帐
收前欠账款	银行存款		23400000		✓
	应收账款	三元商场		23400000	✓
附单据 1 张	合　计		¥23400000	¥23400000	

复核：　　记账：　　出纳：赵萌　　制单：周苗苗

图3-40　记账凭证

分析：本业务要求采用记账凭证账务处理程序登记总分类账，所以直接在银行存款和应收账款两个总分类账簿中直接登记并结出余额即可。登记结果如图 3-41、图 3-42 所示。

银行存款日记账

CASH JOURNAL

第 1 页

开户银行　工商银行

账　　号　62020021087

21年 月	21年 日	凭证字号	银行凭证	摘　要	对应科目	借方（亿千百十万千百十元角分）	贷方（亿千百十万千百十元角分）	借或贷	余额（亿千百十万千百十元角分）	✓
12	01			期初余额				借	20120000	
	03	记001		收前欠账款	应收账款	23420000		借	43520000	

图3-41　根据记账凭证登记的银行存款总分类账

总 分 类 账
GENERAL LEDGER

会计科目及编号 ACCOUNT NO. 1122 应收账款 　　　　第 8 页

21年		凭证字号	摘要	借方											贷方											✓	借或贷	余额										
月	日			亿	千	百	十	万	千	百	十	元	角	分	亿	千	百	十	万	千	百	十	元	角	分			亿	千	百	十	万	千	百	十	元	角	分
12	01		期初余额																								借				2	3	4	0	0	0	0	0
	03	记001	收前欠账款															2	3	4	0	0	0	0	0		平								0			

图3-42 应收账款总分类账

(2)根据科目汇总表账务处理程序登记总分类账

根据记账凭证定期编制科目汇总表,并据以登记总分类账的账务处理程序,账务处理流程如图 3-43 所示。

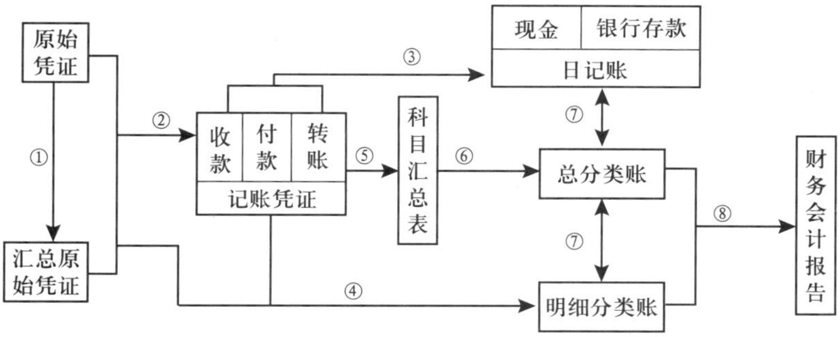

图 3-43 科目汇总表账务处理程序

【例 3-3 · 实务题】

下图为佩奇公司 12 月上旬的记账凭证汇总表,如图 3-44 所示。请根据资料登记总分类账。

记账凭证汇总表

VOUCHERS SUMMARY

日期：2021年12月01日至2021年12月10日 编号01

凭证起讫号数自 001 号起至 010 号止

会计科目	借方金额											✓	贷方金额											✓
	亿	千	百	十	万	千	百	十	元	角	分		亿	千	百	十	万	千	百	十	元	角	分	
银行存款				3	7	6	4	0	0	0	0					1	4	6	9	6	0	0	0	✓
应收账款																1	4	6	9	6	0	0	0	✓
应付职工薪酬						2	1	8	6	0	0													✓
库存现金						5	0	0	0	0	0							3	0	7	1	0	0	✓
材料采购				5	8	8	0	0	0	0	0													✓
应交税费				1	2	4	9	2	0	0	0						2	0	4	0	0	0	0	✓
应付票据																5	7	0	9	6	0	0	0	✓
主营业务收入																								✓
其他应付款																		2	0	0	0	0	0	✓
应付账款				1	1	3	0	0	0	0	0					1	1	3	0	0	0	0	0	✓
管理费用							8	8	5	0	0													✓
合　　计		¥	1	2	1	0	3	9	1	0	0			¥	1	2	1	0	3	9	1	0	0	

复核： 王刚　　　　记账： 赵萌　　　　制单： 周苗苗

图3-44 记账凭证汇总表

分析：本汇总表涉及多个账户，每个账户汇总了10天的业务金额，只需将每个汇总金额直接登记在相应的总分类账簿中结出余额即可。下面只以“银行存款”账簿为例，登记结果如图3-45所示。

总分类账

GENERAL LEDGER

会计科目及编号
ACCOUNT NO. 1002 银行存款

第 2 页

21年		凭证字号	摘要	借方												贷方												借或贷	余额										
月	日			亿	千	百	十	万	千	百	十	元	角	分		亿	千	百	十	万	千	百	十	元	角	分			亿	千	百	十	万	千	百	十	元	角	分
12			期初余额																									借				2	0	1	2	0	0	0	0
01	10	科汇01	1–10日汇总				3	7	6	4	0	0	0	0					1	4	6	9	6	0	0	0		借				4	3	0	6	4	0	0	0
	20	科汇02	11–10日汇总					1	4	0	4	0	0	0					1	3	9	3	0	0	0	0		借				2	9	1	3	4	0	0	0
	30	科汇03	21–30日汇总																		7	6	5	0	0	0		借				2	2	8	8	8	0	0	0

图3-45 根据科目汇总表登记的银行存款总分类账

(3)根据汇总记账凭证账务处理程序登记总分类账

根据记账凭证定期编制汇总记账凭证,并据以登记总分类账的账务处理程序,账务处理流程如图 3-46 所示。

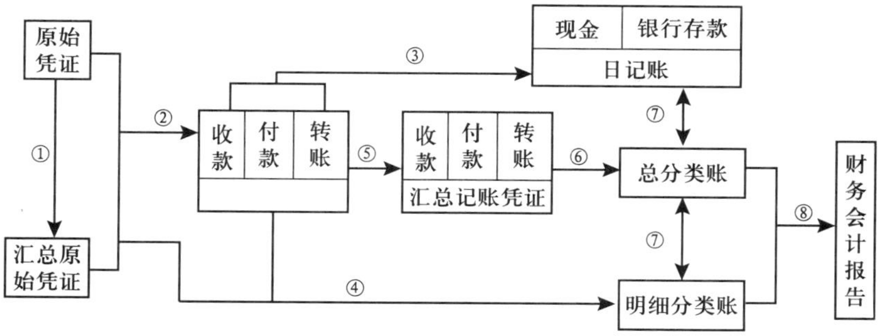

图 3-46 汇总记账凭证账务处理程序

(二)设置与登记明细分类账

设置与登记明细分类账(1) 设置与登记明细分类账(2) 设置与登记明细分类账(3) 设置与登记明细分类账(4)

1. 设置明细分类账

为满足经营管理的需要,各单位应在设置总分类账的基础上,按照二级科目或明细科目设置明细分类账,提供有关经济业务的详细资料。明细分类账一般采用活页式账簿,比较重要的明细分类账采用定本式账簿,特殊业务可以采用卡片式账簿。明细分类账的格式通常有:三栏式、多栏式、数量金额式、横线登记式(或称平行式)等。

(1)三栏式明细分类账 三栏式明细分类账的账页格式与三栏式总账格式相同,一般适用于反映债权、债务结算情况及资本变动情况等只进行金额核算,不需要进行数量核算的科目。如应收账款、应付账款科目。

(2)多栏式明细分类账 指在一张账页内按有关明细科目或明细项目分设若干专栏,以集中反映有关明细科目或明细项目核算资料的账簿。多栏式明细分类账不仅要按明细账户分设账页,而且各账页要分设专栏,详细反映各明细账户的核算情况,适用于收入、成本、费用科目的明细核算,如生产成本、管理费用、营业外收入、利润分配等。

(3)数量金额式明细分类账 其借方(收入)、贷方(发出)和余额(结存)都分别设有数量、单价和金额三个专栏,适用于既要进行金额核算又要进行数量核算的账户,如原材料、库存商品、周转材料等存货明细账户。

(4)横线登记式明细分类账 横线登记式账页是采用横线登记,即将每一相关的业务登记在一行,从而可依据每一行各个栏目的登记是否齐全来判断该项业务的进展情况。这种格式适用于登记材料采购、在途物资、应收票据和一次性备用金业务。

2. 登记明细分类账

各明细账的登记方法,应根据本单位业务量的大小和经营管理上的需要,以及所记录的经济业务内容而定,可以根据原始凭证、汇总原始凭证或记账凭证逐笔登记,也可以根据这些凭证逐日或定期汇总登记。登记方法参照日记账与总账。

【训练 3-20 · 单选题】

下列做法错误的是(　　)。

A. 现金日记账采用三栏式账簿　　B. 库存商品明细账采用数量金额式账簿

C. 生产成本明细账采用三栏式账簿　　D. 制造费用明细账采用多栏式账簿

【训练 3-21 · 多选题】

下列必须逐日逐笔登记明细账的有(　　)。

A. 原材料　　B. 应收账款　　C. 应付账款　　D. 管理费用

(三)平行登记总分类账与明细分类账

1. 总分类账与明细分类账的关系

总分类账与明细分类账的原始依据相同,核算内容相同,只是核算指标的详细程度不一样。总分类账对其所属的明细分类账户起着统驭和控制的作用。明细分类账对其从属的总分类账户起着补充和说明的作用。总分类账户又称统驭账户,明细分类账户又称从属账户,只有把二者结合起来,才能既总括又详细地反映同一核算内容。因此,必须平行登记总分类账和明细分类账。

平行登记总分类账与明细账

2. 平行登记的方法

所谓平行登记,是指对发生的每项经济业务,都要以相关的会计凭证为依据,一方面记入有关的总分类账;另一方面记入有关总分类账所属明细分类账的方法。

3. 平行登记要点

(1)期间相同　对每项经济业务,在同一会计期间内依据相同的会计凭证,既记入有关的总分类账户,又记入其所属的明细分类账户。

(2)方向相同　每项经济业务登记总分类账和明细分类账的方向相同,但在有些明细分类账只设置一个方向发生额栏目的特殊情况下,可以用红字在该栏内登记反向记录。

(3)金额相同　每项经济业务登记总分类账的金额必须与登记所属各有关明细分类账的金额之和相等。总账登记的是总括数字,明细账登记的是明细数字。在设立二级账的情况下,总账、二级账和明细账都应进行平行登记。

4. 平行登记的检查

在会计期末,为检查账户记录是否正确,应当对总分类账和明细分类账登记的结果进行相互核对。核对时可通过编制明细分类账本期发生额及余额表进行。某一总分类账的明细分类账本期发生额及余额表中期初余额合计、借方本期发生额合计、贷方本期发生额合计、期末余额合计,应分别与该总分类账的期初余额、本期借方发生额、本期贷方发生额和期末余额相符。如果有关数据不符,则说明记账有差错,应及时更正错账,以保证账簿记录的正确性。

【例 3-4 · 实务题】

10 月 31 日,佩奇公司收到三元商场前欠账款 800 000 元,请登记相关总分类账和明细分类账。

分析:本业务需要对"应收账款"总账和明细分类账进行平行登记,登记结果如图 3-47、图 3-48 所示。

总分类账

GENERAL LEDGER

会计科目及编号 ACCOUNT NO. 1122 应收账款　　　　第 124 页

21年 月	日	凭证字号	摘要	借方（亿千百十万千百十元角分）	贷方（亿千百十万千百十元角分）	借或贷	余额（亿千百十万千百十元角分）
12	04		承前页	1200000000	800000000	借	100000000
	05	记14	销产品	20000000		借	120000000
	26	记55	销产品	3000000		借	150000000
	31	记96	收前欠账款		80000000	借	70000000
11	02	记08	收前欠账款		20000000		50000000
	05	记21	销产品	3000000			120000000
	08	记35	销产品	500000			120000000
	13	记47	销产品	1500000			140000000
	22	记55	销产品	1000000			150000000
			过次页	1350000000	900000000		

图3-47　应收账款总分类账

明细分类账

GENERAL LEDGER

第 1 页
连续第 页

科目编号 A/C NO. 112201　　明细科目 SUB.LED.A/C 深圳三元商场　　总账科目 GEN.LED.A/C 应收账款

21年 月	日	凭证字号	摘要	借方（亿千百十万千百十元角分）	贷方（亿千百十万千百十元角分）	借或贷	余额（亿千百十万千百十元角分）
12	4		销产品	1200000000	800000000	借	100000000
	5	记14	销产品	20000000		借	120000000
	26	记55	销产品	3000000		借	150000000
	31	记96	收前欠账款		80000000	借	70000000
11	2	记08	收前欠账款		20000000		50000000
	5	记21	销产品	3000000			120000000
	8	记35	销产品	500000			120000000
	13	记47	销产品	1500000			140000000

图3-48　应收账款明细分类账

五、对账、更正错账与结账

(一)对账

对账就是核对账目,是对账簿记录所进行的核对工作。对账一般可以分为账证核对、账账核对和账实核对。

对账

1. 账证核对

账簿是根据经过审核之后的会计凭证登记的，但实际工作中仍有可能发生账证不符的情况，记账后，应将账簿记录与会计凭证核对，核对账簿记录与原始凭证、记账凭证的时间、凭证字号、内容、金额等是否一致，记账方向是否相符，做到账证相符。

2. 账账核对

账账核对是指核对不同会计账簿之间的账簿记录核对应相符。

(1)总分类账簿之间的核对

① 全部账户本期借方发生额合计＝全部账户本期贷方发生额合计。

② 全部账户的借方期初余额合计＝全部账户的贷方期初余额合计。

③ 全部账户的借方期末余额合计＝全部账户的贷方期末余额合计。

(2)总分类账簿与所属明细分类账簿核对

① 总分类账户的期初余额＝所属的明细分类账户的期初余额之和。

② 总分类账户的本期借方发生额＝所属的明细分类账户的本期借方发生额之和。

③ 总分类账户的本期贷方发生额＝所属的明细分类账户的本期贷方发生额之和。

④ 总分类账户的期末余额＝所属的明细分类账户的期末余额之和。

(3)总分类账簿与序时账簿核对　检查现金总账和银行存款总账的期末余额，与现金日记账和银行存款日记账的期末余额是否相符。

(4)明细分类账簿之间的核对　会计部门有关实物资产的明细账与财产物资保管部门或使用部门的明细账定期核对，以检查其余额是否相符。

3. 账实核对

账实核对是指各项财产物资、债权债务等账面余额与实有数额之间核对应相符。

(1)库存现金日记账账面余额与库存现金实际库存数逐日核对是否相符。

(2)银行存款日记账账面余额与银行对账单的余额定期核对是否相符。

(3)各项财产物资明细账账面余额与财产物资的实有数额定期核对是否相符。

(4)有关债权债务明细账账面余额与对方单位的账面记录核对是否相符等。

【训练 3-22 · 单选题】

对账就是核对账目，其主要内容包括(　　)。

A. 账实核对、账表核对、账账核对　　B. 账账核对、账证核对、账表核对

C. 账账核对、账证核对、表表核对　　D. 账证核对、账账核对、账实核对

【训练 3-23 · 单选题】

(　　)是指核对不同会计账簿之间的账簿记录是否相符。

A. 账证核对　　B. 账账核对　　C. 账实核对　　D. 余额核对

(二)更正错账

更正错账(1)　更正错账(2)　更正错账(3)　更正错账(4)

1. 划线更正法更正错账

适用于错账的情形：在结账前发现账簿记录有文字或数字错误，而记账凭证没有错误。更

正方法如图 3-49、图 3-50 所示。

ⓐ数字错误　例如：7980.00（正确是7890.00）。

89　　　　　　　　　7890.00（盖章）

错误的更正方法：7980.00　　正确的更正方法：~~7980.00~~

ⓑ文字错误　例如：收回贷款

货（盖章）

收回~~贷~~款

图 3-49　划线更正法更正错账

更正时，应在错误的文字或数字上面划一条红线注销，但必须使原有的笔迹仍可辨认清楚。然后在上方空白处用蓝字填写正确的文字和数字，并在更正处盖记账人员、会计机构负责人(会计主管人员)名章，以明确责任。

对于错误数字必须全部用红线注销，不能只划销整个数中的个别位数。对于文字错误，可只划去错误的部分。

总分类账

会计科目编号　1001

会计科目名称　库存现金

21年		凭证字号	摘要	借方											✓	贷方											✓	借或贷	余额											✓
月	日			亿	千	百	十	万	千	百	十	元	角	分		亿	千	百	十	万	千	百	十	元	角	分			亿	千	百	十	万	千	百	十	元	角	分	
1	1		上年结转																									借						1	2	4	2	0	0	✓
	1	银付	提现备发工资					3	5	0	0	0	0	0														借					3	6	2	4	2	0	0	✓
	1	现付	支付工资																	3	2	0	0	0	0	0		借						4	2	4	2	0	0	✓
	1	现付	购买办公用品																			1	2	5	0	0		借						4	1	1	7	0	0	✓
	1	现付	报销差旅费							2	4	8	0	0														借						4	1	6	5	0	0	✓
	1	现付	支付业务招待费															宋	秋		2 ~~2~~	7 ~~7~~	6 ~~3~~	3 ~~6~~	0 ~~0~~	0 ~~0~~		借						1	4	0	2	0	0	✓

图 3-50　划线更正法

2. 红字更正法更正错账

适用于错账的情形：①记账后发现记账凭证中的应借、应贷会计科目有错误；②记账后发现记账凭证和账簿记录中应借、应贷会计科目无误，只是所记金额大于应记金额。

更正方法：对于记账后发现记账凭证中的应借、应贷会计科目有错误所引起的记账错误，例如：科目名称写错或借贷方向写错。更正时，应先用红字填写一张与错误的记账凭证内容相同的红字记账凭证，然后据此用红字记入账内，并在摘要栏注明“冲销×月×日×号凭证错账”以示注销。同时，用蓝字再编写一张正确的记账凭证，据此用蓝字记入账内，并在摘要栏注明“订正×月×日×号凭证”。

【例 3-5 · 实务题】

4 月 6 日，企业购入材料 5000 元，验收入库，货款尚未支付。

错误记录：原记账凭证写错账户名称并已登记入账。

借：原材料　　5 000

　　贷：应收账款　　5 000

更正：

(1)4 月 18 日编制红字记账凭证并记入账内：

借：原材料　　[5 000]

　　贷：应收账款　　[5 000]

(注意：摘要栏是“冲销 4 月 6 日×号凭证错账”)

(2)用蓝字编制正确记账凭证并登记入账：

借：原材料　　5 000

　　贷：应付账款　　5 000

(注意：摘要栏是“订正 4 月 6 日×号凭证错账”。)

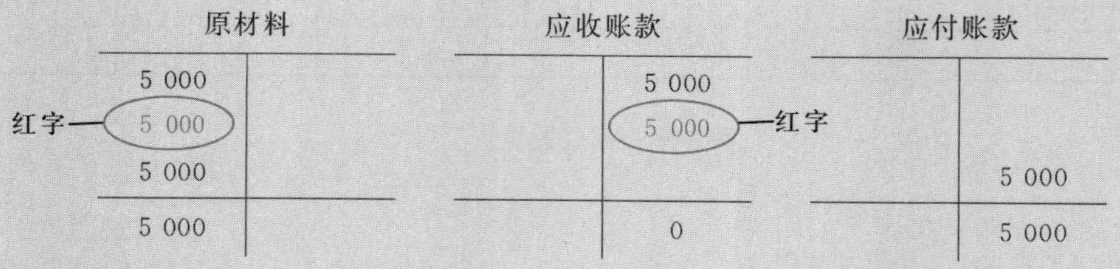

对于记账凭证中的会计科目正确无误，只是错记的金额多于正确的金额，即发生数额多记了。更正时，按多记金额用红字编制一张与原记账凭证应借、应贷科目完全相同的记账凭证，然后据此用红字记入账内，在摘要栏注明“冲销×月×日×号凭证多记金额”。

【例 3-6 · 实务题】

企业计提本月固定资产折旧费 3 800 元，编制记账凭证时误记为 38 000 元。

错误记账凭证和错账为：

借：管理费用　　38 000
　贷：累计折旧　　38 000

管理费用	
38 000	

累计折旧	
	38 000

更正：将多记金额用红字编制记账凭证，并记入账内：

借：管理费用　　34 200（红字）
　贷：累计折旧　　34 200（红字）

（注意：摘要栏是"冲销×月×日×号凭证错账"。）

管理费用	
38 000	
34 200（红字）	
3 800	

累计折旧	
	38 000
	34 200（红字）
	3 800

3. 补充登记法更正错账

适用于错账的情形：记账后发现记账凭证和账簿记录中应借、应贷会计科目无误，只是所记金额小于应记金额时。

更正方法：将少记金额用蓝字编制一张与原记账凭证应借、应贷科目完全相同的记账凭证，然后用蓝字记入账内，并在摘要栏注明："补记×月×日×号凭证少记金额"。

【例 3-7 · 实务题】

生产车间为生产产品领用材料 8 400 元。错误凭证及账簿如下：

借：生产成本　　4 800
　贷：原材料　　4 800

生产成本	
4 800	

原材料	
	4 800

更正：将少记金额编制记账凭证并记入账内：

借：生产成本　　3 600
　贷：原材料　　3 600

（注意：摘要栏是"补记×月×日×号凭证少记部分"。）

生产成本

借	贷
4 800	
3 600	
8 400	

原材料

借	贷
	4 800
	3 600
	8 400

【训练 3-24 · 多选题】

记账后，发现记账凭证中的金额有错误，导致账簿记录错误，不能采用的错账更正方法有(　　)。

A. 划线更正法　　B. 红字更正法　　C. 补充登记法　　D. 重新抄写法

【训练 3-25 · 单选题】

更正错账时，划线更正法的适用范围是(　　)。

A. 记账凭证上会计科目或记账方向错误，导致账簿记录错误

B. 记账凭证正确，在记账时发生错误，导致账簿记录错误

C. 记账凭证上会计科目或记账方向正确，所记金额大于应记金额，导致账簿记录错误

D. 记账凭证上会计科目或记账方向正确，所记金额小于应记金额，导致账簿记录错误

【训练 3-26 · 多选题】

红字更正法通常适用的情况有(　　)。

A. 记账后在当年内发现记账凭证所记的会计科目错误

B. 发现上一年度的记账凭证所记的会计科目错误

C. 记账后发现会计科目无误而所记金额大于应记金额

D. 记账后发现会计科目无误而所记金额小于应记金额

(三)结账

结账，是指把一定时期内应记入账簿的经济业务全部登记入账后，计算记录本期发生额及期末余额，并将余额结转下期或新的账簿。

结账的内容通常包括两个方面：一是结清各种损益类账户，并据以计算确定本期利润；二是结出各资产、负债和所有者权益账户的本期发生额合计和期末余额。

1. 结账的程序

(1)结账前，将本期发生的经济业务全部登记入账，并保证其正确性。对于发现的错误，应采用适当的方法进行更正。

(2)在本期经济业务全面入账的基础上，根据权责发生制的要求，调整有关账项，合理确定应计入本期的收入和费用。

(3)将各损益类账户余额全部转入“本年利润”账户，结平所有损益类账户。

(4)结出资产、负债和所有者权益账户的本期发生额和余额，并转入下期。

上述工作完成后，就可以根据总分类账和明细分类账的本期发生额和期末余额，分别进行试算平衡。

2. 结账的方法

根据结账时期不同，结账可分为月结、季结和年结。结账一般采用划线法，期末结出各账

户的本期发生额和期末余额后,用划线进行标记。

(1)月结　应在该月最后一笔经济业务下面划一条通栏单红线,在红线下“摘要”栏内注明“本月合计”“本月发生额及余额”字样,在“借方”栏、“贷方”栏或“余额”栏分别填入本月合计数和月末余额,同时在“借或贷”栏内注明借贷方向。然后,在这一行下面再划一条通栏红线,以便与下月发生额划清。

(2)季结　通常在每季度的最后一个月月结的下一行,在“摘要”栏内注明“本季合计”或“本季度发生额及余额”,同时结出借、贷方发生总额及季末余额。然后,在这一行下面划一条通栏单红线,表示季结的结束。

(3)年结　在第四季度季结的下一行,在“摘要”栏注明“本年合计”或“本年发生额及余额”,同时结出借、贷方发生额及期末余额。然后,在这一行下面划上通栏双红线,以示封账。

年度结账后,总账和日记账应当更换新账,明细账一般也应更换。但有些明细账,如固定资产明细账等可以连续使用,不必每年更换。年终时,要把各账户的余额结转到下一会计年度,只在摘要栏注明“结转下年”字样,结转金额不再抄写。如果账页的“结转下年”行以下还有空行,应当自余额栏的右上角至日期栏的左下角用红笔划对角斜线注销。在下一会计年度新建有关会计账簿的第一行余额栏内填写上年结转的余额,并在摘要栏注明“上年结转”字样。年度结账如图 3-51 所示。

总分类账

分页:_____　总页:_____　　　　　　　　科目:库存现金

2017年		凭证字号	摘要	借方										贷方										借或贷	余额										核对
月	日			千	百	十	万	千	百	十	元	角	分	千	百	十	万	千	百	十	元	角	分		千	百	十	万	千	百	十	元	角	分	
			承前页			2	1	7	4	4	1	0	0		2	1	7	1	1	0	0	0		借					1	1	3	0	0	0	✓
11	20	银付	11–20日发生额				1	9	2	0	0	0	0			2	0	1	0	0	0	0		借						2	3	0	0	0	✓
	30	现付	21–30日发生额					1	0	1	0	0	0									0		借					1	2	4	0	0	0	✓
12	10	现付	1–10日发生额					1	0	8	0	0	0					9	0	0	0	0		借					1	4	2	0	0	0	✓
	20	现付	11–20日发生额				1	7	2	8	0	0	0			1	8	0	9	0	0	0		借						6	1	0	0	0	✓
	31	现付	21–31日发生额						9	0	9	0	0											借					1	5	1	9	0	0	✓
			本年合计			2	5	6	9	2	0	0	0		2	5	6	2	0	0	0	0		借					1	5	1	9	0	0	
			结转下年																																

图 3-51　年度结账

【训练 3-27 · 单选题】

下列结账方法错误的是(　　)。

A. 总账账户平时只需结出月末余额

B. 12 月末的“本年累计”就是全年累计发生额,全年累计发生额下通栏划双红线

C. 账户在年终结账时,在“本年合计”栏下通栏划双红线

D. 现金、银行存款日记账，每月结账时，在摘要栏注明“本月合计”字样，并在下面通栏划双红线

【训练 3-28・单选题】

年终结账，将余额结转下年时（　　）。

A. 不需要编制记账凭证，但应将上年账户的余额反向结平才能结转下年

B. 应编制记账凭证，并将上年账户的余额反向结平

C. 不需要编制记账凭证，也不需要将上年账户的余额结平，直接注明“结转下年”即可

D. 应编制记账凭证予以结转，但不需要将上年账户的余额反向结平

六、更换与保管会计账簿

（一）更换会计账簿

更换会计账簿的通常在新会计年度建账时进行。一般来说，总账、日记账和多数明细账要每年更换一次，在年度终了时更换新账簿，并将各账户的余额结转到新的年度。

账簿更换的具体做法是：首先检查本年度账簿记录，在年终结账时是否全部结清，然后在新账中有关账户的第一行日期栏内注明 1 月 1 日，摘要栏内注明“上年结转”或“年初余额”字样，将上年的年末余额以同方向记入新账中的余额栏内，并在借或贷栏内注明余额的方向（借方还是贷方）。需要注意的是，新旧账簿更换时账户余额结转不编制记账凭证，也不要记入借方栏或贷方栏，而是直接记入余额栏，因此凭证号栏、借方栏和贷方栏无需填制。

（二）保管会计账簿

年度终了，各种账户在结转下年、建立新账后，一般应将旧账集中统一管理。会计账簿暂由本单位财务会计部门保管一年，期满后，由本单位财务会计部门编造清册移交本单位的档案部门保管。

各种账簿应当按年度分类归档，编造目录，妥善保管。既保证在需要时迅速查阅，又保证各种账簿的安全和完整。保管期满后，还要按照规定的审批程序经批准后才能销毁。

根据《会计档案管理办法》第八条会计档案的保管期限分为永久、定期两类。各种账簿保管期限如表 3-1 所示。

表 3-1　会计档案保管期限

序号	档案类别	档案名称	保管期限
1	会计凭证	原始凭证、记账凭证、汇总凭证	30 年
		其中涉及外事和“转制”的会计凭证	永久
2	会计账簿	总账、明细账、日记账、辅助账	30 年
		其中涉及外事和“转制”的会计账簿	永久
		固定资产卡片	固定资产报废清理后保管 5 年
3	财务会计报告	月度、季度、半年度财务会计报告	10 年
		年度财务会计报告	永久

续表

序号	档案类别	档案名称	保管期限
4	其他会计资料	银行存款余额调节表、银行对账单	10年
		纳税申报表	10年
		会计档案移交清册	30年
		会计档案保管、销毁清册	永久
		会计档案鉴定意见书	永久

任务训练

1. 根据以下资料填写账簿启用表

佩奇服装有限公司，一般纳税人，增值税税率为13%，公司概况如下：

开户银行：中国工商银行南岗支行

账号：213522538135

地址：哈尔滨市南岗工业园区226号

税务登记号：44010120ABC1820T2M

公司法人代表：梦洁　会计主管：李艳　记账会计：赵萌　出纳：王刚

2. 2023年1月，根据如下通达公司会计账户的期初余额开设总账、日记账和明细账（会计账页自备）。

通达公司2023年1月期初余额　　单位：元

账户名称	借方余额	账户名称	贷方余额
库存现金	3 500	短期借款	400 000
银行存款	916 500	应付账款	
应收账款		——嘉禾公司	500 000
——富康公司	200 000	长期借款	1 000 000
原材料		实收资本	
——A材料	2 000 000	——王强	6 000 000
——B材料	1 200 000	——李明	4 000 000
——C材料	80 000	本年利润	
库存商品		利润分配	
——甲产品	1 320 000	——未分配利润	100 000
——乙产品	4 280 000		
固定资产	2 000 000		
合计	12 000 000	合计	12 000 000

3. 根据以下资料，按规定的错账更正方法进行更正，并注明更正方法的名称。

2023 年 5 月份，通达公司查账时发现下列错账：

(1)购买 A 材料 30 000 元，会计科目正确，金额错记为 3 000 元。

(2)购买办公用品 220 元，会计科目正确，金额错记为 2 200 元。

(3)车间用 100 元购买办公用品，借方错登记为管理费用。

(4)现金支付采购人员王琦借差旅费 5 000 元，原编制的记账凭证如下：

借：其他应付款——王琦　　5 000

　　贷：库存现金　　5 000

任务 3　开展财产清查

任务描述

前面的学习，我们是根据会计凭证登记会计账簿，与实物流转理论上应是一致的，但实物在使用与保管过程中由于收发计量、保管不善、自然灾害等原因，会发生溢余或短缺。这就要求企业定期或不定期地进行清查盘点，以保证账实相符，保证会计信息的真实可靠。这就是本任务的学习目标。

1. 理解什么是财产清查？能正确判断财产清查的适用范围；
2. 掌握库存现金的清查方法及清查结果的账务处理技能；
3. 掌握银行存款的清查方法，会查找未达账项，能编制银行存款余额调节表；
4. 掌握往来款项的清查方法及清查结果的账务处理技能。

知识准备

财产清查的概念、种类(1)

一、财产清查的概念、种类以及财产物资的盘存制度

(一)财产清查的概念

财产清查指对实物资产、货币资金、往来款项等进行实地盘点、查询核对，确定各项财产物资、货币资金、往来款项的实有数，并查明实存数与账存数是否相符的一种专门方法。

实际工作中，各项财产物资由于收发计量、自然损耗或升溢、管理不善或责任人失职、贪污盗窃或营私舞弊、自然灾害等原因，造成账存数与实存数往往产生差异。财产清查对保证财产物资的安全和完整、挖掘财产物资的潜力、保证财经纪律的执行有着重要的意义。

财产清查的概念、种类(2)

(二)财产清查的种类

1. 按照财产清查对象的范围可以分为全面清查和局部清查

全面清查是指对所有财产物资进行全面的清查。一般适用于以下几种情况：

(1)年终决算前,进行全面清查以保证会计报表资料的真实性和正确性。

(2)单位进行清产核资时,进行全面清查以确定实有资金,以便全面、准确地了解单位的情况。

(3)单位撤销、破产、合并或改变隶属关系,进行全面清查以明确经济责任。

局部清查是指根据需要对部分财产进行的清查。局部清查相对于全面清查需要投入的人力少、花费的时间短、清查范围小,可以根据需要随时进行,一般适用于以下情况:

(1)库存现金,每日终了时应由出纳人员自行盘点1次。

(2)银行存款、银行借款,每月应与银行核对1次。

(3)原材料、产成品等流动性大的存货,应每月清查盘点1次。

(4)各项债权、债务,每年至少与对方核对1～2次。

(5)各种贵重物资,每月应盘点1次。

2. 按照财产清查的时间可以分为定期清查和不定期清查

定期清查是指按照预先的安排的时间,对财产物资进行的清查。一般是在年度、季度、月份末结账前进行。定期清查根据实际清查范围和对象可以是全面清查,也可以是局部清查。

不定期清查是指事根据实际需要对财产物资进行的临时清查。同定期清查一样,它可以是全面清查也可以是局部清查。主要适用于以下面几种情况:

(1)更换财产物资和现金的经管人员时,以分清经济责任;

(2)财产因自然灾害和意外事故发生非常损失时,以查明损失情况;

(3)临时性的清产核资,以摸清家底;

(4)上级主管部门、财政、税务、审计机关和银行等部门要对本单位进行会计检查时,以验证会计资料的准确性。

【训练3-29·多选题】

财产清查的对象一般包括(　　)。

A. 财产物资　　B. 债权债务　　C. 交易性金融资产　　D. 无形资产

【训练3-30·多选题】

年终决算之前,为确保年终决算会计信息的真实和准确,需要进行的财产清查有(　　)。

A. 全面清查　　B. 局部清查　　C. 定期清查　　D. 不定期清查

【训练3-31·多选题】

下列需要进行全面财产清查的情况有(　　)。

A. 年终决算之前

B. 企业股份制改制前

C. 更换财产物资、库存现金保管人员时

D. 单位财务科长调离时

(三)财产物资的盘存制度

1. 实地盘存制

实地盘存制是指通过对期末的各项财产物资的实地盘点来确定财产物资数量的一种方

法。平时只需在账簿中登记增加数，不登记减少数，月末通过实地盘点确定账面结存数，再倒挤出本期销售或者耗用(减少数)数量和金额。

本期减少数＝期初结存数＋本期增加数－期末结存数(盘点得出)

实地盘存制下，是通过倒挤的方法计算出耗用或销售成本的，会影响成本核算的正确性，不利于保护企业财产物资的安全与完整，适用于财产物资品种多、价值低、收发频繁、损耗大的财产物资。

2. 永续盘存制

永续盘存制是指对于各项财产物资的收发业务，按照品种、规格开设明细账，在明细账中逐笔或逐日地详细登记其增加数与减少数，并随时结出账面余额的一种方法。

期末结存数＝期初结存数＋本期增加数－本期减少数

永续盘存制下，财产清查目的是确定财产物资实存数量，主要是确定账实是否相符，发现问题，保护财产物资的安全与完整。

二、清查与核算货币资金

清查与核算货币资金　清查与核算库存现金

(一)清查与核算库存现金

1. 清查库存现金的方法

清查库存现金，采用实地盘点法确定库存现金实存数。盘点结束，根据盘点的结果与现金日记账的账面余额相核对，确定账实是否相符，填制“库存现金盘点报告表”(表 3-2)。该表是对库存现金进行账项调整和对比分析的原始凭证，应由清查人和出纳员签名或盖章，并由会计机构负责人审核后签名或盖章。该表一式两联，“报账联”作为调整现金账的依据，“批复联”作为处理现金盈亏的依据。

表 3-2　库存现金盘点报告表

单位名称：　　　　　　　　　　　　年　　月　　日

账存金额	实存金额	账存与实存对比		备注
		盘盈(溢余)	盘亏(短缺)	

盘点人：签章　　　　　　　　　　　　出纳员：签章

【训练 3-32 · 单选题】

关于现金的清查，下列说法不正确的是(　　)。

A. 在清查小组盘点现金时，出纳人员必须在场

B.“现金盘点报告表”只需要清查人员签字盖章

C. 要根据“现金盘点报告表”进行账务处理

D. 库存现金的清查应采用实地盘点法

2. 清查库存现金结果的账务处理

对于违反现金管理规定、记账差错等问题，应及时予以纠正。库存现金清查中发现现金短缺或溢余时，要设法查明原因，并及时根据“库存现金点报告表”进行处理。按短缺或溢余的金

额记入“待处理财产损溢”账户，待查明原因后再转账。

对于现金溢余，属于应支付给有关单位或个人的，记入“其他应付款”账户，属于无法查明原因的，记入“营业外收入”账户。

对于现金短缺，属于应由责任人或保险公司赔偿的金额，记入“其他应收款”账户，属于无法查明原因的，记入“管理费用”账户。

“待处理财产损溢”账户，是资产类账户，核算财产清查中财产物资发生盘盈、盘亏、毁损及其处理等情况，借方登记财产物资盘亏、毁损数及批准后转销的盘盈数，贷方登记财产物资盘盈数及批准后转销的盘亏和毁损数，期末结转后无余额。设置“待处理流动资产损溢”和“待处理固定资产损溢”二个明细账。

【例 3-8 · 业务题】

2023 年 3 月末，佩奇公司进行库存现金清查时，“现金盘点报告表”中实存现金比库存现金日记账余额多 20 元，经查明，日记账无误。

第一步：根据“现金盘点报告表”调账以达到账实相符，作如下会计分录：

借：库存现金　　20

　贷：待处理财产损溢——待处理流动资产损溢　　20

第二步：根据盘盈原因进行转销处理，本例中未查明原因，经批准，进行“营业外收入”处理，作如下会计分录：

借：待处理财产损溢——待处理流动资产损溢　　20

　贷：营业外收入　　20

【例 3-9 · 业务题】

2023 年 3 月末，如果佩奇公司进行库存现金清查时，发现实际现金比库存现金日记账余额少 100 元。

第一步：根据“现金盘点报告表”调账以达到账实相符，作如下会计分录：

借：待处理财产损溢—待处理流动资产损溢　　100

　贷：库存现金　　100

第二步：根据盘亏原因进行转销处理，本例中，应由出纳人员赔偿 50 元，另 50 元未查明原因，作如下会计分录：

借：其他应收款——××出纳　　50

　管理费用（未查明原因，转作“管理费用”）　　50

　贷：待处理财产损溢—待处理流动资产损溢　　100

当出纳人员赔偿时，作如下会计分录：

借：库存现金　　50

　贷：其他应收款——××出纳　　50

【训练 3-33 · 多选题】

库存现金盘亏账务处理中，批准前后可能涉及的会计科目有（　　）。

A. 库存现金　　B. 管理费用　　C. 其他应收款　　D. 营业外支出

(二)清查与核算银行存款

1. 清查银行存款的方法

清查银行存款是采取与开户银行核对账目的方法进行,每月至少核对一次。出纳人员应分别结出每个账号的“银行存款日记账余额”,与各账号的“银行对账单”逐笔核对。首先核对两者的余额,如果两者余额相符,一般表明双方记账正确;如果两者不符,则说明企业与银行至少有一方记账错误,或者存在未达账项。

清查与核算银行存款

2. 查找未达账项

未达账项指由于双方记账时间不一致而发生的一方已经入账而另一方没有接到有关凭证,因而尚未入账的账项。未达账项有以下 4 种情况:

(1)企业已收款入账,作为银行存款的增加,而银行尚未收款入账;

(2)企业已付款入账,作为银行存款的减少,而银行尚未付款入账;

(3)银行已收款入账,作为企业银行存款的增加,而企业尚未收款入账;

(4)银行已付款入账,作为企业银行存款的减少,而企业尚未付款入账。

逐笔对账时,银行存款日记账借方、贷方应与银行对账单的贷方、借方记录进行核对,即反向核对,核对不相符的账项即为未达账项。

企业银行存款日记账借方的未达账项为“企业已记增加银行未记”的账项,贷方未达账项为“企业已记减少银行未记”的账项。

银行对账单借方的未达账项为“银行已记减少企业未记”的账项,银行对账单贷方的未达账项为“银行已记增加企业未记”的账项。

【训练 3-34 · 多选题】

以下属于银行存款未达账项的有(　　)。

A. 企业已收,银行已收

B. 企业已付,银行未付

C. 企业已收,银行未收

D. 银行已付,企业未付

【训练 3-35 · 多选题】

下列各项中,属于使企业银行存款日记账余额大于银行对账单余额的未达账项有(　　)。

A. 企业先收款记账而银行未收款未记账的款项

B. 银行先收款记账而企业未收款未记账的款项

C. 银行先付款记账而企业未付款未记账的款项

D. 企业先付款记账而银行未付款未记账的款项

3. 编制银行存款余额调节表

由于未达账项的影响,企业要编制“银行存款余额调节表”对企业和开户银行的存款余额进行调整,其格式如表 3-3 所示。

表 3-3 银行存款余额调节表

编制单位： 年 月 日 单位：元

项 目	金额	项 目	金额
企业银行存款日记账的余额 加：银行已收款入账而企业未入账的账项 减：银行已付款入账而企业未入账的账项		银行对账单的余额 加：企业已收款入账而银行未入账的账项 减：企业已付款入账而银行未入账的账项	
调节后存款余额		调节后存款余额	

【例 3-10·业务题】

佩奇公司 2023 年 3 月份银行存款日记账月末余额为 200 000 元，银行发来的对账单所列本公司银行存款余额为 189 000 元，具体业务略。

经核对，发现未达账项如下：

(1)30 日公司开出现金支票 3 000 元给红兴工厂，但该厂尚未去兑现；

(2)30 日银行代收百红商城的货款 13 000 元，收款通知尚未到达公司；

(3)31 日公司送存转账支票 2 000 元，银行尚未入账；

(4)31 日银行已将本月份的水、电费扣除，共计 20 000 元，公司尚未收到相应单据；

(5)31 日一张给利达公司的商业汇票到期，价值为 5 000 元，银行已支付，公司尚未收到相应付款单据。

根据以上未达账项，调节双方账面余额，编制银行存款余额调节表如表 3-4 所示。

表 3-4 银行存款余额调节表

编制单位：佩奇服装有限公司 2023 年 3 月 31 日 单位：元

项目	金额	项目	金额
企业银行存款日记账的余额 加：银行已收款入账而企业未入账的账项 减：银行已付款入账而企业未入账的账项	200 000 13 000 20 000 5 000	银行对账单的余额 加：企业已收款入账而银行未入账的账项 减：企业已付款入账而银行未入账的账项	189 000 2 000 3 000
调节后存款余额	188 000	调节后存款余额	188 000

注：企业银行存款日记账调节后的存款余额＝200 000＋13 000－20 000－5 000＝188 000(元)

银行对账单调节后的存款余额＝189 000＋2 000－3 000＝188 000(元)

表 3-4 是将企业与银行双方账面余额各自补记对方已入账而本单位尚未入账的金额，经过调节后的账面余额必须相等，否则说明记账有错误，应及时查明原因，予以更正。

编制银行存款余额调节表的目的是为了消除未达账项的影响，核对银行存款账目有无差错，不能根据银行存款余额调节表在银行存款日记账上进行调整，只有在接到有关正式结算凭证后才能编制记账凭证并据以记账。

其他货币资金如外埠存款业务较多的，也可采用上述银行存款核对方法查对。

【训练 3-36 · 单选题】

通达公司 2023 年 4 月 30 日银行存款日记账的余额为 100 万元，经逐笔核对，未达账项如下：银行已收，企业未收的 10 万元；银行已付，企业未付的 5 万元。调整后的企业银行存款余额应为（　　）万元。

A. 150　　B. 105　　C. 155　　D. 157

三、清查与核算实物资产

（一）清查实物资产的方法

实物资产是指原材料、在产品、产成品、包装物、低值易耗品、固定资产等。实物资产清查方法主要有实地盘点法与技术推算法两种。

1. 实地盘点法

实地盘点法是通过点数或运用度量衡工具计量等，逐一确定实物实有数量的方法。这种方法适用范围很广，大多数的财产物资一般都采用这种方法，缺点是工作量大。

2. 技术推算法

技术推算法是对于那些堆存量很大、不便于逐一点数或过磅，而单位价值又不高的物资，如原煤、矿石等，可以通过量方、计尺等方法确定有关数据，然后采用技术方法计算出其重量。

清查实物资产结束，应如实登记“盘存单”，一式两联，一联由保管部门留存作为调整其数量的依据，一联作为财会部门编制“账存实存对比表”及相关账务处理的依据。“盘存单”与“账存实存对比表”的格式见表 3-5、表 3-6 所示。

表 3-5　盘存单

单位名称：　　　　　　　　　　　　编号：　　　　存放地点：

财产类别：　　　　　　　年　　月　　日　　　　金额单位：

编号	名称	计量单位	数量	单价	金额	备注

盘点人：签章　　　　　　　　　　　　保管人：签章

表 3-6　账存实存对比表

年　　月　　日　　　　　　　　金额单位：

编号	类别及名称	计量单位	单价	对比结果								备注
				账存		实存		盘盈		盘亏		
				数量	金额	数量	金额	数量	金额	数量	金额	
盘盈及盘亏原因： 处理决定：												

主管：签章　　　　　　　　稽核：签章　　　　　　　　制表：签章

（二）清查与核算存货

1. 盘盈存货的账务处理

盘盈是指财产物资的实存数大于账存数时。发生存货盘盈后，应查明发生的原因，及时办理盘盈存货的入账手续，调整存货账面记录，作如下会计分录：

借：原材料、库存商品、周转材料等

　　贷：待处理财产损溢——待处理流动资产损溢

盘盈存货通常是由于收发计量差错造成的，经有关部门批准后冲减“管理费用”，作如下会计分录：

借：待处理财产损溢——待处理流动资产损溢

　　贷：管理费用

【例 3-11 · 业务题】

佩奇公司在财产清查过程中盘盈一批材料，价值 820 元；盘盈一批已加工完成的产品，价值 1 500 元，均是收发计量差错。

在批准前，根据“实存账存对比表”所载明的盘盈数，作如下会计分录：

借：原材料　　820

　　库存商品　　1 500

　　贷：待处理财产损溢——待处理流动资产损溢　　2 320

报经批准后，作如下会计分录：

借：待处理财产损溢——待处理流动资产损溢　　2 320

　　贷：管理费用　　2 320

2. 盘亏和毁损存货的账务处理

盘亏是指财产物资的实存数小于账存数时。存货发生盘亏和毁损后，在报批前应转入“待处理财产损溢”账户借方，待批准后根据不同原因，分别进行处理。

（1）属于自然损耗产生的定额内损耗，按规定记入“管理费用”账户；

(2)属于收发计量差错造成的超定额损耗,按规定记入“管理费用”账户;

(3)属于管理不善造成的存货盘亏和毁损,能确定过失人的,应由过失人赔偿,属保险责任范围的,应由保险公司理赔,二者均记入“其他应收款”账户;扣除过失人或保险公司赔偿后的净额,记入“管理费用”账户;

(4)属于自然灾害及意外事故造成的存货损失,可收回的残料价值记入“原材料”账户,应由保险公司的赔款记入“其他应收款”账户,扣除残值和赎款后,记入“营业外支出”账户。

【例 3-12 · 业务题】

佩奇公司在财产清查中发现 01 面料盘亏 400 元,02 面料盘亏 3 000 元。经查,01 面料盘亏中定额内损耗 100 元,管理人员王英过失造成的为 300 元,应由其赔偿;02 面料的毁损是由自然灾害造成的,经整理收回残料价值 200 元,已入库,可以从保险公司取得赔款 2 000 元。

在批准以前,根据“实存账存对比表”,作如下会计分录:

借:待处理财产损溢——待处理流动资产损溢	3 400	
贷:原材料——01 面料		400
——02 面料		3 000

根据盘亏、毁损的原因及审批意见,作如下会计分录:

借:管理费用	100	
其他应收款——王英	300	
——保险公司	2 000	
原材料	200	
营业外支出——非常损失	800	
贷:待处理财产损溢—待处理流动资产损溢		3 400

【训练 3-37 · 多选题】

财产清查中查明的各种流动资产盘亏或毁损数,根据不同的原因,报经批准后可能记入的账户有(　　)。

A. 管理费用　　B. 其他应收款　　C. 营业外支出　　D. 营业外收入

(三)清查与核算固定资产

1. 盘盈固定资产的账务处理

根据《企业会计准则第 28 号—会计政策、会计估计变更和差错更正》规定,盘盈固定资产属于前期差错,按固定资产重置价值,借记“固定资产”账户,贷记“以前年度损益调整”账户(本书不作详细介绍)。

清查与核算固定资产

2. 盘亏固定资产的账务处理

在财产清查中发现盘亏固定资产,企业应及时办理固定资产注销手续,按盘亏固定资产净值,借记“待处理财产损溢”账户,按已提折旧额,借记“累计折旧”账户;按原值贷记“固定资产”账户。

【例 3-13·业务题】

佩奇公司在财产清查中发现盘亏管理部门的专用打印设备一台，原价 2 000 元，已提折旧 1 200 元。在报批前，作如下会计分录：

借：待处理财产损溢——待处理固定资产损溢　　800
　　累计折旧　　1 200
　　贷：固定资产　　2 000

按规定程序报批后，过失人及保险公司的应赔偿款，借记“其他应收款”账户，净损失借记“营业外支出”账户，同时贷记“待处理财产损溢”账户。上述盘亏固定资产应由过失人赔偿 500 元，按规定程序报经批准后转销，作如下会计分录：

借：其他应收款——××　　500
　　营业外支出——财产盘亏损失　　300
　　贷：待处理财产损溢——待处理固定资产损溢　　800

【训练 3-38·单选题】

盘盈固定资产，经批准前应记入的账户是（　　）。

A. 以前年度损益调整　　B. 营业外收入

C. 其他业务收入　　D. 营业外支出

【训练 3-39·单选题】

下列属于盘亏固定资产的账面价值经批准后借记的会计科目是（　　）。

A. 营业外收入　　B. 营业外支出　　C. 管理费用　　D. 待处理财产损溢

四、清查与核算往来款项

清查与核算往来款项

清查往来款项是指对有关应收账款、预付账款、应付账款、预收账款及其他应收、应付款项等进行的清查。通过清查，企业可以掌握债权、债务的真实情况，加快回收债权，促进资金流动，如期偿还债务，维护企业信用。一般采用“函证核对法”。

（一）清查往来款项的程序和方法

在清查前，往来会计对企业债权债务明细账逐项核对正确，结出余额备用。

清查人员根据往来明细账余额编制“往来款项对账单”，格式参考表 3-7 所示。对账单一式两联，一联交付对方单位进行核对，另一联作为回单联。核对相符后在回单联上加盖公章退回，如果不相符，在回单联上注明不符的情况退回，以便进一步核对。

表 3-7　往来款项对账单

单位名称：　　　　年　　月　　日

本企业入账时间	发票或凭证号数	摘要	应收（或应付）金额	收（或付）方式	已收（或付）金额	结欠金额	贵企业入账时间	备注

贵企业：盖章　　　　年　　月　　日

清查人员收到回单后，编制“往来款项清查结果报告表”，模式参考表3-8所示。对于有误的记录应按规定进行更正；对于有争议的款项，应及时分析原因并采取措施予以解决。

表3-8 往来款项清查结果报告表

年 月 日

总分类账		明细分类账		清查结果		核对不相符的金额			备注
户名	金额	户名	金额	核对相符金额	核对不相符金额	有争议款项金额	无法收回或偿还款项	其他原因	

清查人员：盖章　　　　往来会计：签章

二、清查往来款项结果的处理

清查往来款项的结果应按规定和批准意见进行处理，该收回的款项积极催收，该归还的款项及时偿还，有争议的账项共同协商处理，不能协商解决的，可以通过法律途径进行调解或裁决。

对于确实无法收回的应收款项，按管理权限报经批准后作为坏账转销，借记“坏账准备”账户，贷记“应收账款”“其他应收款”等账户。

对于因债权人撤销等原因无法支付的应付账款，应按其账面余额，借记“应付账款”账户，贷记“营业外收入”账户。

【训练3-40·多选题】

以下资产可以采用发函询证方法进行清查的有（　　）。

A. 原材料　　B. 应付账款　　C. 固定资产　　D. 应收账款

任务训练

1.（多选题）下列财产清查表述不正确的有（　　）。

A. 往来款项的清查一般采用与对方对账的方法

B. 银行存款可以采用实地盘点法

C.“盘存单”需经盘点人员和实物保管人员共同签章方能有效

D.“现金盘点报告表”“银行存款余额调节表”都能作为调整账簿记录的原始凭证

2. 2023年3月31日，通达公司银行存款日记账余额为54 000元，银行对账单的存款余额为62 770元。公司与银行均无记账错误，但是发现有下列未达账项：

① 3月29日，公司开出一张金额为3 500元的转账支票用以支付供货方货款，但供货方尚未持该支票到银行兑现。

② 3月30日，公司送存银行的某客户转账支票2 100元，因对方存款不足而被退票，而公司未接到通知。

③ 3 月 31 日，公司当月的水电费用 750 元银行已代为支付，但公司未接到付款通知而尚未入账。

④ 3 月 31 日，银行计算应付给利久公司的存款利息 120 元，银行已入账，而公司尚未收到收款通知。

⑤ 3 月 31 日，公司委托银行代收的款项 14 000 元，银行已转入公司的存款户，但公司尚未收到通知入账。

⑥ 3 月 31 日，公司收到购货方转账支票一张，金额为 6 000 元，已经送存银行，但银行尚未入账。

要求：完成公司的银行存款余额调节表。

银行存款余额调节表

编制单位：通达公司　　　　　　2023 年 3 月 31 日

项　目	金额	项　目	金额
企业银行存款日记账的余额		银行对账单的余额	
加：银行已收款入账而企业未入账的账项		加：企业已收款入账而银行未入账的账项	
减：银行已付款入账而企业未入账的账项		减：企业已付款入账而银行未入账的账项	
调节后存款余额		调节后存款余额	

3. 2022 年 12 月末，通达公司进行一次全面清查，“账存实存对比表”中有下列实物资产存在问题：

(1)盘盈 A 材料 5 千克，价值为 400 元；

(2)盘亏 B 材料 300 千克，实际总成本为 2 820 元；

(3)盘亏设备一台，原价 30 000 元，已提折旧 20 000 元。

经查，上述盘盈 A 材料系收发计量造成；盘亏 B 材料属于定额内损耗 100 千克，另 200 千克系管理不善造成，预计残料价值 400 元已入库，应由保管人员赔偿 1 000 元；盘亏固定资产系使用不当提前报废，经领导批复按规定进行账务处理。

要求：编制上述业务的会计分录。

任务 4　编制会计报表

任务描述

会计的目标是给会计信息使用者提供会计信息，那么企业是通过什么方式提供会计信息呢？前面我们已经把发生的经济业务填制到记账凭证，又根据记账凭证登记日记账、明细账、总账等，所有的会计信息都在会计账簿里。那就需要企业把会计账簿里的信息归纳整理，编制书面文件，经过报送或发布，所有的会计信息使用者就都能看到了。本任务要学习目标如下：

1. 理解财务会计报告包括的内容；
2. 掌握会计报表的概念及其分类；
3. 掌握资产负债表的格式、结构，能编制资产负债表；
4. 掌握利润表的格式、结构，能编制利润表。

知识准备

编制财务会计报告是会计工作的最终环节。财务会计报告是以会计账簿记录为依据，经过归纳整理而形成的一套完整、系统的指标体系。财务会计报告主要由会计报表、会计报表附注、财务情况说明书 3 个部分组成。本任务主要学习编制会计报表。

一、会计报表的概念及种类

会计报表的概念及种类

（一）会计报表的概念

会计报表是指企业对外提供的、综合反映其在某一特定日期财务状况和某一会计期间经营成果和现金流量的书面文件。会计报表是企业对外提供财务会计信息的最主要形式。

（二）会计报表的种类

企业的会计报表可以按照其反映的内容、编报时间、编制单位和服务对象进行分类。

1. 按会计报表反映的内容不同分类

会计报表按反映的内容不同可分为资产负债表、利润表、现金流量表、所有者权益（或股动权益）变动表和会计报表附注。

2. 按会计报表报送的对象不同分类

会计报表按报送的对象不同可为分对外报表和内部报表。对外报表一般按照会计准则规定的格式和编制要求编制的公开报告的会计报表。内部报表是根据企业内部管理需要而编制的会计报表，一般不需要对外报告，没有统一的编制要求与格式。

3. 按编制会计报表的主体不同分类

按编制会计报表的主体不同可分为个别会计报表和合并会计报表。个别会计报表是反映基层单位财务状况和经营成果的报表，是各独立核算单位根据本单位会计账簿资料加工编制而成的报表。合并会计报表是指以母公司和子公司组成的企业集团为一个会计主体，以母公司和子公司单独编制的个别会计报表为基础，由母公司编制的综合反映企业集团经营成果、财务状况及变动情况的会计报表，如合并资产负债表、合并利润表、合并现金流量表等。

4. 按编制会计报表的时间不同分类

按编制会计报表的时间不同可分为年度会计报表和中期会计报表。年度会计报表是指年度终了后按会计年度编制和报送的财务报表。如年度资产负债表、利润表、现金流量表、所有者权益变动表及其附表。年度会计报表是企业最重要、最详细、最全面的报表。中期会计报表又可分为半年度、季度、月度会计报表。半年度会计报表是指在每个会计年度的前 6 个月结束后编制的会计报表；季度会计报表是指一个季度结束后按季度编制和报送的会计报表；月度会计报表是指月度结束后按月度编制和报送的会计报表。月度会计报表是企业最主要的日常会计报表，如资产负债表、利润表及有关附表。

【训练 3-41 · 单选题】

下列会计报表的分类表述正确的是(　　)。

A. 按编报期间不同会计报表分为对内会计报表和对外会计报表

B. 按编制主体不同会计报表分为个别会计报表和汇总会计报表

C. 中期会计报表是指每半年一次对外提供的会计报表

D. 合并会计报表的会计主体是母子公司组成的企业集团

二、编报会计报表的要求

编报会计
报表的要求

(一)编报会计报表的质量要求

1. 内容完整

会计报表要提供全面的会计信息,不得少报、漏报。对于应当填列的,无论是表内项目还是表外项目,都应填报齐全。对于一些重要信息,应当在附注中予以披露。

2. 计算准确

会计报表要做到数字准确,不得用估计数代替实际数。企业应当依照会计准则的规定,对会计报表中各项会计要素进行合理的确认和计量,不得随意改变会计要素的确认和计量标准。在日常的会计核算中,会计人员要严格遵守会计准则和各项会计法规制度。企业会计要按权责发生制确认有关业务,要以科学的分配标准来正确计算成本、费用和利润;要做好清查盘点工作,经常进行账证、账账和账实核对,保证计算准确。

3. 数字真实

会计报表反映的各种数据要真实准确,不得弄虚作假,掩盖真相。任何组织或者个人不得授意、指使、强令企业编制和对外提供虚假的或者隐瞒重要事实的会计报表。会计报表之间、会计报表各项目之间,凡有对应关系的数字,应当相互一致;会计报表中本期与上期的有关数字应当相互衔接。

4. 编报及时

会计报表所提供的会计资料,有很强的时效性,如果编报不及时,很有可能就会失去它应有的价值。

(二)编报会计报表的时间要求

会计报表必须按照国家和有关部门规定的期限和程序及时编制,必须按规定时间和报送方式,及时送达相关部门。一般情况下,月度会计报告应于月份终了后 6 天内对外报出(节假日顺延,下同);季度会计报告应于季度终了 15 日内对外报出;半年度会计报告应于年度中期结束后 60 天内对外报出;年度会计报告应于年度终了后 4 个月内对外报出。

(三)编报会计报表的形式要求

《企业会计制度》规定,企业对外提供的会计报表应当依次编定页数,加具封面,装订成册,加盖公章。封面上应当注明:企业名称、企业统一代码、组织形式、地址、报表所属年度或者月份、报出日期,并由企业负责人和主管会计工作的负责人、会计机构负责人(会计主管人员)签名并盖章,设置总会计师的企业,还应由总会计师签名并盖章。会计报表的填列,以人民币"元"为金额单位,"元"以下填至"分"。

【训练 3-42·单选题】

下列选项中，属于会计报表编报要求的是(　　)。

A. 内容完整　　B. 数字真实　　C. 计算准确　　D. 编报及时

课程思政

1. 贯彻执行党的二十大精神，培养终身学习的综合素质。请同学们认真思考如何认识这一战略部署？如何践行？

2. 某公司为了取得银行贷款，要求会计人员将资产负债表和利润表按需要进行了调整，调整后表明企业财务状况和经营成果均良好，因此取得了银行的贷款。但是，由于企业实际经营状况和业绩并不是十分理想，导致银行贷款无法及时、足额偿还，给银行带来了经济损失，同时也给企业带来负面影响。

请同学们讨论：

(1)本案例的会计人员有哪些不合规的行为？

(2)在编制会计报表时应遵循哪些要求？

(3)在会计实践工作中，会计人员应具备哪些职业素养？

三、编制资产负债表

编制资产负债表(1)　　编制资产负债表(2)

资产负债表是总括反映企业某一特定日期(月末、季末或年末)全部资产、负债和所有者权益状况的会计报表。资产负债表是根据“资产＝负债＋所有者权益”的会计基本等式编制而成的，是反映企业静态财务状况的一种基本报表，一般要求按月、按年编制。

(一)资产负债表的格式与结构

资产负债表一般由表头、表体、表尾三部分组成，表头部分列示报表的名称、编制单位、编报时间、报表编号、货币单位等；表体部分是资产负债表的主体和核心，主要列示资产、负债、所有者权益等项目；表尾部分主要是对表体内容的补充说明，它提供企业和有关部门需要了解的有关指标的详细内容。

资产负债表的格式一般有两种，即账户式和报告式。我国《企业会计准则》规定，企业的资产负债表采用账户式结构，一般为左右对照的账户形式：左边列示企业的资产项目，资产按照其流动性大小分类分项列示，流动性大的项目排列在前面，流动性小的项目排列在后面。右边列示企业的负债和所有者权益项目，负债按照其债务偿还期的长短分类分项列示，偿还期短的负债排列在前，偿还期长的负债排列在后；所有者权益按照权益永久程度的高低分类分项列示，永久程度高的权益排列在前面，永久程度低的权益排列在后面。根据“资产＝负债＋所有者权益”的会计基本等式，左方的资产总额等于右方的负债和所有者权益总额，账户式资产负债的格式如图 3-52 所示。

（二）编制资产负债表

1．编制资产负债表的资料来源

企业在编制资产负债表时，应当根据真实的交易、事项以及完整、准确的账簿记录等资料，并按照会计准则规定的编制基础、编制依据、编制原则和方法进行。资产负债表列报项目的资料主要来源于以下4个方面：

（1）总分类账户期末余额；

（2）各明细分类账户期末余额；

（3）账户余额减去其备抵账户后的净额；

（4）备查登记簿。

2．编制资产负债表的方法

资产负债表的各项目均需填列“年初余额”和“期末余额”两栏。

（1）填列年初余额　资产负债表中的“年初余额”栏的各项数字，应根据上年末资产负债表“期末余额”栏的所列数字填列。如果本年度资产负债表的各项目的名称和内容与上年度不一致，应对上年年末资产负债表各个项目的名称和数字按本年度的规定进行调整，填入本年“年初余额”栏。

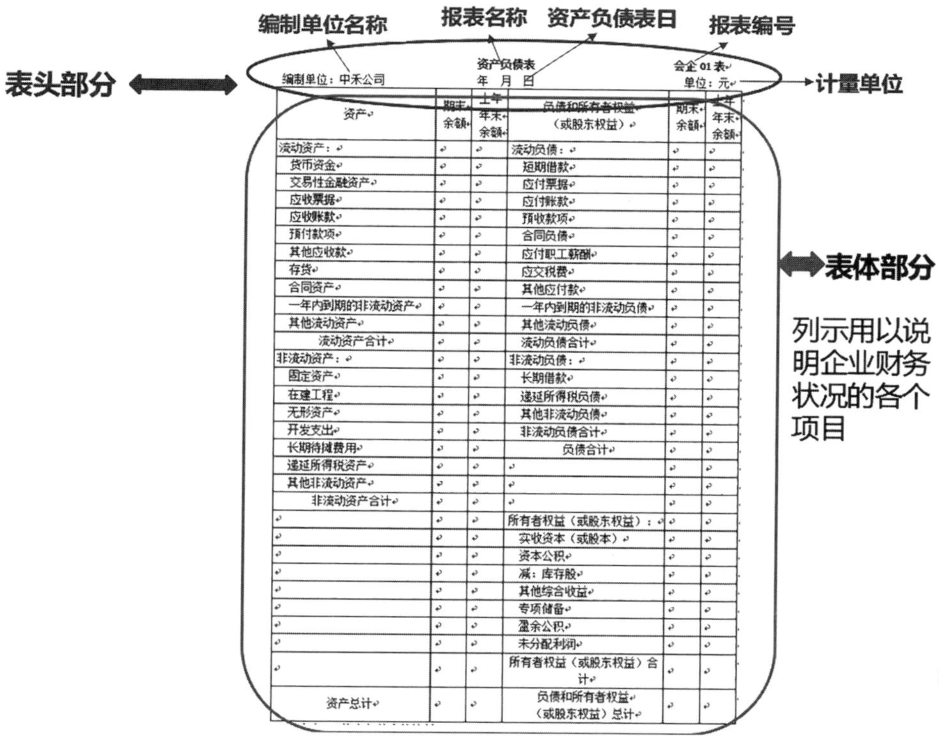

资产	期末余额	上年年末余额	负债和所有者权益（或股东权益）	期末余额	上年年末余额
流动资产：			流动负债：		
货币资金			短期借款		
交易性金融资产			应付票据		
应收票据			应付账款		
应收账款			预收款项		
预付款项			合同负债		
其他应收款			应付职工薪酬		
存货			应交税费		
合同资产			其他应付款		
一年内到期的非流动资产			一年内到期的非流动负债		
其他流动资产			其他流动负债		
流动资产合计			流动负债合计		
非流动资产：			非流动负债：		
固定资产			长期借款		
在建工程			递延所得税负债		
无形资产			其他非流动负债		
开发支出			非流动负债合计		
长期待摊费用			负债合计		
递延所得税资产					
其他非流动资产					
非流动资产合计					
			所有者权益（或股东权益）：		
			实收资本（或股本）		
			资本公积		
			减：库存股		
			其他综合收益		
			专项储备		
			盈余公积		
			未分配利润		
			所有者权益（或股东权益）合计		
资产总计			负债和所有者权益（或股东权益）总计		

图3-52　账户式资产负债表的结构

（2）填列期末余额　资产负债表中的“期末余额”则可分为月末、季末、年末，其数字可根据以下几种方法填列：

① 根据有关总分类账户的余额直接填列　根据总分类账户余额直接填列的项目有“短期借

款”“应付票据”“应付职工薪酬”“应交税费”“实收资本”“资本公积”“盈余公积”开发支出”等。

② 根据若干总分类账户余额的合计数填列　根据若干总分类账户余额的合计数填列的项目有“货币资金”“存货”等。

③ 根据有关总分类账户余额计算、分析填列　根据有关总分类账户余额计算、分析填列的项目有“固定资产”“在建工程”“无形资产”“长期借款”“未分配利润”等。

④ 根据有关明细分类账户余额分析、计算后填列　根据有关明细分类账户余额分析、计算后填列的项目有“应收账款”和“预收款项”“预付款项”和“应付账款”等。还有根据总账账户与其备抵账户抵销后的净额填列的项目(财务会计学习)。

下面以佩奇公司为例,学习编制资产负债表的方法,重点是掌握特殊项目的填列方法,其他项目基本是直接填列。

【例 3-14・实务题】

2023 年 3 月 31 日,佩奇公司有关账户的期末余额如表 3-9、表 3-10 所示。

表 3-9　科目余额表

2023 年 3 月 31 日

单位:元

账户名称	借方余额	账户名称	贷方余额
库存现金	4 000	短期借款	100 000
银行存款	280 000	应付票据	200 000
其他货币资金	15 000	应付账款	200 000
应收票据	100 000	预收账款	10 000
应收账款	200 000	其他应付款	10 000
预付账款	100 000	应付职工薪酬	160 000
应收股利	18 000	应交税费	45 000
应收利息	10 000	应付股利	6 000
其他应收款	10 000	累计折旧	300 000
原材料	520 000	累计摊销	80 000
库存商品	200 000	长期借款	130 000
周转材料	6 000	其中:一年内到期的长期借款	30 000
生产成本	50 000	实收资本	1 000 000
工程物资	80 000	资本公积	20 000
在建工程	120 000	盈余公积	50 000
固定资产	600 000	本年利润	100 000
无形资产	100 000	利润分配(未分配利润)	2 000
合计	2 413 000	合计	2 413 000

表 3-10　有关明细账户余额表

2023 年 3 月 31 日　　单位:元

总账账户名称	明细账户名称	余额方向	金额
应收账款	甲公司	借方	300 000
	乙公司	贷方	100 000
预收账款	南方公司	贷方	10 000
应付账款	蓝天公司	贷方	100 000
	海滨公司	贷方	200 000
	万恒公司	借方	100 000
预付账款	洪图公司	借方	100 000

根据上述资料,2023 年 3 月 31 日佩奇公司的资产负债表各项目填列如下(以下项目之外的项目填列方法见财务会计):

(1)"货币资金"项目,反映企业库存现金、银行结算户存款、外埠存款、银行汇票存款、银行本票存款、信用卡存款、信用证保证金存款等的合计数。本项目应根据总分类账户"库存现金""银行存款"和"其他货币资金"账户的期末余额之和填列。

佩奇公司"货币资金"项目金额=4 000+280 000+15 000=299 000(元)

(2)"应收票据"项目,反映企业收到的未到期收款也未向银行贴现的应收票据。应根据期末余额,减去"坏账准备"科目中有关应收票据计提的坏账准备期末余额后的金额分析填列。

佩奇公司"应收票据"项目金额=100 000−0=100 000(元)

(3)"应收账款"项目,反映企业因销售商品、产品和提供劳务等而应向购买单位收取的各种款项,减去已计提的坏账准备后的净额。本项目应根据"应收账款"和"预收账款"所属明细科目的借方余额合计,减去"坏账准备"科目中有关应收账款计提的坏账准备期末余额后的金额填列。"应收账款"所属明细科目为贷方余额的,应在"预收款项"项目内填列。

佩奇公司"应收账款"项目金额=300 000−0=300 000(元)

(4)"预付款项"项目,反映企业按照合同规定预付的款项,减去已计提的坏账准备后的净额。本项目应根据"预付账款"和"应付账款"科目所属明细科目的期末借方余额合计数,减去"坏账准备"科目中有关预付账款计提的坏账准备期末余额后的净额填列。"预付账款"所属明细科目为贷方余额的,应在"应付款项"项目内填列。

佩奇公司"预付账款"项目金额=100 000+100 000−0=200 000(元)

(5)"其他应收款"项目,反映企业除应收账款、应收票据和预付账款等经营活动外其他各种的应收和暂付的款项。本项目应根据"应收股利""应收利息"和"其他应收款"科目的期末余额合计数,减去"坏账准备"科目中有关坏账准备期末余额后的金额填列。

佩奇公司"其他应收款"项目金额=18 000+10 000+10 000=38 000(元)

(6)"存货"项目,反映企业期末在库、在途和在加工中的各项存货的可变现净值,包括各种材料、商品、在产品、半成品、周转材料、发出商品等。本项目应根据"在途物资""原材料"

“库存商品”“周转材料”“发出商品”“生产成本”等科目期末余额合计数，减去“存货跌价准备”科目期末余额后的净额填列。

佩奇公司“存货”项目应填列＝520 000＋200 000＋6 000＋50 000＝776 000(元)

(7)“一年内到期的非流动资产”反映企业核算的非流动资产在资产负债表日转化为流动资产的金额。本项目应根据相关的非流动资产科目的期末余额分析填列。

佩奇公司无此项目。

(8)“固定资产”项目反映企业的各种固定资产的可收回金额，含融资租入的固定资产。本项目应根据“固定资产”科目的期末余额，减去“累计折旧”和“固定资产减值准备”科目的期末余额后的金额，以及“固定资产清理”科目的期末余额填列。

佩奇公司“固定资产”项目金额＝600 000－300 000＝300 000(元)

(9)“在建工程”项目反映企业期末尚未达到预定使用状态的在建工程的期末账面价值和企业为在建工程准备的各种物资的期末账面价值。本项目应根据“在建工程”科目的期末余额，减去“在建工程减值准备”科目的期末余额后的金额，加上“工程物资”科目的期末余额，减去“工程物资减值准备”科目的期末余额后的金额填列。

佩奇公司“在建工程”项目金额＝120 000＋80 000＝200 000(元)

(10)“无形资产”项目反映企业各项无形资产的期末可收回金额。本项目应根据“无形资产”科目的期末余额，减去“累计摊销”和“无形资产减值准备”科目的期末余额后的净额填列。

佩奇公司“无形资产”项目金额＝100 000－80 000＝20 000(元)

(11)“短期借款”项目反映企业向银行或其他金融机构等借入的期限在1年期以下(含1年)的借款。本项目应根据“短期借款”科目的期末余额填列。

佩奇公司“短期借款”项目金额＝100 000(元)

(12)“应付票据”项目反映企业为了抵付货款等而开出、承兑的尚未到期付款的应付票据。项目应根据“应付票据”科目的期末余额填列。

佩奇公司“应付票据”项目金额＝200 000(元)

(13)“应付账款”项目反映企业购买原材料、商品和接受劳务供应等而应付给供应单位的款项。本项目应根据“应付账款”和“预付账款”科目所属相关明细科目的期末贷方余额合计数填列。

佩奇公司“应付账款”项目金额＝100 000＋200 000＝300 000(元)

(14)“预收款项”项目反映企业按合同规定预收的款项。本项目应根据“预收账款”和“应收账款”科目所属各明细科目的期末贷方余额合计数填列。

佩奇公司“预收款项”项目金额＝100 000＋10 000＝110 000(元)

(15)“应付职工薪酬”项目反映企业根据有关规定应付未付给职工的各种薪酬。本项目应根据“应付职工薪酬”科目所属各明细科目的期末贷方余额分析填列。如为借方余额应以“－”填列。

佩奇公司“应付职工薪酬”项目金额＝160 000(元)

(16)“应交税费”项目反映企业按照税法规定应交纳的各种税费。企业所交纳的税金在需要预计应交数的，如印花税、耕地占用税等，不在本项目列示。本项目应根据“应交税费”科目的期末贷方余额填列，如为借方余额应以“－”填列。

佩奇公司“应交税费”项目金额＝45 000(元)

(17)“其他应付款”项目反映企业除应付账款、应付票据、预收账款、应付职工薪酬、应交税费等经营活动以外的其他各种应付和暂收的款项。本项目应根据“应付利息”“应付股利”“其他应付款”科目的期末余额合计数填列。

佩奇公司“其他应付款”项目金额＝10 000＋6 000＝16 000(元)

(18)“一年内到期的非流动负债”项目反映企业非流动负债中将于资产负债表日后一年内到期部分的金额。本项目应根据有关科目的期末余额分析填列。

佩奇公司“一年内到期的非流动负债”项目金额＝一年内到期的长期借款＝30 000(元)

(19)“长期借款”项目反映企业借入尚未归还的一年期以上(不含一年)的借款本息。本项目应根据“长期借款”科目的期末余额扣除将在资产负债表日起一年内到期且企业不能自主地将清偿义务展期的长期借款后的金额计算填列。

佩奇公司“长期借款”项目金额＝130 000－30 000＝100 000(元)

(20)“实收资本”项目反映企业各投资者实际投入的资本(或股本)总额。本项目应根据“实收资本(股本)”科目的期末余额填列。

佩奇公司“实收资本”项目金额＝1 000 000(元)

(21)“资本公积”项目反映企业收到投资者出资超过其在注册资本或股本中所占的份额以及直接计入所有者权益的利得和损失等。本项目应根据“资本公积”科目的期末余额填列。

佩奇公司“资本公积”项目金额＝20 000(元)

(22)“盈余公积”项目反映企业盈余公积的期末余额。本项目应根据“盈余公积”科目的期末余额填列。

佩奇公司“盈余公积”项目金额＝50 000(元)

(23)“未分配利润”项目反映企业尚未分配的利润。1—11 月份,根据“本年利润”科目和“利润分配”科目的余额计算填列;12 月份根据“利润分配——未分配利润”科目的期末余额填列,未弥补的亏损在本项目内以“－”填列。

佩奇公司“未分配利润”项目金额＝100 000＋2 000＝102 000(元)

2023 年 3 月 31 日,佩奇公司的资产负债表如表 3-11 所示(年初余额略)。

表 3-11　资产负债表

会企 01 表

编制单位:佩奇服装有限公司　　2023 年 3 月 31 日　　单位:元

资产	期末余额	年初余额	负债和所有者权益(或股东权益)	期末余额	年初余额
流动资产:			流动负债:		
货币资金	299 000		短期借款	100 000	
交易性金融资产			应付票据	200 000	
应收票据	100 000		应付账款	300 000	
应收账款	300 000		预收款项	110 000	

资产	期末余额	年初余额	负债和所有者权益（或股东权益）	期末余额	年初余额
预付款项	200 000		应付职工薪酬	160 000	
其他应收款	38 000		应交税费	45 000	
存货	776 000		其他应付款	16 000	
一年内到期的非流动资产			一年内到期的非流动负债	30 000	
其他流动资产			其他流动负债		
流动资产合计	1 713 000		流动负债合计	961 000	
非流动资产：			非流动负债：		
债权投资			长期借款	100 000	
其他债权投资			其他非流动负债		
长期应收款			非流动负债合计	100 000	
长期股权投资			负债合计	1 061 000	
固定资产	300 000		所有者权益（或股东权益）：		
在建工程	200 000		实收资本（或股本）	1 000 000	
无形资产	20 000		资本公积	20 000	
开发支出			盈余公积	50 000	
其他非流动资产			未分配利润	102 000	
非流动资产合计	520 000		所有者权益（或股东权益）合计	1 172 000	
资产总计	2 233 000		负债和所有者权益（或股东权益）总计	2 233 000	

【训练 3-43 · 单选题】

下列选项中，不属于资产负债表项目的是（　　）。

A. 原材料　　B. 货币资金　　C. 实收资本　　D. 在建工程

【训练 3-44 · 多选题】

资产负债表中，下列正确填列期末余额的有（　　）。

A.“货币资金”项目是依据库存现金、银行存款的合计数填列

B.“预付款项”项目＝预付账款有关明细账期末借方余额＋应付账款有关明细账期末借方余额－有关减值准备

C.“固定资产”项目＝“固定资产”科目期末借方余额－“累计折旧”科目期末借方余额－“固定资产减值准备”科目期末借方余额＋“固定资产清理”科目期末借方余额或－“固定资产清理”科目期末贷方余额

D.“无形资产”项目=“无形资产”科目期末借方余额-“累计摊销”科目期末贷方余额-“无形资产减值准备”科目期末贷方余额

【训练 3-45 · 业务题】

通达公司 2023 年 3 月 31 日科目余额如表 3-12 所示。请计算该公司 2023 年 3 月末资产负债表中“预付款项”“应付账款”项目金额。

表 3-12　通达公司科目余额表(简表)

2023 年 3 月 31 日　　　　单位:万元

总账科目	明细科目	借方余额		贷方余额	
		总账科目	明细科目	总账科目	明细科目
应付账款				6 000	
	——A 公司				8 000
	——B 公司		2 000		
预付账款		3 000			
	——C 公司		4 000		
	——D 公司				1 000

四、编制利润表

利润表,又称损益表,是反映企业在一定会计期间(月度、季度、半年度、年度)收入、费用和经营成果情况的会计报表。利润是企业经营业绩的综合体现,又是进行利润分配的主要依据。因此,利润表是会计报表中的主要报表。

编制利润表

(一)利润表的格式与结构

我国企业利润表采用多步式结构。利润表(简表)格式与结构如图 3-53 所示。

【训练 3-46 · 多选题】

下列属于利润表项目的有(　　)。

A. 营业收入、营业成本

B. 长期待摊费用

C. 净利润、每股收益

D. 其他综合收益的税后净额、综合收益总额

(二)编制利润表

1. 编制利润表的资料来源

企业在编制利润表时,应当根据真实的交易、事项以及完整和准确的账簿记录等资料,并按照会计准则规定的编制基础、编制依据、编制原则和方法来进行。利润表列报项目的资料主

要来源于以下 2 个方面：

(1)损益类账户的本期发生额；

(2)相关明细分类账户本期发生额。

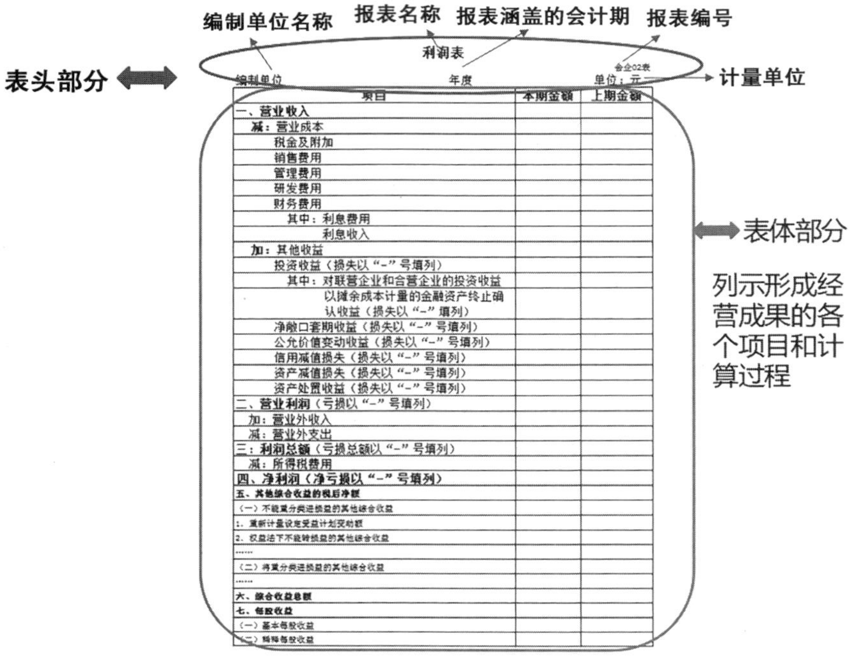

图 3-53 多步式利润表的结构

2. 编制利润表的方法

利润表需填列“上期金额”和“本期余额”两栏。

(1)填列上期金额　利润表“上期金额”栏内各项数字,应根据上年同期利润表“本期金额”栏内所列数字填列。如果上期利润表的各个项目的名称和内容与本期不相一致,应对上期利润表各项目的名称和数字按本期的规定进行调整,填入“上期金额”栏内。

(2)填列本期金额　利润表中“本期金额”主要项目的填列方法,以佩奇公司 2023 年 3 月利润表的编制为例。

【例 3-15·实务题】

2023 年 3 月 31 日,佩奇公司有关损益类账户的本期发生额如表 3-13 所示。

表 3-13　佩奇公司有关损益类账户的本期发生额表

2023 年 3 月　　单位:元

会计科目	借方发生额	贷方发生额
主营业务收入		850 000
其他业务收入		100 000

续表 3-13

会计科目	借方发生额	贷方发生额
投资收益		30 000
营业外收入		20 000
主营业务成本	720 000	
销售费用	25 000	
税金及附加	8 000	
其他业务成本	65 000	
管理费用	15 000	
财务费用	4 000	
营业外支出	1 000	
所得税费用	40 500	
合计	878 500	1 000 000

根据上述资料，2023 年 3 月佩奇公司的利润表各项目填列如下：

(1)“营业收入”项目，反映企业经营主要业务和其他业务所确认的收入总额。本项目应根据“主营业务收入”和“其他业务收入”科目的发生额分析填列。如果该账户借方记录有销售退回等，应抵减本期的销售收入，按其销售收入净额填列本项目。

佩奇公司“营业收入”项目金额＝850 000＋100 000＝950 000(元)

(2)“营业成本”项目，反映企业经营主要业务和其他业务所确认的成本总额。本项目应根据“主营业务成本”和“其他业务成本”科目的发生额分析填列。

佩奇公司“营业成本”项目金额＝720 000＋65 000＝785 000(元)

(3)“税金及附加”项目，反映企业经营业务应负担的消费税、城市维护建设税、教育费附加等，但不包括增值税。本项目应根据“税金及附加”科目的发生额分析填列。

佩奇公司“税金及附加”项目金额＝8 000(元)

(4)“销售费用”项目，反映企业在销售商品过程中发生的包装费、广告费等和为销售本企业商品而专设销售机构的职工薪酬、业务费等经营费用。根据“销售费用”账户的发生额分析填列。

佩奇公司“销售费用”项目金额＝25 000(元)

(5)“管理费用”项目，反映企业组织和管理生产经营发生的各项费用。根据“管理费用”账户发生额分析填列。

佩奇公司“管理费用”项目金额＝15 000(元)

(6)“财务费用”项目，反映企业筹集生产经营所需资金等而发生的筹资费用。根据“财务费用”账户的发生额分析填列。

佩奇公司“财务费用”项目金额＝4 000(元)

(7)“投资收益”项目，反映企业以各种方式对外投资所取得的扣除投资损失后的净收益。

本项目应根据“投资收益”账户发生额分析填列。若为借方发生额，以“－”填列。

佩奇公司“投资收益”项目金额＝30 000(元)

(8)“营业利润”项目，反映指企业从事生产经营活动取得的利润，是企业利润的主要来源。根据已填入利润表中的营业收入减去营业成本等相关项目金额再加上投资收益等相关项目金额计算得出，如为亏损，以“－”号填列。

佩奇公司“营业利润”项目金额＝950 000－785 000－8 000－25 000－15 000－4 000＋30 000＝143 000(元)

(9)“营业外收入”项目和“营业外支出”项目，反映企业发生的与生产经营无直接关系的各项收入和支出。这两个项目分别根据“营业外收入”和“营业外支出”账户的发生额分析填列。

佩奇公司“营业外收入”项目金额＝20 000(元)

佩奇公司“营业外支出”项目金额＝1 000(元)

(10)“利润总额”项目，反映企业实现的利润总额。根据已填入利润表中的“营业利润”加上“营业外收入”减去“营业外支出”计算填列。如为亏损，以“－”号填列。

佩奇公司“利润总额”项目金额 143 000＋20 000－1 000＝162 000(元)

(11)“所得税费用”项目，反映企业按税法规定应缴纳的企业所得税费用。根据“所得税费用”账户的发生额分析填列。

佩奇公司“所得税费用”项目金额＝40 500(元)

(12)“净利润”项目，反映企业交纳所得税费用后的利润。如为亏损，以“－”号填列。应根据“利润总额”减去“所得税费用”填列。

佩奇公司“净利润”项目金额＝162 000－40 500＝121 500(元)

(13)“其他综合收益总额”项目，应根据“净利润”与“其他综合收益的税后净额”之和填列。

佩奇公司“其他综合收益总额”项目金额＝121 500＋0＝121 500(元)

(14)“每股收益”项目，包括基本每股收益和稀释每股收益两项指标，反映普通股或潜在普通股已公开交易的企业，以及正处在公开发行普通股或潜在普通股过程中的企业的每股收益信息。

2023 年 3 月，佩奇公司的利润表如表 3-14 所示(上期金额略)。

表 3-14　利润表

会企 02 表

编制单位:佩奇服装有限公司　　2023 年 3 月　　单位:元

项　　目	本期金额	上期金额
一、营业收入	950 000	
减:营业成本	785 000	
税金及附加	8 000	
销售费用	25 000	
管理费用	15 000	

续表 3-14

项　　目	本期金额	上期金额
研发费用		
财务费用	4 000	
其中：利息费用		
利息收入		
加：其他收益		
投资收益（损失以"－"号填列）	30 000	
公允价值变动收益（损失以"－"号填列）		
信用减值损失（损失以"－"号填列）		
资产减值损失（损失以"－"号填列）		
资产处置收益（损失以"－"号填列）		
二、营业利润（亏损以"－"号填列）	143 000	
加：营业外收入	20 000	
减：营业外支出	1 000	
三、利润总额（亏损总额以"－"号填列）	162 000	
减：所得税费用	40 500	
四、净利润（净亏损以"－"号填列）	121 500	
五、其他综合收益的税后净额		
（一）不能重分类进损益的其他综合收益		
……		
（二）将重分类进损益的其他综合收益		
……		
六、综合收益总额	121 500	
七、每股收益		
（一）基本每股收益		
（二）稀释每股收益		

任务训练

1. 通达公司 2023 年 6 月末应收款及预收账款有关账户的资料如下：

"应收账款"账户总账借方余额为 450 000 元

"应收账款——A 公司"账户借方余额为 500 000 元

“应收账款——B公司”账户贷方余额为50 000元

“预收账款”账户总账贷方余额为300 000元

“预收账款——C公司”账户贷方余额为320 000元

“预收账款——D公司”账户借方余额为20 000元

要求:计算资产负债表中“应收账款”和“预收款项”项目的期末填列金额。

2. 掌握利润表各主要项目计算填列方法。

ABC公司2023年6月有关损益类账户的资料如下(单位为元):

会计科目	借方发生额	贷方发生额
主营业务收入		12 861
其他业务收入		584
投资收益		875
营业外收入		651
主营业务成本	9 375	
销售费用	891	
税金及附加	656	
其他业务成本	420	
管理费用	1 082	
财务费用	418	
营业外支出	349	
所得税费用	445	
合　　计	13 636	14 971

要求:根据上述资料编制通达公司2023年6月份的利润表(利润表自备)。

模块考核与训练

一、填制与审核会计凭证考核与训练

(一)单项选择题

1. 用以记录和证明经济业务的发生或完成情况,明确经济责任,并作为记账依据的会计凭证是(　　)。

A. 原始凭证　　B. 记账凭证　　C. 收款凭证　　D. 付款凭证

2. 在记账之前,必须根据(　　)编制记账凭证。

A. 业务纪录　　B. 会计账簿　　C. 原始凭证　　D. 会计报表

3. “限额领料单”按其填制方法属于(　　)。

A. 一次凭证　　B. 累计凭证　　C. 汇总凭证　　D. 计算凭证

4. 当经济业务只涉及货币资金相互间的收付时，一般填制（　　）。
A. 收款凭证　　B. 付款凭证
C. 转账凭证　　D. 收款凭证和付款凭证
5. 销售商品一批，部分货款已收回并存入银行，另有部分货款尚未收回，应填制（　　）。
A. 收款凭证和转账凭证　　B. 付款凭证和转账凭证
C. 收款凭证和付款凭证　　D. 两张转账凭证
6. 下列单据中属于自制原始凭证的是（　　）。
A. 购买材料的发票　　B. 收回销货款的进账单
C. 工资计算单　　D. 运费收据
7. 企业外购材料一批，已验收入库，货款已付，根据有关的原始凭证应填制（　　）。
A. 收款凭证　　B. 付款凭证　　C. 转账凭证　　D. 累计凭证

（二）多项选择题

1. 会计凭证包括（　　）。
A. 原始凭证　　B. 记账凭证　　C. 收款凭证　　D. 付款凭证
E. 转账凭证
2. 原始凭证按其取得的来源不同可分为（　　）。
A. 一次凭证　　B. 累计凭证　　C. 汇总原始凭证　　D. 自制原始凭证
E. 外来原始凭证
3. 自制原始凭证按填制手续不同可分为（　　）。
A. 一次凭证　　B. 累计凭证　　C. 汇总凭证　　D. 专用凭证
E. 通用凭证
4. 记账凭证按其适用的经济业务内容不同可分为（　　）。
A. 收款凭证　　B. 付款凭证　　C. 转账凭证　　D. 专用记账凭证
E. 通用记账凭证
5. 专用记账凭证是专门用于记录某一类经济业务的记账凭证，可分为（　　）。
A. 收款凭证　　B. 付款凭证　　C. 转账凭证　　D. 复式记账凭证
E. 单式记账凭证
6. 下列单据中属于原始凭证的有（　　）。
A. 收料单　　B. 领料单　　C. 借款单　　D. 发票
E. 对账单
7. 下列单据中属于外来原始凭证的有（　　）。
A. 产品入库单　　B. 现金收据　　C. 产品出库单　　D. 购货发票
E. 银行转来的信汇收账通知
8. 下列原始凭证中属于一次性凭证的有（　　）。
A. 领料单　　B. 限额领料单　　C. 领料汇总表　　D. 发货票
E. 收料单
9. 各种原始凭证必须具备的基本内容有（　　）。
A. 凭证的名称
B. 填制凭证的日期

C. 经济业务事项名称、数量、单价和金额
D. 应借应贷账户的名称和方向
E. 填制凭证单位名称或者填制人姓名
10. 记账凭证的基本内容包括(　　)。
A. 凭证的名称和编号
B. 经济业务事项摘要
C. 会计科目的名称、方向和金额
D. 凭证填制的日期和有关人员的签章
E. 所附原始凭证张数

(三)判断题

1. 审核原始凭证,主要审查原始凭证的合法性、合理性、完整性、正确性。(　　)
2. 原始凭证经审核无误后,才能作为编制记账凭证和登记明细分类账的依据。(　　)
3. 一次凭证是指一次记录一项经济业务,业务的发生是一次性完成的原始凭证。(　　)
4. 记账凭证是依据审核无误的原始凭证或原始凭证汇总表汇总、整理编制的。(　　)
5. 为了实行钱账分管原则,通常由出纳人员填制收款凭证和付款凭证,由会计人员登记现金日记账和银行存款日记账。(　　)
6. 由本单位经办业务的部门和人员在执行或完成某项经济业务时所填制的凭证称为自制原始凭证。如:收料单、购买材料的发货票等。(　　)

(四)技能训练题

1. 收款凭证、付款凭证、转账凭证填制(会计凭证自备)。
资料:模块 2 中任务 1、任务 2、任务 3、任务 4 和任务 5 的任务训练。
2. 通用记账凭证填制(会计凭证自备)。
资料:模块 2 考核与训练中的技能训练题。

二、设置与登记计账簿考核与训练

(一)单项选择题

1. 关于账簿分类表述正确的是(　　)。
A. 账簿按用途的不同,可以分为序时账簿、分类账簿、备查账簿
B. 账簿按时间的不同,可以分为序时账簿、分类账簿、备查账簿
C. 按照外型特征的不同,账簿可以分为两栏式、三栏式、多栏式和数量金额式
D. 账簿按账页格式不同,分为订本账、活页账和卡片账
2. 关于登记总分类账做法错误的是(　　)。
A. 总分类账可以根据原始凭证逐笔登记
B. 总分类账可以根据科目汇总表或汇总记账凭证等登记
C. 月终,总分类账应当在全部经济业务事项登记入账后,结出各个账户期末余额
D. 总分类账的登记方法因登记依据的不同而不同
3. 关于会计账簿的记账规则,下列描述不正确的是(　　)。
A. 账页登记满时,应办理转页手续
B. 使用活页式账簿时,应先将其装订成册,以防止散失

C. 在不设借贷栏的多栏式账页中，登记减少数时，可以使用红字墨水记账

D. 记账时应使用蓝黑墨水的钢笔，不得使用圆珠笔（银行复写账簿除外）或铅笔

4. 关于账簿形式选择错误的是（　　）。

A. 对库存现金明细账的核算采用活页账形式

B. 银行存款日记账应使用订本账形式

C. 各种明细分类账一般采用活页账形式

D. 总分类账一般使用订本账形式

5. 选择明细分类账格式正确的是（　　）。

A. 三栏式明细分类账是设有数量、单价和金额三个栏目

B. 三栏式明细分类账适用于收入、费用和利润分配明细账的核算

C. 数量金额式明细分类账适用于既要进行金额核算又要进行数量核算的账户

D. 多栏式明细分类账适用于应收账款、应付账款等科目的明细分类核算

6. 卡片式账簿一般适用于（　　）明细分类账。

A. 销售费用　　B. 库存现金　　C. 固定资产　　D. 银行存款

7. 年终结账，将余额结转下年时，（　　）。

A. 不需要编制记账凭证，但应将上年账户的余额反向结平才能结转下年

B. 应编制记账凭证，并将上年账户的余额反向结平

C. 不需要编制记账凭证，也不需要将上年账户余额结平，直接注明“结转下年”即可

D. 应编制记账凭证予以结转，但不需要将上年账户的余额反向结平

8. 银行存款日记账的借方除了根据银行存款收款凭证登记外，有时还要根据（　　）。

A. 银行存款付款凭证　　B. 现金付款凭证

C. 转账凭证　　D. 现金收款凭证

9. 除以 2 法是指以差错数除以 2，用得出的商数来查找（　　）的数。

A. 错位差错　　B. 重记差错　　C. 记错方向　　D. 邻数颠倒

10. “应交税费——应交增值税”明细账应采用的格式是（　　）。

A. 借方多栏式　　B. 三栏式　　C. 借方贷方多栏式　　D. 贷方多栏式

11. 从银行提取现金，登记库存现金日记账的依据是（　　）。

A. 银行存款收款凭证　　B. 银行存款付款凭证

C. 库存现金付款凭证　　D. 库存现金收款凭证

12. 对于租入的固定资产，应登记的账簿是（　　）。

A. 总分类账簿　　B. 日记账簿　　C. 备查账簿　　D. 明细分类账簿

13. 账簿中的日期应填写（　　）上的日期。

A. 记账凭证　　B. 原始凭证　　C. 会计报表　　D. 账户

14. 对账即核对账目，其主要内容包括（　　）等方面。

A. 账账核对、账证核对、表表核对　　B. 账证核对、账账核对、账实核对

C. 账实核对、账表核对、账账核对　　D. 账账核对、账证核对、账表核对

15. 库存现金盘点时发现账面余额和实存金额相差 45 元，通过查找发现有可能的记账错误是（　　）。

A. 将 92 误记为 29　　B. 将 59 误记为 95

C. 将71误记为17　　D. 将38误记为83

16. 登账后发现,会计人员在分配工资费用时,将车间管理人员的工资记入“管理费用”科目。此时应采用的更正方法是(　　)。

A. 划线更正法　　B. 编制相反分录冲减

C. 补充登记法　　D. 红字更正法

17. 需要结计本年累计发生额的账户,结计“过次页”的合计数为(　　)。

A. 自本页初至本年末止累计数　　B. 自年初起至本页末止累计数

C. 自年初起至本日止累计数　　D. 自月初至本页末止累计数

18. 年终结账后,可以跨年度连续使用,不必每年更换(　　)。

A. 库存现金日记账　　B. 固定资产总账

C. 固定资产明细账　　D. 库存现金总账

19. 下列各项中,(　　)不符合账簿平时管理具体要求。

A. 会计账簿除需要与外单位核对外,一般不能携带外出

B. 会计账簿不能随意交给其他人员管理

C. 年度终了,一般要把旧账交给总账会计集中统一管理

D. 各种账簿应指定专人管理

20. 企业委托加工材料登记簿属于(　　)。

A. 序时账簿　　B. 总分类账簿　　C. 备查账簿　　D. 明细分类账簿

21. 费用明细账比较适合使用的账簿格式是(　　)。

A. 三栏式账簿　　B. 多栏式账簿　　C. 数量金额式簿　　D. 两栏式账簿

22. 下列关于会计账簿记账规则的表述中,错误的是(　　)。

A. 凡需结出余额的账户,结出余额后,应在“借或贷”栏内写明“借”或“贷”字样。没有余额的账户,应在“借或贷”栏内写“平”字,并在余额栏内用“0”表示

B. 各种账簿应按页次顺序连续登记,不得跳行、隔页

C. 账簿中书写的文字和数字上面要留有适当空格,不要写满格,一般应占格距的2/3

D. 账页记满时,应办理转页手续

23. (　　)是连接会计凭证与财务报表的中间环节。

A. 设置和登记会计账簿　　B. 编制财务会计报告

C. 填制和审核记账凭证　　D. 进行成本计算

24. 下列关于银行存款记账过次页表述正确的是(　　)。

A. 应将本页合计数结转下页

B. 直接将余额结转下页

C. 应将年初至本页止的累积发生额结转下页

D. 将月初至本页止的发生额合计结转下页

25. (　　)是会计核算的中心环节。

A. 填制和审核会计凭证　　B. 进行成本计算

C. 编制财务会计报告　　D. 设置和登记账簿

26. 下列关于总分类账户与明细分类账户关系的表述中,错误的是(　　)。

A. 总分类账户与明细分类账户所反映的经济业务是相同

B. 总分类账户与明细分类账户所反映的经济业务的详细程度是相同的

C. 总分类账对所属明细分类账起着统驭控制的作用，明细分类账对有关总分类账起着补充说明的作用

D. 登记总分类账与登记明细分类账的原始依据是相同的

27. 某企业在“原材料”总分类账户下开设“甲材料”“乙材料”和“丙材料”3 个明细账户。本月“原材料”总分类账户的贷方发生额为 2 500 万元，“甲材料”明细分类账户贷方发生额为 850 万元，“乙材料”明细分类账户的贷方发生额为 730 万元，则本月“丙材料”明细分类账户的贷方发生额应当是(　　)。

A. 2 620 万元　　B. 2 380 万元　　C. 920 万元　　D. 4 080 万元

28. 某会计人员在审核记账凭证时，发现误将 9 000 元写成 900 元，尚未入账，可以采用(　　)。

A. 重新编制记账凭证　　B. 红字更正法

C. 补充登记法　　D. 划线更正法

29. 更正错账时，划线更正法的适用范围是(　　)。

A. 记账凭证上会计科目或记账方向错误，导致账簿记录错误

B. 记账凭证正确，在记账时发生错误，导致账簿记录错误

C. 记账凭证上会计科目或记账方向正确，所记金额大于应记金额，导致账簿记录错误

D. 记账凭证上会计科目或记账方向正确，所记金额小于应记金额，导致账簿记录错误

(二)多项选择题

1. 关于会计账簿表述正确的有(　　)。

A. 账簿序时、分类地记载经济业务，是在各个账户中完成的，没有账簿，账户就无法存在

B. 账簿只是一个外在形式，账户才是它的真实内容；账簿与账户的关系，是形式和内容的关系

C. 会计账簿是对全部经济业务事项按照会计要素的具体类别而设置的分类账户进行登记的账簿

D. 账簿的基本内容包括封面、扉页、账页、会计分录

2. 下列关于各种账簿形式优缺点的表述中，正确的有(　　)。

A. 订本账的优点是能避免账页散失和防止抽换账页

B. 活页账的缺点是不能准确为各账户预留账页，不便于分工记账

C. 活页账的优点是记账时可以根据实际需要，随时将空白账页装入账簿，或抽取不需要的账页，可根据需要增减账页

D. 订本账缺点是如果管理不善，可能会造成账页散失或故意抽换账页

3. 下列关于备查账簿表述正确的有(　　)。

A. 备查账簿不是依据会计凭证登记、没有固定的格式

B. 备查账簿用文字来记录主要账簿中没有记录的经济业务

C. 每个单位都应设置备查账簿

D. 备查账簿可以连续使用，不必每年更换

4. 下列建立备查账的账簿有(　　)。

A. 租入的固定资产　　B. 购入的固定资产

C. 受托加工材料　　　　　　　　　　　　D. 应收票据贴现

5. 下列符合登记会计账簿基本要求的有(　　)。

A. 文字和数字的书写应占格距的1/3

B. 登记后应在记账凭证上签名或盖章,并注明已经登账的符号

C. 在登记各种账簿时,应按页次顺序连续登记,不得隔页、跳行

D. 用蓝黑和碳素墨水书写,不得用圆珠笔(银行的复写账簿除外)或铅笔书写

6. 关于日记账的表述错误的有(　　)。

A. 现金日记账每日终了,应分别计算现金收入和现金支出的合计数,结出余额,同时将余额同库存现金实有数核对

B. 银行存款日记账与现金日记账格式相同,即可以采用三栏式,也可以采用多栏式,但必须都使用订本账

C. 摘要栏登记入账的收、付款凭证的种类和编号

D. 银行存款日记账由会计登记,按时间先后顺序逐日逐笔进行登记,每日结出存款余额,月终计算出全月收入、支出的合计数

7. 可以作为现金日记账记账依据的有(　　)。

A. 现金收款凭证　　　　　　　　　　　　B. 现金付款凭证

C. 银行收款凭证　　　　　　　　　　　　D. 银行付款凭证

8. 下列必须逐日逐笔登记明细账的有(　　)。

A. 原材料　　　B. 应收账款　　　C. 应付账款　　　D. 管理费用

9. 必须逐日结出余额、按月结计发生额的账簿有(　　)。

A. 银行存款总账　　B. 现金日记账　　C. 现金总账　　D. 银行存款日记账

10. 下列账簿中,通常采用三栏式账页格式的有(　　)。

A. 现金日记账　　B. 管理费用明细账　C. 总分类账　　D. 银行存款日记账

11. 运用平行登记法登记总账和明细账时,必须做到(　　)。

A. 详简程度相同　　B. 记账方向相同　　C. 同时登记

D. 总账账户的本期贷方发生额=所属明细账户本期贷方发生额合计

12. 关于对账工作的说法正确的有(　　)。

A. 对账就是核对账目,即对账簿、账户记录的正确与否所进行的核对工作

B. 对账工作是为了保证账证相符、账账相符和账实相符的一项检查性工作,目的在于使期末用于编制会计报表的数据真实、可靠

C. 对账工作应该每年至少进行一次

D. 对账工作一般在月初进行

13. 下列各项中,关于账证核对说法正确的有(　　)。

A. 如果账账不符,可以将账簿记录与有关会计凭证进行核对

B. 账证核对是对会计账簿记录与原始凭证、记账凭证的各项内容进行核对

C. 是追查会计记录正确与否的最终途径

D. 通常在日常编制凭证和记账过程中进行

14. 账账核对不包括(　　)。

A. 证证核对

B. 银行存款日记账余额与银行对账单余额核对

C. 总账账户借方发生额合计与其明细账借方发生额合计的核对

D. 各种应收、应付账款明细账面余额与有关债权、债务单位的账目余额相核对

15. 下列属于账实核对的有(　　)。

A. 银行对账单余额与银行日记账余额核对

B. 债权债务明细账余额与对方单位的账面记录是否相等

C. 总分类账的金额与所属明细分类账簿的金额之和核对

D. 现金日记账余额与库现金数额是否相等

16. 记账后,发现记账凭证中的金额有错误,导致账簿记录错误,不能采用的错账更正方法有(　　)。

A. 划线更正法　　B. 红字更正法　　C. 补充登记法　　D. 重新抄写法

17. 红字更正法通常适用的情况有(　　)。

A. 记账后在当年内发现记账凭证所记的会计科目错误

B. 发现上一年度的记账凭证所记的会计科目错误

C. 记账后发现会计科目无误而所记金额大于应记金额

D. 记账后发现会计科目无误而所记金额小于应记金额

18. 下列结账方法表述正确的有(　　)。

A. 总账账户平时只需结出月末余额,年终结账时,在"本年合计"栏下通栏划双红线

B. 需要结计本年累计发生额的明细账户,12 月末的"本年累计"就是全年累计发生额,全年累计发生额下通栏划双红线

C. 对不需按月结计本期发生额的账户,每次记账后,随时结出余额,每月最后一笔余额即为月末余额

D. 现金、银行存款日记账,收入费用明细账,结出本月发生额和余额,在摘要栏注明"本月合计"字样,并在下面通栏划双红线

19. 可以用红色墨水记录的业务或者事项有(　　)。

A. 记账凭证上会计科目、记账方向均正确,但所记金额小于应记金额致使账簿记录发生少记错误时的更正

B. 在不设借贷栏的多栏式账页中登记减少数

C. 记账凭证上会计科目、记账方向均正确,但所记金额大于应记金额致使账簿记录发生多记错误时的错误更正

D. 在未印明余额方向的三栏式账户中登记负数余额

20. 下列关于会计账簿记账规则的表述中,正确的有(　　)。

A. 账页记满时,应办理转页手续

B. 凡需结出余额的账户,结出余额后,应在"借"或"贷"栏内写明"借"或"贷"字样

C. 各种账簿应按页次顺序连续登记,不得跳行、隔页

D. 账簿中书写的文字和数字上面要留有适当空格,不要写满格,一般应占格距的 2/3

21. 银行存款日记账通常由出纳人员根据审核后的(　　)进行登记。

A. 现金收款凭证　　B. 银行存款付款凭证

C. 银行存款收款凭证　　D. 现金付款凭证

22. 下列关于账簿的表述,正确的有(　　)。
A. 总账可以提供每一项交易的发生日期
B. 账簿可以为定期编制会计报表提供资料
C. 登记账簿是会计核算的一种重要方法
D. 账簿是考核企业经营成果、加强经济核算的重要依据
23. 有关"平行登记"表述正确的是,对发生的每一笔经济业务(　　)。
A. 既要记入有关总分类账户,又要记入有关总分类账户所属的明细分类账户
B. 登记总分类账户和其所属明细分类账户的依据应当相同
C. 登记总分类账户和其所属明细分类账户的借贷方向相同
D. 必须在同一天登记总分类账户和其所属明细分类账户
24. 结账程序包括(　　)。
A. 结算出日记账、总账、明细账的本期发生额和期末余额
B. 将损益类账户,记入"本年利润"账户,结平所有损益类账户
C. 将本期内发生的经济业务全部记入有关账户
D. 将本期内所有的转账业务编制记账凭证记入有关账户,以调整账户记录
25. 以下关于结账的说法中,正确的有(　　)。
A. 总账账户应按月结出本月发生额和月末余额
B. 应收账款明细账应在每次记账后随时结出余额
C. 年终应将所有总账账户结计全年发生额和年末余额
D. 现金日记账应按月结出本月发生额和月末余额
26. 会计账簿按用途不同可分为(　　)。
A. 订本式账簿　　B. 分类账簿　　C. 备查账簿　　D. 序时账簿
27. 错账更正方法有(　　)。
A. 红字更正法　　B. 划线更正法　　C. 除 9 法　　D. 补充登记法
28. 年度结束后,对于账簿的保管,应当做到(　　)。
A. 当即销毁　　B. 加上封面　　C. 装订成册　　D. 统一编号
29. 会计账簿的登记规则错误的有(　　)。
A. 账簿记录中的日期,应该填写原始凭证上的日期
B. 多栏式账页中登记减少数可以使用红色墨水
C. 在登记各种账簿时,应按页次顺序连续登记,不得隔页、跳行
D. 对于没有余额的账户,应在"借或贷"栏内写"0"表示
30. 现金日记账的登记依据有(　　)。
A. 银行存款收款凭证　　B. 现金收款凭证
C. 现金付款凭证　　D. 银行存款付款凭证

(三)判断题

1. 各种明细账的登账依据,可以是原始凭证、原始凭证汇总表,也可以是科目汇总表。(　　)
2. 在明细账的核算中,只需要进行金额核算的,必须使用三栏式明细账。(　　)
3. 除 2 法是指以差数除以 2 来查找错账的方法,适用于将数字写小、将数字写大、邻数

颠倒。（　　）

4. 采用补充登记法纠正错误的，应编制一张红字及一张蓝字记账凭证。（　　）

5. 在整个账簿体系中，日记账和分类账是主要账簿，备查账为辅助账簿。（　　）

6. 按会计账簿外表形式分类为三栏式、数量金额式、多栏式。（　　）

7. 设置和登记账簿是会计的一种专门方法。（　　）

8. 分类账簿是对全部业务按收、付、转业务进行分类登记的账簿。（　　）

9. 日记账和总分类账必须采用订本式账簿。（　　）

10. 账实核对是指各种账簿之间的有关数字进行核对，做到账账相符。（　　）

11. 对账就是核对账目，是在期末将本期发生的经济业务登记入账之后，对账簿、账户记录所进行的核对工作。（　　）

12. 划线更正法主要适用于会计科目和记录方向正确，但是实际发生额大于记录发生额的情况。（　　）

13. 备查账簿相对于序时账簿和分类账簿这两种主要账簿而言，属于辅助性账簿。

（　　）

（四）技能训练题

1. 将下列三笔业务登记在银行存款日记账（三栏式，账簿自备）中：

（1）12月3日收回货款存入银行

借：银行存款　　5 000

　　贷：应收账款　　5 000

（银行收款凭证1号）

（2）12月7日用银行存款支付办公费3 000元

借：管理费用　　3 000

　　贷：银行存款　　3 000

（银行付款凭证2号）

（3）12月8日将现金存入银行1 000元

借：银行存款　　1 000

　　贷：库存现金　　1 000

（现金付款凭证2号）

2. 通达公司20××年5月份查账时发现下列错账：

（1）从建兴公司购买原材料3 000元，错记为8 000元；

（2）生产车间购买办公耗材500元，借方错登记为管理费用。

要求：根据以上资料，按规定的错账更正方法进行更正，并注明更正方法的名称。

三、开展财产清查考核与训练

（一）单项选择题

1. 按预先计划安排的时间对财产物资进行的清查是（　　）。

A. 全面清查　　B. 局部清查　　C. 定期清查　　D. 不定期清查

2. 对于债权债务，每年至少要同对方核对（　　）次，以便发现问题及时解决。

A. 1　　B. 1～2　　C. 2～3　　D. 3～4

3. 关于现金的清查，下列说法不正确的是(　　)。

A. 在清查小组盘点现金时，出纳人员必须在场

B.“现金盘点报告表”只需要清查人员签字盖章

C. 要根据“现金盘点报告表”进行账务处理

D. 库存现金的清查应采用实地盘点法

4.“待处理财产损溢”账户是(　　)账户。

A. 资产类　　B. 负债类　　C. 所有者权益类　　D. 损益类

5. 无法查明原因的现金盘亏应记入(　　)账户。

A. 营业外支出　　B. 管理费用　　C. 其他应收款　　D. 财务费用

6. 无法查明原因的现金盘盈应记入(　　)账户。

A. 营业外支出　　B. 管理费用　　C. 营业外收入　　D. 财务费用

7. 对于银行存款已收款记账，企业尚未记账的未达账项，其记账依据是(　　)。

A. 银行对账单　　B. 银行存款余额调节表

C. 收到的银行收款通知　　D. 盘存单

8. 对往来款项的清查，应采用的方法是(　　)。

A. 实地盘点法　　B. 技术推算法　　C. 抽查法　　D. 与往来单位核对账目法

9. 固定资产盘盈，经批准前应记入的账户是(　　)。

A. 以前年度损益调整　　B. 营业外收入

C. 其他业务收入　　D. 营业外支出

10. 下列属于盘亏的固定资产的账面价值经批准后借记的科目是(　　)。

A. 营业外收入　　B. 营业外支出　　C. 管理费用　　D. 待处理财产损溢

(二)多选题

1. 财产清查的对象一般包括(　　)。

A. 财产物资　　B. 债权债务　　C. 交易性金融资产　　D. 无形资产

2. 年终决算之前，为确保年终决算会计信息的真实和准确，需要进行的财产清查有(　　)。

A. 全面清查　　B. 局部清查　　C. 定期清查　　D. 不定期清查

3. 全面清查一般应在(　　)进行。

A. 年终决算前　　B. 单位撤销时　　C. 清产核资时　　D. 每月结账前

4. 下列各项中，关于财产清查的相关表述正确的有(　　)。

A. 银行存款清查采用与开户行核对账目的方法

B. 库存现金清查采用实地盘点法

C. 往来款项清查一般采用发函询证方法

D. 实物资产清查采用实地盘点法

5. 以下属于银行存款未达账项的有(　　)。

A. 企业已收，银行已收　　B. 企业已付，银行未付

C. 企业已收，银行未收　　D. 银行已付，企业未付

6. 财产清查结果账务处理的原始凭证有(　　)。

A. 盘存单 B. 现金盘点报告表
C. 账存实存对比表 D. 银行存款余额调节表

7.“待处理财产损溢”账目的结构为（ ）。

A. 借方登记盘盈数，贷方登记盘亏数
B. 借方登记盘亏数，贷方登记盘盈数
C. 借方登记盘盈处理数，贷方登记盘亏处理数
D. 借方登记盘亏处理数，贷方登记盘盈处理数

8. 下列财产清查中，会影响管理费用的有（ ）。

A. 库存现金盘亏 B. 库存现金盘盈 C. 固定资产盘亏 D. 存货盘亏

9. 下列各项中，属于使企业银行存款日记账余额大于银行对账单余额的未达账项有（ ）。

A. 企业先收款记账而银行未收款未记账的款项
B. 银行先收款记账而企业未收款未记账的款项
C. 银行先付款记账而企业未付款未记账的款项
D. 企业先付款记账而银行未付款未记账的款项

10. 以下资产可以采用发函询证方法进行清查的有（ ）。

A. 原材料 B. 应付账款 C. 固定资产 D. 应收账款

（三）判断题

1. 只要会计账簿记录正确，则表明各项财产物资账实一定相符。（ ）
2. 在清查小组盘点现金时，出纳人员必须在场。（ ）
3. 如果企业与银行双方记账均无错误，企业银行存款日记账与银行对账单余额肯定一致。（ ）
4.“银行存款余额调节表”编制完成后，可作为登记企业银行存款日记账的原始凭证。（ ）
5. 企业无法支付的应付账款经批准后应转入“营业外收入”账户。（ ）

（四）技能训练题

1. 企业财产清查中发现实存现金比账存现金多 200 元，经查，其中 100 元是应付给职工王某的款项，另 100 元未查明原因。作出批准前、后的会计分录。

2. 企业财产清查中发现实存现金比账存现金少 300 元，经查，其中 200 元是出纳员责任，应由其赔偿，另 100 元未查明原因。作出批准前、后的会计分录。

3. 通达公司 2023 年 6 月 30 日银行存款日记账余额为 98 500 元，6 月底公司与银行往来的其余资料如下：

（1）6 月 30 日收到购货方转账支票一张，金额为 12 600 元，已经送存银行，但银行尚未入账。

（2）本公司当月的水电费用 800 元银行已代为支付，但公司未接到通知而尚未入账。

（3）本公司当月开出的用以支付供货方货款的转账支票，尚有 4 500 元未兑现。

（4）本公司送存银行的某客户转账支票 35 000 元，因对方存款不足而被退票，而公司未接到通知。

（5）公司委托银行代收的款项 22 000 元，银行已转入本公司的存款户，但本公司尚未收到通知入账。

要求：完成通达公司的银行存款余额调节表。

4. 顺达公司为增值税一般纳税人，增值税税率为13%。生产中所需W材料按实际成本核算。2023年6月份因自然灾害毁损W材料14万元，该批材料购入时支付的增值税为1.82万元。经保险公司核定应赔偿10万元，款项尚未收到，其余损失已经有关部门批准处理。编制批准前、后的会计分录。

四、编制会计报表考核与训练

(一)单项选择题

1. 下列各项中，应根据相关总账科目的余额直接在资产负债表中填列的是(　　)。

A. 应付账款　　B. 短期借款　　C. 长期借款　　D. 固定资产

2. 2023年5月31日生产成本借方余额50 000元，原材料借方30 000元，委托代销商品借方余额40 000元，工程物资借方余额10 000元，存货跌价准备贷方余额3 000元，则资产负债表"存货"项目的金额为(　　)元。

A. 117 000　　B. 90 000　　C. 120 000　　D. 93 000

3. 下列各项中，属于资产负债表中流动负债项目的是(　　)。

A. 长期借款　　B. 预收款项　　C. 应付股利　　D. 应付债券

4. 公司2019年7月1日从银行借入期限为4年的长期借款900万元，2022年12月31日编制资产负债表时，此项借款应填入的报表项目是(　　)。

A. 其他长期负债　　B. 一年内到期的非流动负债

C. 短期借款　　D. 长期借款

5. 通达公司"应收账款"科目月末借方余额100 000元，其中："应收账款—甲公司"明细科目借方余额110 000元，"应收账款——乙公司"明细科目贷方余额10 000元；"预收账款"科目月末贷方余额30 000元，其中："预收账款——A工厂"明细科目贷方余额90 000元，"预收账款——B工厂"明细科目借方余额60 000元。坏账准备科目余额为0。该企业月末资产负债表中"应收账款"项目的金额为(　　)元。

A. 100 000　　B. 90 000　　C. 170 000　　D. 160 000

(二)多项选择题

1. 下列会计科目的期末余额，应当列入资产负债表"存货"项目的有(　　)。

A. 在途物资　　B. 生产成本　　C. 周转材料　　D. 工程物资

2. 下列各项中，在资产负债表中的"货币资金"项目中反映的有(　　)。

A. 银行结算户存款　　B. 外埠存款　　C. 信用卡存款　　D. 库存现金

3. 下列资产负债表项目中，根据总账余额直接填列的有(　　)。

A. 应付票据　　B. 应收票据　　C. 应收账款　　D. 资本公积

4. 下列各项中，应根据有关科目余额减去其备抵科目余额后的净额填列的有(　　)。

A. 无形资产

B. 以公允价值计量且其变动计入当期损益的金融资产

C. 其他应收款

D. 工程物资

5. 下列各项中，应在资产负债表"预付款项"项目列示的有(　　)。

A. "应付账款"科目所属明细账科目的借方余额

B.“预付账款”科目所属明细账科目的贷方余额

C.“预付账款”科目所属明细账科目的借方余额

D.“应付账款”科目所属明细账科目的贷方余额

6. 下列各项中，在资产负债表中“非流动资产”项目下列示的有(　　)。

A. 开发支出　　B. 其他应收款　　C. 商誉　　D. 工程物资

(三)判断题

1.“生产成本”科目余额不应该反映在资产负债表中，应该列示在利润表中。　(　　)

2. 资产负债表中的“固定资产”项目应包括融资租入固定资产的账面价值。　(　　)

3. 资产负债表中“长期借款”项目应根据“长期借款”科目余额直接填列。　(　　)

4.“预收款项”项目应根据“预收账款”和“应收账款”科目所属各明细科目的期末贷方余额合计数填列。如“预收账款”科目所属各明细科目期末有借方余额，应在资产负债表“应付账款”项目内填列。　(　　)

(四)技能训练题

1. 通达公司 2023 年 3 月 31 日有关账户的余额如下表，应收账款、预付账款明细账余额均为借方，应付账款、预收账款的明细账余额均为贷方。

通达公司总分类账户期末余额表

2023 年 3 月 31 日　　单位:元

账户名称	借方余额	账户名称	贷方余额
库存现金	1 600	短期借款	20 000
银行存款	12 200	应付票据	12 000
其他货币资金	3 100	应付账款	10 000
应收票据	6 000	预收账款	3 000
应收账款	21 300	其他应付款	12 100
预付账款	6 100	应付职工薪酬	12 600
其他应收款	2 900	应交税费	6 000
原材料	16 900	坏账准备	3 000
库存商品	31 200	累计折旧	30 000
生产成本	2 000	长期借款	20 000
在建工程	22 000	其中:一年内到期的长期借款	3 000
固定资产	300 000	实收资本	200 000
		资本公积	20 000
		盈余公积	16 000
		利润分配(未分配利润)	60 600
合计	425 300	合计	425 300

要求：根据上述资料填列通达公司2023年3月31日的资产负债表并注明主要栏目的计算过程(资产负债表自备)。

2. 通达公司2023年3月份有关收支项目的发生额如下表，假如所得税费用按利润总额的25%计算。

通达公司各损益类账户发生额

2023年3月

单位：元

账户名称	本月借方发生额	本月贷方发生额
主营业务收入		1 170 000
其他业务收入		200 000
其他业务成本	50 000	
主营业务成本	835 000	
税金及附加	18 000	
销售费用	4 000	
管理费用	22 000	
财务费用	2 000	
投资收益		16 000
营业外收入		3 000
营业外支出	2 000	

要求：根据上述资料填列通达公司2023年3月份利润表(利润表自备)。

3. 顺达公司所得税费用按利润总额的25%计算。该公司2022年1月至11月各损益类账户的累计发生额和12月底转账前各损益类账户的发生额如下表：

单位：元

账户名称	12月份发生数		1月至11月累计发生数	
	借方	贷方	借方	贷方
主营业务收入		252 800		5 000 000
主营业务成本	162 600		2 800 000	
销售费用	1 000		29 000	
税金及附加	7 500		32 500	
其他业务成本	2 000		11 000	
营业外支出	3 000		30 000	
财务费用	1 200		15 000	

续表

账户名称	12月份发生数		1月至11月累计发生数	
	借方	贷方	借方	贷方
管理费用	9 000		32 000	
其他业务收入		3 000		16 000
营业外收入		2 500		
投资收益		1 000		

要求：计算顺达公司2022年度利润表的下列报表项目金额(有计算过程)：

(1)营业收入(　　　　)元；

(2)营业成本(　　　　)元；

(3)营业利润(　　　　)元；

(4)利润总额(　　　　)元；

(5)净利润(　　　　)元。

模块总结与评价

学生对照本模块的学习目标，总结本人学习的主要内容、收获与不足，对专业知识、专业能力及专业素质方面进行自我评价，填写评价表，同学之间进行分享与交流，教师进行综合评价。

学生总结与评价表(学生自备作业纸)

年　　月　　日

专业知识评价	你掌握了哪些专业知识	存在哪些不足	评价分值
			40
专业能力评价	你具备了哪些专业能力	存在哪些不足	评价分值
			40
专业素质评价	你具备了哪些专业素质	哪些方面还需要提高	评价分值
			20
学生(签字)	教师评价：		

附录1　企业综合业务实训演练

项目1　公司基本信息

一、企业工商注册信息

企业名称：	神州开源实业有限公司
企业类型	有限责任公司
注册地址：	神州市西郊工业园区23号
电话：	0937－66＊＊＊＊88
法定代表人：	李浩然
认缴注册资本总额(万元)：	100
成立日期：	2021年1月18日
营业期限：	2021年1月18日至2037年1月18日
开户银行：	中国工商银行神州盘旋路支行
账号：	136002030003568
许可经营范围	
一般经营项目	生产销售塑料PVC管件、管材及板、塑料PP－R管件及管材，销售化工产品(危化品除外)、五金交电。
许可经营项目	依法须经批准的项目，经相关部门批准后方可开展经营活动

二、股东信息

股东名称	出资额(元)	出资比例(%)	股东属性	股东类别
李浩然	800 000.00	80.00	自然人	自然人
王潇	200 000.00	20.00	自然人	自然人

姓名	职务	产生方式
李浩然	总经理	聘用
王潇	执行(常务)董事	委派
张妍	监事	委派

三、公司相关证照

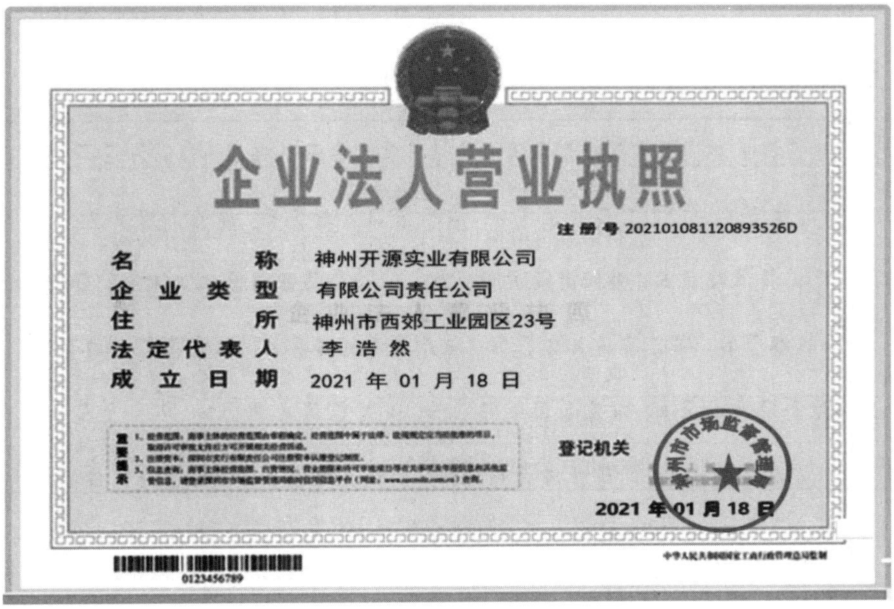
企业法人营业执照

注册号 202101081120893526D

名　　称　神州开源实业有限公司

企业类型　有限公司责任公司

住　　所　神州市西郊工业园区23号

法定代表人　李浩然

成立日期　2021 年 01 月 18 日

登记机关

2021 年 01 月 18 日

0123456789

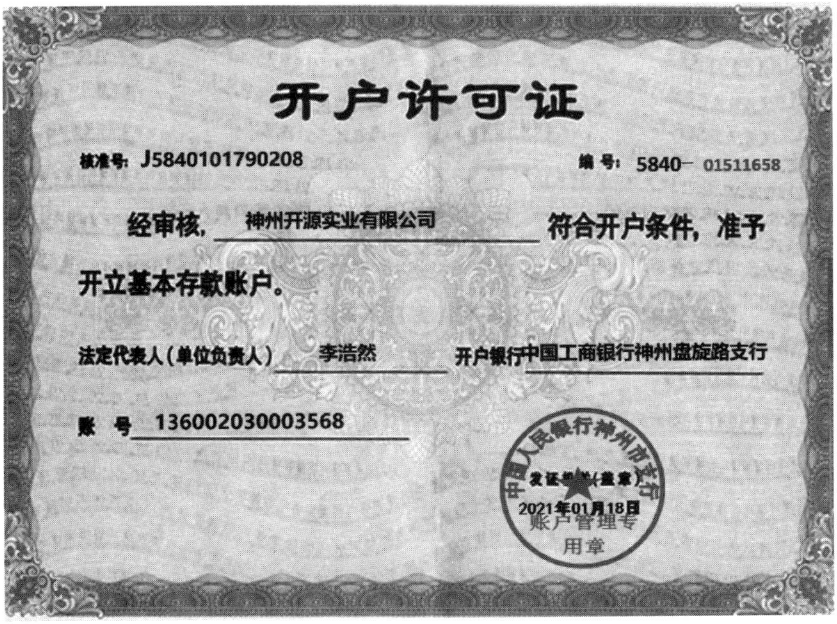
开户许可证

核准号：J5840101790208　　　　编号：5840-01511658

经审核，神州开源实业有限公司符合开户条件，准予开立基本存款账户。

法定代表人（单位负责人）　李浩然　　开户银行　中国工商银行神州盘旋路支行

账　号　136002030003568

中国人民银行神州市支行

发证机关(盖章)

2021年01月18日

账户管理专用章

四、公司组织结构

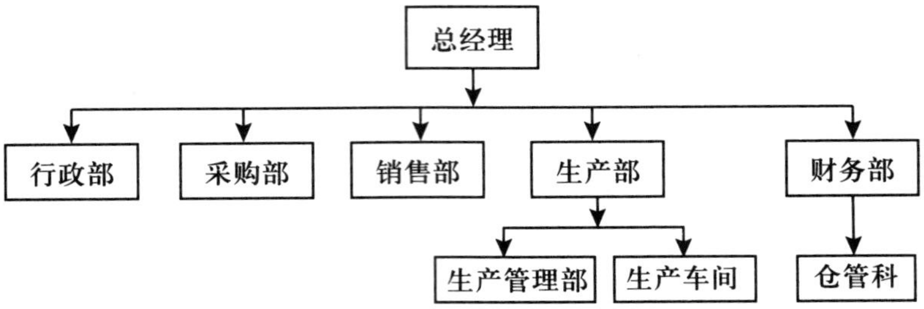

五、税务信息

纳税人识别号：	12622100438450653D
增值税纳税人属性：	一般纳税人
增值税：	货物销售增值税税率13%，技术服务增值税税率6%
企业所得税：	企业所得税征收率为25%，实行查账征收，按月清缴、年终汇算清缴
城市维护建设税：	征收率为7%
教育费附加：	征收率为3%
地方教育费附加：	征收率为2%
个人所得税：	缴纳方式为代扣代缴

六、公司财务制度

公司严格执行《中华人民共和国会计法》《会计人员职权条例》等法律法规。

(一)财务机构与财会人员的主要职责

1. 公司设财务部，由财务主管、会计、出纳三个基本岗位组成，财务主管协助总经理管理好公司一切财务事务及资金管理活动。

2. 财务人员负责公司筹资管理和会计日常核算工作，负责公司日常财务管理和财务分析工作，定期判断和评价企业的财务状况与生产经营成果，为公司领导决策提供依据。

3. 出纳员不得兼管会计档案保管和债权债务账目的登记工作。

4. 财会人员都要认真执行岗位责任制，各司其职，互相配合，如实反映和严格监督各项经济活动。记账、算账、报账必须做到手续完备、内容真实、数字准确、账目清楚、日清月结、近期报账。

5. 财务人员在办理会计事务中，必须坚持原则，照章办事。对于违反财经纪律和财务制度的事项，必须拒绝付款、拒绝报销或拒绝执行，并及时向总经理报告。

6. 财会人员力求稳定，不随便调动。财务人员调动工作或因故离职，必须与接替人员办理交接手续，没有办清交接手续的不得离职，也不得中断会计工作。移交交接包括移交人经管的会计凭证、报表、账目、款项、公章、实物及未了事项等。

(二)资金使用管理制度

1. 库存现金限定期限 3～5 天,不得超过限额 5 万元,不得以白条抵作现金;不准私自挪用、占用和借用公司现金,现金收支做到日清月结,确保库存现金的账面余款与实际库存额相符;出纳不准坐支现金。

2. 银行账户必须遵守银行的规定开设和使用。银行账户只供本单位经营业务收支结算使用,严禁借账户供外单位或个人使用,严禁为外单位或个人代收代支、转账套现。

3. 银行账户印鉴的使用实行分管并用制,即财务章由出纳保管,法人代表和会计私章由会计保管,不准由一人统一保管使用。印鉴保管人临时出差由其委托他人代管。

4. 银行账户往来应逐笔登记入账,不准多笔汇总收支,也不准以收抵支。按月与银行对账单核对,未达收支,应逐笔调节平衡。

5. 严格现金收支管理,除一般零星日常支出外,其余投资、工程支出都必须通过银行办理转账结算,不得直接兑付现金。

6. 领用空白支票必须注明限额、日期、用途及使用期限、并报总经理报批。所有空白支票及作废支票均必须存放保险柜内,严禁空白支票在使用前先盖上印章。

7. 因公出差、经总经理批准借支公款,应在回单位后 7 天内交清,不得拖欠。非因公事并经总经理批准,任何人不得借支公款。

8. 正常的办公费用开支,必须有正式发票,印章齐全,经手人、部门负责人签名,经总经理批准后方可报销付款。

9. 严格资金使用审批手续。会计人员对一切审批手续不完备的资金使用事项,都有权且必须拒绝办理。否则按违章论处并对该资金的损失负连带赔偿责任。

(三)固定资产核算制度

1. 公司以单价 2 000 元以上、使用年限一年以上的资产为固定资产,分为房屋及其他建筑物;机器设备;电子设备(如微机、复印机、传真机等);运输工具;及其他设备。

2. 固定资产折旧方法:采用年限平均法,按月综合折旧率计提,生产车间设备折旧率 0.5%,行政管理部门设备折旧率 0.5%。

3. 固定资产以不计留残值提取折旧。固定资产提完折旧后仍可继续使用的,不再计提折旧;提前报废的固定资产要补提足折旧。

4. 固定资产必须由财务部合同办公室每年盘点一次,对盘盈、盘亏、报废及固定资产的计价,必须严格审查,按规定经批准后,于年度决算时处理完毕。

① 盘盈的固定资产,以重置完全价值作为原价,按新旧的程度估算累计折旧入账,原价累计折旧后的差额转入公积金。

② 盘亏的固定资产,应冲减原价和累计折旧,原价减累计折旧后的差额作营业外支出处理。

③ 报废的固定资产的变价收入(减除清理费用后的净额)与固定资产净值的差额,其收益转入公积金,其损失作营业外支出处理。

④ 公司对固定资产的购入、出售、清理、报废都要办理会计手续,并设置固定资产明细账进行核算。

(四)存货核算制度

1. 存货包括原材料、在产品、产成品、包装物、周转材料等。

2. 存货按实际成本计价,发出存货成本于月末采用一次加权平均法(倒挤法)。

3. 每月月末及年度终了,应对存货进行盘点,务必做到账、表、物三者相符,在盘点中发现的盘盈、盘亏、毁损变质等情况应及时查明原因并报经有关部门批准后计入当期损益。

(五)职工薪酬核算制度

企业所计提的职工养老保险金、医疗保险金、失业保险金、工伤保险金、生育保险金分别按企业核准的全员应付工资总额的20%(企业承担12%,个人承担8%)、10%(企业承担5%,个人承担5%)、2%(企业承担1%,个人承担1%)、0.5%(企业承担)、0.5%(企业承担)计算。

(六)成本费用核算制度

1. 企业设有一个基本生产车间,单步骤大批量重复生产甲和乙产品。甲、乙两种产品按"品种法"计算产品成本,按月结转销售产品成本。

2. 生产用材料全部外购,直接人工和制造费用按产品生产工时比例分配。月末无在产品。

3. 采购和销售业务的单价均为不含税价格;所有会计核算均四舍五入保留2位小数。

(七)损益结转及利润分配

1. 损益结转采用账结法。

2. 税前利润弥补以前年度亏损,经过五年期未足额弥补的,未弥补亏损应用所得税后的利润弥补。

3. 盈余公积提取比例为:法定盈余公积10%,任意盈余公积5%。

4. 应付给投资者的利润,按当年可供投资者分配利润的60%计算,分配依据为各方所持普通股比例。

项目2 建账

一、工作任务

(1)建立总分类账;

(2)建立现金日记账、银行存款日记账;

(3)建立相关明细账;

(4)建立相关备查账。

二、相关期初数据及会计科目表

神州开源实业有限公司2022年1月1日总分类账户及明细分类账户余额如附表1-1、附表1-2所示。

附表1-1 总分类账户余额表

单位:元

账户名称	借方余额	账户名称	贷方余额
库存现金	3 700.00	短期借款	400 000.00
银行存款	435 159.00	应付账款	36 600.00
应收账款	81 900.00	应付职工薪酬	47 350.00

续附表1-1

账户名称	借方余额	账户名称	贷方余额
其他应收款	13 311.00	应交税费	31 820.00
原材料	40 000.00	实收资本	1 000 000.00
库存商品	89 800.00	资本公积	85 000.00
固定资产	1 276 580.00	盈余公积	36 680.00
累计折旧	−21 000.00	本年利润	252 000.00
		利润分配	30 000.00
合计	1 919 450.00	合计	1 919 450.00

附表 1-2 明细分类账户余额表

总账账户	明细账户	计量单位	数量	单价/元	余额/元
应收账款	远洋公司				46 800.00
	华联商厦				35 100.00
其他应收款	赵磊				1 000.00
	社保				6 629.00
	公积金				5 682.00
原材料	PVC 树脂	千克	750	20.00	15 000.00
	增塑剂	千克	400	32.50	13 000.00
	稳定剂	千克	480	25.00	12 000.00
库存商品	PVC 硬管	件	1 000	45.00	45 000.00
	PVC 软管	件	1 120	40.00	44 800.00
应付账款	黄海科技有限公司				36 600.00
应付职工薪酬	职工工资				40 010.75
应交税费	应交所得税				22 470.00
	未交增值税				9 350.00
利润分配	未分配利润				30 000.00

项目 3 核算日常业务

一、工作任务

(1)根据企业实际情况开设现金日记账、银行存款日记账、常用总账及相关明细账；

(2)会计人员审核每笔经济业务的原始凭证并完善相关手续；

(3)会计人员根据审核无误的原始凭证填制记账凭证，并交由财务主管审核签字；

(4)出纳登记现金日记账、银行存款日记账，会计人员登记相关明细账；

(5)按旬编制科目汇总表，审核后登记总账，月末将日记账、明细账和总账进行核对，在准确无误的基础上进行结账；

(6)根据总账、明细账资料编制资产负债表和利润表。

二、日常业务核算

神州开源实业有限公司 2022 年 1 月份发生如下交易或事项：

(1)1 月 1 日，从银行提取现金 4 000 元备用。现金支票存根如附图 1-1 所示。

附图 1-1

中国工商银行

现金支票存根

No. 456608471

附加信息

出票日期 2022 年 1 月 1 日

收款人：神州开源实业有限公司
金　额：¥4000.00
用　途：备用

单位主管　　　会计　　　王丽

(2)1 月 2 日，仓管科张华预借差旅费 4 500 元，以现金支付，借款单如附图 1-2 所示。

附图 1-2

借 款 审 批 单

2022 年 1 月 2 日

部　门	仓管科	借款人	张华
借款事由	出差差旅费		
借款金额	（大写）×拾×万肆仟伍佰零元零角零分　¥4500.00		
预计还款报销日期	2022 年 1 月 18 日	¥4500.00	现金付讫
审批意见	赵磊 同意　王潇 同意	借款人签收	张华 2022 年 1 月 2 日

会计主管：　　　　　　　　　出纳：李萌

(3)1 月 2 日，生产车间领用 PVC 树脂 423 千克，成本 8 460 元，增塑剂 200 千克，成本 6 500 元，共计 14 960 元，领料单如附图 1-3 所示。

附图 1-3

领 料 单

领料部门：生产车间　　　　　　2022 年 1 月 2 日

材料		单位	数量		单位成本/元	金额/元	过账
名称	规格		请领	实发			
PVC 树脂	PI—2	千克	423	423	20.00	8 460.00	
增塑剂	JB—1	千克	200	200	32.50	6 500.00	
工作单号		用途	生产 PVC 硬管				
工作项目							

会计：王丽　　　　记账：　　　　发料：张丽　　　　领料：王鹏

(4)1 月 4 日，行政部购买办公用品 6 780 元，款项以银行存款支付，相关票据如附图 1-4、附图 1-5 所示。

附图 1-4

4403164320　　**甘肃省增值税专用发票**　　№ 00451860　　4403164320 00451860

校验码 68564 54336 31107 45263　　（全国统一发票监制章 国家税务局监制）　　开票日期：2022 年 1 月 4 日

发 票 联

购买方	名　　称：神州开源实业有限公司 纳税人识别号：12622100438450653D 地址、电话：神州市西郊工业园区23号0937-52***55 开户行及账号：工商银行盘旋路支行136002030003568	密码区	>*4752b543df927a6296h234573b /b53ab543df927a6296h23457410 <6e8ab543df927a6296h2345757c - c78ab543df927a6296h23457625

货物或应税劳务、服务名称	规格型号	单位	数量	单价	金额	税率	税额
办公桌椅		套	10	6000	6000.00	13%	780.00
合　　计					¥6000.00		¥6780.00
价税合计（大写）	⊗陆仟柒佰捌拾元整				（小写）¥6780.00		

销货单位	名　　称：环宇办公设备公司 纳税人识别号：37086678663389877B 地址、电话：建设银行海湾路 16 号 0755-56***68 开户行及账号：建设银行海湾路支行560101123642102	备注	（环宇办公设备有限公司 37086678663389877B 发票专用章）

第三联 发票联 购货方记账凭证

收款人：曹文轩　　　复核：张嘉宇　　　开票人：曹文轩　　　销货方：（章）

附图 1-5

ICBC 中国工商银行　网上电子回单

电子回单号码：　6835-4215-3635-2655　　　　交易流水号：202115632622

付款人	全称	神州开源实业有限公司	收款人	全称	环宇办公设备公司
	账号	136002030003568		账号	560101123642135
	开户银行	工商银行盘旋路支行		开户银行	建设银行海湾路支行
大写金额	人民币：陆仟柒佰捌拾元整		小写金额	¥6780.00	
用途	欠货款				
钞汇标志	钞户				
重要提示：电子回单可重复打印，如您已通过银行柜台取得相应纸质回单，请注意核对，勿重复记账					
第一次补打					
记账网店	52043	记账柜员	打印时间	2022 年 1 月 5 日	

（5）1 月 5 日，从神州方正股份有限公司购进增塑剂 600 千克，单价 31.00 元，价款 18 600.00 元，增值税 2 418.00 元，款项以银行存款支付，材料已验收入库。支票存根、增值税专用发票、材料入库单如附图 1-6 至附图 1-8 所示。

附图 1-6

中国工商银行
转账支票存根
No.334562114

附加信息

出票日期　2022 年 1 月 5 日

收款人：	神州方正公司
金　额：	¥21018.00
用　途：	购料

单位主管　　会计　王丽

附图 1-7

材料验收入库单

供应单位：神州方正股份有限公司　　发票号：　　2022 年 1 月 5 日　　第　　号

材料类别	材料名称	规格	计量单位	数量	实收数量	单价	金额							
							十	万	千	百	十	元	角	分
	增塑剂	JB—1	千克	600	600	31.00		1	8	6	0	0	0	0
检验结果		检验员签章：		运杂费										
				合计			¥	1	8	6	0	0	0	0
备注														

第三联

仓库主管：张华　　材料会计：　　收料员：　　经办人：　　制单：陈红

附图 1-8

甘肃省增值税专用发票

发 票 联

0305146203

校验码 68522 48336 31166 5258

№ 00595240 0305146203 00595240

开票日期：2022 年 1 月 20 日

购买方	名 称：神州开源实业有限公司 纳税人识别号：12622100438450653D 地址、电话：神州市西郊工业园区23号0937-56***68 开户行及账号：工商银行盘旋路支行136002030003568			密码区	>*4752b543df927a6296h234573b b53ab543df927a6296h23457412> 6e8ab543df927a6296h2345756c c78ab543df927a6296h2345772b		
货物或应税劳务名称	规格型号	单位	数 量	单 价	金 额	税率	税 额
增塑剂	JB—1	千克	600	31 00	18600. 00	13%	2418. 00
合 计					¥18600. 00		¥2418. 00
价税合计（大写）	⊗贰万壹仟零壹拾捌元整				（小写）¥21018.00		
销货单位	名 称：神州方正股份有限公司 纳税人识别号：35086678663659240F 地址、电话：神州市西郊工业园区 78 号 0937-52***55 开户行及账号：农业银行神州路支行652362030003877			备注	神州方正股份有限公司 35086678663659240F 发票专用章		

第三联 发票联 购货方记账凭证

收款人：李洋 复核：张华 开票人：刘明 销货单位：（章）

(6)1 月 5 日，赵磊报销差旅费 980 元，上月借款 1 000 元，退回现金 20 元，差旅费报销单和收款收据如附图 1-9、附图 1-10 所示。

附图 1-9

差旅费报销单

部门：采购部 填报日期 2022 年 1 月 5 日

出差人			赵磊			出差事由			洽谈业务				
讫时间及地点						交通工具	交通费		出差补贴				
月	日	地点	月	日	地点		单据张数	金额	天数			金额	
									2			¥360.00	
12	19	神州	12	20	兰州	火车	1	210.0 0	其他费用				
12	20	兰州	12	21	神州	火车	1	210.00	项目	单据张数	金额	项目	单据张数	金额
									住宿费	1	200.00	电话费		
									出差地车费			餐费		
									办公费			其他		
小 计						¥420.00			小计	¥200.00				
报销总额	人民币大写：玖佰捌拾元整						小写：¥980.00			预借金额	1000.00			
										退补金额	20.00			

附单据共 3 张

主管：王潇 部门：采购部 审核：冯涛 填报人：赵磊

附图 1-10

收　据		凭证号码：№9572406 收据日期：2022 年 1 月 5 日	
今收到　赵磊			第三联记账联
交来　预借款			
人民币（大写）贰拾元整　¥20.00			
单位印章	单位负责人：	会计主管：	经手人：王丽

(7)1 月 5 日，委托银行代发上月工资，应发工资总额 47 350.00 元，代扣职工社会保险 4 971.75 元，住房公积金 2 367.50 元，工资分配见附表 1-3，银行回单如附图 1-11 所示。

附表 1-3　神州开源实业有限公司 12 月份工资明细表　　单位：元

部门	姓名	基本工资	岗位工资	应发工资	应扣款项			实发工资	签名
					社保费	公积金	个税		
行政部	李浩然	3000.00	1500.00	4500.00	472.50	225.00	0.00	3802.50	李浩然
行政部	王潇	3000.00	1500.00	4500.00	472.50	225.00	0.00	3802.50	王潇
行政部	张妍	2800.00	1200.00	4000.00	420.00	200.00	0.00	3380.00	张妍
财务部	王丽	2800.00	1200.00	4000.00	420.00	200.00	0.00	3380.00	王丽
财务部	李萌	2500.00	1000.00	3500.00	367.50	175.00	0.00	2957.50	李萌
采购部	赵磊	2500.00	1750.00	4250.00	446.25	212.50	0.00	3591.25	赵磊
仓管科	张华	2300.00	1700.00	4000.00	420.00	200.00	0.00	3380.00	张华
销售部	李超	2500.00	1500.00	4000.00	420.00	200.00	0.00	3380.00	李超
生产部	王鹏	3500.00	1500.00	5000.00	525.00	250.00	0.00	4225.00	王鹏
生产部	陈红	3000.00	1800.00	4800.00	504.00	240.00	0.00	4056.00	陈红
生产部	冯涛	3000.00	1800.00	4800.00	504.00	240.00	0.00	4056.00	冯涛
合计		30900.00	16450.00	47350.00	4971.75	2367.50	0.00	40010.75	—

出纳：李萌　　　　审核：王潇　　　　制单：王丽

附图 1-11

ICBC 中国工商银行 网上电子回单

电子回单号码：6835-4215-3563-2565　　交易流水号：202104056622

付款人	全称	神州开源实业有限公司	收款人		
	账号	136002030003568			
	开户银行	工商银行盘旋路支行			
大写金额	人民币：肆万零仟零佰壹拾元柒角伍分		小写金额	¥40010.75	
用途	代发工资		中国工商银行 电子回单 专用章		
钞汇标志	钞户				
重要提示：电子回单可重复打印，如您已通过银行柜台取得相应纸质回单，请注意核对，勿重复记账					
第一次补打					
记账网店	51555	记账柜员	5112	打印时间	2022 年 1 月 5 日

(8)1 月 6 日，生产车间领用生产 PVC 软管所用材料 29 500.00 元，领料单如附图 1-12 所示。

附图 1-12

领 料 单

领料部门：生产车间　　2022 年 1 月 6 日

材料		单位	数量		单位成本	金额	过账
名称	规格		请领	实发			
增塑剂	JB—1	千克	600	600	32.50	19 500.00	
稳定剂	RB—6	千克	400	400	25.00	10 000.00	
工作单号		用途	生产PVC软管				
工作项目							

会计：　　记账：　　发料：张华　　领料：李明华

(9)1 月 6 日，开出转账支票支付华强公司广告费 8 000 元，转账支票存根、发票如附图 1-13、附图 1-14 所示。

附图 1-13

中国工商银行转账支票存根

No.334562115

附加信息

出票日期 2022 年 1 月 6 日

收款人：	华强广告有限公司
金　额：	¥8000.00
用　途：	广告费

单位主管　　会计　王丽

附图 1-14

全国统一发票监制章 甘肃 国家税务局监制

甘肃省广告业统一发票

客户名称及地址：神州开源实业有限公司　　　　2022 年 1 月 6 日填制

品名及项目	规格	单位	数量	单价	金额								备注
					十	万	千	百	十	元	角	分	
广告制作			1	8000.00			8	0	0	0	0	0	
合 计						¥	8	0	0	0	0	0	
合计金额（大写）： ⊗ 捌仟零佰零拾零元零角零分　¥8000.00													

第二联 发票联

单位（盖章）　　　　开票人：李超

(10)1 月 7 日，从黄海科技有限公司购进 PVC 树脂 500 千克，单价 20 元，价款 10 000 元，增值税 1 300 元，款项以银行存款支付，材料已验收入库。信汇凭证、增值税专用发票、材料入库单如附图 1-15 至附图 1-17 所示。

附图 1-15

中国工商银行信汇凭证（回单）

委托日期 2022 年 1 月 7 日

汇款人	全 称	神州开源实业有限公司	收款人	全 称	黄海科技有限公司								
汇款人	账号或住址	136002030003568	收款人	账号或住址	91032640702								
汇款人	开户银行	工商银行盘旋路支行	收款人	开户银行	工行	行 号	2263						
金额	人民币(大写)壹万壹仟叁佰元整			千	百	十	万	千	百	十	元	角	分
金额						¥	1	1	3	0	0	0	0
汇款用途：购料				汇出行盖章（中国工商银行 电子回单 2022 年 1 月 7）									
上列款项已根据委托办理，如需查询，请持此回单来行面洽。													
单位主管　　会计　　复核　　记账													

此联是给汇款人的回单

附图 1-16

全国统一发票监制 国家税务局监制

甘肃省增值税专用发票

发票联

0306205143　　№ 00594025　　0306205143 00594025

校验码 68522 48336 31166 45258　　开票日期：2022 年 1 月 7 日

购买方	名　　称：神州开源实业有限公司 纳税人识别号：12622100438450653D 地址、电话：神州市西郊工业园区23号0937-52***55 开户行及账号：工商银行神州路支行136002030003568	密码区	>*4752b543df927a6296h234573b b53ab543df927a6296h234574124 <6e8ab543df927a6296h234575c> / c78ab543df927a6296h234576b

货物或应税劳务名称	规格型号	单位	数 量	单价	金 额	税率	税 额
PVC树脂	PI—2	千克	500	20.00	10000. 00	13%	1300. 00
合　计					¥10000. 00		¥1300. 00
价税合计（大写）	⊗壹万壹仟叁佰元整				（小写）¥11300.00		

销货单位	名　　称：黄海科技有限公司 纳税人识别号：35086623553659375D 地址、电话：青岛市红谷路18号137******16 开户行及账号：建设银行解放路支行91032640702	备注	黄海科技有限公司 35086623553659375D 发票专用章

收款人：李洋　　复核：张华　　开票人：刘明　　销货单位：（章）

第三联 发票联 购货方记账凭证

附图 1-17

材料验收入库单

供应单位：　　发票号：　　2022 年 1 月 7 日　　第　号

材料类别	材料名称	规格	计量单位	数量	实收数量	单价	金额							
							十	万	千	百	十	元	角	分
	PVC树脂	PI—2	千克	500	500	20. 00		1	0	0	0	0	0	0
检验结果		检验员签章：		运杂费										
				合计			¥	1	0	0	0	0	0	0
备注														

仓库主管：张华　　材料会计：　　收料员：　　经办人：　　制单：陈红

第三联 记账联

(11)1 月 10 日，生产车间领用车间修理耗用材料如附图 1-18 所示。

附图 1-18

领 料 单

领料部门：生产车间　　2022 年 1 月 10 日

材料		单位	数量		单位成本	金额	过账
名称	规格		请领	实发			
PVC 树脂	PI—2	千克	500	500	20.00	10000.00	
工作单号		用途	车间修理耗用				
工作项目							

会计：　　记账：　　发料：张华　　领料：王鹏

(12)1 月 10 日收到银行转来的华联商厦前欠货款 35 100 元，结算凭证如附图 1-19 所示。

附图 1-19

ICBC 中国工商银行 网上电子回单

电子回单号码： 6835-4215-3563-2565　　　　交易流水号：202112256326

付款人	全称	华联商厦	收款人	全称	神州开源实业有限公司
	账号	560101123642902		账号	136002030003568
	开户银行	工商银行东风支行		开户银行	工商银行盘旋路支行
大写金额	人民币：叁万伍仟壹佰元整		小写金额	¥35100.00	
用途	欠货款			中国工商银行 电子回单专用章	
钞汇标志	钞户				
重要提示：电子回单可重复打印，如您已通过银行柜台取得相应纸质回单，请注意核对，勿重复记账					
第一次补打					
记账网店	52043	记账柜员	打印时间	2022 年 1 月 5 日	

(13)1 月 10 日，从银行取得 6 个月期限的经营周转借款 200 000 元，月利率 0.4%，银行结算凭证如附图 1-20 所示。

附图 1-20

贷款凭证（收账通知）

2022年1月10日

单位名称	神州开源实业有限公司		种类		短期资金贷款			贷款户账号		206354	
金额	人民币大写：贰拾万元整	千	百	十	万	千	百	十	元	角	分
			¥	2	0	0	0	0	0	0	0
用途		单位申请期限			自2022年1月10日起至2022年7月10日止					利率	0.4%
		银行核定期限			自2022年1月10日起至2022年7月10日止						
以上贷款以核准发放已转收你单位银行签章	工商银行盘旋路支行				工商银行盘旋路支行 2022-01-10 转账 转 讫						
	622102271300082908										
	结算专用章										

(14)1 月 13 日，缴纳上个月增值税 9 350 元，通过银行扣缴，如附图 1-21 所示。

附图 1-21

中国工商银行电子缴税付款凭证

转账日期： 2022 年 1 月 13 日　　凭证字号： 35202101136523

纳税人全称及纳税人识别号：神州开源实业有限公司　12622100438450653D

付款人全称：神州开源实业有限公司　　咨询投诉电话：12366

付款人账号：1360020300035658　　征收机构名称神州市地方税务局肃州分局

付款人开户银行：工商银行东风支行　　收款国库银行名称：国家金库肃州区支库

小写（合计）金额：¥9350.00　　缴款书交易流水号：2021041035651512

大写（合计）金额：玖仟叁佰伍拾元整　　税票号码：SD35651512

税（费）名称	所属时间	实缴金额
增值税	20220101-20220131	9350.00

中国工商银行 电子回单 专用章

教学专用不得用于其他商业用途

(15)1 月 13 日销售给瑞丰实业有限公司 PVC 硬管 600 件，单价 275.00 元，价款 63 000.00 元，增值税 21 450.00 元；PVC 软管 800 件，单价 325.00 元，价款 260 000.00 元，增值税 33 800 元，商品已发出，增值税专用发票已开具，款项尚未收到。凭证如附图 1-22、附图 1-23 所示。

附图 1-22

甘肃省增值税专用发票

此联不做报销、扣税凭证使用

0351046255　　№ 00556240　0351046255 00556240

校验码 68522 48336 33166 2358　　开票日期： 2022 年 1 月 20 日

购买方
名　　称：瑞丰实业有限公司
纳税人识别号：35086678663659240F
地址、电话：神州市平安路 111 号 52***58
开户行及账号：农业银行神州路支行 652002030003423

密码区
>*4752b543df927a6296h234573b
b53ab543df927a6296h2345741>
/6e8ab543df927a6296h234575c
>c78ab543df927a6296h234576b

货物或应税劳务名称	规格型号	单位	数量	单价	金额	税率	税额
PVC硬管	JC—2	件	600	275.00	165000.00	13%	21450.00
PVC软管	JR—6	件	800	325.00	260000.00	13%	33800.00
合　计					¥425000.00		¥55250.00
价税合计（大写）	⊗肆拾捌万零贰佰伍拾元整				（小写） 480250.00		

销货单位
名　　称：神州开源实业有限公司
纳税人识别号：12622100438450653D
地址、电话：神州市西郊工业园区 23 号 0937-56***68
开户行及账号：工商银行盘旋路支行 136002030003568

备注：神州开源实业有限公司 12622100438450653D 发票专用章

收款人：李洋　　复核：张华　　开票人：刘明　　销货单位：（章）

第一联 记账联 销售方记账凭证

附图 1-23

产品出库单

客户名称：瑞丰实业有限公司 №00556585

联系人：王世虎 2022 年 1 月 13 日

序号	货品名称	规格	单位	数量	单价	金额	备注
1	PVC硬管	JC—2	千克	600	275.00	165 000.00	
2	PVC软管	JR—6	千克	800	325.00	260 000.00	
						¥425000.00	

第一联记账联

会计：王丽 记账： 发料：张丽 领料：王鹏

(16)1 月 15 日，从滨海华茂股份有限公司购进 PVC 树脂 1 000 千克，单价 21 元，价款 21 000 元，增值税 2 730 元，货款未付，材料验收入库。材料入库单、增值税专用发票如附图 1-24 至附图 1-25 所示。

附图 1-24

材料验收入库单

供应单位：滨海华茂股份有限公司 发票号： 2022 年 1 月 15 日

材料类别	材料名称	规格	计量单位	数量	实收数量	单价	金额							
							十	万	千	百	十	元	角	分
	PVC树脂	PI—2	千克	1 000	1 000	21	¥	2	1	0	0	0	0	0
检验结果		检验员签章：		运杂费合计			¥	2	1	0	0	0	0	0
备注														

第三联记账联

仓库主管：张华 材料会计： 收料员： 经办人： 制单：陈红

附图 1-25

甘肃省增值税专用发票

发票联

0306403152　　　　　　№ 00595204　　0306403152　00595204

校验码 68522 55336 31166 5258　　　　开票日期：2022 年 1 月 15 日

购买方	名　　　称：神州开源实业有限公司 纳税人识别号：12622100438450653D 地址、电话：神州市西郊工业园区23号0937-52***55 开户行及账号：工商银行神州路支行136002030003568	密码区	>*4752b543df927a6296h234573b 7b53ab543df927a6296h2345741> /6e8ab543df927a6296h234577c >c78ab543df927a6296h234576b

货物或应税劳务名称	规格型号	单位	数 量	单价	金 额	税率	税 额
PVC树脂	PI—2	千克	1000	21.00	21000.00	13%	2730.00
合　　计					¥21000.00		¥2730.00
价税合计（大写）	⊗贰万叁仟柒佰叁拾元整				（小写） ¥23730.00		

销货单位	名　　　称：滨海华茂股份有限公司 纳税人识别号：58061232655316725D 地址、电话：滨海市华强北路18号158******15 开户行及账号：工商银行滨海市分行870326406432	备注	滨海华茂股份有限公司 58061232655316725D 发票专用章

收款人：李洋　　　复核：张华　　　开票人：刘明　　　销货单位：（章）

第三联 发票联 购货方记账凭证

(17)1 月 17 日销售给宏达股份有限公司 PVC 硬管 400 件，单价 315 元，价款 126 000 元，增值税 16 380 元；PVC 软管 300 件，单价 320 元，价款 96 000 元，增值税 12 480 元，办妥委托银行收款手续。相关票据如附图 1-26 至附图 1-28 所示。

附图 1-26

产 品 出 库 单

客户名称：宏达股份有限公司　　　　№ 00556598

联系人：王洪亮　　　　2022 年 1 月 17 日

序号	货品名称	规格	单位	数量	单价	金额	备注
1	PVC硬管	JC—2	千克	400	315.00	126 000.00	
2	PVC软管	JR—6	千克	300	320.00	96 000.00	
	合计					¥222000.00	

会计：王丽　　　记账：　　　发料：张华　　　领料：王鹏

第一联 记账联

附图 1-27

托收承付凭证（回单）

电

委托日期 2022 年 1 月 17 日　　托收号码：8635

付款人	全称	宏达股份有限公司	收款人	全称	神州开源实业有限公司									
	电话或住址	神州市解放路16号68***35		账号	652002030003423									
	开户银行	中国工商银行神州市分行		开户银行	工 行	行号	2685							
托收金额	人民币（大写）贰拾伍万零捌佰陆拾元整				千	百	十	万	千	百	十	元	角	分
						¥	2	5	0	8	6	0	0	0
附件	商品发运情况			合同名称号码										
附寄单证张数或册数														
备注 电划	款项收妥日期 年 月 日			收款人开户银行盖章 2022 年 1 月 17 日										

单位主管：　　会计：　　复核：　　付款单位开户银行盖章

此联是收款人开户行给收款人的回单

附图 1-28

甘肃省增值税专用发票

全国统一发票监制章 国家税务总局监制

0351405652　　此联不做报销、扣税凭证使用　　№ 00556433　　0351405652 00556433

校验码 68522 48336 31166 45258　　开票日期：2022 年 1 月 17 日

购买方	名　　称：宏达股份有限公司 纳税人识别号：35086678663659246F 地址、电话：神州市吉祥路 11 号 0937-52***42 开户行及账号：农行吉祥路支行 652002030003423			密码区	>*8652b543df927a6296h234573b 7b53ab543df927a6296h2345741 56e8ab543df927a6296h234575c >c78ab543df927a6296h234576b		
货物或应税劳务名称	规格型号	单位	数量	单 价	金 额	税 率	税 额
PVC硬管	JC—2	件	400	315.00	126000.00	13%	16380.00
PVC软管	JR—6	件	300	320.00	96000.00	13%	12480.00
合　　计					¥222000.00		¥28860.00
价税合计（大写）	⊗贰拾伍万零捌佰陆拾元整				（小写）250860.00		
销货单位	名　　称：神州开源实业有限公司 纳税人识别号：12622100438450653D 地址、电话：神州市西郊工业园区 23 号 0937-56***68 开户行及账号：工商银行盘旋路支行136002030003568			备注	神州开源实业有限公司 12622100438450653D 发票专用章		

收款人：李洋　　复核：张伟　　开票人：刘明　　销货单位：（章）

第一联 记账联 销售方记账凭证

(18)1 月 21 日，收到远洋公司前欠货款 46 800 元。银行收账通知如附图 1-29 所示。

附图 1-29

中国工商银行信汇凭证（收账通知）

委托日期 2022 年 1 月 21 日

汇款人	全称	远洋公司	收款人	全称	神州开源实业有限公司								
	账号或住址	608230578621345		账号或住址	136002030003568								
	开户银行	工商银行丽都市分行		开户银行	工行		行号			2685			
金额	人民币(大写)肆万陆仟捌佰元整			千	百	十	万	千	百	十	元	角	分
						¥	4	6	8	0	0	0	0
汇款用途：还欠款				汇出行盖章 2022 年 1 月 22 日									
上列款项已根据委托办理，如需查询，请持此回单来行面洽													
单位主管： 会计： 复核： 记账：													

此联是汇出行给汇款人的回单

(19)1 月 22 日，行政部领用办公耗材，领料单如附图 1-30 所示。

附图 1-30

领 料 单

领料部门：行政部　　　　2022 年 1 月 22 日

材料		单位	数量		单位成本	金额	过账
名称	规格		请领	实发			
PVC树脂	RB—6	千克	100	100	20.00	2 000.00	
工作单号		用途	办公耗材				
工作项目							

会计：　　记账：　　发料：张华　　领料：王鹏

(20)1 月 26 日，以银行存款支付本月电话费 2 180 元。银行转账支票存根、电信专用收据如附图 1-31、附图 1-32 所示。

附图 1-31

甘肃省增值税专用发票

此联不做报销、扣税凭证使用

4403320164　　№ 00456108　　4403320164　00456108

校验码 68564 54336 31107 45263　　开票日期：2022 年 1 月 26 日

购买方	名　　称：神州开源实业有限公司 纳税人识别号：12622100438450653D 地址、电话：神州市西郊工业园区23号0937-52***55 开户行及账号：工商银行盘旋路支行136002030003568			密码区	>*b543d4752f927a6296h234573b /43df927b53ab5a6296h23457412 >df927a66e8ab543296h2345752c c7248ab543df927a6296h234576b		
货物或应税劳务、服务名称	规格型号	单位	数量	单 价	金 额	税率	税 额
电话费			1	2000.00	2000.00	9%	180.00
合　　计					¥2000.00		¥180.00
价税合计（大写）	⊗贰仟壹佰捌拾元整				（小写） ¥2180.00		
销货单位	名　　称：中国电信股份有限公司神州分公司 纳税人识别号：1895244103001053D 地址、电话：东大街赛格电子城4A03 0937-56***68 开户行及账号：建设银行东大街支行623101123642102			备注	中国电信股份有限公司神州分公司 1895244103001053D 发票专用章		

收款人：张敏　　复核：李晓　　销售方：（章）

第三联 发票联 购买方记账凭证

附图 1-32

ICBC 中国工商银行　单位客户专用回单　№ 376355236

币别：人民币　　2022 年 1 月 26 日　　流水号：202104267652565

付款人	全称	神州开源实业有限公司	收款人	全称	中国电信股份有限公司神州分公司
	账号	136002030003568		账号	560101123642876
	开户银行	工商银行盘旋路支行		开户银行	建设银行太平路支行
金额	人民币：贰仟壹佰捌拾元整　　（小写）¥2180.00				
凭证种类	电子转账凭证		凭证号码	022971676568	
结算方式	转账		用途	电话费	
汇划日期汇划款项编号： 汇入行行号：102393000331 汇入行行名：工商银行滨海市分行 业务类型 0000　原凭证金额 2180.00 原凭证种类 0038　原凭证号码 022971676568 附言：电话费			打印柜员：351980301003 打印机构：中国工商银行神州盘旋路支行 打印卡号：95588109407558 补打次数：0 （中国工商银行 电子回单专用章）		

本回单手写无效可通过工行自助设备验证真伪

打印时间：2021-01-26　　交易柜员：K000002　　交易机构：3518097001

(21)1 月 28 日，以银行存款偿还前欠黄海科技有限公司货款 36 600 元。汇兑结算凭证如附图 1-33 所示。

附图 1-33

中国工商银行信汇凭证（回单）

委托日期 2022 年 1 月 28 日

汇款人	全称	神州开源实业有限公司	收款人	全称		黄海科技有限公司								
	账号或住址	1360020300035658		账号或住址		623205223057827								
	开户银行	工商银行盘旋路支行		开户银行		建行		行号				4623		
金额	人民币(大写)叁万陆仟陆佰元整			千	百	十	万	千	百	十	元	角	分	
						¥	3	6	6	0	0	0	0	
汇款用途：还欠款				汇出行盖章 （中国工商银行 电子回单专用章） 2022 年 1 月 28 日										
上列款项已根据委托办理，如需查询，请持此回单来行面洽。														
单位主管：　会计：　复核：　记账：														

此联是汇出行给汇款人的回单

(22)1 月 29 日，通过银行扣缴本月水费 981 元，票据如附图 1-34、附图 1-35 所示。

附图 1-34

ICBC 中国工商银行 网上电子回单

电子回单号码 6358 - 4152 - 3563 - 2655 流水号：202104266943

付款人	全称	神州开源实业有限公司	收款人	全称	神州水务集团肃州分公司
	账号	1360020300035658		账号	622456010112364
	开户银行	工商银行盘旋路支行		开户银行	中国工商银行神州盘旋路支行
大写金额	人民币：玖佰捌拾壹元整		小写金额	¥981.00	
用途	水费		中国工商银行 电子回单 专用章		
钞汇标志	钞户				
重要提示：电子回单可重复打印，如您已通过银行柜台取得相应纸质回单，请注意核对，勿重复记账					
第一次补打					
记账网店	52043	记账柜员	5112	打印时间	2022 年 1 月 29 日

附图 1-35

甘肃省增值税专用发票

全国统一发票监制章 甘肃 国家税务总局监制

发 票 联

4403316204 校验码 68564 54336 31107 45263

№ 00451086 4403316204 00451086

开票日期： 2022 年 1 月 29 日

购买方	名　　称：神州开源实业有限公司 纳税人识别号：12622100438450653D 地址、电话：神州市西郊工业园区 23 号 0937-52***55 开户行及账号：工商银行盘旋路支行 136002030003568			密码区	>*4752b543df927a6296h234573b b53ab543df927a6296h23457413> 6e8ab543df927a6296h23453475c /c78ab543df927a6296h2345763c		
货物或应税劳务、服务名称	规格型号	单位	数量	单 价	金 额	税率	税 额
水费		立方米	180	5.00	900.00	9%	81.00
合　　计					¥900.00		¥81.00
价税合计（大写）	⊗玖佰捌拾壹元整				（小写）¥981.00		
销货单位	名　　称：神州水务集团肃州分公司 纳税人识别号：91440306441010534D 地址、电话：神州市太平路 16 号 0937-56***68 开户行及账号：建设银行太平路支行 210256010112364			备注	神州水务集团肃州分公司 914403644101053D 发票专用章		

收款人：张敏敏　　复核：李晓慧　　销售方：（章）

第三联 发票联 购买方记账凭证

（23）1 月 29 日，通过银行扣缴支付本月电费 3 390 元，票据如附图 1-36、附图 1-37 所示。

附图 1-36

3310462404　　甘肃省增值税专用发票　　№ 00458610　　3310462404 00458610

发票联

校验码 68564 54336 31107 45263　　开票日期：2022 年 1 月 29 日

购买方	名　　称：神州开源实业有限公司 纳税人识别号：12622100438450653D 地址、电话：神州市西郊工业园区 23 号 0937-52***55 开户行及账号：工商银行盘旋路支行 136002030003568	密码区	>*4752b543df927a6296h234573b b53ab543df927a6296h2345741> 6e8ab543df927a6296h2345758c /c78ab543df927a6296h234576b

货物或应税劳务、服务名称	规格型号	单位	数量	单价	金额	税率	税额
电费		度	1	1.25	3000.00	13%	390.00
合　　计					¥3000.00		¥390.00
价税合计（大写）	⊗叁仟叁佰玖拾元整				（小写）¥3390.00		

销货单位	名　　称：国家电网集团神州分公司 纳税人识别号：9144644103001053D 地址、电话：神州尚武街 43 号 4503 0937-26***68 开户行及账号：建设银行尚武街支行 210256010112436	备注	国家电网集团神州分公司 9144644103001053D 发票专用章

收款人：张丽　　复核：李晓慧　　销售方：（章）

第三联　发票联　购买方记账凭证

附图 1-37

ICBC 中国工商银行　网上电子回单

电子回单号码：6358-4152-3563-2655　　交易流水号：202104266954

付款人	全称	神州开源实业有限公司	收款人	全称	国家电网集团神州分公司
	账号	1360020300035658		账号	274301121023642
	开户银行	工商银行盘旋路支行		开户银行	中国工商银行神州盘旋路路支行
大写金额	人民币：叁仟叁佰玖拾元整		小写金额	¥3390.00	
用途	电费		中国工商银行 电子回单 专用章		
钞汇标志	钞户				
重要提示：电子回单可重复打印，如您已通过银行柜台取得相应纸质回单，请注意核对，勿重复记账					
第一次补打					
记账网店	43520	记账柜员	5112	打印时间	2022年1月29日

本回单手写无效可通过工行自助设备验证真伪

（24）1 月 31 日，计提本月利息 2 400 元，见附表 1-4。

附表 1-4　利息计算表　　2022 年 1 月 31 日

贷款金额/元	月利率/%	计提利息/元
600 000.00	0.4	2 400.00
合计	—	2 400.00

(25) 1 月 31 日,计提本月工资,各部门工资分配见附表 1-5。

附表 1-5　神州开源实业有限公司 1 月份工资明细表

序号	部门	人数/人	小计/元
1	管理部门	7	28 750.00
2	销售部门	1	4 000.00
3	生产部门——硬管车间	1	5 000.00
4	生产部门——软管车间	2	9 600.00
合计		11	47 350.00

(26) 1 月 31 日,固定资产计提折旧。折旧额计算见附表 1-6。

附表 1-6　折旧额计算表

2022 年 1 月 30 日　　单位:元

使用单位和固定资产类别		原值	月折旧率/%	折旧额
生产部	厂　房	400 000	0.4	1 600.00
	设　备	319 000	0.5	2 552.00
	小　计	719 000	—	4 152.00
行政部	房　屋	330 000	0.4	1 320.00
销售部	运输设备	179 200	1.0	1 792.00
仓储部	管理设备	27 380	1.0	273.80
	小　计	536 580	—	3 385.80
合　计		1 255 580	—	7 537.80

(27)1 月 31 日,月末分配结转本月制造费用,本月"制造费用"明细发生额 14 152.00 元,生产总工时为 5 000 小时,"制造费用分配表"见附表 1-7。

附表 1-7　制造费用分配表

2022 年 1 月 30 日

分配对象	分配标准/生产工时	分配率/(元/工时)	分配金额/元
PVC 硬管	2 000	2.830 4	5 660.80
PVC 软管	3 000	2.830 4	8 491.20
制造费用合计	5 000		14 152.00

(28)1 月 31 日,结转本月生产完工验收入库产品的生产成本。本月产品全部完工总成本为 73 212.00 元;完工产品计算表见附表 1-8 至附表 1-10。

附表 1-8 完工产品成本计算单

2022 年 1 月 31 日

产品名称：PVC 硬管

期初在产品数量：0
本期投入量：706
完工产量：706

成本项目	月初在产品成本	本月发生费用	生产费用合计	月末在产品成本	完工产品成本	单位成本
直接材料	0.00	14 960.00	14 960.00	0.00	14 960.00	
直接人工	0.00	5 000.00	5 000.00	0.00	5 000.00	
制造费用	0.00	5 660.80	5 660.80	0.00	5 660.80	
合　计	0.00	25 620.80	25 620.80	0.00	25 620.80	36.29

附表 1-9 完工产品成本计算单

2022 年 1 月 31 日

产品名称：PVC 软管

期初在产品数量：0
本期投入量：1 220
完工产量：1 220

成本项目	月初在产品成本	本月发生费用	生产费用合计	月末在产品成本	完工产品成本	单位成本
直接材料	0.00	29 500.00	29 500.00	0.00	29 500.00	
直接人工	0.00	9 600.00	9 600.00	0.00	9 600.00	
制造费用	0.00	8 491.20	8 491.20	0.00	8 491.20	
合　计	0.00	47 591.20	47 591.20	0.00	47 591.20	39.01

附表 1-10 产成品入库单

2022 年 1 月 30 日　　金额单位：元

产品名称	计量单位	数量	单价	金额
PVC 硬管	件	706	36.29	25 620.74
PVC 软管	件	1 220	39.01	47 592.20
合计	件	1 926	—	73 212.94

仓库主管：　　经办人：　　制单：张华

(29)1 月 31 日，结转本月销售产品的销售成本，根据本月"库存商品出库汇总表"(略)编制主营业务成本计算单，见附表 1-11。

附表 1-11 主营业务成本计算单

2022 年 1 月 30 日　　金额单位：元

产品名称	计量单位	本期销售数量	单位成本	销售成本总额
PVC 硬管	件	1 000	45.00	45 000.00
PVC 软管	件	1 100	40.00	44 000.00
合　计	—	2 100	—	89 000.00

(30)1 月 31 日,计算当月应纳增值税并将“应交税费——应交增值税”明细账余额结转至“应交税费—未交增值税”明细账中。见附表 1-12。

附表 1-12 应缴纳增值税计算表

2022 年 1 月 31 日 单位:元

项 目	金额	备注
销项税额	84 110.00	
加:进项税额转出		
出口退税		
减:进项税额	7 879.00	
已交税金		
减免税款		
出口抵减内销产品应纳税额		
应交增值税额		
加:按简易征收办法计算应纳税额		
应纳税合计	76 231.00	

审核:王潇 制表:王丽

(31)1 月 31 日,根据当月应交增值税明细分别计算城市维护建设税、教育费附加、地方教育费附加,见附表 1-13。

附表 1-13 税金及附加计算表

2022 年 1 月 31 日 单位:元

项目	计提金额	计提基数及比例			
		计提比例	增值税	消费税	计提基数
城建税	5 336.17	7%			
教育费附加	2 286.93	3%	76 231.00	0	76 231.00
地方教育费附加	1 524.62	2%			
合计	9 147.72	—	—	0	

审核:王潇 制表:王丽

(32)1 月 31 日,将本月所有收入、费用类账户余额结转至“本年利润”账户,计算见附表 1-14。

附表 1-14 损益类账户结转计算表

2022 年 1 月 31 日 单位:元

账户名称	结转前余额		转入本年利润	
	借方	贷方	借方	贷方
主营业务收入				647 000.00

续表

账户名称	结转前余额		转入本年利润	
	借方	贷方	借方	贷方
其他业务收入				
营业外收入				
投资收益				
主营业务成本			89 000.00	
其他业务成本				
营业税金及附加			9 147.72	
销售费用			13 792.00	
管理费用			45 223.80	
财务费用			2 400.00	
营业外支出				
合计		159 563.52	647 000.00	

制表：王丽

(33)1 月 31 日，按照本月实现利润的 25%计算本月应交所得税，见附表 1-15。

附表 1-15　所得税费用计算表

2022 年 1 月 31 日　　单位：元

应纳税所得额	所得税税率	企业所得税
487 436.48	25%	121 859.12

制表：王丽

(34)1 月 31 日，将所得税费用结转至“本年利润”账户。根据账簿有关资料编制内部转账单，见附表 1-16。

附表 1-16　公司内部转账单

2022 年 1 月 31 日　　单位：元

摘　要	金　额
将所得税费用结转至本年利润账户	121 859.12
合计	121 859.12

制表：王丽

(35)1 月 31 日，将全年实现的净利润结转至“利润分配—未分配利润”账户。经查账，本年利润明细账户 1 月末贷方余额见附表 1-17。

附表 1-17 公司内部转账单

2022 年 1 月 31 日　　单位:元

摘 要	金 额
将全年净利润转入“利润分配”账户	617 577.36
合计	617 577.36

制表:王丽

(36)1 月 31 日,按税后利润的 10%计提法定盈余公积金 61 757.74 元,按税后利润的 5%计提任意盈余公积金 28 996.37 元,见附表 1-18。

附表 1-18 公司内部转账单

2022 年 1 月 31 日　　单位:元

项 目	提取比例	金 额
一、净利润		617 577.36
二、提取盈余公积:		
提取法定盈余公积	10%	61 757.74
提取任意盈余公积	5%	30 878.87
三、可供投资者分配的利润		524 940.75

制表:王丽

附录2 知识训练、任务训练、模块考核与训练、企业综合业务实训演练参考答案

模块1 会计理论基础

一、知识训练参考答案

1-1. B 1-2. BC 1-4. A 1-6. B 1-9. AC 1-10. ACD 1-11. BD 1-12. ABC 1-13. B 1-14. ABCD 1-15. AC 1-16. ABD 1-17. ABD 1-18. B 1-19. A 1-20. B 1-21. AC 1-22. AD 1-23. CD 1-24. AD 1-25. C 1-26. A 1-27. B 1-28. ABD 1-29. ABC

【课程思政】答案参考

1. 中国共产党二十大报告中指出，高举中国特色社会主义伟大旗帜，全面贯彻新时代中国特色社会主义思想，弘扬伟大建党精神，自信自强，守正创新，踔厉奋发、勇毅前行，为全面建设社会主义现代化国家、全面推进中华民族伟大复兴而团结奋斗。

新时代新征程使命任务已明确，我们要把党的二十大精神转化为强大的学习动力，肩负起强国的历史重任，回报祖国。

2. 会计职业道德：爱岗敬业、诚实守信、廉洁自律、客观公正、坚持准则、提高技能、参与管理、强化服务。同学们从学习开始，就应以会计职业道德为准绳，养成良好的职业工作态度，为企业会计信息使用者提供好服务，践行社会主义核心价值观。

二、任务训练参考答案

1. 任务1参考答案

	方法名称	方法内涵的理解
会计核算方法	设置账户	指对会计对象要素的具体内容行进行归类、核算和监督的一种专门方法。
	复式记账	对每一项经济业务，以相等的金额，同时在两个或两个以上相互联系的账户中进行登记的一种专门方法。
	填制、审核会计凭证	对每一项经济业务，都要取得或填制会计凭证，并加以审核，作为登记账簿的依据。
	登记账簿	必须以凭证为依据，利用账户和复式记账的方法，把经济业务分门别类地登记到账簿中去，并定期地进行结账和对账，为编制财务会计报告提供完整而系统的会计信息资料。
	成本计算	按照一定的成本对象，对生产经营过程中所发生的成本、费用进行归集，以确定各对象的总成本和单位成本的一种专门方法。

续表

	方法名称	方法内涵的理解
会计核算方法	财产清查	通过盘点实物、核对往来款项，以查明财产实存数的一种专门方法。
	编制财务报告	以书面报告的形式，定期总括反映生产经营活动的财务状况和经营成果的一种专门方法。
会计核算方法之间的关系	上述会计核算的各种专门方法，是一个完整的方法体系。为了科学地组织会计核算，实行日常会计监督，必须全面、互相联系地应用这些专门方法。也就是说，对于日常所发生的各项经济业务，都要填制和审核凭证；按照规定的账户，运用复式记账法记入有关账簿；对于经营过程中发生的各项费用，应当进行成本计算；一定时期终了，通过财产清查，在账证相符、账账相符、账实相符的基础上，根据账簿记录，编制财务会计报告。	

2. 任务 2 参考答案

业务序号	三大要素期初余额及各业务涉及要素的变化(单位:元)		
	资产总额 198 000	负债 62 000	所有者权益 136 000
1	100 000	100 000	
2	12 000－12 000		
3	36 000		36 000
4	16 800－16 800		
5	－30 000	－30 000	
6	－3 000	－3 000	
7	－18 600	－18 600	
8		16 000－16 000	
合 计	84 400	48 400	36 000
期末	282 400	110 400	172 000

注:期末资产总额 282 400＝负债总额 110 400＋所有者权益总额 172 000。

3. 任务 3 参考答案

通达公司发生额及余额表

单位:元

账户名称	类别	期初余额	本期增加发生额	本期减少发生额	期末余额
银行存款	资产	(15 100)	33 000	16 000	32 100
库存商品	资产	19 000	12 000	19 800	(11 200)
原材料	资产	11 000	(20 800)	10 600	21 200
制造费用	成本		1 500	(1 500)	0
生产成本	成本	46 300	15 800	(58 900)	3 200
短期借款	负债	(29 000)	22 000	35 000	16 000

续表

账户名称	类别	期初余额	本期增加发生额	本期减少发生额	期末余额
应付账款	负债	6 680	2 120	4 160	(4 640)
实收资本	所益	200 000	(　0　)	100 000	100 000
利润分配	所益	26 100	15 300	(29 400)	12 000

4. 任务 4 参考答案

(1)根据上表开设总分类账户并登记期初余额(用“T”型账户)；

(2)根据上述经济业务编制会计分录；

2 月 2 日：借：固定资产　80 000
　　贷：实收资本——兴发公司　80 000

2 月 8 日：借：应交税费　13 000
　　贷：银行存款　13 000

2 月 10 日：借：生产成本——A 产品　35 000
　　贷：原材料　35 000

2 月 12 日：借：银行存款　20 000
　　贷：应收账款——亨达公司　20 000

2 月 17 日：借：其他应收款——高洋　1 500
　　贷：库存现金　1 500

2 月 25 日：借：应付账款——北辰公司　20 000
　　贷：短期借款　20 000

2 月 28 日：借：原材料　65 000
　　贷：银行存款　65 000

(3)根据会计分录登记各账户；

(4)期末结算各账户(略)。

三、模块考核与训练参考答案

(一)单项选择题

1. D　2. C　3. B　4. A　5. C　6. A　7. D　8. B　9. C　10. A　11. C　12. C　13. D　14. C　15. A　16. B　17. C　18. B　19. C　20. B　21. D　22. B　23. D　24. D　25. A　26. B

(二)多项选择题

1. ABCD　2. ABCD　3. ACD　4. AB　5. BCD　6. ABCD　7. BD　8. ABCD　9. BCD

(三)判断题

1. ×　2. √　3. ×　4. ×　5. ×　6. √　7. ×　8. ×　9. ×

(四)技能训练题

1. 2023 年 2 月份通达公司发生经济业务对资产和权益的影响如下：

(1)从银行提取现金 600 元。　(资产一增一减)

(2)以银行存款购买原材料 5 200 元。　(资产一增一减)

(3)购进原材料 6 000 元,货款暂欠。 (资产增加、负债增加)
(4)赊购一台设备 20 000 元,未付款。 (资产增加、负债增加)
(5)从银行借入 3 个月期借款 20 000 元。 (资产增加、负债增加)
(6)从银行借入 3 年期借款 60 000 元。 (资产增加、负债增加)
(7)收回应收账款 8 000 元存入银行。 (资产一增一减)
(8)用银行存款偿还前欠货款 9 000 元。 (资产减少、负债减少)
(9)以银行存款 10 000 元偿还短期借款。 (资产减少、负债减少)
(10)收到某公司投入设备 50 000 元。 (资产增加、所有者权益增加)

2023 年 2 月末资产总额＝479 810＋600－600＋5 200－5 200＋6 000＋20 000＋20 000＋60 000＋8 000－8 000－9 000－10 000＋50 000＝616 810(元)

2023 年 2 月末权益总额＝479 810＋6 000＋20 000＋20 000＋60 000－9 000－10 000＋50 000＝616 810(元)

2. 确定会计科目及增减如下:
(1)从银行提取现金 600 元。 (银行存款减少、库存现金增加)
(2)用银行存款 120 000 元购入固定资产。 (银行存款减少、固定资产增加)
(3)购入原材料价值 1 800 元,货款尚未支付。 (原材料增加、应付账款增加)
(4)接受利顺公司投入的资金 90 000 元,存入银行。 (银行存款增加、实收资本增加)
(5)用银行存款 16 800 元归还前欠某单位货款。 (银行存款减少、应付账款减少)
(6)从银行借入期限为 8 个月的借款 20 000 元,存入银行。
(银行存款增加、短期借款增加)

模块 2 确认与计量企业的基本经济业务

一、知识训练参考答案

2-1. 25＋1＋0. 2＝26. 2 2-2. 预付账款为贷方余额 500 元,这 500 元表示企业应付的款项

2-3. 30 000＋300＋400＝30 700 2-4. 210(200＋10)、190(200－10) 2-5. 200,200

【课程思政 2-1】答案参考

会计人员在实践工作过程中应具备以下职业素养:
(1)热爱本职工作,忠于职守,廉洁奉公,严守职业道德;
(2)认真学习国家财经政策、法令,熟悉财经制度;
(3)积极钻研会计业务,精通专业知识,熟练掌握会计技术方法;
(4)遵守国家的税法制度,依法纳税。
以下八种业务开具发票必须备注:
(1)运输服务开具的发票;
(2)差额开票功能开具的发票;
(3)提供建筑服务开具的发票;
(4)销售不动产开具的发票;

(5)出租不动产开具的发票；
(6)预付卡业务开具的发票；
(7)保险公司代收车船税开具的发票；
(8)保险公司作为扣缴义务人代收车船税并开具增值税发票。

【课程思政 2-2】答案参考

(1)会计人员属于贪污行为

(2)会计人员计提坏账准备时:借:信用减值损失　　100 000
　　贷:坏账准备　　100 000

核销应收账款时:借:坏账准备　　100 000
　　贷:应收账款　　100 000

(3)当收回款项时:借:应收账款　　100 000
　　贷:坏账准备　　100 000
同时:借:银行存款　　100 000
　　贷:应收账款　　100 000

(4)可以从会计人员应具备的专业知识与技能、会计工作职业道德、政治思想要求等方面说明,合理即可。

二、任务训练参考答案

(一)任务1参考答案

1. 投资业务会计分录

(1)借:银行存款　　400 000
　　贷:实收资本——长红公司　　300 000
　　　　资本公积——资本溢价　　100 000

(2)借:银行存款　　200 000
　　贷:实收资本——ABC公司　　200 000

(3)借:固定资产　　200 000
　　贷:实收资本——甲公司　　200 000

(4)借:银行存款　　1 000 000
　　贷:短期借款　　1 000 000

(5)借:无形资产——非专利技术　　50 000
　　贷:实收资本　　50 000

(6)借:资本公积　　200 000
　　贷:实收资本　　200 000

2. 短期借款业务会计分录

(1)1月1日,借入短期借款
借:银行存款　　100 000
　　贷:短期借款　　100 000

(2)1月31日,计提当月利息

1月份借款利息＝100 000×6%÷12＝500(元)

借:财务费用 500
　贷:应付利息 500
(3)2 月末借款利息处理同 1 月份。
(4)3 月末支付第 1 季度借款利息
借:应付利息 1 000
　财务费用 500
　贷:银行存款 1 500
(5)第 2 季度利息费用处理同第 1 季度。
(6)7 月 1 日,归还借款本金
借:短期借款 100 000
　贷:银行存款 100 000

(二)任务 2 参考答案

(1) 借:原材料——A 材料 500 000
　贷:在途物资——A 材料 500 000
(2) 运费分配:300/(50+100)=2(元/千克)
A 材料:100×2=200 元;B 材料:50×2=100(元)
借:原材料——A 材料 3 200
　——B 材料 1 100
　应交税费——应交增值税(进项税额) 520
　贷:应付账款——长虹公司 4 820
(3)借:预付账款——盛龙公司 3 000
　贷:银行存款 3 000
(4)借:原材料——C 材料 2 000
　应交税费——应交增值税(进项税额) 260
　贷:银行存款 2 260
(5) 借:应付账款——长虹公司 4 820
　贷:银行存款 4 820
(6) 借:原材料——C 材料 2 100
　应交税费——应交增值税(进项税额) 260
　贷:预付账款——金龙公司 3 360
(7)借:在途物资——B 材料 2 800
　应交税费——应交增值税(进项税额) 312
　贷:应付票据 3 112
(8)借:银行存款 640
　贷:预付账款——金龙公司 640
(9)借:原材料——甲材料 8 000
　应交税费——应交增值税(进项税额) 1 040
　贷:银行存款 9 040
实际入库单位成本=8 000÷(4 000−10)=2.01(元)

(10)借:原材料——D 材料 60 000
　　贷:应付账款——暂估应付账款 60 000

(11)固定资产入账价值=58 000+2 100+588=70 548(元)

借:固定资产 70 548
　应交税费——应交增值税(进项税额) 7 540
　贷:银行存款 78 088

(12)购入机器入账价值=25 000+420+490=25 910(元)

1)借:在建工程 25 910
　　应交税费——应交增值税(进项税额) 3 250
　　贷:银行存款 29 160

2)安装时:

借:在建工程 630
　贷:银行存款 630

3)交付使用时,固定资产入账价值=25 910+630=26 540(元)

借:固定资产 26 540
　贷:在建工程 26 540

(三)任务 3 参考答案

1. 根据业务编制会计分录

(1)借:生产成本——甲产品 51 000
　　　　　　——乙产品 49 000
　　制造费用 900
　　管理费用 1 000
　　贷:原材料——A 100 700
　　　　　　——B 80 600
　　　　　　——C 20 600

(2)借:生产成本——甲产品 20 000
　　　　　　——乙产品 14 000
　　制造费用 10 000
　　管理费用 20 000
　　贷:应付职工薪酬——短期薪酬(工资) 64 000

(3)借:生产成本——甲产品 2 800
　　　　　　——乙产品 1 960
　　制造费用 1 400
　　管理费用 2 800
　　贷:应付职工薪酬——短期薪酬(职工福利费) 8 960

(4)借:库存现金 64 000
　　贷:银行存款 64 000

(5)借:应付职工薪酬—短期薪酬(工资) 64 000
　　贷:库存现金 64 000

(6)借:制造费用 1 200
　　贷:银行存款 12 00
(7)借:制造费用 1 500
　　贷:银行存款 1 500
(8)借:制造费用 1 300
　　管理费用 2 000
　　贷:累计折旧 3 300
(9)借:管理费用 1 000
　　贷:银行存款 1 000
(10)制造费用总额=(900+10 000+1 400+1 200+1 500+13 00)/(600+400)=16.3
甲产品应分配制造费用=600×16.3=9 780(元)
乙产品应分配制造费用=400×16.3=6 520(元)
借:生产成本——甲产品 9 780
　　——乙产品 6 520
　贷:制造费用 16 300
(11)甲产品总成本=51 000+20 000+2 800+9 780=83 580(元)
乙产品总成本=49 000+14 000+1 960+6 520=71 480(元)
借:库存商品——甲产品 86 580
　　——乙产品 71 480
　贷:生产成本——甲产品 86 580
　　——乙产品 71 480

2. 登记生产成本、制造费用“T”型账(略)

(四)任务4参考答案

(1)借:应收账款——龙成公司 3 550
　　贷:主营业务收入 3 000
　　　应交税费——应交增值税(销项税额) 390
　　　银行存款 160
(2)借:银行存款 3 000
　　贷:预收账款——海兰公司 3 000
(3)借:银行存款 4 520
　　贷:主营业务收入 4 000
　　应交税费——应交增值税(销项税额) 520
(4)借:预收账款——海兰公司 3 650
　　应收账款——海兰公司 500
　　贷:主营业务收入 3 000
　　　应交税费——应交增值税(销项税额) 650
　　　银行存款 500
　借:银行存款 3 150
　　贷:预收账款——海兰公司 2 650

应收账款——海兰公司 500

(5)借:银行存款 3 550
贷:应收账款——龙城公司 3 550

(6)借:应收票据 9 040
贷:主营业务收入 8 000
应交税费——应交增值税(销项税额) 1 040

(7)借:主营业务成本 13 850
贷:库存商品——甲产品 5 600
——乙产品 8 250

(8)借:销售费用——广告费 8 600
贷:银行存款 8 600

(9)借:税金及附加 1 420
贷:应交税费——应交城市维护建设税 994
——应交教育费附加 426

(五)任务5参考答案

(1)12月份营业利润=主营业务收入+其他业务收入+投资净收益-主营业务成本-其他业务成本-税金及附加-销售费用-管理费用-财务费用
=600 000+150 000+18 000-350 000-75 000-5 000-35 000-45 000-3 000=255 000(元)

12月份利润总额=营业利润+营业外收入-营业外支出=255 000+8 000-2 000
=26 1000(元)

(2)结转收入、利得类账户:

借:主营业务收入 600 000
其他业务收入 150 000
投资收益 18 000
营业外收入 8 000
贷:本年利润 776 000

结转费用、损失类账户:

借:本年利润 515 000
贷:主营业务成本 350 000
其他业务成本 75 000
税金及附加 5 000
管理费用 45 000
销售费用 35 000
财务费用 3 000
营业外支出 2 000

(3)12月份应交所得税=(利润总额±纳税调整)×所得税税率
=261 000×25%=65 250(元)

借:所得税费用 65 250

贷:应交税费—应交所得税　　65 250

借:本年利润　　65 250

贷:所得税费用　　652 50

(4)12 月份净利润=利润总额-所得税费用=261 000-65 250=195 750(元)

全年净利润=5 000 000+195 750=5 195 750(元)

借:本年利润　　5 195 750

贷:利润分配—未分配利润　　5 795 750

三、模块考核与训练参考答案

(一)单项选择题

1. A　2. C　3. C　4. A　5. B　6. D　7. C　8. B　9. C　10. B　11. A　12. B　13. C　14. A　15. D　16. D　17. B　18. C　19. A　20. D　21. D　22. B　23. C　24. D　25. C　26. A　27. A　28. C

(二)多项选择题

1. BC　2. ABC　3. AD　4. BCD　5. AC　6. AD　7. ABCD　8. BC　9. ABD　10. BCD　11. ACD　12. ABD　13. BCD　14. ABCD　15. ABCD　16. ABC　17. ABC　18. BD　19. ACD　20. ABD

(三)判断题

1. ×　2. √　3. √　4. ×　5. ×　6. ×　7. ×　8. ×　9. ×　10. √　11. ×　12. ×　13. ×　14. √　15. √

(四)技能训练题

1. 根据经济业务编制会计分录

(1)借:原材料——A 材料　　52 000

应交税费——应交增值税(进项税额)　　6 680

贷:银行存款　　58 680

(2)借:生产成本——甲产品　　50 000

——乙产品　　50 000

制造费用　　5 000

管理费用　　3 000

贷:原材料——A 材料　　100 000

——B 材料　　8 000

(3)借:银行存款　　50 000

贷:应收账款——红光公司　　50 000

(4)借:应付职工薪酬——短期薪酬(工资)　　150 000

贷:银行存款　　150 000

(5)借:生产成本——甲产品　　50 000

——乙产品　　50 000

制造费用　　20 000

管理费用　　30 000

贷:应付职工薪酬——短期薪酬(工资)　150 000

(6)借:生产成本——甲产品　2 000

——乙产品　2 000

制造费用　1 000

管理费用　1 500

贷:应付职工薪酬——短期薪酬(职工福利费)　6 500

(7)借:制造费用　14 000

管理费用　12 000

贷:累计折旧　26 000

(8)制造费用总额=5 000+20 000+1 000+14 000=40 000(元)(也可通过制造费用总账获得)

甲产品、乙产品均应分配制造费用=40 000×50%=20 000(元)

借:生产成本——甲产品　20 000

——乙产品　20 000

贷:制造费用　40 000

(9)借:库存商品——甲产品　122 000(50 000+50 000+2 000+20 000)

——乙产品　122 000(50 000+50 000+2 000+20 000)

贷:生产成本——甲产品　122 000

——乙产品　122 000

(10)借:应收账款——红光公司　452 000

贷:主营业务收入　400 000

应交税费——应交增值税(销项税额)　52 000

(11)借:主营业务成本　200 000

贷:库存商品——甲产品　100 000

——乙产品　100 000

(12)借:销售费用　12 000

贷:银行存款　12 000

(13)借:应付利息　10 000

财务费用　2 000

贷:银行存款　12 000

(14)借:银行存款　5 650

贷:其他业务收入　5 000

应交税费——应交增值税(销项税额)　650

借:其他业务成本　3 000

贷:原材料　3 000

(15)借:营业外支出　20 000

贷:银行存款　20 000

(16)借:税金及附加　4 597

贷:应交税费——应交城市维护建设税　3 217.90

——应交教育费附加 1 379.10

(17)根据“T”型账户记录，结转收入类账户：

借：主营业务收入 400 000

其他业务收入 5 000

贷：本年利润 405 000

根据“T”型账户记录，结转费用类账户：

借：本年利润 288 097

贷：主营业务成本 200 000

其他业务成本 3 000

税金及附加 4 597

销售费用 12 000

管理费用 46 500

财务费用 2 000

营业外支出 20 000

(18)12月份利润总额＝“本年利润”账户贷方－借方＝405 000－288 097＝116 903(元)

12月份应交所得税＝116 903×25%＝29 225.75(元)

12月份净利润＝116 903－29 225.75＝87 667.25(元)

借：所得税费用 29 225.75

贷：应交税费——应交所得税 29 225.75

借：本年利润 29 225.75

贷：所得税费用 29 225.75

(19)全年净利润＝“本年利润”账户期初余额＋12月份净利润＝1 522 150＋87 667.25＝1 609 827.25(元)

提取法定盈余公积＝1 609 827.25×10%＝160 982.73(元)

提取任意盈余公积＝1 609 827.25×5%＝80 491.36(元)

应付投资者利润＝1 609 827.25×30%＝482 948.18(元)

借：利润分配——提取法定盈余公积 160 982.73

——提取任意盈余公积 80 491.36

——应付现金股利或利润 482 948.18

贷：盈余公积——法定盈余公积 160 982.73

——任意盈余公积 80 491.36

应付股利 482 948.18

(20)结转全年净利润

借：本年利润 1 609 827.25

贷：利润分配——未分配利润 1 609 827.25

结转利润分配各明细账：

借：利润分配——未分配利润 724 422.27

贷：利润分配——提取法定盈余公积 160 982.73

——提取任意盈余公积 80 491.36

——应付现金股利或利润　　482 948.18

(2)开设"T"型总账并进行登记(略)

(3)编制总账试算平衡表(略)

2. 计算及业务核算

(1)2016 年初"利润分配—未分配利润"账户贷方余额 500 000 元

2016 年全年发生亏损 185 万元时：

借:利润分配—未分配利润　　1 850 000

　贷:本年利润　　1 850 000

2017—2021 年每年实现 25 万元税前利润时：

借:本年利润　　250 000

　贷:利润分配——未分配利润　　250 000(连续做 5 年)

2016 年终未弥补亏损 135(185－50)万元，2017—2021 年共有税前利润 125 万元可用来弥补以前年度亏损，尚有 10 万元未弥补亏损，需用以后年度税后利润弥补。

2022 年所得税费用＝60×25％＝15(万元)

2022 年净利润＝60－15＝45(万元)

结转 2022 年净利润:借:本年利润　　450 000

　　贷:利润分配—未分配利润　　450 000

用 2022 年税后利润弥补以前年度亏损 10 万元，尚有净利润 35 万元。

提取盈余公积＝35×10％＝3.5(万元)

向投资者分配利润＝35×30％＝10.5(万元)

借:利润分配——提取法定盈余公积　　35 000

　　——应付现金股利或利润　　105 000

　贷:盈余公积　　35 000

　　应付利润　　105 000

(2)2022 年末结转利润分配其他明细到"利润分配—未分配利润"账户

借:利润分配——未分配利润　　140 000

　贷:利润分配——提取法定盈余公积　　35 000

　　——应付现金股利或利润　　105 000

2022 年未分配利润＝35－3.5－10.5＝21(万元)

模块 3　会计工作实务

一、知识训练参考答案

3-1. D　3-2. D　3-3. A　3-4. C

3-5. (1)李同学有道理，用付款凭证。原因是，库存现金和银行存款相互划转(即存钱或取钱)的经济业务，为避免重复记账，只编制一张付款凭证。

(2)借:库存现金　　5 000

　贷:银行存款　　5 000

3-6. BD 3-7. √ 3-8. CD 3-9. ABCD 3-10. A 3-11. B 3-12. B 3-13. A 3-14. B 3-15. ABD 3-16. BC 3-17. B 3-18. B 3-19. AB 3-20. C 3-21. BC 3-22. D 3-23. B 3-24. AD 3-25. B 3-26. AC 3-27. D 3-28. C 3-29. AB 3-30. AC 3-31. AB 3-32. B 3-33. ABC 3-34. BCD 3-35. AC 3-36. B 3-37. ABC 3-38. A 3-39. B 3-40. BD 3-41. D 3-42. ABCD 3-43. A 3-44. BD

3-45. 通达公司 2023 年 3 月 31 日资产负债表中相关项目的金额为：

"预付款项"项目金额为：2 000＋4 000＝6 000(万元)

"应付账款"项目金额为：8 000＋1 000＝9 000(万元)

3-46. ACD

【课程思政】答案参考

1. 党的二十大精神理解与践行参考

习近平总书记在党的二十大报告中提出，建设全民终身学习的学习型社会、学习型大国。这一战略部署，对提高人民的思想道德素质、科学文化素质和身心健康素质，服务全面建设社会主义现代化国家战略任务具有重大指导意义。我们都应从自我做起，坚持终身学习，提升自身的思想道德素质、科学文化素质和身心健康素质，为完成国家的战略任务而努力奋斗。

2. 案例讨论参考

(1)本公司的会计人员违背了国家法律、法规和国家统一的会计制度要求，同时没有遵守好会计职业道德，对公司领导的授意没有拒绝和抵制。

(2)编制会计报表应遵循内容完整、计算准确、数字真实、编报及时等要求，不能根据不同目的随意调整会计报表，这样才能保证会计信息的真实性和可靠性，为会计信息使用者提供高效的服务，避免给国家、企业、个人造成经济损失。

(3)大家在学习中就应养成仔细认真、客观公正、坚持原则、不做假账的工作态度，提供真实的会计信息，强化服务意识。

二、任务训练参考答案

(一)任务1参考答案

1. 大小写金额填写

小写金额	大写金额
35.80	叁拾伍元捌角整
51.56	伍拾壹元伍角陆分
100 607	壹拾万零陆佰零柒元整
8 256.03	捌仟贰佰伍拾陆元零叁分
150.34	壹佰伍拾元(零)叁角肆分
19.20	壹拾玖元贰角整
101 010.00	壹拾万壹仟零壹拾元整
2 000 345.05	贰佰万零叁佰肆拾伍元零伍分
980 603.50	玖拾捌万陆佰零叁元伍角整

续表

小写金额	大写金额
150 020.00	壹拾伍万零贰拾元整
486 572.67	肆拾捌万陆仟伍佰柒拾贰元陆角柒分
100 000.78	壹拾万元零柒角捌分

2. 填制原始凭证

(1)

收 款 收 据

2023 年 4 月 8 日　　第 202311 号

交款单位:锐意公司	收款方式:现金		
收款金额:人民币(大写) 壹仟元整			¥1000.00
收款事由:违约金　现金收讫			
单位负责人	部门负责人	财务负责人	收款人

(2)

收　料　单

供货单位:南方公司　　2023 年 4 月 10 日　　编号:20230408

材料类别	材料编号	材料名称及规格	计量单位	数量	单价/元	金额/元
主要材料		A 材料	吨	3 200	50	160 000
备注:					合计:	160 000

仓库保管员:　　采购业务员:　　供应科长:

3. 填制收款凭证

收　款　凭　证

借方科目　库存现金　　2023 年 4 月 8 日　　收 字第 2 号

摘　要	贷方		金额									记账
	总账科目	明细科目	百	十	万	千	百	十	元	角	分	
收到违约金	营业外收入	锐意公司				1	0	0	0	0	0	
合计					¥	1	0	0	0	0	0	

附单据 1 张

会计主管　　记账:　　出纳:　　复核:　　制单:

4. 填制各种记账凭证（以会计分录列示）

(1)借：银行存款	100 000	
贷：短期借款——工行		100 000
(2)借：原材料——A 材料	40 000	
应交税费——应交增值税(进项税额)	4 200	
贷：应付票据——南方公司		44 200
(3)借：生产成本	4 000	
制造费用	3 000	
管理费用	1 000	
贷：原材料——A 材料		8 000
(4)借：库存现金	20 000	
贷：银行存款		20 000
(5)借：销售费用	30 000	
贷：银行存款		30 000

5. 传递会计凭证

ABC 公司“销售单”这一凭证在企业销售收款业务循环中的主要流程是：①企业销售管理部门审查顾客订单，批准销售，编制一式多联的“销售单”；②企业信用管理部门根据企业的赊销政策和对该顾客已授权的信用额度，在销售单上签署是否同意赊销意见；③仓库按经批准的销售单供货；④装运部门按批准的销货单装运发货；⑤会计部门依据销售单、装运凭证以及价目表授权的价格，向顾客开具销售发票；⑥会计部门依据连续编号的销售发票、批准的销售单、装运凭证，记录销售业务；⑦会计部门向顾客托收货款，记录现金、银行存款收入。“销售单”主要联次包括：销售管理部门、信用管理部门、仓库、装运部门以及会计部门等联次。

ABC 公司“销售单”的传递程序为：销售管理部门开具一式多联的销售单，经信用管理部门赊销审批后，销售部门以经批准的销售单通知仓库提货、装运部门发货，最后会计部门依据销售单、装运凭证以及授权的销售发票，确认、记录销售业务，赊销快到期时向顾客托收货款。

(二)任务 2 参考答案

1. 账簿启用表参考答案

<table>
<tr><td colspan="2">单位名称</td><td colspan="8">佩奇服装有限公司</td><td>印花粘贴处</td></tr>
<tr><td colspan="2">账簿名称</td><td colspan="8">总分类账</td><td rowspan="5"></td></tr>
<tr><td colspan="2">账簿编号</td><td colspan="8">总 字 1 号 第 1 册 共 1 册</td></tr>
<tr><td colspan="2">账簿页数</td><td colspan="8">本账簿共计 100 页</td></tr>
<tr><td colspan="2">启用日期</td><td colspan="8">2023 年 1 月 1 日至 2023 年 12 月 31 日</td></tr>
<tr><td colspan="2">经管人员</td><td colspan="3">接管</td><td colspan="3">移交</td><td colspan="2">会计负责人</td><td>单位公章</td></tr>
<tr><td>姓 名</td><td>盖章</td><td>年</td><td>月</td><td>日</td><td>年</td><td>月</td><td>日</td><td>姓名</td><td>盖章</td><td rowspan="3"></td></tr>
<tr><td>赵萌</td><td></td><td>2023</td><td>1</td><td>1</td><td>22</td><td>12</td><td>31</td><td>李艳</td><td></td></tr>
<tr><td></td><td></td><td></td><td></td><td></td><td></td><td></td><td></td><td></td><td></td></tr>
</table>

2. 建立会计账簿(略)

3. 更正错账

(1)补充登记法　按27 000元填制正确的记账凭证并登记入账。

(2)经字更正法　按金额1 980元用红字编制与原凭证相同的记账凭证,并登记入账。

(3)红字更正法

① 首先编制红字记账凭证并记入账内:

借:管理费用　　100（红字）

　　贷:库存现金　　100（红字）

(注:摘要栏是"冲销5月18日×号凭证错账")

②其次,编制正确记账凭证并记入账内:

借:制造费用　　100

　　贷:库存现金　　100

(注:摘要栏是"更正5月18日×号凭证错账")

(4)经分析,记账凭证中只是"其他应付款"科目用错,应为"其他应收款",应用红字更正法进行更正。更正方法与第(3)题相同。

(三)任务3参考答案

1. BD

2.

银行存款余额调节表

编制单位:通达公司　　　　2023年3月31日

项　目	金额/元	项　目	金额/元
企业银行存款日记账的余额 加:银行已收款入账而企业未入账的账项 减:银行已付款入账而企业未入账的账项	54 000 120 14 000 750	银行对账单的余额 加:企业已收款入账而银行未入账的账项 减:企业已付款入账而银行未入账的账项	62 7700 2 100 6 000 3 500
调节后存款余额	67 370	调节后存款余额	67 370

注:调节后余额=54 000+14 120−750=62 770+8 100−3 500=67 370(元)。

3. 编制会计分录

(1)批准前:借:原材料——A材料　　400

　　　　贷:待处理财产损溢——待处理流动资产损溢　　400

批准后:借:待处理财产损溢——待处理流动资产损溢　　400

　　　　贷:管理费用　　400

(2) 批准前:借:待处理财产损溢——待处理流动资产损溢　　2 820

　　　　贷:原材料——B材料　　2 820

批准后:借:管理费用　　1 420

　　　　原材料　　400

其他应收款——保管员　　1 000
贷:待处理财产损溢——待处理流动资产损溢　　2 820
(3)批准前:借:待处理财产损溢——待处理固定资产损溢　　10 000
累计折旧　　20 000
贷:固定资产　　30 000
批准后:借:营业外支出　　10 000
贷:待处理财产损溢——待处理固定资产损溢　　10 000

(三)任务 4 参考答案

1. 计算"应收账款""预收款项"项目金额

(1)应收账款项目的期末金额=500 000+20 000=520 000(元)

(2)预收账款项目的期末金额=50 000+320 000=370 000(元)

2. 编制 ABC 公司利润表

利润表(简表)

会企 02 表

编制单位:ABC 公司　　2023 年 6 月　　单位:元

项　目	本期金额	上期金额
一、营业收入	13 445	
减:营业成本	9 795	
税金及附加	656	
销售费用	891	
管理费用	1 082	
研发费用		
财务费用	418	
其中:利息费用	418	
利息收入		
加:其他收益		
投资收益(损失以"—"号填列)	875	
公允价值变动收益(损失以"—"号填列)		
信用减值损失(损失以"—"号填列)		
资产减值损失(损失以"—"号填列)		
资产处置收益(损失以"—"号填列)		
二、营业利润(亏损以"—"号填列)	1 478	
加:营业外收入	651	
减:营业外支出	349	
三、利润总额(亏损总额以"—"号填列)	1 780	
减:所得税费用	445	

续表

项　目	本期金额	上期金额
四、净利润(净亏损以“－”号填列)	1 335	
五、其他综合收益的税后净额		
六、综合收益总额	1 335	
七、每股收益		
(一)基本每股收益		
(二)稀释每股收益		

三、模块考核与训练参考答案

(一)填制与审核会计凭证考核与训练

单项选择题：

1. A　2. C　3. B　4. B　5. A　6. C　7. B

多项选择题：

1. AB　2. DE　3. ABC　4. DE　5. AB　6. ABCD　7. DE　8. ADE　9. ABCE　10. ABCDE

判断题：

1. √　2. √　3. √　4. √　5. ×　6. ×

技能训练题：

答案参见模块二，记账凭证略。

(二)设置与登记会计账簿考核与训练

单项选择题：

1. A　2. A　3. B　4. A　5. C　6. C　7. C　8. B　9. C　10. C　11. B　12. C　13. A　14. B　15. D　16. D　17. B　18. C　19. A　20. C　21. B　22. C　23. A　24. D　25. D　26. B　27. C　28. A　29. B

多项选择题：

1. AB　2. AC　3. ABD　4. ACD　5. BCD　6. CD　7. ABD　8. BC　9. BD　10. ACD　11. BD　12. ABC　13. ABCD　14. ABD　15. ABD　16. AD　17. AC　18. ABC　19. BCD　20. ABC　21. BCD　22. BCD　23. ABC　24. ABCD　25. BCD　26. BCD　27. ABD　28. BCD　29. ABD　30. BCD

判断题：

1. ×　2. ×　3. ×　4. ×　5. ×　6. ×　7. √　8. ×　9. √　10. √　11. √　12. ×　13. ×

技能训练题：

1.(略)

2.(1) 红字更正法，红字冲销 5 000 元；

(2) 红字更正法，第一步 红字冲销原错账；第二步 正确编制凭证并记账。

(三)开展财产清查考核与训练

单项选择题:

1. C　2. B　3. B　4. A　5. B　6. C　7. C　8. D　9. A　10. B

多项选择题:

1. AB　2. AC　3. ABC　4. ABCD　5. BCD　6. ABC　7. BC　8. AD　9. AC　10. BD

判断题:

1. ×　2. √　3. ×　4. ×　5. √

技能训练题:

1. 借:库存现金	200	
贷:待处理财产损溢——待处理流动资产损溢	200	
借:待处理财产损溢——处理流动资产损溢	200	
贷:其他应付款——王某		100
营业外收入		100
2. 借:待处理财产损溢——待处理流动资产损溢	300	
贷:库存现金		300
借:其他应收款——出纳员	200	
管理费用	100	
贷:待处理财产损溢——待处理流动资产损溢		300

3.

银行存款余额调节表

编制单位:通达公司　　　　2023 年 6 月 30 日

项　目	金额/元	项　目	金额/元
企业银行存款日记账的余额	985 000	银行对账单的余额	76 600
加:银行已收款入账而企业未入账的账项	22 000	加:企业已收款入账而银行未入账的账项	12 600 35 000
减:银行已付款入账而企业未入账的账项	800	减:企业已付款入账而银行未入账的账项	4 500
调节后存款余额	119 700	调节后存款余额	119 700

注:调节后余额=98 500+2 2000−800=76 600+47 600−4 500=119 700(元)

4. 批准前:借:待处理财产损溢——待处理流动资产损溢	140 000	
贷:原材料——W		140 000
批准后:借:营业外支出	40 000	
其他应收款——保险公司	100 000	
贷:待处理财产损溢——待处理流动资产损溢		140 000

(四)编制会计报表考核与训练

单项选择题:

1. B　2. A　3. B　4. B　5. C

多项选择题：

1. ABC　2. ABCD　3. ABD　4. AC　5. AC　6. ACD

判断题：

1. ×　2. √　3. ×　4. ×

技能训练题：

1. 通达公司资产负债表

资产负债表

会企 01 表

编制单位：通达公司　　2023 年 3 月 31 日　　单位：元

资产	期末余额	年初余额	负债和所有者权益（或股东权益）	期末余额	年初余额
流动资产			流动负债：		
货币资金	16 900		短期借款	20 000	
交易性金融资产			交易性金融负债		
衍生金融资产			衍生金融资产		
应收票据	6 000		应付票据	12 000	
应收账款	18 300		应付账款	10 000	
应收款项融资			预收款项	3 000	
预付款项	6 100		合同负债		
其他应收款	2 900		应付职工薪酬	12 600	
存货	50 100		应交税费	6 000	
合同资产			其他应付款	12 100	
持有待售资产			持有待售负债		
一年内到期的非流动资产			一年内到期的非流动负债	3 000	
其他流动资产			其他流动负债		
流动资产合计	100 300		流动负债合计	78 700	
非流动资产：			非流动负债：		
债权投资			长期借款	17 000	
其他债权投资			应付债券		
长期应收款			其中：优先股		
长期股权投资			永续债		
其他权益工具投资			租赁负债		
其他非流动金融资产			长期应付款		
投资性房地产			预计负债		
固定资产	270 000		递延收益		

续表

资产	期末余额	年初余额	负债和所有者权益（或股东权益）	期末余额	年初余额
在建工程	22 000		递延所得税负债		
生产性生物资产			其他非流动负债		
油气资产			非流动负债合计	17 000	
使用权资产			负债合计	95 700	
无形资产			所有者权益（或股东权益）：		
开发支出			实收资本（或股本）	200 000	
商誉			其他权益工具		
长期待摊费用			其中：优先股		
递延所得税资产			永续债		
其他非流动资产			资本公积	20 000	
非流动资产合计	292 000		减：库存股		
			其他综合收益		
			专项储备		
			盈余公积	16 000	
			未分配利润	60 600	
			所有者权益（或股东权益）合计	296 600	
资产总计	392 300		负债和所有者权益（或股东权益）总计	392 300	

2. 通达公司利润表

利润表

会企 02 表

编制单位：通达公司　　2023 年 3 月　　单位：元

项　　目	本期金额	上期金额
一、营业收入	1 370 000	
减：营业成本	885 000	
税金及附加	18 000	
销售费用	4 000	
管理费用	22 000	

续表

项　　目	本期金额	上期金额
研发费用		
财务费用	2 000	
其中：利息费用		
利息收入		
加：其他收益		
投资收益（损失以"－"号填列）	16 000	
公允价值变动收益（损失以"－"号填列）		
信用减值损失（损失以"－"号填列）		
资产减值损失（损失以"－"号填列）		
资产处置收益（损失以"－"号填列）		
二、营业利润（亏损以"－"号填列）	455 000	
加：营业外收入	3 000	
减：营业外支出	2 000	
三、利润总额（亏损总额以"－"号填列）	456 000	
减：所得税费用	114 000	
四、净利润（净亏损以"－"号填列）	342 000	
五、其他综合收益的税后净额		
六、综合收益总额	342 000	
七、每股收益		
（一）基本每股收益		
（二）稀释每股收益		

3. 顺达公司2022年度利润表的下列报表项目金额为：

(1)营业收入(252 800＋5 000 000＋3 000＋16 000＝527 1800)元；

(2)营业成本(162 600＋2 800 000＋2 000＋11 000＝2 975 600)元；

(3)营业利润(5 271 800－2 975 600－1 000－29 000－7 500－32 500－1 200－15 000－9 000－32 000＋1 000＝2 170 000)元；

(4)利润总额(2 170 000＋2 500－3 000－30 000＝2 139 500)元；

(5)净利润[2 139 500×(1－25%)＝1 604 625]元。

企业综合业务实训演练参考答案

一、会计凭证

凭证号	摘要	科目名称	借方数量/千克	借方金额/元	贷方数量/千克	贷方金额/元
记-1	提备用金	库存现金		4 000.00		
	提备用金	银行存款—工行存款				4 000.00
记-2	预借差旅费	其他应收款—个人款—张华		4 500.00		
	预借差旅费	库存现金				4 500.00
记-3	领用原材料	生产成本—PVC 硬管		14 960.00		
	领用原材料	原材料—PVC 树脂			423	8 460.00
	领用原材料	原材料—增塑剂			200	6 500.00
记-4	购买办公用品	管理费用—办公费		6 000.00		
	购买办公用品	应交税费—应交增值税—进项税额		780.00		
	购买办公用品	银行存款—工行存款				6 780.00
记-5	购买增塑剂	原材料—增塑剂	600	18 600.00		
	购买增塑剂	应交税费—应交增值税—进项税额		2 418.00		
	购买增塑剂	银行存款—工行存款				21 018.00
记-6	赵磊报销差旅费	管理费用—差旅费		980.00		
	赵磊报销差旅费	库存现金		20.00		
	赵磊报销差旅费	其他应收款—个人款—赵磊				1 000.00
记-7	发放工资	应付职工薪酬—职工工资		47 350.00		
	发放工资	其他应收款—社保				4 971.75
	发放工资	其他应收款—公积金				2 367.50
	发放工资	银行存款—工行存款				40 010.75
记-8	领用材料	生产成本—PVC 软管		29 500.00		
	领用材料	原材料—增塑剂			600	19 500.00
	领用材料	原材料—稳定剂			400	10 000.00
记-9	支付广告费	销售费用—广告费		8 000.00		
	支付广告费	银行存款—工行存款				8 000.00

续表

凭证号	摘要	科目名称	借方数量/千克	借方金额/元	贷方数量/千克	贷方金额/元
记-10	购买原材料	原材料—PVC 树脂	500	10 000.00		
	购买原材料	应交税费—应交增值税—进项税额		1 300.00		
	购买原材料	银行存款—工行存款				11 300.00
记-11	领用原材料	制造费用		10 000.00		
	领用原材料	原材料—PVC 树脂			500	10 000.00
记-12	收到前欠货款	银行存款—工行存款		35 100.00		
	收到前欠货款	应收账款—华联商厦				35 100.00
记-13	取得短期借款	银行存款—工行存款		200 000.00		
	取得短期借款	短期借款				200 000.00
记-14	缴纳增值税	应交税费—未交增值税		9 350.00		
	缴纳增值税	银行存款—工行存款				9 350.00
记-15	销售瑞丰商品	应收账款—瑞丰实业		480 250.00		
	销售瑞丰商品	主营业务收入—PVC 硬管			600	165 000.00
	销售瑞丰商品	主营业务收入—PVC 软管			800	260 000.00
	销售瑞丰商品	应交税费—应交增值税—销项税额				55 250.00
记-16	购原料-华贸	原材料—PVC 树脂	1 000	21 000.00		
	购原料-华贸	应交税费—应交增值税—进项税额		2 730.00		
	购原料-华贸	应付账款—华贸				23 730.00
记-17	销售商品-宏达	银行存款—工行存款		250 860.00		
	销售商品-宏达	主营业务收入—PVC 硬管			400	126 000.00
	销售商品-宏达	主营业务收入—PVC 软管			300	96 000.00
	销售商品-宏达	应交税费—应交增值税—销项税额				28 860.00
记-18	收远洋欠款	银行存款—工行存款		46 800.00		
	收远洋欠款	应收账款—远洋公司				46 800.00
记-19	领耗材	管理费用—办公费		2 000.00		
	领耗材	原材料—PVC 树脂			100	2 000.00

续表

凭证号	摘要	科目名称	借方数量/千克	借方金额/元	贷方数量/千克	贷方金额/元
记-20	支付电话费	管理费用—办公费		2 000.00		
	支付电话费	应交税费—应交增值税—进项税额		180.00		
	支付电话费	银行存款—工行存款				2 180.00
记-21	还款-黄海科技	应付账款—黄海科技		36 600.00		
	还款-黄海科技	银行存款—工行存款				36 600.00
记-22	交水费	管理费用—水电费		900.00		
	交水费	应交税费—应交增值税—进项税额		81.00		
	交水费	银行存款—工行存款				981.00
记-23	交电费	管理费用—水电费		3 000.00		
	交电费	应交税费—应交增值税—进项税额		390.00		
	交电费	银行存款—工行存款				3 390.00
记-24	计提利息	财务费用—利息费用		2 400.00		
	计提利息	应付利息				2 400.00
记-25	分配工资	管理费用—管理人员职工薪酬		28 750.00		
	分配工资	销售费用—销售人员职工薪酬		4 000.00		
	分配工资	生产成本—PVC 硬管		5 000.00		
	分配工资	生产成本—PVC 软管		9 600.00		
	分配工资	应付职工薪酬—职工工资				47 350.00
记-26	计提折旧	制造费用		4 152.00		
	计提折旧	管理费用—折旧费		1 593.80		
	计提折旧	销售费用—折旧费		1 792.00		
	计提折旧	累计折旧				7 537.80
记-27	结转制造费用	生产成本—PVC 硬管		5 660.80		
	结转制造费用	生产成本—PVC 软管		8 491.20		
	结转制造费用	制造费用				14 152.00
记-28	结转完工成本	库存商品—PVC 硬管	706	25,620.80		
	结转完工成本	库存商品—PVC 软管	1 220	47 591.20		
	结转完工成本	生产成本—PVC 硬管				25 620.80
	结转完工成本	生产成本—PVC 软管				47 591.20

续表

凭证号	摘要	科目名称	借方数量/千克	借方金额/元	贷方数量/千克	贷方金额/元
记-29	结转销售成本	主营业务成本—PVC 硬管		45 000.00		
	结转销售成本	主营业务成本—PVC 软管		44 000.00		
	结转销售成本	库存商品—PVC 硬管			1 000	45 000.00
	结转销售成本	库存商品—PVC 软管			1 100	44 000.00
记-30	结转未交增值税	应交税费—应交增值税—转出未交增值税		76 231.00		
	结转未交增值税	应交税费—未交增值税				76 231.00
记-31	计提税金及附加	税金及附加		9 147.72		
	计提税金及附加	应交税费—应交城市维护建设税				5 336.17
	计提税金及附加	应交税费—教育费附加				2 286.93
	计提税金及附加	应交税费—地方教育费附加				1 524.62
记-32	结转收益	主营业务收入—PVC 硬管	1 000	291 000.00		
	结转收益	主营业务收入—PVC 软管	1 100	356 000.00		
	结转收益	本年利润				647 000.00
记-33	结转成本费用	本年利润		159 563.52		
	结转成本费用	主营业务成本—PVC 硬管				45 000.00
	结转成本费用	主营业务成本—PVC 软管				44 000.00
	结转成本费用	税金及附加				9 147.72
	结转成本费用	销售费用—销售人员职工薪酬				4 000.00
	结转成本费用	销售费用—折旧费				1 792.00
	结转成本费用	销售费用—广告费				8 000.00
	结转成本费用	管理费用—管理人员职工薪酬				28 750.00
	结转成本费用	管理费用—办公费				10 000.00
	结转成本费用	管理费用—水电费				3 900.00
	结转成本费用	管理费用—差旅费				980.00

续表

凭证号	摘要	科目名称	借方数量/千克	借方金额/元	贷方数量/千克	贷方金额/元
记-33	结转成本费用	管理费用—折旧费				1 593.80
	结转成本费用	财务费用—利息费用				2 400.00
记-34	计算所得税	所得税费用		121 859.12		
	计算所得税	应交税费—应交所得税				121 859.12
记-35	结转所得税费用	本年利润		121 859.12		
	结转所得税费用	所得税费用				121 859.12
记-36	结转净利润	本年利润		617 577.36		
	结转净利润	利润分配—未分配利润				617 577.36
记-37	计提盈余公积	利润分配—提取法定盈余公积		617 57.74		
	计提盈余公积	利润分配—提取任意盈余公积		308 78.87		
	计提盈余公积	盈余公积—法定盈余公积				617 57.74
	计提盈余公积	盈余公积—任意盈余公积				308 78.87

二、资产负债表

资产负债表

会企 01 表

编制单位：神州开源实业有限公司　　2022-01-31　　单位：元

资产	期末余额	年初余额	负债和所有者权益	期末余额	年初余额
流动资产：			流动负债：		
货币资金	827 529.25	438 859.00	短期借款	600 000.00	400 000.00
应收票据			应付票据		
应收账款	480 250.00	81 900.00	应付账款	23 730.00	36 600.00
预付账款			预收款项		
其他应收款	9 471.75	13 311.00	应付职工薪酬	47 350.00	47 350.00
存货	107 152.00	129 800.00	应交税费	229 707.84	31 820.00

续表

资产	期末余额	年初余额	负债和所有者权益	期末余额	年初余额
一年内到期的非流动资产			其他应付款	2 400.00	
其他流动资产			一年内到期的非流动负债		
流动资产合计	1 424 403.00	663 870.00	其他流动负债		
非流动资产：			流动负债合计	903 187.84	515 770.00
可供出售金融资产			非流动负债：		
持有至到期投资			长期借款		
长期应收款			应付债券		
长期股权投资			长期应付款		
固定资产	1 248 042.20	1 255 580.00	递延所得税负债		
在建工程			其他非流动负债		
工程物资			非流动负债合计		
无形资产			负债合计	903 187.84	515 770.00
商誉			所有者权益(或股东权益)：		
长期待摊费用			实收资本(或股本)	1 000 000.00	1 000 000.00
递延所得税资产			资本公积	85 000.00	85 000.00
其他非流动资产			其他综合收益		
非流动资产合计	1 248 042.20	1 255 580.00	盈余公积	129 316.61	36 680.00
			未分配利润	554 940.75	282 000.00
			所有者权益(或股东权益)合计	1 769 257.36	1 403 680.00
资产总计	2 672 445.20	1 919 450.00	负债和所有者权益(或股东权益)总计	2 672 445.20	1 919 450.00

三、利润表

利润表

会企02表

编制单位：神州开源股份有限公司　　2022年1月　　单位：元

项　　目	本年累计金额	本期金额
一、营业收入	647 000.00	647 000.00
减：营业成本	89 000.00	89 000.00
税金及附加	9 147.72	9 147.72
销售费用	13 792.00	13 792.00
管理费用	45 223.80	45 223.80
财务费用	2 400.00	2 400.00
资产减值损失		
加：公允价值变动收益（损失以“－”号填列）		
投资收益（损失以“－”号填列）		
其中：对联营企业和合营企业的投资收益		
二、营业利润（亏损以“－”号填列）	487 436.48	487 436.48
加：营业外收入		
其中：非流动资产处置利得		
减：营业外支出		
其中：非流动资产处置损失		
三、利润总额（亏损总额以“－”号填列）	487 436.48	487 436.48
减：所得税费用	121 859.12	121 859.12
四、净利润（净亏损以“－”号填列）	365 577.36	365 577.36
五、其他综合收益的税后净额		
六、综合收益总额	365 577.36	365 577.36
七、每股收益		

参考文献

[1] 会计资格评价中心．初级会计实务[M]. 北京：经济科学出版社，2023.
[2] 杨桂洁．会计基础与实务[M].5版．北京：人民邮电出版社，2022.
[3] 李莉．会计基础[M].2版．北京：人民邮电出版社，2022.
[4] 李群．会计基础与实务[M].4版．北京：人民邮电出版社，2020.
[5] 洑建红，郝福锦．基础会计[M].4版．北京：人民邮电出版社，2021.
[6] 洑建红，郝福锦．基础会计习题与实训[M].4版．北京：人民邮电出版社，2021.
[7] 冯素平．会计综合实训[M]. 北京：人民邮电出版社，2020.
[8] 孔德兰．会计基础[M].3版．北京：高等教育出版社，2020.
[9] 程淮中．基础会计与实务[M].3版．北京：人民邮电出版社，2019.
[10] 程淮中．会计基础实训[M].3版．北京：人民邮电出版社，2019.
[11] 蒋泽生．基础会计[M].5版．北京：中国人民大学出版社，2019.
[12] 蒋泽生．基础会计模拟实训[M].5版．北京：中国人民大学出版社，2019.